会计人员继续教育丛书

企业纳税实务与会计处理

祁怀锦 刘彩霞 编著

经济科学出版社

图书在版编目（CIP）数据

企业纳税实务与会计处理/祁怀锦编著.—北京：经济科学出版社，2016.6
（会计人员继续教育丛书）
ISBN 978－7－5141－7050－4

Ⅰ.①企…　Ⅱ.①祁…　Ⅲ.①企业管理－税收管理－中国②税收会计－中国　Ⅳ.①F812.42

中国版本图书馆 CIP 数据核字（2016）第 148246 号

责任编辑：黄双蓉
责任校对：郑淑艳
责任印制：邱　天

企业纳税实务与会计处理
祁怀锦　刘彩霞　编著
经济科学出版社出版、发行　新华书店经销
社址：北京市海淀区阜成路甲 28 号　邮编：100142
总编部电话：010－88191217　发行部电话：010－88191522
网址：www.esp.com.cn
电子邮件：esp@esp.com.cn
天猫网店：经济科学出版社旗舰店
网址：http：//jjkxcbs.tmall.com
固安华明印业有限公司印装
710×1000　16 开　23.25 印张　400000 字
2016 年 6 月第 1 版　2016 年 6 月第 1 次印刷
ISBN 978－7－5141－7050－4　定价：49.00 元
（图书出现印装问题，本社负责调换。电话：010－88191502）
（版权所有　侵权必究　举报电话：010－88191586
电子邮箱：dbts@esp.com.cn）

前　　言

国务院决定，自2016年5月1日起，全面实行"营改增"试点，将建筑业、房地产业、金融业、生活服务业纳入试点范围。自此，现行营业税纳税人全部改征增值税。

"营改增"作为深化财税体制改革与供给侧结构性改革的重要举措，意义重大。一是实现了增值税对货物和服务的全覆盖，基本消除了重复征税，打通了增值税抵扣链条，促进了社会分工协作，有力地支持了服务业发展和制造业转型升级。二是将所有企业新增不动产所含的增值税纳入抵扣范围，比较完整地实现了规范的消费型增值税制度，有利于扩大企业投资，增强企业经营活力。三是进一步减轻企业税负，是财税领域打出"降成本"组合拳的重要一招，用短期财政收入的"减"换取持续发展势能的"增"，为经济保持中高速增长、迈向中高端水平打下坚实基础。四是创造了更加公平、中性的税收环境，有效释放市场在经济活动中的作用和活力，在推动产业转型、结构优化、消费升级、创新创业和深化供给侧结构性改革等方面将发挥重要的促进作用。

本书以新的税收法规尤其是"营改增"的一系列规定和会计准则为依据，根据税务会计实际设计学习内容，对现行主要的15个税种进行了全面阐述，并对每个税种的会计处理进行了专题讲解。考虑到全面实行"营改增"后，营业税将退出历史舞台，本书没再阐述和讲解营业税的内容，而是把重点放在"营改增"。同时，为了帮助广大财会人员学习税收知识，本书还介绍了税收的基本知识和税务筹划的基本内容，希望对企业财会人员有所帮助。

本书在编写过程中参考了不少教材和专著，并得到了有关专家学者和经济科学出版社的大力支持，在此一并表示感谢！

由于编者水平有限，再加上时间仓促，书中疏漏之处在所难免，敬请读者批评指正。

编　者
2016年6月

目 录

第一章 企业纳税实务基础 ················· 1
- 第一节 税收的基本知识 ················· 1
- 第二节 税法概述 ····················· 4
- 第三节 税收征纳程序 ················· 10

第二章 增值税纳税实务与会计处理 ········ 34
- 第一节 增值税基本法规 ··············· 34
- 第二节 增值税专用发票的使用与管理 ····· 75
- 第三节 增值税应纳税额的计算 ·········· 80
- 第四节 增值税的会计处理 ·············· 87

第三章 消费税纳税实务与会计处理 ········ 105
- 第一节 消费税基本法规 ··············· 105
- 第二节 消费税应纳税额的计算 ·········· 115
- 第三节 消费税的会计处理 ·············· 123

第四章 关税纳税实务与会计处理 ·········· 129
- 第一节 关税基本法规 ················· 129
- 第二节 关税应纳税额的计算 ············ 137
- 第三节 关税的会计处理 ··············· 143

第五章 企业所得税纳税实务与会计处理 ···· 148
- 第一节 企业所得税基本法规 ············ 148
- 第二节 企业所得税应纳税所得额的计算 ··· 162
- 第三节 资产的税务处理 ··············· 184
- 第四节 企业所得税应纳税额的计算 ······· 193
- 第五节 企业所得税的会计处理 ·········· 198

第六章 个人所得税纳税实务与会计处理 ······ 219
第一节 个人所得税基本法规 ······ 219
第二节 个人所得税应纳税额的计算 ······ 240
第三节 个人所得税的会计处理 ······ 265

第七章 其他销售税种纳税实务与会计处理 ······ 268
第一节 资源税纳税实务与会计处理 ······ 268
第二节 土地增值税纳税实务与会计处理 ······ 281
第三节 城市维护建设税纳税实务与会计处理 ······ 291
第四节 教育费附加纳税实务与会计处理 ······ 294

第八章 期间费用类税种纳税实务与会计处理 ······ 297
第一节 房地产税纳税实务与会计处理 ······ 297
第二节 城镇土地使用税纳税实务与会计处理 ······ 303
第三节 车船税纳税实务与会计处理 ······ 308
第四节 印花税纳税实务与会计处理 ······ 315

第九章 成本类税种纳税实务与会计处理 ······ 327
第一节 契税纳税实务与会计处理 ······ 327
第二节 车辆购置税纳税实务与会计处理 ······ 332

第十章 税务代理和税务筹划 ······ 338
第一节 税务代理 ······ 338
第二节 税务筹划 ······ 340

主要参考文献 ······ 365

第一章　企业纳税实务基础

第一节　税收的基本知识

一、税收的概念

税收是国家为了满足社会公共需要，凭借政治权力，强制、无偿地取得财政收入的一种形式。可以从以下几个方面来理解：

（1）税收的本质是一种分配关系，是国家取得财政收入的一种重要工具。

（2）税收分配是以国家为主体，凭借政治权力进行的分配。

（3）国家征税的目的是满足社会公共需要。

（4）税收具有无偿性、强制性和固定性的特征。

二、税收的分类

税收按不同的标准可以划分为不同的种类。

（一）按征税对象分类

按征税对象的不同，可以将税收划分为：

1. 流转税。

流转税是指以商品或劳务的流转额为征税对象征收的一种税。这种税涉及商品生产和流通或服务业的各个环节，主要有增值税、消费税、营业税和关税等。

2. 所得税。

所得税是指以各种所得额为征税对象征收的一种税。所得额是指全部收入扣除为取得收入所耗费的各项成本费用后的余额。主要有企业所得税、个人所得税。

3. 财产税。

财产税是指以纳税人所拥有或支配的财产数量或者财产价值为征税对象征收的一种税。主要有房产税、契税、车船税、船舶吨税等。

4. 行为税。

行为税是指以纳税人的某些特定行为为征税对象征收的一种税。主要有城市维护建设税、印花税、车辆购置税等。

5. 资源税。

资源税是指以自然资源和某些社会资源为征税对象征收的一种税。主要有资源税、城镇土地使用税等。

(二) 按税收管理和使用权限分类

按税收管理和使用权限的不同,可分为:

1. 中央税。

中央税是指管理权限归中央,税收收入归中央支配和使用的税种。由国家税务局负责征收管理,如关税和消费税等。

2. 地方税。

地方税是指管理权限归地方,税收收入归地方支配和使用的税种。由地方税务局负责征收管理,如房产税、车船税、土地增值税、城镇土地使用税等。

3. 中央和地方共享税。

中央和地方共享税是指主要管理权限归中央,税收收入由中央和地方共同享有,按一定比例分成的税种。主要有增值税、企业所得税、个人所得税、资源税、印花税等。

(三) 按计税标准不同分类

按计税标准的不同可以分为:

1. 从价税。

从价税是指以征税对象价格为计税依据征收的一种税。主要有增值税、房产税等。计算方法:

$$应纳税额 = 课税对象的价格 \times 比例税率$$

2. 从量税。

从量税是以征税对象的数量、重量、体积等作为计税依据征收的一种税。主要有资源税、车船税和城镇土地使用税以及消费税中的啤酒、黄酒等。计算方法：

$$应纳税额 = 课税对象的重量、件数、容积、面积 \times 单位税额$$

3. 复合税。

复合税是对某一进出口货物或物品既征收从价税，又征收从量税。即采用从量税和从价税同时征收的一种方法。如消费税中的卷烟和白酒。计算方法：

$$应纳税额 = 从量税额 + 从价税额$$

（四）按税收与价格的关系分类

按税收与价格之间的关系不同，可以将税收划分为：

1. 价内税。

价内税是指税金包含在价格之中，构成价格的一部分的税种。主要有消费税、营业税等。

2. 价外税。

价外税是指税金不包含在价格之中，而是价格之外的附加部分的税种。主要有增值税等。

（五）按会计核算中使用的会计科目分类

按会计核算中使用的会计科目不同，可以将税收划分为：

1. 销售税金。

销售税金是指在销售过程中实现、按销售收入或数量计税并作为销售利润减项，在"营业税金及附加"科目核算的税种。主要有消费税、营业税、资源税、城市维护建设税等。

2. 费用性税金。

费用性税金是指在生产经营过程中发生的记入"管理费用"科目的税种。主要有房产税、印花税、车船税、城镇土地使用税等。

3. 资本性税金。

资本性税金是指在投资活动中发生的记入资产价值的税种。主要有契税、耕地占用税等。

4. 所得税。

所得税也是费用性税金,但它是通过"所得税费用"科目核算。

5. 增值税。

增值税是价外税,会计核算上有它的特殊性。

第二节 税法概述

一、税法的概念

税法是国家制定的用以调整国家与纳税人之间在征纳税方面的权利及义务关系的法律规范的总称。其内容主要包括各税种的法律法规以及为了保证这些税法得以实施的税收征管制度和税收管理体制。它的表现形式有法律、条例、决定、命令和规章等。

二、税法的构成要素

税法要素是指各种单行税法具有的共同的基本要素的总称。税法要素一般包括总则、纳税义务人、征税对象、税目、税率、纳税环节、纳税期限、纳税地点、减税免税、罚则、附则等项目。

(一)总则

总则主要包括立法依据、立法目的、适用原则等。

(二)纳税人

纳税人是纳税义务人的简称,又叫纳税主体,是税法规定的直接负有纳税义务的单位和个人。纳税人有两种基本形式:自然人和法人。自然人是指能够独立享受法律规定的民事权利并承担相应民事义务的普通人的总称。法人是基于法律规定享有权利能力和行为能力,具有独立的财产和经费,依法独立承担民事责任的社会组织。我国的法人主要有四种:机关法人、事业法人、企业法人和社团法人。

此外，应注意区分与纳税人紧密联系的两个概念：一是代扣代缴义务人；二是代收代缴义务人。

代扣代缴义务人是指虽不承担纳税义务，但依照有关规定，在向纳税人支付收入、结算货款、收取费用时有义务代扣代缴其应纳税款的单位和个人，如出版社代扣作者稿酬所得的个人所得税等。如果代扣代缴义务人按规定履行了代扣代缴义务，税务机关将支付一定的手续费。反之，未按规定代扣代缴税款，造成应纳税款流失或将已扣缴的税款私自截留挪用、不按时缴入国库，一经税务机关发现，将要承担相应的法律责任。

代收代缴义务人是指虽不承担纳税义务，但依照有关规定，在向纳税人收取商品或劳务收入时，有义务代收代缴其应纳税款的单位和个人。如消费税条例规定，委托加工的应税消费品，由受托方在向委托方交货时代收代缴委托方应该缴纳的消费税。

（三）征税对象

征税对象又称课税对象、征税客体，是指税法规定对什么征税，是征纳税双方权利义务共同指向的客体或标的物，是区别一种税与另一种税的重要标志。例如，增值税的征税对象是商品或劳务在生产和流通过程中的增值额；房产税的征税对象是房屋；企业所得税的征税对象是企业的生产经营所得、其他所得和清算所得等。

与课税对象相关的两个基本概念：税目和税基。

1. 税目。

税目是各个税种所规定的具体征税项目，是征税对象的具体化。设置税目的目的一是明确具体的征税范围，凡列入税目的即为应税项目，未列入税目的，则不属于应税项目；二是贯彻国家税收调节政策的需要，国家可根据不同项目的利润水平以及国家经济政策等为依据制定高低不同的税率，以体现不同的税收政策。确定税目的方法通常有概括法和列举法。概括法适用于种类繁杂、界限不易划清的征税对象。列举法适用于税源大、界限清楚的征税对象。

2. 税基。

税基又叫计税依据，是据以计算征税对象应纳税款的直接数量依据，它解决对征税对象课税的计算问题，是对课税对象的量的规定。例如，企业所得税应纳税额的基本计算方法是应纳税所得额乘以适用税率，其中，应纳税所得额是据以计算所得税应纳税额的数量基础，即为所得税的税基。

计税依据通常采用价值计量形态和实物计量形态。价值形态包括应纳税所得额、销售收入、营业收入等；实物计量形态包括面积、体积、容积、重量等。以价值计量形态作为税基，又称为从价计征，即按征税对象的货币价值计算，如生产销售化妆品应纳消费税税额是由化妆品的销售收入乘以适用税率计算产生，其税基为销售收入；以实物计量形态作为税基，又称为从量计征，即直接按征税对象的自然单位计算，如城镇土地使用税应纳税额是由占用土地面积乘以每单位面积应纳税额计算产生，其税基为占用土地的面积。

（四）税率

税率是指对征税对象的征收比例或征收额度。我国现行的税率主要有：

1. 比例税率。

比例税率是指对同一征税对象，不论数额大小，都按同一比例征税的税率。例如，我国的增值税、营业税、城市维护建设税、企业所得税等。比例税率又可分为：

（1）单一比例税率，是指对同一征税对象的所有纳税人都适用同一比例税率。

（2）差别比例税率，是指对同一征税对象的不同纳税人适用不同的比例征税。

（3）幅度比例税率，是指对同一征税对象，税法只规定最低税率和最高税率，各地区在该幅度内确定具体的适用税率。

2. 定额税率。

定额税率是指按征税对象确定的计算单位，直接规定一个固定的税额。目前采用定额税率的有城镇土地使用税和车船税等。

3. 超额累进税率。

超额累进税率是指把征税对象按数额的大小划分为若干等级，每一等级规定一个税率，税率依次提高，但每一纳税人的征税对象则依所属等级同时适用几个税率分别计算，将计算结果相加后得出应纳税款。例如，我国的个人所得税。

4. 超率累进税率。

超率累进税率是指以征税对象数额的相对率划分若干级距，分别规定相应的差别税率，相对率每超过一个级距的，对超过的部分就按高一级的税率计算征税。例如，我国的土地增值税。

（五）纳税环节和纳税地点

纳税环节是指税法规定的征税对象在从生产到消费的流转过程中应当缴纳税款的环节。如流转税在生产和流通环节纳税、所得税在分配环节纳税等。按照某种税征税环节的多少，可以将税种划分为一次课征制或多次课征制。

纳税地点是指税法规定的纳税人缴纳税款的地点。主要根据各个税种纳税对象的纳税环节和有利于对税款的源泉控制而规定的纳税人（包括代征、代扣、代缴义务人）的具体纳税地点。

（六）纳税期限

纳税期限是指税法规定的关于税款缴纳时间方面的限定。具体包括三个方面：

1. 纳税义务发生时间。

纳税义务发生时间，是指应税行为发生的时间。如增值税条例规定采取预收货款方式销售货物的，其纳税义务发生时间为货物发出的当天。

2. 纳税期限。

纳税期限，即每隔固定时间汇总一次纳税义务的时间。税法规定了每种税的纳税期限，如增值税条例规定，增值税的具体纳税期限分别为1日、3日、5日、10日、15日、1个月或者1个季度。纳税人的具体纳税期限，由主管税务机关根据纳税人应纳税额的大小分别核定；不能按照固定期限纳税的，可以按次纳税。

3. 缴库期限。

缴库期限，即税法规定的纳税期满后，纳税人将应纳税款缴入国库的期限。如增值税暂行条例规定，纳税人以1个月或者1个季度为1个纳税期的，自期满之日起15日内申报纳税。

（七）减税免税

减税免税主要是对某些纳税人和征税对象采取减少征税或者免予征税的特殊规定。

（八）违章处理

违章处理是指对纳税人违反税收法规的行为采取的处罚措施。处罚措施包括：罚款、加收滞纳金和追究刑事责任等。

三、税收法律关系的内容

（一）税务机关和税务人员的权利和义务

1. 税务机关和税务人员的权利主要有：
（1）负责税收征收管理工作。
（2）税务机关依法执行职务，任何单位和个人不得阻挠。
2. 税务机关和税务人员的义务主要有：
（1）税务机关应当广泛宣传税收法律、行政法规，普及纳税知识，无偿地为纳税人提供纳税咨询服务。
（2）税务机关应当加强队伍建设，提高税务人员的政治业务素质。
（3）税务机关、税务人员必须秉公执法、忠于职守、清正廉洁、礼貌待人、文明服务，尊重和保护纳税人、扣缴义务人的权利，依法接受监督。
（4）税务人员不得索贿受贿、徇私舞弊、玩忽职守，不征或者少征应征税款；不得滥用职权多征税款或者故意刁难纳税人和扣缴义务人。
（5）各级税务机关应当建立、健全内部制约和监督管理制度。
（6）上级税务机关应当对下级税务机关的执法活动依法进行监督。
（7）各级税务机关应当对其工作人员执行法律、行政法规和廉洁自律准则的情况进行监督检查。
（8）税务机关负责征收、管理、稽查，行政复议人员的职责应当明确，并相互分离、相互制约。
（9）税务机关应为检举人保密，并按照规定给予奖励。
（10）税务人员在核定应纳税额、调整税收定额、进行税务检查、实施税务行政处罚、办理税务行政复议时，与纳税人、扣缴义务人或者其法定代表人、直接责任人有下列关系之一的，应当回避：①夫妻关系；②直系血亲关系；③三代以内旁系血亲关系；④近姻亲关系；⑤可能影响公正执法的其他利益关系。

（二）纳税人、扣缴义务人的权利与义务

1. 纳税人、扣缴义务人的权利主要有：
（1）纳税人、扣缴义务人有权向税务机关了解国家税收法律、行政法规的

规定以及与纳税程序有关的情况。

（2）纳税人、扣缴义务人有权要求税务机关为纳税人、扣缴义务人的情况保密。税务机关应当为纳税人、扣缴义务人的情况保密。保密是指纳税人、扣缴义务人的商业秘密及个人隐私。纳税人、扣缴义务人的税收违法行为不属于保密范围。

（3）纳税人依法享有申请减税、免税、退税的权利。

（4）纳税人、扣缴义务人对税务机关所做出的决定，享有陈述权、申辩权；依法享有申请行政复议、提起行政诉讼、请求国家赔偿等权利。

（5）纳税人、扣缴义务人有权控告和检举税务机关、税务人员的违法违纪行为。

2. 纳税人、扣缴义务人的义务主要有：

（1）纳税人、扣缴义务人必须依照法律、行政法规的规定缴纳税款、代扣代缴、代收代缴税款。

（2）纳税人、扣缴义务人和其他有关单位应当按照国家有关规定如实向税务机关提供与纳税和代扣代缴、代收代缴税款有关的信息。

（3）纳税人、扣缴义务人和其他有关单位应当接受税务机关依法进行的税务检查。

（三）地方各级人民政府、有关部门和单位的权利与义务

1. 地方各级人民政府、有关部门和单位的权利主要有：

（1）地方各级人民政府应当依法加强对本行政区域内税收征收管理工作的领导或者协调，支持税务机关依法执行职务，依照法定税率计算税额，依法征收税款。

（2）各有关部门和单位应当支持、协助税务机关依法执行职务。

（3）任何单位和个人都有权检举违反税收法律、行政法规的行为。

2. 地方各级人民政府、有关部门和单位的义务主要有：

（1）任何机关、单位和个人不得违反法律、行政法规的规定，擅自做出税收开征、停征及减税、免税、退税、补税和其他与税收法律、行政法规相抵触的决定。

（2）收到违反税收法律、行政法规行为检举的机关和负责查处的机关应当为检举人保密。

第三节 税收征纳程序

一、税务登记

税务登记是税务机关对纳税人的生产、经营活动进行登记并据此对纳税人实施税务管理的一项法定制度。税务登记又称纳税登记，是税务机关对纳税人实施税收管理的首要环节和基础工作，是征纳双方法律关系成立的依据和证明，也是纳税人依法履行纳税义务的法定手续。

根据《税收征管法》和《税务登记管理办法》的规定，凡有法律、法规规定的应税收入、应税财产或应税行为的各类纳税人，均应当办理税务登记；扣缴义务人应当在发生扣缴义务时，到税务机关申报登记，领取扣缴税款凭证。税务登记包括开业登记；变更登记；注销登记；停业、复业登记；外出经营报验登记等。

（一）开业税务登记

1. 开业税务登记的对象。

根据有关规定，开业税务登记的纳税人分为以下两类：

（1）领取营业执照从事生产、经营的纳税人。

①企业，即从事生产经营的单位或组织，包括国有、集体、私营企业，中外合资合作企业、外商独资企业，以及各种联营、联合、股份制企业等。

②企业在外地设立的分支机构和从事生产、经营的场所。

③个体工商户。

④从事生产、经营的事业单位。

（2）其他纳税人。

前款规定以外的纳税人，除国家机关、个人和无固定生产、经营场所的流动性农村小商贩外，也应该按规定办理税务登记。

2. 开业税务登记的时间和地点。

（1）企业在外地设立的分支机构和从事生产、经营的场所，个体工商户和从事生产、经营的事业单位（以下简称"从事生产、经营的纳税人"），向生产、经营所在地税务机关申报办理税务登记：

①从事生产、经营的纳税人领取工商营业执照的，应当自领取工商营业执照之日起30日内申报办理税务登记，税务机关发放税务登记证及副本；

②从事生产、经营的纳税人未办理工商营业执照但经有关部门批准设立的，应当自有关部门批准设立之日起30日内申报办理税务登记，税务机关发放税务登记证及副本；

③从事生产、经营的纳税人未办理工商营业执照也未经有关部门批准设立的，应当自纳税义务发生之日起30日内申报办理税务登记，税务机关发放临时税务登记证及副本；

④有独立的生产经营权、在财务上独立核算并定期向发包人或者出租人上交承包费或租金的承包承租人，应当自承包承租合同签订之日起30日内，向其承包承租业务发生地税务机关申报办理税务登记，税务机关发放临时税务登记证及副本；

⑤境外企业在中国境内承包建筑、安装、装配、勘探工程和提供劳务的，应当自项目合同或协议签订之日起30日内，向项目所在地税务机关申报办理税务登记，税务机关发放临时税务登记证及副本。

（2）上述规定以外的其他纳税人，除国家机关、个人和无固定生产、经营场所的流动性农村小商贩外，均应当自纳税义务发生之日起30日内，向纳税义务发生地税务机关申报办理税务登记，税务机关发放税务登记证及副本。

以下情况应比照开业登记办理：

扣缴义务人应当自扣缴义务发生之日起30日内，向所在地的主管税务机关申报办理扣缴税款登记，领取扣缴税款登记证件。税务机关对已办理税务登记的扣缴义务人，可以只在其税务登记证件上登记扣缴税款事项，不再发放扣缴税款登记证件。根据税收法律、行政法规的规定可不办理税务登记的扣缴义务人，应当自扣缴义务发生之日起30日内，向机构所在地税务机关申报办理扣缴税款登记。税务机关发放扣缴税款登记证件。

3. 开业税务登记的内容。

（1）单位名称、法定代表人或业主姓名及其居民身份证、护照或者其他证明身份的合法证件。

（2）住所、经营地点。

（3）登记注册类型及所属主管单位。

（4）核算方式。

（5）行业、经营范围、经营方式。

（6）注册资金（资本）、投资总额、开户银行及账号。

（7）经营期限、从业人数、营业执照号码。

（8）财务负责人、办税人员。

（9）其他有关事项。

企业在外地的分支机构或者从事生产、经营的场所，还应当登记总机构名称、地址、法人代表、主要业务范围、财务负责人。

4. 开业税务登记程序。

（1）税务登记的申请。办理税务登记是为了建立正常的征纳秩序，是纳税人履行纳税义务的第一步。为此，纳税人必须严格按照规定的期限，向当地主管税务机关及时申报办理税务登记手续，实事求是地填报登记项目，并如实回答税务机关提出的问题。纳税人所属的本县（市）以外的非独立经济核算的分支机构，除由总机构申报办理税务登记外，还应当自设立之日起30日内，向分支机构所在地税务机关申报办理注册税务登记。在申报办理税务登记时，纳税人应认真填写《税务登记表》。

（2）纳税人办理税务登记时应提供的证件、资料。

①营业执照或其他核准执业证件及工商登记表，或其他核准执业登记表复印件。

②有关机关、部门批准设立的文件。

③有关合同、章程、协议书。

④法定代表人和董事会成员名单。

⑤法定代表人（负责人）或业主居民身份证、护照或者其他证明身份的合法证件。

⑥组织机构统一代码证书。

⑦住所或经营场所证明。

⑧委托代理协议书复印件。

⑨属于享受税收优惠政策的企业还应提供的相应证明、资料，以及税务机关需要的其他资料、证件。

企业在外地的分支机构或者从事生产、经营的场所，在办理税务登记时，还应当提供由总机构所在地税务机关出具的在外地设立分支机构的证明。

根据2014年国家税务总局《关于创新税收服务和管理的意见》，纳税人申请办理税务登记时，税务机关应根据申请人情况，不再统一要求纳税人提供注册地址及生产、经营地址等场地的证明材料和验资报告,可不进行实地核查。

(3) 税务登记表的种类、适用对象。

①内资企业税务登记表。适用于核发税务登记证的国有企业、集体企业、股份合作企业、国有联营企业、集体联营企业、国有与集体联营企业、其他联营企业、国有独资公司、其他有限责任公司、股份有限公司、私营独资企业、私营合作企业、私营有限责任公司、私营股份有限公司、其他企业填用。

②分支机构税务登记表。主要适用于核发注册税务登记证的各种类型企业的非独立核算分支机构填用。

③个体经营税务登记表。主要适用于核发税务登记证的个体工商业户填用。

④其他单位税务登记表。主要适用于除工商行政管理机关以外,其他部门批准登记核发税务登记证的纳税人。

⑤涉外企业税务登记表。主要适用于中外合资经营企业、合作经营企业和外国企业填用。

(4) 税务登记表的受理、审核。

①受理。税务机关对申请办理税务登记的单位和个人所提供的《申请税务登记报告书》,以及要求报送的各种附列资料、证件进行查验,只有手续完备、符合要求的,方可受理登记,并根据其经济类型发给相应的税务登记表。

②审核。税务登记审核工作,既是税务机关税务登记工作的开始,也是税务登记管理工作的关键。为此,加强税务登记申请的审核就显得十分必要。通过税务登记申请的审核,可以发现应申报办理税务登记户数,实际办理税务登记户数,进而掌握申报办理税务登记户的行业构成等税务管理信息。

为此,税务机关对纳税人填报的《税务登记表》、提供的证件和资料,应当在收到申报的当日审核完毕。

(5) 税务登记证的核发。

纳税人提交的证件和资料齐全且税务登记表的填写内容符合规定的,税务机关应当日办理并发放税务登记证件。纳税人提交的证件和资料不齐全或税务登记表的填写内容不符合规定的,税务机关应当场通知其补正或重新填报。

(二) 变更税务登记

变更税务登记,是纳税人税务登记内容发生重要变化时向税务机关申报办理的税务登记手续；注销税务登记，则是指纳税人税务登记内容发生了根本性变化，需终止履行纳税义务时向税务机关申报办理的税务登记手续。

1. 变更税务登记的范围及时间要求。

（1）适用范围。纳税人办理税务登记后，如发生下列情形之一，应当办理变更税务登记：发生改变名称、改变法定代表人、改变经济性质或经济类型、改变住所和经营地点（不涉及主管税务机关变动的）、改变生产经营或经营方式、增减注册资金（资本）、改变隶属关系、改变生产经营期限、改变或增减银行账号、改变生产经营权属以及改变其他税务登记内容的。

（2）时间要求。纳税人税务登记内容发生变化的，应当自工商行政管理机关或者其他机关办理变更登记之日起 30 日内，持有关证件向原税务登记机关申报办理变更税务登记。

纳税人税务登记内容发生变化，不需要到工商行政管理机关或者其他机关办理变更登记的，应当自发生变化之日起 30 日内，持有关证件向原税务登记机关申报办理变更税务登记。

2. 变更税务登记的程序、方法。

（1）申请。纳税人申请办理变更税务登记时，应向主管税务机关领取《税务登记变更表》，如实填写变更登记事项、变更登记前后的具体内容。

（2）提供相关证件、资料。

（3）税务登记变更表的内容。主要包括纳税人名称、变更项目、变更前内容、变更后内容和上缴的证件情况。

（4）受理。税务机关对纳税人填报的表格及提交的附列资料、证件要进行认真审阅，在符合要求及资料证件提交齐全的情况下，予以受理。

（5）审核。主管税务机关对纳税人报送的已填登完毕的变更表及相关资料，进行分类审核。

（6）发证。税务机关应当于受理当日办理变更税务登记。纳税人税务登记表和税务登记证中的内容都发生变更的，税务机关按变更后的内容重新发放税务登记证件；纳税人税务登记表的内容发生变更而税务登记证中的内容未发生变更的，税务机关不重新发放税务登记证件。

（三）注销税务登记

1. 注销税务登记的适用范围及时间要求。

（1）适用范围。纳税人因经营期限届满而自动解散；企业由于改组、分立、合并等原因而被撤销；企业资不抵债而破产；纳税人住所、经营地址迁移而涉及改变原主管税务机关；纳税人被工商行政管理部门吊销营业执照；以及纳税人依法终止履行纳税义务的其他情形。

（2）时间要求。纳税人发生解散、破产、撤销及其他情形，依法终止纳税义务的，应当在向工商行政管理机关办理注销登记前，持有关证件向原税务登记管理机关申报办理注销税务登记；按照规定不需要在工商管理机关办理注销登记的，应当自有关机关批准或者宣告终止之日起15日内，持有关证件向原税务登记管理机关申报办理注销税务登记。

纳税人因住所、生产、经营场所变动而涉及改变主管税务登记机关的，应当在向工商行政管理机关申请办理变更或注销登记前，或者住所、生产、经营场所变动前，向原税务登记机关申报办理注销税务登记，并在30日内向迁入地主管税务登记机关申报办理税务登记。

纳税人被工商行政管理机关吊销营业执照的，应当自营业执照被吊销之日起15日内，向原税务登记机关申报办理注销税务登记。

境外企业在中国境内承包建筑、安装、装配、勘探工程和提供劳务的，应当在项目完工、离开中国前15日内，持有关证件和资料，向原税务登记机关申报办理注销税务登记。

2. 注销税务登记的程序、方法。

（1）纳税人办理注销税务登记时，应向原税务登记机关领取《注销税务登记申请审批表》，如实填写注销登记事项内容及原因。

（2）提供有关证件、资料。纳税人如实填写《注销税务登记申请审批表》，连同下列资料、证件报税务机关：

①注销税务登记申请书。

②主管部门批文或董事会、职代会的决议及其他有关证明文件。

③营业执照被吊销的应提交工商机关发放的注销决定。

④主管税务机关原发放的税务登记证件（《税务登记证》正、副本及登记表等）。

⑤其他有关资料。

（3）注销税务登记申请审批表的内容。由纳税人填写的项目主要包括纳税人名称（含分支机构名称）、注销原因、批准机关名称、批准文号及日期。

由税务机关填写的项目主要包括纳税人实际经营期限、纳税人已享受税收优惠、发票缴销情况、税款清缴情况、税务登记证件收回情况。

（4）受理。税务机关受理纳税人填写完毕的表格，审阅其填报内容是否符合要求，所附资料是否齐全后，督促纳税人做好下列事宜：

纳税人持《注销税务登记申请审批表》、未经税务机关查验的发票和《发票领购簿》到发票管理环节申请办理发票缴销；发票管理环节按规定清票后，在《注销税务登记申请审批表》上签署发票缴销情况，同时将审批表返还给纳税人。

纳税人向征收环节清缴税款；征收环节在纳税人缴纳税款后，在《注销税务登记申请审批表》上签署意见，同时将审批表返还纳税人。

（5）核实。纳税人持由上述两个环节签署意见后的审批表交登记管理环节；登记管理环节审核确认后，制发《税务文书领取通知书》给纳税人，同时填制《税务文书传递单》，并附《注销税务登记申请审批表》送稽查环节。

若稽查环节确定需对申请注销的纳税人进行实地稽查，应在《税务文书传递单》上注明批复期限内稽查完毕，在《注销税务登记申请审批表》上签署税款清算情况，及时将《税务文书传递单》和《注销税务登记申请审批表》返还给税务登记环节，登记部门在纳税人结清税款（包括滞纳金、罚款）后据以办理注销税务登记手续。

纳税人因生产、经营场所发生变化需改变主管税务登记机关的，在办理注销税务登记时，原税务登记机关在对其注销税务登记的同时，应向迁入地税务登记机关递交《纳税人迁移通知书》，并附《纳税人档案资料移交清单》，由迁入地税务登记机关重新办理税务登记。如遇纳税人已经或正在享受税收优惠待遇，迁出地税务登记机关应当在《纳税人迁移通知书》上注明。

（四）停业、复业登记

实行定期定额征收方式的纳税人，在营业执照核准的经营期限内需要停业的，应当向税务机关提出停业登记，说明停业的理由、时间、停业前的纳税情况和发票的领、用、存情况，并如实填写申请停业登记表。纳税人的停业期限不得超过一年。税务机关经过审核（必要时可实地审查），应当责成申请停业的纳税人结清税款并收回税务登记证件、发票领购簿和发票，办理停业登记。纳税人停业期间发生纳税义务，应当及时向主管税务机关申报，依法补缴应纳税款。

纳税人应当于恢复生产、经营之前，向税务机关提出复业登记申请，经确认后，办理复业登记，领回或启用税务登记证件、发票领购簿和领购的发票，纳入正常管理。

纳税人停业期满不能及时恢复生产、经营的，应当在停业期满前到税务机关办理延长停业登记，并如实填写《停业复业报告书》。纳税人停业期满未按期复业又不申请延长停业的，税务机关应当视为已恢复营业，实施正常的税收征收管理。

（五）外出经营报验登记

1. 纳税人到外县（市）临时从事生产经营活动的，应当在外出生产经营以前，持税务登记证向主管税务机关申请开具《外出经营活动税收管理证明》。

2. 税务机关按照一地一证的原则，发放《外出经营活动税收管理证明》，其有效期限一般为30日，最长不得超过180天。

3. 纳税人应当在《外出经营活动税收管理证明》注明地进行生产经营前向当地税务机关报验登记，并提交下列证件、资料：

（1）税务登记证件副本。

（2）《外出经营活动税收管理证明》。

纳税人在《外出经营活动税收管理证明》注明地销售货物的，除提交以上证件、资料外，应如实填写《外出经营货物报验单》，申报查验货物。

4. 纳税人外出经营活动结束，应当向经营地税务机关填报《外出经营活动情况申报表》，并结清税款、缴销发票。

5. 纳税人应当在《外出经营活动税收管理证明》有效期届满后10日内，持《外管证》回原税务登记地税务机关办理《外出经营活动税收管理证明》缴销手续。

（六）非正常户处理

已办理税务登记的纳税人未按照规定的期限申报纳税，在税务机关责令其限期改正后，逾期不改正的，税务机关应当派员实地检查，查无下落并且无法强制其履行纳税义务的，由检查人员制作非正常户认定书，存入纳税人档案，税务机关暂停其税务登记证件、发票领购簿和发票的使用。

纳税人被列入非正常户超过3个月的，税务机关可以宣布其税务登记证件失效，其应纳税款的追征仍按《征管法》及其实施细则的规定执行。

《全国税收征管规范（1.0版）》规定，税务机关应在非正常户认定的次月，在办税场所或者广播、电视、报纸、期刊、网络等媒体上公告非正常户。

对没有欠税且没有未缴销发票的纳税人，认定为非正常户超过两年的，税务机关可以注销其税务登记证件。

（七）"三证合一"登记制度改革

"三证合一"登记制度是指将企业登记时依次申请，分别由工商行政管理部门核发工商营业执照、质量技术监督部门核发组织机构代码证、税务部门核发税务登记证，改为一次申请、由工商行政管理部门核发一个营业执照的登记制度。

国务院在《关于促进市场公平竞争维护市场正常秩序的若干意见》（国发〔2014〕20号）中指出，改革市场准入制度，简化手续，缩短时限，鼓励探索实行工商营业执照、组织机构代码证和税务登记证"三证合一"登记制度。随后国务院办公厅发布了《关于加快推进"三证合一"登记制度改革的意见》（国办发〔2015〕50号）、国家工商总局等六部门发布了《关于贯彻落实〈国务院办公厅关于加快推进"三证合一"登记制度改革的意见〉的通知》（工商企注字〔2015〕121号）。2015年9月10日，国家税务总局发布《国家税务总局关于落实"三证合一"登记制度改革的通知》（税总函〔2015〕482号），就税务部门落实"三证合一"登记制度改革做出了具体部署。

加快推进这一改革，可以进一步便利企业注册，持续推动形成大众创业、万众创新热潮。这是维护交易安全、消除监管盲区的有效途径，是推进简政放权、建设服务型政府的必然选择，对于提高国家治理体系和治理能力现代化水平，使市场在资源配置中起决定性作用和更好地发挥政府作用，具有十分重要的意义。

1. "三证合一"登记制度的改革目标。

通过"一窗受理、互联互通、信息共享"，将由工商行政管理、质量技术监督、税务三个部门分别核发不同证照，改为由工商行政管理部门核发一个加载法人和其他组织统一社会信用代码的营业执照，即"一照一码"登记模式。

2. "三证合一"登记制度改革的基本要求。

（1）统一申请条件和文书规范。要以方便企业办事、简化登记手续、降低行政成本为出发点，按照企业不重复填报登记申请文书内容和不重复提交登记材料的原则，依法梳理申请事项，统一明确申请条件，整合简化文书规范，实行"一套材料"和"一表登记"申请，并在"一窗受理"窗口公示申请条件和示范文本。

（2）规范申请登记审批流程。按照"三证合一"登记制度改革的新要求，整合优化申请、受理、审查、核准、公示、发照等程序，缩短登记审批时限。

"一个窗口"统一受理企业申请并审核后，申请材料和审核信息在部门间共享，实现数据交换、档案互认。电子登记档案与纸质登记档案具有同等法律效力。各地区要结合本地区实际，制定简明易懂的"三证合一"登记办事指南，明确企业设立（开业）登记、变更登记、注销登记等各个环节的操作流程。

（3）优化登记管理服务方式。适应实行"三证合一"登记制度改革的需要，加快推进"一个窗口"对外统一受理模式，方便申请人办理。要坚持公开办理、限时办理、透明办理，坚持条件公开、流程公开、结果公开。除涉及国家秘密、商业秘密或个人隐私外，要及时公开登记企业的基础信息。各相关部门要切实履行对申请人的告知义务，及时提供咨询服务，强化内部督查和社会监督，提高登记审批效率。

（4）建立跨部门信息传递与数据共享的保障机制。要加大信息化投入，按照统一规范和标准，改造升级各相关业务信息管理系统，实现互联互通、信息共享。充分利用统一的信用信息共享交换平台，推动企业基础信息和相关信用信息在政府部门间广泛共享和有效应用。积极推进"三证合一"申请、受理、审查、核准、公示、发照等全程电子化登记管理，最终实现"三证合一"网上办理。

（5）实现改革成果共享应用。实行"三证合一"登记制度改革后，企业的组织机构代码证和税务登记证不再发放。企业原需要使用组织机构代码证、税务登记证办理相关事务的，一律改为使用"三证合一"后的营业执照办理。实行更多证照合一的，只要与本意见的原则和要求相一致，都可以先行先试。各地区、各部门、各单位都要予以认可和应用。

根据国家税务总局发布的《国家税务总局关于落实"三证合一"登记制度改革的通知》的规定，自2015年10月1日起，新设立企业、农民专业合作社（以下统称"企业"）领取由工商行政管理部门核发加载法人和其他组织统一社会信用代码（以下称统一代码）的营业执照后，无须再次进行税务登记，不再领取税务登记证。企业办理涉税事宜时，在完成补充信息采集后，凭加载统一代码的营业执照可代替税务登记证使用。除以上情形外，其他税务登记按照原有法律制度执行。改革前核发的原税务登记证件在过渡期继续有效。

已实行"三证合一、一照一码"登记模式的企业办理注销登记，须先向税务主管机关申报清税，填写《清税申报表》（见表1-1）。企业可向国税、地税任何一方税务主管机关提出清税申报，税务机关受理后应将企业清税申报信息同时传递给另一方税务机关，国税、地税税务主管机关按照各自职责分别进行清税，限时办理。清税完毕后一方税务机关及时将本部门的清税结果信息反馈给受理税务机关，由受理税务机关根据国税、地税清税结果向纳税人统一出具《清税证明》，并将信息共享到交换平台。

表1-1　　　　　　　　　　　清税申报表

纳税人名称		统一社会信用代码	
注销原因			
附送资料			
纳税人经办人： 年　月　日	法定代表人（负责人）： 年　月　日		纳税人（公章） 年　月　日
以下由税务机关填写			
受理时间	经办人： 年　月　日		负责人： 年　月　日
清缴税款、滞纳金、罚款情况	经办人： 年　月　日		负责人： 年　月　日
缴销发票情况	经办人： 年　月　日		负责人： 年　月　日
税务检查意见	检查人员： 年　月　日		负责人： 年　月　日
批准意见	部门负责人： 年　月　日		税务机关（签章） 年　月　日

填表说明：
(1) 附送资料：填写附报的有关注销的文件和证明资料；
(2) 清缴税款、滞纳金、罚款情况：填写纳税人应纳税款、滞纳金、罚款缴纳情况；
(3) 缴销发票情况：纳税人发票领购簿及发票缴销情况；
(4) 税务检查意见：检查人员对需要清查的纳税人，在纳税人缴清查补的税款、滞纳金、罚款后签署意见；
(5) 本表一式三份，税务机关两份，纳税人一份。

税务机关应当分类处理纳税人清税申报，扩大即时办结范围。根据企业经营规模、税款征收方式、纳税信用等级指标进行风险分析，对风险等级低的当场办结清税手续；对于存在疑点情况的，企业也可以提供税务中介服务机构出具的鉴证报告。税务机关在核查、检查过程中发现涉嫌偷、逃、骗、抗税或虚开发票的，或者需要进行纳税调整等情形的，办理时限自然中止。在清税后，经举报等线索发现少报、少缴税款的，税务机关将相关信息传至登记机关，纳入"黑名单"管理。

过渡期间未换发"三证合一、一照一码"营业执照的企业申请注销，税务机关按照原规定办理。

二、账簿、凭证和发票的管理

（一）账簿、凭证管理

账簿是纳税人、扣缴义务人连续地记录其各种经济业务的账册或簿籍。凭证是纳税人用来记录经济业务，明确经济责任，并据以登记账簿的书面证明。

1. 账簿、凭证的设置。

（1）设置账簿的范围。根据《税收征收管理法》第十九条及其《实施细则》第二十二条的有关规定，所有的纳税人和扣缴义务人都必须按照有关法律、行政法规和国务院财政、税务主管部门的规定设置账簿。账簿是指总账、明细账、日记账以及其他辅助性账簿。总账、日记账应当采用订本式。

从事生产、经营的纳税人应当自领取营业执照或者发生纳税义务之日起15日内设置账簿。

扣缴义务人应当自税收法律、行政法规规定的扣缴义务发生之日起10日内，按照所代扣、代收的税种，分别设置代扣代缴、代收代缴税款账簿。

生产、经营规模小又确无建账能力的纳税人，可以聘请经批准从事会计代理记账业务的专业机构或者经税务机关认可的财会人员代为建账和办理账务；聘请上述机构或者人员有实际困难的，经县以上税务机关批准，可以按照税务机关的规定，建立收支凭证粘贴簿、进货销货登记簿或者使用税控装置。

（2）对会计核算的要求。根据《税收征收管理法》第十九条的有关规定，所有纳税人和扣缴义务人都必须根据合法、有效的凭证进行账务处理。

纳税人建立的会计电算化系统应当符合国家有关规定，并能正确、完整核算其收入或者所得。

纳税人使用计算机记账的，应当在使用前将会计电算化系统的会计核算软件、使用说明书及有关资料报送主管税务机关备案。

纳税人、扣缴义务人会计制度健全，能够通过计算机正确、完整计算其收入和所得或者代扣代缴、代收代缴税款情况的，其计算机输出的完整的书面会计记录，可视同会计账簿。

纳税人、扣缴义务人会计制度不健全，不能通过计算机正确、完整计算其收入和所得或者代扣代缴、代收代缴税款情况的，应当建立总账及与纳税或者代扣代缴、代收代缴税款有关的其他账簿。

2. 对财务会计制度的管理。

（1）备案制度。根据《税收征收管理法》第二十条及其《实施细则》第二十四条的有关规定，凡从事生产、经营的纳税人必须将所采用的财务、会计制度和具体的财务、会计处理办法，按税务机关的规定，自领取税务登记证件之日起15日内，及时报送主管税务机关备案。

（2）财会制度、办法与税收规定相抵触的处理办法。根据《税收征收管理法》第二十条的有关规定，当从事生产、经营的纳税人、扣缴义务人所使用的财务会计制度和具体的财务、会计处理办法与国务院、财政部和国家税务总局有关税收方面的规定相抵触时，纳税人、扣缴义务人必须按照国务院制定的税收法规的规定或者财政部、国家税务总局制定的有关税收的规定计缴税款。

3. 账簿、凭证的保管。

根据《税收征收管理法》第二十四条的有关规定："从事生产经营的纳税人、扣缴义务人必须按照国务院财政、税务主管部门规定的保管期限保管账簿、记账凭证、完税凭证及其他有关资料。账簿、记账凭证、报表、完税凭证、发票、出口凭证以及其他有关涉税资料不得伪造、变造或者擅自损毁。"

根据2016年1月1日实施的《会计档案管理办法》规定，将会计档案的定期保管期限由原3年、5年、10年、15年、25年五类调整为10年、30年两类，其中会计凭证、会计账簿等主要会计档案的最低保管期限已延长至30年，其他辅助会计资料的最低保管期限延长至10年。

（二）发票管理

根据《税收征收管理法》第二十一条规定："税务机关是发票的主管机关，负责发票的印制、领购、开具、取得、保管、缴销的管理和监督。"

1. 根据《税收征收管理法》第二十二条的规定：增值税专用发票由国务院税务主管部门指定的企业印制；其他发票，按照国务院税务主管部门的规定，分别由省、自治区、直辖市国家税务局、地方税务局指定企业印制。未经规定的税务机关指定，不得印制发票。

2. 发票领购管理。依法办理税务登记的单位和个人，在领取税务登记证后，向主管税务机关申请领购发票。对无固定经营场地或者财务制度不健全的纳税人申请领购发票，主管税务机关有权要求其提供担保人，不能提供担保人的，可以视其情况，要求其缴纳保证金，并限期缴销发票。对发票保证金应设专户储存，不得挪作他用。纳税人可以根据自己的需要申请领购普通发票。增值税专用发票只限于增值税一般纳税人领购使用。

3. 发票开具、使用、取得的管理。根据《税收征收管理法》第二十一条的规定："单位、个人在购销商品、提供或者接受经营服务以及从事其他经营活动中，应当按照规定开具、使用、取得发票。"普通发票开具、使用、取得的管理，应注意以下几点（增值税专用发票开具、使用、取得的管理，按增值税有关规定办理）：

（1）销货方按规定填开发票。

（2）购买方按规定索取发票。

（3）纳税人进行电子商务必须开具或取得发票。

（4）发票要全联一次填写。

（5）发票不得跨省、直辖市、自治区使用。发票限于领购单位和个人在本省、自治区、直辖市内开具。发票领购单位未经批准不得跨规定使用区域携带、邮寄、运输空白发票，禁止携带、邮寄或者运输空白发票出入境。

（6）开具发票要加盖财务印章或发票专用章。

（7）开具发票后，如发生销货退回需开红字发票的，必须收回原发票并注明"作废"字样或取得对方有效证明；发生销售折让的，在收回原发票并证明"作废"后，重新开具发票。

4. 发票保管管理。根据发票管理的要求，发票保管分为税务机关保管和用票单位、个人保管两个层次，都必须建立严格的发票保管制度。包括专人保管制度、专库保管制度、专账登记制度、保管交接制度和定期盘点制度。

5. 发票缴销管理。发票缴销包括发票收缴和发票销毁。发票收缴是指用票单位和个人按照规定向税务机关上缴已经使用或者未使用的发票；发票销毁是指由税务机关统一将自己或者他人已使用或者未使用的发票进行销毁。发票收缴与发票销毁既有联系又有区别，发票销毁首先必须收缴；但收缴的发票不一定都要销毁，一般都要按照法律法规保存一定时期后才能销毁。

2014年国家税务总局《关于创新税收服务和管理的意见》对发票发放领用的服务与监管提出新的要求：

（1）及时为纳税人提供清晰的发票领用指南。通过印发提示卡或涉税事项告知卡，引导纳税人快速办理发票领用手续。推行免填单、预填单、勾选等方式，补充采集国标行业、登记注册类型等税务机关所需的数据，以核定应纳税种、适用的发票票种、版别及数量，让纳税人切实感受到税务机关的优质服务。

（2）简化发票申领程序。税务机关应根据实际情况，设定统一、规范的发票申领程序，并将发票申领程序公开。申领普通发票原则上取消实地核查，统一在办税服务厅即时办结。一般纳税人申请增值税专用发票（包括增值税专用发票和货物运输业增值税专用发票）最高开票限额不超过10万元的，主管税务机关不需事前进行实地查验。可在此基础上适当扩大不需事前实地查验的范围，实地查验的范围和方法由各省国税机关确定。

（3）不断提高发票管理信息化水平。积极探索建立风险监控指标，通过比对分析纳税人的开票信息，及时调整纳税人申领发票的版别和数量。做好网络发票应用工作，推动网络发票数据分析利用，完善网络发票平台实时查询和日常监控管理功能，为社会提供便捷的网络发票信息查询服务。同时，探索电子发票的推广与应用。

6. 增值税电子普通发票的推广与应用。

2015年11月26日，国家税务总局发布了《关于推行通过增值税电子发票系统开具的增值税电子普通发票有关问题的公告》，对增值税电子发票的开具和使用提出具体规定。

（1）规定了增值税电子发票系统开具的增值税电子普通发票票样。

（2）增值税电子普通发票的开票方和受票方需要纸质发票的，可以自行打印增值税电子普通发票的版式文件，其法律效力、基本用途、基本使用规定等与税务机关监制的增值税普通发票相同。

（3）增值税电子普通发票的发票代码为12位，编码规则：第1位为0，第2~5位代表省、自治区、直辖市和计划单列市，第6~7位代表年度，第8~10位代表批次，第11~12位代表票种（11代表增值税电子普通发票）。发票号码为8位，按年度、分批次编制。

（4）除北京市、上海市、浙江省、深圳市外，其他地区已使用电子发票的增值税纳税人，应于2015年12月31日前完成相关系统对接技术改造，2016年1月1日起使用增值税电子发票系统开具增值税电子普通发票，其他开具电子发票的系统同时停止使用。

三、纳税申报

纳税申报是纳税人按照税法规定的期限和内容，向税务机关提交有关纳税事项书面报告的一种制度。纳税申报是纳税人履行纳税义务、界定纳税人法律责任的主要依据，也是税务机关税收管理信息的主要来源和税务管理的重要制度。

（一）纳税申报的对象

纳税申报的对象为纳税人和扣缴义务人。纳税人在纳税期内没有应纳税款的，也应当按照规定办理纳税申报。纳税人享受减税、免税待遇的，在减税、免税期间应当按照规定办理纳税申报。

（二）纳税申报的主要内容

纳税申报的内容，主要在各税种的纳税申报表和代扣代缴、代收代缴税款报告表中体现，还可以在随纳税申报表附报的财务报表和有关纳税资料中体现。纳税人和扣缴义务人的纳税申报和代扣代缴、代收代缴税款报告的主要内容包括：税种、税目，应纳税项目或者应代扣代缴、代收代缴税款项目，计税依据，扣除项目及标准，适用税率或者单位税额，应退税项目及税额、应减免税项目及税额，应纳税额或者应代扣代缴、代收代缴税额，以及税款所属期限、延期缴纳税款、欠税、滞纳金等。

（三）纳税申报的期限

纳税人和扣缴义务人都必须按照法定的期限办理纳税申报。申报期限有两种：一种是法律、行政法规明确规定的；另一种是税务机关按照法律、行政法规的原则规定，结合纳税人生产经营的实际情况及其所应缴纳的税种等相关问题予以确定的。两种期限具有同等的法律效力。

（四）纳税申报的要求

纳税人办理纳税申报时，应当如实填写纳税申报表，并根据不同的情况相应报送下列有关证件、资料：

1. 财务会计报表及其说明材料。

2. 与纳税有关的合同、协议书及凭证。

3. 税控装置的电子报税资料。

4. 外出经营活动税收管理证明和异地完税凭证。

5. 境内或者境外公证机构出具的有关证明文件。

6. 税务机关规定应当报送的其他有关证件、资料。

7. 扣缴义务人办理代扣代缴、代收代缴税款报告时，应当如实填写代扣代缴、代收代缴税款报告表，并报送代扣代缴、代收代缴税款的合法凭证以及税务机关规定的其他有关证件、资料。

（五）纳税申报的方式

纳税人、扣缴义务人可以直接到税务机关办理纳税申报，或者报送代扣代缴、代收代缴税款报告表，也可以按照规定采取邮寄、数据电文或者其他方式办理上述申报、报送事项。目前，纳税申报的形式主要有以下三种：

1. 直接申报。直接申报，是指纳税人自行到税务机关办理纳税申报。这是一种传统申报方式。

2. 邮寄申报。邮寄申报，是指经税务机关批准的纳税人使用统一规定的纳税申报特快专递专用信封，通过邮政部门办理交寄手续，并向邮政部门索取收据作为申报凭据的方式。

纳税人采取邮寄方式办理纳税申报的，应当使用统一的纳税申报专用信封，并以邮政部门收据作为申报凭据。邮寄申报以寄出的邮戳日期为实际申报日期。

3. 数据电文。数据电文，是指经税务机关确定的电话语音、电子数据交换和网络传输等电子方式。例如，目前纳税人的网上申报，就是数据电文申报方式的一种形式。

纳税人采取电子方式办理纳税申报的，应当按照税务机关规定的期限和要求保存有关资料，并定期书面报送主管税务机关。纳税人、扣缴义务人采取数据电文方式办理纳税申报的，其申报日期以税务机关计算机网络系统收到该数据电文的时间为准。

除上述方式外，实行定期定额缴纳税款的纳税人，可以实行简易申报、简并征期等申报纳税方式。"简易申报"是指实行定期定额缴纳税款的纳税人在法律、行政法规规定的期限内或税务机关依据法规的规定确定的期限内缴纳税款的，税务机关可以视同申报；"简并征期"是指实行定期定额缴纳税款的纳税人，经税务机关批准，可以采取将纳税期限合并为按季、半年、年的方式缴纳税款。

（六）延期申报管理

延期申报是指纳税人、扣缴义务人不能按照税法规定的期限办理纳税申报或扣缴税款报告。

纳税人因有特殊情况，不能按期进行纳税申报的，经县以上税务机关核准，可以延期申报。但应当在规定的期限内向税务机关提出书面延期申请，经税务机关核准，在核准的期限内办理。如纳税人、扣缴义务人因不可抗力，不能按期办理纳税申报或者报送代扣代缴、代收代缴税款报告表的，可以延期办理，但应当在不可抗力情形消除后立即向税务机关报告。

经核准延期办理纳税申报的，应当在纳税期内按照上期实际缴纳的税额或者税务机关核定的税额预缴税款，并在核准的延期内办理纳税结算。

四、税款征收

税款征收是税收征收管理工作的中心环节，是全部税收征管工作的目的和归宿，在整个税收工作中占据着极其重要的地位。税务机关依照法律、行政法规的规定征收税款，不得违反法律、行政法规的规定开征、停征、多征、少征、提前征收、延缓征收或者摊派税款。除税务机关、税务人员以及经税务机关依照法律、行政法规委托的单位和人员外，任何单位和个人不得进行税款征收活动。

（一）税款征收方式

税款征收方式是指税务机关根据各税种的不同特点和征纳双方的具体条件而确定的计算、征收税款的形式和方法。我国的税款征收方式主要有以下几种：

1. 查账征收。

查账征收是指纳税人在规定的纳税期限内，根据自己的财务报表或经营成果，向税务机关申报应纳税收入（或所得额）和应纳税额，经税务机关审查核实后，填写纳税缴款书，纳税人据以缴纳税款的一种征收方式。采用这种方式纳税人需先自行计算缴纳，事后经税务机关查账核实，如有不符合税法规定的，则多退少补。

2. 查定征收。

查定征收是指由税务机关根据纳税人的生产设备等情况，在正常情况下的生产、销售情况，对其生产的应税产品查定产量和销售额，然后依照税法规定的税率征收税款的一种征收方式。

3. 查验征收。

查验征收是指税务机关对纳税人应税商品，通过查验数量，按市场一般销售单价计算其销售收入并据以征税的方式。这种方式一般适用于经营品种比较单一，经营地点、时间和商品来源不固定的纳税单位。

4. 定期定额征收。

定期定额征收是指由税务机关依照有关法律、法规的规定，按照一定的程序，核定纳税人一定经营时期的应纳税经营额及收益额，并以此为计税依据，分期征收税款的一种征收方式。这种方式主要用于一些没有记账条件，无法核实其销售收入或营业收入和所得额的个体或小型工商户纳税人。

5. 代扣代缴。

代扣代缴指按照税法规定，负有扣缴税款的法定义务人，负责对纳税人应纳税款进行代扣代缴的方式。即由支付人在向纳税人支付款项时，从所支付的款项中依法直接扣收税款。其目的是对零星分散、不易控制的税源实行源泉控制。

6. 代收代缴。

代收代缴是指按照税法规定，负有收缴税款的法定义务人，负责对纳税人应纳的税款进行代收代缴的方式。即由与纳税人有经济业务往来的单位和个人在向纳税人收取款项时依法收取税款。这种方式一般适用于税收网络覆盖不到或很难控管的领域，如增值税中的委托加工由受托方代收加工产品的税款。

7. 委托代征。

委托代征是指受托的有关单位按照税务机关核发的代征书的要求，以税务机关的名义向纳税人征收一些零散税款的一种税款征收方式。

8. 其他方式。

其他方式包括利用网络申报、用 IC 卡纳税、邮寄申报纳税、自计自填自缴、自报核缴方式等。

（二）税款征收措施

为了保证税款征收的顺利进行，《税收征管法》赋予了税务机关在税款征收中根据不同情况采取必要的措施和手段,如延期纳税、加收滞纳金、税收保全措施、强制执行措施等,以确保国家税款及时足额入库。

1. 延期纳税。

纳税人因有特殊困难,不能按期缴纳税款的,经省、自治区、直辖市国家税务局、地方税务局批准,可以延期缴纳税款,但是最长不得超过3个月。特殊困难包括:(1)因不可抗力,导致纳税人发生较大损失,正常生产经营活动受到较大影响的;(2)当期货币资金在扣除应付职工工资、社会保险费后,不足以缴纳税款的。计划单列市国家税务局、地方税务局可以参照税收征管法的批准权限,审批纳税人延期缴纳税款。

2. 加收滞纳金。

纳税人未按照规定期限缴纳税款的,扣缴义务人未按照规定期限解缴税款的,税务机关除责令限期缴纳外,从滞纳税款之日起,按日加收滞纳税款万分之五的滞纳金。加收滞纳金的起止时间,为法律、行政法规规定或者税务机关依照法律、行政法规的规定确定的税款缴纳期限届满次日起至纳税人、扣缴义务人实际缴纳或者解缴税款之日止。

3. 核定应纳税额。

(1)核定应纳税额的情形。

纳税人有下列情形之一的,税务机关有权核定其应纳税额:

①依照法律、行政法规的规定可以不设置账簿的;

②依照法律、行政法规的规定应当设置账簿但未设置的;

③擅自销毁账簿或者拒不提供纳税资料的;

④虽设置账簿,但账目混乱或者成本资料、收入凭证、费用凭证残缺不全,难以查账的;

⑤发生纳税义务,未按照规定的期限办理纳税申报,经税务机关责令限期申报,逾期仍不申报的;

⑥纳税人申报的计税依据明显偏低,又无正当理由的。

(2)核定应纳税额的方法。

税务机关可采用下列方法对应纳税额进行核定:

①参照当地同类行业或者类似行业中经营规模和收入水平相近的纳税人的税负水平核定;

②按照营业收入或者成本加合理的费用和利润的方法核定;

③按照耗用的原材料、燃料、动力等推算或者测算核定;

④按照其他合理方法核定。

采用上述所列一种方法不足以正确核定应纳税额时，可以同时采用两种以上的方法核定。

4. 关联企业应纳税额的核定。

纳税人有义务就其与关联企业之间的业务往来，向当地税务机关提供有关的价格、费用标准等资料。纳税人与其关联企业之间的业务往来，应当按照独立企业之间的业务往来收取或者支付价款、费用；不按照独立企业之间的业务往来收取或者支付价款、费用，而减少其应纳税的收入或者所得额的，税务机关有权进行合理调整。

关联企业，是指有下列关系之一的公司、企业和其他经济组织：

①在资金、经营、购销等方面，存在直接或者间接的拥有或者控制关系；

②直接或者间接地同为第三者所拥有或者控制；

③在利益上具有相关联的其他关系。

5. 未办理税务登记的从事生产、经营的纳税人，以及临时从事经营的纳税人税款的征收。

根据《税收征管法》的规定，对于未按照规定办理税务登记的从事生产、经营的纳税人以及临时从事经营的纳税人，由税务机关核定其应纳税额，责令缴纳。不缴纳的，税务机关可以扣押其价值相当于应纳税款的商品、货物。扣押后缴纳应纳税款的，税务机关必须立即解除扣押，并归还所扣押的商品、货物；扣押后仍不缴纳应纳税款的，经县以上税务局（分局）局长批准，依法拍卖或者变卖所扣押的商品、货物，以拍卖或者变卖所得抵缴税款。

6. 税收保全措施。

根据《税收征管法》的规定，税务机关有根据认为从事生产、经营的纳税人有逃避纳税义务行为的，可以在规定的纳税期之前，责令限期缴纳应纳税款；在限期内发现纳税人有明显的转移、隐匿其应纳税的商品、货物以及其他财产或者应纳税的收入的迹象的，税务机关可以责成纳税人提供纳税担保。如果纳税人不能提供纳税担保，经县以上税务局（分局）局长批准，税务机关可以采取下列税收保全措施：第一，书面通知纳税人开户银行或者其他金融机构冻结纳税人的金额相当于应纳税款的存款；第二，扣押、查封纳税人的价值相当于应纳税款的商品、货物或者其他财产。

纳税人在前款规定的限期内缴纳税款的，税务机关必须立即解除税收保全措施；限期期满仍未缴纳税款的，经县以上税务局（分局）局长批准，税务机关可以书面通知纳税人开户银行或者其他金融机构从其冻结的存款中扣缴税款，或者依法拍卖或者变卖所扣押、查封的商品、货物或者其他财产，以拍卖或者变卖所得抵缴税款。

个人及其所扶养家属维持生活必需的住房和用品，不在税收保全措施的范围之内。

纳税人在限期内已缴纳税款，税务机关未立即解除税收保全措施，或者税务机关滥用职权违法采取税收保全措施，或者采取税收保全措施不当，使纳税人的合法权益遭受损失的，税务机关应当依法承担赔偿责任。

7. 税收强制执行措施。

根据《税收征管法》的规定，从事生产、经营的纳税人、扣缴义务人未按照规定的期限缴纳或者解缴税款，纳税担保人未按照规定的期限缴纳所担保的税款，由税务机关责令限期缴纳，逾期仍未缴纳的，经县以上税务局（分局）局长批准，税务机关可以采取下列强制执行措施：第一，书面通知其开户银行或者其他金融机构从其存款中扣缴税款；第二，扣押、查封、依法拍卖或者变卖其价值相当于应纳税款的商品、货物或者其他财产，以拍卖或者变卖所得抵缴税款。

税务机关采取强制执行措施时，对前款所列纳税人、扣缴义务人、纳税担保人未缴纳的滞纳金同时强制执行。

个人及其所扶养家属维持生活必需的住房和用品，不在强制执行措施的范围之内。

税务机关滥用职权违法采取强制执行措施，或者采取强制执行措施不当，使纳税人、扣缴义务人或者纳税担保人的合法权益遭受损失的，应当依法承担赔偿责任。

8. 离境清税。

欠缴税款的纳税人或者其法定代表人需要出境的，应当在出境前向税务机关结清应纳税款、滞纳金或者提供担保。未结清税款、滞纳金，又不提供担保的，税务机关可以通知出境管理机关阻止其出境。

9. 税款追征。

因税务机关的责任，致使纳税人、扣缴义务人未缴或少缴税款的，税务机关可以在3年内要求纳税人、扣缴义务人补缴税款，但是不得加收滞纳金；因纳税人、扣缴义务人计算错误等失误，未缴或少缴税款的，税务机关可以在3年内追征税款、滞纳金；有特殊情况的，追征期可以延长到5年。对于偷税、抗税、骗税的，实行无限期追征。

10. 税款优先执行。

《税收征管法》第四十五条规定："税务机关征收税款，税收优先于无担保债权，法律另有规定的除外；纳税人欠缴的税款发生在纳税人以其财产设定抵押、质押或者纳税人的财产被留置之前的，税收应当先于抵押权、质权、留置权执行。纳税人欠缴税款，同时又被行政机关决定处以罚款、没收违法所得的，税收优先于罚款、没收违法所得。"

《税收征管法》第一次在税收法律上确定了税款优先的地位，确定了税款征收在纳税人支付各种款项和偿还债务时的顺序。税款优先的原则不仅增强了税法的刚性，而且增强了税法在执行中的可操作性。

（1）税收优先于无担保债权。这里所说的税收优先于无担保债权是有条件的，也就是说并不是优先于所有的无担保债权，对于法律上另有规定的无担保债权，不能行使税收优先权。

（2）纳税人发生欠税在前的，税收优先于抵押权、质权和留置权的执行。这里有两个前提条件：其一，纳税人有欠税；其二，欠税发生在前。即纳税人的欠税发生在以其财产设定抵押、质押或被留置之前。纳税人在有欠税的情况下设置抵押权、质权、留置权时，纳税人应当向抵押权人、质权人说明其欠税情况。

欠缴的税款是指纳税人发生纳税义务，但未按照法律、行政法规规定的期限或者未按照税务机关依照法律、行政法规的规定确定的期限向税务机关申报缴纳的税款或者少缴的税款。纳税人应缴纳税款的期限届满之次日即是纳税人欠缴税款的发生时间。

（3）税收优先于罚款、没收非法所得。①纳税人欠缴税款，同时要被税务机关决定处以罚款、没收非法所得的，税收优先于罚款、没收非法所得。②纳税人欠缴税款，同时又被税务机关以外的其他行政部门处以罚款、没收非法所得的，税款优先于罚款、没收非法所得。

11. 大额欠税处分财产报告制度。

欠缴税款数额较大的纳税人在处分其不动产或者大额资产之前，应当向税务机关报告。所说的欠缴税款数额较大，是指欠缴税款在5万元以上的。

12. 改制纳税人欠税的清缴。

纳税人有合并、分立情形的，应当向税务机关报告，并依法缴清税款。纳税人合并时未缴清税款的，应当由合并后的纳税人继续履行未履行的纳税义务；纳税人分立时未缴清税款的，分立后的纳税人对未履行的纳税义务应当承担连带责任。

13. 税务机关代位权、撤销权的行使。

欠缴税款的纳税人因怠于行使到期债权，或者放弃到期债权，或者无偿转让财产，或者以明显不合理的低价转让财产而受让人知道该情形，对国家税收造成损害的，税务机关可以依照《合同法》第七十三条、第七十四条的规定行使代位权、撤销权。税务机关依照规定行使代位权、撤销权的，不免除欠缴税款的纳税人尚未履行的纳税义务和应承担的法律责任。

第二章 增值税纳税实务与会计处理

第一节 增值税基本法规

增值税是以商品（含应税劳务和应税服务）在流转过程中产生的增值额作为征税对象而征收的一种流转税。按照我国增值税法的规定，增值税是对在我国境内销售货物或者提供加工、修理修配劳务（以下简称"应税劳务"），交通运输业、邮政业、电信业、部分现代服务业服务（以下简称"应税服务"），以及进口货物的企业单位和个人，就其销售货物、提供应税劳务、提供应税服务的增值额和货物进口金额为计税依据而课征的一种流转税。

一、增值税的纳税义务人

根据《增值税暂行条例》和"营业税改征增值税试点实施办法"的规定，凡在中华人民共和国境内销售或者进口货物、提供应税劳务和应税服务的单位和个人都是增值税纳税义务人。

单位，是指企业、行政单位、事业单位、军事单位、社会团体及其他单位。

个人，是指个体工商户和其他个人。

在境内销售或进口货物、提供应税劳务的单位租赁或承包给其他单位或者个人经营的承租人或者承包人为纳税人。

"营改增"试点的单位以承包、承租、挂靠方式经营的，承包人、承租人、挂靠人（以下简称"承包人"）以发包人、出租人、被挂靠人（以下简称"发包人"）名义对外经营并由发包人承担相关法律责任的，以该发包人为纳税人。否则，以承包人为纳税人。

增值税法将增值税纳税人按会计核算水平和经营规模分为小规模纳税人和一般纳税人两类纳税人,并分别采取不同的增值税计税方法。

(一) 小规模纳税人的认定及管理

1. 小规模纳税人的认定标准。

小规模纳税人是指年销售额在规定标准以下,并且会计核算不健全,不能按规定报送有关税务资料的增值税纳税人。所称会计核算不健全是指不能正确核算增值税的销项税额、进项税额和应纳税额。

根据《增值税暂行条例》及其《增值税暂行条例实施细则》和"营业税改征增值税试点实施办法"等相关文件的规定,小规模纳税人的认定标准是:

(1) 从事货物生产或者提供应税劳务的纳税人,以及以从事货物生产或者提供应税劳务为主,并兼营货物批发或者零售的纳税人,年应税销售额在50万元以下(含本数,下同)的;"以从事货物生产或者提供应税劳务为主"是指纳税人的年货物生产或者提供应税劳务的销售额占年应税销售额的比重在50%以上。

(2) 对上述规定以外的纳税人(不含提供应税服务的纳税人),年应税销售额在80万元以下的。

(3) 年应税销售额超过小规模纳税人标准的其他个人按小规模纳税人纳税。

(4) 非企业性单位、不经常发生应税行为的企业可选择按小规模纳税人纳税;对于应税服务年销售额超过规定标准但不经常提供应税服务的单位和个体工商户可选择按照小规模纳税人纳税。

(5) 应税服务年销售额标准为500万元,应税服务年销售额未超过500万元的纳税人为小规模纳税人。

试点纳税人试点实施前的应税服务年销售额按以下公式换算:

应税服务年销售额 = 连续不超过12个月应税服务营业额合计 ÷ (1 + 3%)

按"营改增"有关规定,在确定销售额时可以差额扣除的试点纳税人,其应税服务年销售额按未扣除之前的销售额计算。

(6) 旅店业和饮食业纳税人销售非现场消费的食品,属于不经常发生增值税应税行为,根据《增值税暂行条例实施细则》第二十九条的规定,可以选择按小规模纳税人缴纳增值税。

(7) 兼有销售货物、提供加工修理修配劳务以及应税服务,且不经常发生应税行为的单位和个体工商户可选择按照小规模纳税人纳税。

2. 小规模纳税人的管理。

小规模纳税人会计核算健全，能够提供准确税务资料的，可以向主管税务机关申请资格认定，不作为小规模纳税人。会计核算健全，是指能够按照国家统一的会计制度规定设置账簿，根据合法、有效凭证核算。

（二）一般纳税人的认定及管理

1. 一般纳税人的认定标准。

一般纳税人是指年应征增值税销售额（以下简称"年应税销售额"），超过财政部、国家税务总局规定的小规模纳税人标准的企业和企业性单位（以下简称"企业"）。年应税销售额，是指纳税人在连续不超过12个月的经营期内累计应征增值税销售额，包括纳税申报销售额、稽查查补销售额、纳税评估调整销售额、税务机关代开发票销售额和免税销售额。其中稽查查补销售额和纳税评估调整销售额计入查补税款申报当月的销售额，不计入税款所属期销售额。经营期，是指在纳税人存续期内的连续经营期间，含未取得销售收入的月份。

应税服务的年应征增值税销售额（以下简称"应税服务年销售额"）超过财政部和国家税务总局规定标准的纳税人为一般纳税人，未超过规定标准的纳税人为小规模纳税人。

兼有销售货物、提供应税劳务以及应税服务的纳税人，应税货物及劳务销售额与应税服务销售额分别计算，分别适用增值税一般纳税人资格认定标准。

兼有销售货物、提供加工修理修配劳务及应税服务，且不经常发生应税行为的单位和个体工商户可选择按照小规模纳税人纳税。

小规模纳税人会计核算健全，能够提供准确税务资料的，可以向主管税务机关申请资格认定，不作为小规模纳税人，依照有关规定计算应纳税额。

试点实施前应税服务年销售额未超过500万元的试点纳税人，如符合相关规定条件，也可以向主管税务机关办理增值税一般纳税人资格登记。

2. 办理一般纳税人资格的条件。

年应税销售额未超过财政部、国家税务总局规定的小规模纳税人标准以及新开业的纳税人，可以向主管税务机关办理一般纳税人资格登记。对提出申请并且同时符合下列条件的纳税人，主管税务机关应当为其办理一般纳税人资格登记：

（1）有固定的生产经营场所；

（2）能够按照国家统一的会计制度规定设置账簿，根据合法、有效凭证核算，能够提供准确税务资料。

3. 无须办理一般纳税人资格登记的纳税人。

（1）个体工商户以外的其他个人；其他个人，是指自然人。

（2）选择按照小规模纳税人纳税的非企业性单位；非企业性单位，是指行政单位、事业单位、军事单位、社会团体和其他单位。

（3）选择按照小规模纳税人纳税的不经常发生应税行为的企业。不经常发生应税行为的企业，是指非增值税纳税人；不经常发生应税行为是指其偶然发生增值税应税行为。

（4）应税服务年销售额超过规定标准的其他个人不属于一般纳税人；不经常提供应税服务的非企业性单位、企业和个体工商户可选择按照小规模纳税人纳税。

（5）试点实施前已取得增值税一般纳税人资格并兼有应税服务的试点纳税人，不需要重新申请认定，由主管税务机关制作、送达《税务事项通知书》，告知纳税人。

4. 一般纳税人资格登记办理的所在地和权限。

纳税人应当向其机构所在地主管税务机关申请一般纳税人资格认定。

一般纳税人资格登记办理的权限，在县（市、区）国家税务局或者同级别的税务分局。

5. 纳税人办理一般纳税人资格登记的程序。

纳税人按照下列程序办理一般纳税人资格登记：

（1）纳税人向主管税务机关填报《增值税一般纳税人资格登记表，并提供税务登记证件》。

（2）纳税人填报内容与税务登记信息一致的，主管税务机关当场登记。

（3）纳税人填报内容与税务登记信息不一致的，或者不符合填列要求的，税务机关应当场告知纳税人需要认证的内容。

二、增值税的征税范围

根据《增值税暂行条例》和"营业税改征增值税试点实施办法"的规定，增值税的征税范围分为一般规定和具体规定。

现行增值税征税范围的一般规定包括：

1. 销售或者进口的货物。

货物是指有形动产，包括电力、热力、气体在内。销售货物，是指有偿转让货物的所有权。

2. 提供的应税劳务。

应税劳务是指纳税人提供的加工、修理修配劳务。加工是指受托加工货物，即委托方提供原料及主要材料，受托方按照委托方的要求制造货物并收取加工费的业务；修理修配是指受托对损伤和丧失功能的货物进行修复，使其恢复原状和功能的业务。提供应税劳务，是指有偿提供加工、修理修配劳务。单位或者个体工商户聘用的员工为本单位或者雇主提供加工、修理修配劳务，不包括在内。

3. 提供的应税服务。

销售服务、无形资产或者不动产，是指有偿提供服务、有偿转让无形资产或者不动产，但属于下列非经营活动的情形除外：

（1）行政单位收取的同时满足以下条件的政府性基金或者行政事业性收费：①由国务院或者财政部批准设立的政府性基金，由国务院或者省级人民政府及其财政、价格主管部门批准设立的行政事业性收费；②收取时开具省级以上（含省级）财政部门监（印）制的财政票据；③所收款项全额上缴财政。

（2）单位或者个体工商户聘用的员工为本单位或者雇主提供取得工资的服务。

（3）单位或者个体工商户为聘用的员工提供服务。

（4）财政部和国家税务总局规定的其他情形。

有偿，是指取得货币、货物或者其他经济利益。

在境内销售服务、无形资产或者不动产，是指：

（1）服务（租赁不动产除外）或者无形资产（自然资源使用权除外）的销售方或者购买方在境内；

（2）所销售或者租赁的不动产在境内；

（3）所销售自然资源使用权的自然资源在境内；

（4）财政部和国家税务总局规定的其他情形。

下列情形不属于在境内销售服务或者无形资产：

（1）境外单位或者个人向境内单位或者个人销售完全在境外发生的服务。

（2）境外单位或者个人向境内单位或者个人销售完全在境外使用的无形

资产。

（3）境外单位或者个人向境内单位或者个人出租完全在境外使用的有形动产。

（4）财政部和国家税务总局规定的其他情形。

下列情形视同销售服务、无形资产或者不动产：

（1）单位或者个体工商户向其他单位或者个人无偿提供服务，但用于公益事业或者以社会公众为对象的除外。

（2）单位或者个人向其他单位或者个人无偿转让无形资产或者不动产，但用于公益事业或者以社会公众为对象的除外。

（3）财政部和国家税务总局规定的其他情形。

根据2016年《营业税改征增值税试点实施办法》（财税〔2016〕36号）的规定，对"销售服务、无形资产、不动产"注释为：

（一）销售服务

销售服务，是指提供交通运输服务、邮政服务、电信服务、建筑服务、金融服务、现代服务、生活服务。

1. 交通运输服务。

交通运输服务，是指利用运输工具将货物或者旅客送达目的地，使其空间位置得到转移的业务活动。包括陆路运输服务、水路运输服务、航空运输服务和管道运输服务。

（1）陆路运输服务，是指通过陆路（地上或地下）运送货物或者旅客的运输业务活动，包括铁路运输服务和其他陆路运输服务。

①铁路运输服务，是指通过铁路运送货物或者旅客的运输业务活动。

②其他陆路运输服务，是指铁路运输以外的陆路运输业务活动。包括公路运输、缆车运输、索道运输、地铁运输、城市轻轨运输等。

出租车公司向使用本公司自有出租车的出租车司机收取的管理费用，按照陆路运输服务缴纳增值税。

（2）水路运输服务，是指通过江、河、湖、川等天然、人工水道或者海洋航道运送货物或者旅客的运输业务活动。

水路运输的程租、期租业务，属于水路运输服务。

程租业务，是指运输企业为租船人完成某一特定航次的运输任务并收取租赁费的业务。

期租业务，是指运输企业将配备有操作人员的船舶承租给他人使用一定期限，承租期内听候承租方调遣，不论是否经营，均按天向承租方收取租赁费，发生的固定费用均由船东负担的业务。

（3）航空运输服务，是指通过空中航线运送货物或者旅客的运输业务活动。

航空运输的湿租业务，属于航空运输服务。

湿租业务，是指航空运输企业将配备有机组人员的飞机承租给他人使用一定期限，承租期内听候承租方调遣，不论是否经营，均按一定标准向承租方收取租赁费，发生的固定费用均由承租方承担的业务。

航天运输服务，按照航空运输服务缴纳增值税。

航天运输服务，是指利用火箭等载体将卫星、空间探测器等空间飞行器发射到空间轨道的业务活动。

（4）管道运输服务，是指通过管道设施输送气体、液体、固体物质的运输业务活动。

无运输工具承运业务，按照交通运输服务缴纳增值税。

无运输工具承运业务，是指经营者以承运人身份与托运人签订运输服务合同，收取运费并承担承运人责任，然后委托实际承运人完成运输服务的经营活动。

2. 邮政服务。

邮政服务，是指中国邮政集团公司及其所属邮政企业提供邮件寄递、邮政汇兑和机要通信等邮政基本服务的业务活动。包括邮政普遍服务、邮政特殊服务和其他邮政服务。

（1）邮政普遍服务，是指函件、包裹等邮件寄递，以及邮票发行、报刊发行和邮政汇兑等业务活动。

函件，是指信函、印刷品、邮资封片卡、无名址函件和邮政小包等。

包裹，是指按照封装上的名址递送给特定个人或者单位的独立封装的物品，其重量不超过50千克，任何一边的尺寸不超过150厘米，长、宽、高合计不超过300厘米。

（2）邮政特殊服务，是指义务兵平常信函、机要通信、盲人读物和革命烈士遗物的寄递等业务活动。

（3）其他邮政服务，是指邮册等邮品销售、邮政代理等业务活动。

3. 电信服务。

电信服务，是指利用有线、无线的电磁系统或者光电系统等各种通信网络资源，提供语音通话服务，传送、发射、接收或者应用图像、短信等电子数据和信息的业务活动。包括基础电信服务和增值电信服务。

（1）基础电信服务，是指利用固网、移动网、卫星、互联网，提供语音通话服务的业务活动，以及出租或者出售带宽、波长等网络元素的业务活动。

（2）增值电信服务，是指利用固网、移动网、卫星、互联网、有线电视网络，提供短信和彩信服务、电子数据和信息的传输及应用服务、互联网接入服务等业务活动。

卫星电视信号落地转接服务，按照增值电信服务缴纳增值税。

4. 建筑服务。

建筑服务，是指各类建筑物、构筑物及其附属设施的建造、修缮、装饰，线路、管道、设备、设施等的安装以及其他工程作业的业务活动。包括工程服务、安装服务、修缮服务、装饰服务和其他建筑服务。

（1）工程服务，是指新建、改建各种建筑物、构筑物的工程作业，包括与建筑物相连的各种设备或者支柱、操作平台的安装或者装设工程作业，以及各种窑炉和金属结构工程作业。

（2）安装服务，是指生产设备、动力设备、起重设备、运输设备、传动设备、医疗实验设备以及其他各种设备、设施的装配、安置工程作业，包括与被安装设备相连的工作台、梯子、栏杆的装设工程作业，以及被安装设备的绝缘、防腐、保温、油漆等工程作业。

固定电话、有线电视、宽带、水、电、燃气、暖气等经营者向用户收取的安装费、初装费、开户费、扩容费以及类似收费，按照安装服务缴纳增值税。

（3）修缮服务，是指对建筑物、构筑物进行修补、加固、养护、改善，使之恢复原来的使用价值或者延长其使用期限的工程作业。

（4）装饰服务，是指对建筑物、构筑物进行修饰装修，使之美观或者具有特定用途的工程作业。

（5）其他建筑服务，是指上列工程作业之外的各种工程作业服务，如钻井（打井）、拆除建筑物或者构筑物、平整土地、园林绿化、疏浚（不包括航道疏浚）、建筑物平移、搭脚手架、爆破、矿山穿孔、表面附着物（包括岩层、土层、沙层等）剥离和清理等工程作业。

5. 金融服务。

金融服务，是指经营金融保险的业务活动。包括贷款服务、直接收费金融服务、保险服务和金融商品转让。

（1）贷款服务，是指将资金贷与他人使用而取得利息收入的业务活动。

各种占用、拆借资金取得的收入，包括金融商品持有期间（含到期）利息（保本收益、报酬、资金占用费、补偿金等）收入、信用卡透支利息收入、买入返售金融商品利息收入、融资融券收取的利息收入，以及融资性售后回租、押汇、罚息、票据贴现、转贷等业务取得的利息及利息性质的收入，按照贷款服务缴纳增值税。

融资性售后回租，是指承租方以融资为目的，将资产出售给从事融资性售后回租业务的企业后，从事融资性售后回租业务的企业将该资产出租给承租方的业务活动。

以货币资金投资收取的固定利润或者保底利润，按照贷款服务缴纳增值税。

（2）直接收费金融服务，是指为货币资金融通及其他金融业务提供相关服务并且收取费用的业务活动。包括提供货币兑换、账户管理、电子银行、信用卡、信用证、财务担保、资产管理、信托管理、基金管理、金融交易场所（平台）管理、资金结算、资金清算、金融支付等服务。

（3）保险服务，是指投保人根据合同约定，向保险人支付保险费，保险人对于合同约定的可能发生的事故因其发生所造成的财产损失承担赔偿保险金责任，或者当被保险人死亡、伤残、疾病或者达到合同约定的年龄、期限等条件时承担给付保险金责任的商业保险行为。包括人身保险服务和财产保险服务。

人身保险服务，是指以人的寿命和身体为保险标的的保险业务活动。

财产保险服务，是指以财产及其有关利益为保险标的的保险业务活动。

（4）金融商品转让，是指转让外汇、有价证券、非货物期货和其他金融商品所有权的业务活动。

其他金融商品转让包括基金、信托、理财产品等各类资产管理产品和各种金融衍生品的转让。

6. 现代服务。

现代服务，是指围绕制造业、文化产业、现代物流产业等提供技术性、知识性服务的业务活动。包括研发和技术服务、信息技术服务、文化创意服务、物流辅助服务、租赁服务、鉴证咨询服务、广播影视服务、商务辅助服务和其他现代服务。

（1）研发和技术服务，包括研发服务、合同能源管理服务、工程勘察勘探服务、专业技术服务。

①研发服务，也称技术开发服务，是指就新技术、新产品、新工艺或者新材料及其系统进行研究与试验开发的业务活动。

②合同能源管理服务，是指节能服务公司与用能单位以契约形式约定节能目标，节能服务公司提供必要的服务，用能单位以节能效果支付节能服务公司投入及其合理报酬的业务活动。

③工程勘察勘探服务，是指在采矿、工程施工前后，对地形、地质构造、地下资源蕴藏情况进行实地调查的业务活动。

④专业技术服务，是指气象服务、地震服务、海洋服务、测绘服务、城市规划、环境与生态监测服务等专项技术服务。

（2）信息技术服务，是指利用计算机、通信网络等技术对信息进行生产、收集、处理、加工、存储、运输、检索和利用，并提供信息服务的业务活动。包括软件服务、电路设计及测试服务、信息系统服务、业务流程管理服务和信息系统增值服务。

①软件服务，是指提供软件开发服务、软件维护服务、软件测试服务的业务活动。

②电路设计及测试服务，是指提供集成电路和电子电路产品设计、测试及相关技术支持服务的业务活动。

③信息系统服务，是指提供信息系统集成、网络管理、网站内容维护、桌面管理与维护、信息系统应用、基础信息技术管理平台整合、信息技术基础设施管理、数据中心、托管中心、信息安全服务、在线杀毒、虚拟主机等业务活动。包括网站对非自有的网络游戏提供的网络运营服务。

④业务流程管理服务，是指依托信息技术提供的人力资源管理、财务经济管理、审计管理、税务管理、物流信息管理、经营信息管理和呼叫中心等服务的活动。

⑤信息系统增值服务，是指利用信息系统资源为用户附加提供的信息技术服务。包括数据处理、分析和整合、数据库管理、数据备份、数据存储、容灾服务、电子商务平台等。

（3）文化创意服务，包括设计服务、知识产权服务、广告服务和会议展览服务。

①设计服务，是指把计划、规划、设想通过文字、语言、图画、声音、视觉等形式传递出来的业务活动。包括工业设计、内部管理设计、业务运作设计、供应链设计、造型设计、服装设计、环境设计、平面设计、包装设计、动

漫设计、网游设计、展示设计、网站设计、机械设计、工程设计、广告设计、创意策划、文印晒图等。

②知识产权服务，是指处理知识产权事务的业务活动。包括对专利、商标、著作权、软件、集成电路布图设计的登记、鉴定、评估、认证、检索服务。

③广告服务，是指利用图书、报纸、杂志、广播、电视、电影、幻灯、路牌、招贴、橱窗、霓虹灯、灯箱、互联网等各种形式为客户的商品、经营服务项目、文体节目或者通告、声明等委托事项进行宣传和提供相关服务的业务活动。包括广告代理和广告的发布、播映、宣传、展示等。

④会议展览服务，是指为商品流通、促销、展示、经贸洽谈、民间交流、企业沟通、国际往来等举办或者组织安排的各类展览和会议的业务活动。

（4）物流辅助服务，包括航空服务、港口码头服务、货运客运场站服务、打捞救助服务、装卸搬运服务、仓储服务和收派服务。

①航空服务，包括航空地面服务和通用航空服务。

航空地面服务，是指航空公司、飞机场、民航管理局、航站等向在境内航行或者在境内机场停留的境内外飞机或者其他飞行器提供的导航等劳务性地面服务的业务活动。包括旅客安全检查服务、停机坪管理服务、机场候机厅管理服务、飞机清洗消毒服务、空中飞行管理服务、飞机起降服务、飞行通讯服务、地面信号服务、飞机安全服务、飞机跑道管理服务、空中交通管理服务等。

通用航空服务，是指为专业工作提供飞行服务的业务活动，包括航空摄影、航空培训、航空测量、航空勘探、航空护林、航空吊挂播洒、航空降雨、航空气象探测、航空海洋监测、航空科学实验等。

②港口码头服务，是指港务船舶调度服务、船舶通讯服务、航道管理服务、航道疏浚服务、灯塔管理服务、航标管理服务、船舶引航服务、理货服务、系解缆服务、停泊和移泊服务、海上船舶溢油清除服务、水上交通管理服务、船只专业清洗消毒检测服务和防止船只漏油服务等为船只提供服务的业务活动。

港口设施经营人收取的港口设施保安费按照港口码头服务缴纳增值税。

③货运客运场站服务，是指货运客运场站提供货物配载服务、运输组织服务、中转换乘服务、车辆调度服务、票务服务、货物打包整理、铁路线路使用服务、加挂铁路客车服务、铁路行包专列发送服务、铁路到达和中转服务、铁

路车辆编解服务、车辆挂运服务、铁路接触网服务、铁路机车牵引服务等业务活动。

④打捞救助服务，是指提供船舶人员救助、船舶财产救助、水上救助和沉船沉物打捞服务的业务活动。

⑤装卸搬运服务，是指使用装卸搬运工具或者人力、畜力将货物在运输工具之间、装卸现场之间或者运输工具与装卸现场之间进行装卸和搬运的业务活动。

⑥仓储服务，是指利用仓库、货场或者其他场所代客储放、保管货物的业务活动。

⑦收派服务，是指接受寄件人委托，在承诺的时限内完成函件和包裹的收件、分拣、派送服务的业务活动。

收件服务，是指从寄件人收取函件和包裹，并运送到服务提供方同城的集散中心的业务活动。

分拣服务，是指服务提供方在其集散中心对函件和包裹进行归类、分发的业务活动。

派送服务，是指服务提供方从其集散中心将函件和包裹送达同城的收件人的业务活动。

（5）租赁服务，包括融资租赁服务和经营租赁服务。

①融资租赁服务，是指具有融资性质和所有权转移特点的租赁活动。即出租人根据承租人所要求的规格、型号、性能等条件购入有形动产或者不动产租赁给承租人，合同期内租赁物所有权属于出租人，承租人只拥有使用权，合同期满付清租金后，承租人有权按照残值购入租赁物，以拥有其所有权。不论出租人是否将租赁物销售给承租人，均属于融资租赁。

按照标的物的不同，融资租赁服务可分为有形动产融资租赁服务和不动产融资租赁服务。

融资性售后回租不按照本税目缴纳增值税。

②经营租赁服务，是指在约定时间内将有形动产或者不动产转让他人使用且租赁物所有权不变更的业务活动。

按照标的物的不同，经营租赁服务可分为有形动产经营租赁服务和不动产经营租赁服务。

将建筑物、构筑物等不动产或者飞机、车辆等有形动产的广告位出租给其他单位或者个人用于发布广告，按照经营租赁服务缴纳增值税。

车辆停放服务、道路通行服务（包括过路费、过桥费、过闸费等）等按照不动产经营租赁服务缴纳增值税。

水路运输的光租业务、航空运输的干租业务，属于经营租赁。

光租业务，是指运输企业将船舶在约定的时间内出租给他人使用，不配备操作人员，不承担运输过程中发生的各项费用，只收取固定租赁费的业务活动。

干租业务，是指航空运输企业将飞机在约定的时间内出租给他人使用，不配备机组人员，不承担运输过程中发生的各项费用，只收取固定租赁费的业务活动。

（6）鉴证咨询服务，包括认证服务、鉴证服务和咨询服务。

①认证服务，是指具有专业资质的单位利用检测、检验、计量等技术，证明产品、服务、管理体系符合相关技术规范、相关技术规范的强制性要求或者标准的业务活动。

②鉴证服务，是指具有专业资质的单位受托对相关事项进行鉴证，发表具有证明力的意见的业务活动。包括会计鉴证、税务鉴证、法律鉴证、职业技能鉴定、工程造价鉴证、工程监理、资产评估、环境评估、房地产土地评估、建筑图纸审核、医疗事故鉴定等。

③咨询服务，是指提供信息、建议、策划、顾问等服务的活动。包括金融、软件、技术、财务、税收、法律、内部管理、业务运作、流程管理、健康等方面的咨询。

翻译服务和市场调查服务按照咨询服务缴纳增值税。

（7）广播影视服务，包括广播影视节目（作品）的制作服务、发行服务和播映（含放映，下同）服务。

①广播影视节目（作品）制作服务，是指进行专题（特别节目）、专栏、综艺、体育、动画片、广播剧、电视剧、电影等广播影视节目和作品制作的服务。具体包括与广播影视节目和作品相关的策划、采编、拍摄、录音、音视频文字图片素材制作、场景布置、后期的剪辑、翻译（编译）、字幕制作、片头、片尾、片花制作、特效制作、影片修复、编目和确权等业务活动。

②广播影视节目（作品）发行服务，是指以分账、买断、委托等方式，向影院、电台、电视台、网站等单位和个人发行广播影视节目（作品）以及转让体育赛事等活动的报道及播映权的业务活动。

③广播影视节目（作品）播映服务，是指在影院、剧院、录像厅及其他

场所播映广播影视节目（作品），以及通过电台、电视台、卫星通信、互联网、有线电视等无线或者有线装置播映广播影视节目（作品）的业务活动。

（8）商务辅助服务，包括企业管理服务、经纪代理服务、人力资源服务、安全保护服务。

①企业管理服务，是指提供总部管理、投资与资产管理、市场管理、物业管理、日常综合管理等服务的业务活动。

②经纪代理服务，是指各类经纪、中介、代理服务。包括金融代理、知识产权代理、货物运输代理、代理报关、法律代理、房地产中介、职业中介、婚姻中介、代理记账、拍卖等。

货物运输代理服务，是指接受货物收货人、发货人、船舶所有人、船舶承租人或者船舶经营人的委托，以委托人的名义，为委托人办理货物运输、装卸、仓储和船舶进出港口、引航、靠泊等相关手续的业务活动。

代理报关服务，是指接受进出口货物的收、发货人委托，代为办理报关手续的业务活动。

③人力资源服务，是指提供公共就业、劳务派遣、人才委托招聘、劳动力外包等服务的业务活动。

④安全保护服务，是指提供保护人身安全和财产安全，维护社会治安等的业务活动。包括场所住宅保安、特种保安、安全系统监控以及其他安保服务。

（9）其他现代服务，是指除研发和技术服务、信息技术服务、文化创意服务、物流辅助服务、租赁服务、鉴证咨询服务、广播影视服务和商务辅助服务以外的现代服务。

7. 生活服务。

生活服务，是指为满足城乡居民日常生活需求提供的各类服务活动。包括文化体育服务、教育医疗服务、旅游娱乐服务、餐饮住宿服务、居民日常服务和其他生活服务。

（1）文化体育服务，包括文化服务和体育服务。

①文化服务，是指为满足社会公众文化生活需求提供的各种服务。包括：文艺创作、文艺表演、文化比赛，图书馆的图书和资料借阅，档案馆的档案管理，文物及非物质遗产保护，组织举办宗教活动、科技活动、文化活动，提供游览场所。

②体育服务，是指组织举办体育比赛、体育表演、体育活动，以及提供体育训练、体育指导、体育管理的业务活动。

(2) 教育医疗服务，包括教育服务和医疗服务。

①教育服务，是指提供学历教育服务、非学历教育服务、教育辅助服务的业务活动。

学历教育服务，是指根据教育行政管理部门确定或者认可的招生和教学计划组织教学，并颁发相应学历证书的业务活动。包括初等教育、初级中等教育、高级中等教育、高等教育等。

非学历教育服务，包括学前教育、各类培训、演讲、讲座、报告会等。

教育辅助服务，包括教育测评、考试、招生等服务。

②医疗服务，是指提供医学检查、诊断、治疗、康复、预防、保健、接生、计划生育、防疫服务等方面的服务，以及与这些服务有关的提供药品、医用材料器具、救护车、病房住宿和伙食的业务。

(3) 旅游娱乐服务，包括旅游服务和娱乐服务。

①旅游服务，是指根据旅游者的要求，组织安排交通、游览、住宿、餐饮、购物、文娱、商务等服务的业务活动。

②娱乐服务，是指为娱乐活动同时提供场所和服务的业务。

具体包括：歌厅、舞厅、夜总会、酒吧、台球、高尔夫球、保龄球、游艺（包括射击、狩猎、跑马、游戏机、蹦极、卡丁车、热气球、动力伞、射箭、飞镖）。

(4) 餐饮住宿服务，包括餐饮服务和住宿服务。

①餐饮服务，是指通过同时提供饮食和饮食场所的方式为消费者提供饮食消费服务的业务活动。

②住宿服务，是指提供住宿场所及配套服务等的活动。包括宾馆、旅馆、旅社、度假村和其他经营性住宿场所提供的住宿服务。

(5) 居民日常服务，是指主要为满足居民个人及其家庭日常生活需求提供的服务，包括市容市政管理、家政、婚庆、养老、殡葬、照料和护理、救助救济、美容美发、按摩、桑拿、氧吧、足疗、沐浴、洗染、摄影扩印等服务。

(6) 其他生活服务，是指除文化体育服务、教育医疗服务、旅游娱乐服务、餐饮住宿服务和居民日常服务之外的生活服务。

(二) 销售无形资产

销售无形资产，是指转让无形资产所有权或者使用权的业务活动。无形资产，是指不具实物形态，但能带来经济利益的资产，包括技术、商标、著作权、商誉、自然资源使用权和其他权益性无形资产。

技术，包括专利技术和非专利技术。

自然资源使用权，包括土地使用权、海域使用权、探矿权、采矿权、取水权和其他自然资源使用权。

其他权益性无形资产，包括基础设施资产经营权、公共事业特许权、配额、经营权（包括特许经营权、连锁经营权、其他经营权）、经销权、分销权、代理权、会员权、席位权、网络游戏虚拟道具、域名、名称权、肖像权、冠名权、转会费等。

（三）销售不动产

销售不动产，是指转让不动产所有权的业务活动。不动产，是指不能移动或者移动后会引起性质、形状改变的财产，包括建筑物、构筑物等。

建筑物，包括住宅、商业营业用房、办公楼等可供居住、工作或者进行其他活动的建造物。

构筑物，包括道路、桥梁、隧道、水坝等建造物。

转让建筑物有限产权或者永久使用权的，转让在建的建筑物或者构筑物所有权的，以及在转让建筑物或者构筑物时一并转让其所占土地的使用权的，按照销售不动产缴纳增值税。

增值税的征税范围除了上述的一般规定以外，还对经济实务中某些特殊项目或行为是否属于增值税的征税范围，作出了具体确定。

1. 属于征税范围的特殊项目。

（1）货物期货（包括商品期货和贵金属期货），应当征收增值税。纳税人应在期货的实物交割环节纳税，其中：交割时采取由期货交易所开具发票的，以期货交易所为纳税人。期货交易所缴纳的增值税按次计算，其进项税额为该货物交割时供货会员单位开具的增值税专用发票上注明的销项税额，期货交易所本身发生的各种进项不得抵扣。交割时采取由供货的会员单位直接将发票开给购货会员单位的，以供货会员单位为纳税人。

根据《国务院关于推进上海加快发展现代服务业和先进制造业 建设国际金融中心和国际航运中心的意见》（国发［2009］19号）有关精神，上海期货交易所将试点开展期货保税交割业务，自2010年12月1日开始执行。上海期货交易所的会员和客户通过上海期货交易所交易的期货保税交割标的物，仍按保税货物暂免征收增值税。

根据《关于原油和铁矿石期货保税交割业务增值税政策的通知》（财税〔2015〕35号）的规定，上海国际能源交易中心股份有限公司的会员和客户通过上海国际能源交易中心股份有限公司交易的原油期货保税交割业务，大连商品交易所的会员和客户通过大连商品交易所交易的铁矿石期货保税交割业务，暂免征收增值税。

（2）银行销售金银的业务，应当征收增值税。

（3）典当业的死当物品销售业务和寄售业代委托人销售寄售物品的业务，均应征收增值税。

（4）电力公司向发电企业收取的过网费，应当征收增值税。

（5）对从事热力、电力、燃气、自来水等公用事业的增值税纳税人收取的一次性费用，凡与货物的销售数量有直接关系的，征收增值税；凡与货物的销售数量无直接关系的，不征收增值税。

（6）印刷企业接受出版单位委托，自行购买纸张，印刷有统一刊号（CN）以及采用国际标准书号编序的图书、报纸和杂志，按货物销售征收增值税。

（7）对增值税纳税人收取的会员费收入不征收增值税。

（8）各燃油电厂从政府财政专户取得的发电补贴不属于增值税规定的价外费用，不计入应税销售额，不征收增值税。

（9）纳税人提供的矿产资源开采、挖掘、切割、破碎、分拣、洗选等劳务，属于增值税应税劳务，应当缴纳增值税。

（10）纳税人转让土地使用权或者销售不动产的同时一并销售的附着于土地或者不动产上的固定资产中，凡属于增值税应税货物的，应按照《财政部 国家税务总局关于部分货物适用增值税低税率和简易办法征收增值税政策的通知》（财税〔2009〕9号）第二条有关规定，计算缴纳增值税；凡属于不动产的，应按照《中华人民共和国营业税暂行条例》"销售不动产"税目计算缴纳营业税。

纳税人应分别核算增值税应税货物和不动产的销售额，未分别核算或核算不清的，由主管税务机关核定其增值税应税货物的销售额和不动产的销售额。

（11）纳税人在资产重组过程中，通过合并、分立、出售、置换等方式，将全部或者部分实物资产以及与其相关联的债权、负债和劳动力一并转让给其他单位和个人，不属于增值税的征税范围，其中涉及的货物转让，不征收增值税。

纳税人在资产重组过程中，通过合并、分立、出售、置换等方式，将全部或部分实物资产以及与其相关联的债权、负债经多次转让后，最终的受让方与劳动力接受方为同一单位和个人，仍适用上述规定，其中的货物多次转让行为均不征收增值税。

（12）供电企业利用自身输变电设备对并入电网的企业自备电厂生产的电力产品进行电压调节，属于提供加工劳务。对于上述供电企业进行电力调压并按电量向电厂收取的并网服务费，应当征收增值税，不征收营业税。

（13）电梯属于增值税应税货物的范围，但安装运行之后，则与建筑物一道形成不动产。因此，对企业销售电梯（购进的）并负责安装及保养、维修取得的收入，一并征收增值税；企业销售自产的电梯并负责安装，属于纳税人销售货物的同时提供建筑业劳务，要分别计算增值税和营业税；对不从事电梯生产、销售，只从事电梯保养和维修的专业公司对安装运行后的电梯进行的保养、维修取得的收入，征收营业税。

（14）经批准允许从事二手车经销业务的纳税人按照《机动车登记规定》的有关规定，收购二手车时将其办理过户登记到自己名下，销售时再将该二手车过户登记到买家名下的行为，属于《增值税暂行条例》规定的销售货物的行为，应按照现行规定征收增值税。

除上述行为以外，纳税人受托代理销售二手车，凡同时具备以下条件的，不征收增值税；不同时具备以下条件的，视同销售征收增值税。

①受托方不向委托方预付货款；

②委托方将《二手车销售统一发票》直接开具给购买方；

③受托方按购买方实际支付的价款和增值税额（如系代理进口销售货物则为海关代征的增值税额）与委托方结算货款，并另外收取手续费。

（15）罚没物品征免增值税的处理。

①执罚部门和单位查处的属于一般商业部门经营的商品，具备拍卖条件的，由执罚部门或单位商同级财政部门同意后，公开拍卖。其拍卖收入作为罚没收入由执罚部门和单位如数上缴财政，不予征税。对经营单位购入拍卖物品再销售的应照章征收增值税。

②执罚部门和单位查处的属于一般商业部门经营的商品，不具备拍卖条件的，由执罚部门、财政部门、国家指定销售单位会同有关部门按质论价，交由国家指定销售单位纳入正常销售渠道变价处理。执罚部门按商定价格所取得的变价收入作为罚没收入如数上缴财政，不予征税。国家指定销售单位将罚没物品纳入正常销售渠道销售的，应照章征收增值税。

③执罚部门和单位查处的属于专管机关管理或专管企业经营的财物，如金银（不包括金银首饰）、外币、有价证券、非禁止出口文物，应交由专管机关或专营企业收兑或收购。执罚部门和单位按收兑或收购价所取得的收入作为罚没收入如数上缴财政，不予征税。专管机关或专营企业经营上述物品中属于应征增值税的货物，应照章征收增值税。

（16）航空运输企业的征税范围确定。

航空运输企业提供的旅客利用里程积分兑换的航空运输服务，不征收增值税。

航空运输企业已售票但未提供航空运输服务取得的逾期票证收入，按照航空运输服务征收增值税。

（17）油气田企业从事原油、天然气生产，以及为生产原油、天然气提供的生产性劳务，应缴纳增值税。生产性劳务是指油气田企业为生产原油、天然气、地质普查、勘探开发到原油天然气销售的一系列生产过程所发生的劳务。

（18）按照现行增值税政策，纳税人取得的中央财政补贴，不属于增值税应税收入，不征收增值税。

（19）以积分兑换形式赠送的电信业服务，不征收增值税。

（20）试点纳税人根据国家指令无偿提供的铁路运输服务、航空运输服务，属于以公益活动为目的的服务，不征收增值税。

（21）融资性售后回租业务中，承租方出售资产的行为不属于增值税的征税范围，不征收增值税。

（22）药品生产企业销售自产创新药的销售额，为向购买方收取的全部价款和价外费用，其提供给患者后续免费使用的相同创新药，不属于增值税视同销售范围。创新药是指经国家食品药品监督管理部门批准注册、获批前未曾在中国境内外上市销售，通过合成或者半合成方法制得的原料药及其制剂。

2. 属于征税范围的特殊行为。

视同销售货物或视同提供应税服务行为。单位或者个体工商户的下列行为，视同销售货物或提供应税服务：

①将货物交付其他单位或者个人代销。

②销售代销货物。

③设有两个以上机构并实行统一核算的纳税人，将货物从一个机构移送至其他机构用于销售，但相关机构设在同一县（市）的除外。

用于销售，是指受货机构发生以下情形之一的经营行为：

A. 向购货方开具发票；

B. 向购货方收取货款。

受货机构的货物移送行为有上述两项情形之一的，应当向所在地税务机关缴纳增值税；未发生上述两项情形的，则应由总机构统一缴纳增值税。

如果受货机构只就部分货物向购买方开具发票或收取货款，则应当区别不同情况计算并分别向总机构所在地或分支机构所在地缴纳税款。

④将自产或者委托加工的货物用于非增值税应税项目。

⑤将自产、委托加工的货物用于集体福利或者个人消费。

⑥将自产、委托加工或者购进的货物作为投资，提供给其他单位或者个体工商户。

⑦将自产、委托加工或者购进的货物分配给股东或者投资者。

⑧将自产、委托加工或者购进的货物无偿赠送其他单位或者个人。

⑨单位和个体工商户向其他单位或者个人无偿提供应税服务，但以公益活动为目的或者以社会公众为对象的除外。

⑩财政部和国家税务总局规定的其他情形。

上述10种行为应该确定为视同销售货物或提供应税服务行为，均要征收增值税。

三、增值税的税率

（一）基本税率

基本税率又称标准税率，指增值税一般纳税人销售或者进口货物，提供应税劳务，提供应税服务，一般应执行的税率。我国增值税的基本税率为17%。

（二）低税率

低税率又称轻税率，适用于税法列举的体现一定税收优惠的项目。我国增值税低税率为13%、11%、6%和3%等。

1. 增值税一般纳税人销售或者进口下列货物，按低税率13%计征增值税：

（1）粮食、食用植物油。

（2）自来水、暖气、冷气、热水、煤气、石油液化气、天然气、沼气、居民用煤炭制品。

（3）图书、报纸、杂志。

（4）饲料、化肥、农药、农机、农膜。自 2015 年 9 月 1 日起，化肥增值税优惠政策停止执行。对纳税人销售和进口符合规定范围的化肥统一按 13% 税率征收国内环节和进口环节增值税。钾肥增值税先征后返政策同时停止执行。

（5）国务院及其有关部门规定的其他货物。例如，农产品、音像制品、电子出版物、二甲醚等。

2. 提供交通运输业服务、邮政服务、基础电信服务、建筑、不动产租赁服务，销售不动产、转让土地使用权，税率为 11%。

3. 提供增值电信服务，税率为 6%。

4. 提供部分现代服务业服务税率为 6%（有形动产租赁服务适用 17% 的税率）。

（三）零税率

纳税人出口货物和财政部、国家税务总局规定的应税服务，税率为零；但是，国务院另有规定的除外。

根据 2016 年《营业税改征增值税试点实施办法》的规定，跨境应税行为适用增值税零税率和免税政策的规定：

1. 中华人民共和国境内（以下称境内）的单位和个人销售的下列服务和无形资产，适用增值税零税率：

（1）国际运输服务。

国际运输服务，是指：①在境内载运旅客或者货物出境。②在境外载运旅客或者货物入境。③在境外载运旅客或者货物。

（2）航天运输服务。

（3）向境外单位提供的完全在境外消费的下列服务：

①研发服务。

②合同能源管理服务。

③设计服务。

④广播影视节目（作品）的制作和发行服务。

⑤软件服务。

⑥电路设计及测试服务。

⑦信息系统服务。

⑧业务流程管理服务。

⑨离岸服务外包业务。

离岸服务外包业务，包括信息技术外包服务（ITO）、技术性业务流程外包服务（BPO）、技术性知识流程外包服务（KPO），其所涉及的具体业务活动，按照《销售服务、无形资产、不动产注释》相对应的业务活动执行。

⑩转让技术。

(4) 财政部和国家税务总局规定的其他服务。

2. 境内的单位和个人销售的下列服务和无形资产免征增值税，但财政部和国家税务总局规定适用增值税零税率的除外：

(1) 免征增值税的服务有：

①工程项目在境外的建筑服务。

②工程项目在境外的工程监理服务。

③工程、矿产资源在境外的工程勘察勘探服务。

④会议展览地点在境外的会议展览服务。

⑤存储地点在境外的仓储服务。

⑥标的物在境外使用的有形动产租赁服务。

⑦在境外提供的广播影视节目（作品）的播映服务。

⑧在境外提供的文化体育服务、教育医疗服务、旅游服务。

(2) 为出口货物提供的邮政服务、收派服务、保险服务。为出口货物提供的保险服务，包括出口货物保险和出口信用保险。

(3) 向境外单位提供的完全在境外消费的下列服务和无形资产：

①电信服务。

②知识产权服务。

③物流辅助服务（仓储服务、收派服务除外）。

④鉴证咨询服务。

⑤专业技术服务。

⑥商务辅助服务。

⑦广告投放地在境外的广告服务。

⑧无形资产。

(4) 以无运输工具承运方式提供的国际运输服务。

(5) 为境外单位之间的货币资金融通及其他金融业务提供的直接收费金融服务，且该服务与境内的货物、无形资产和不动产无关。

（6）财政部和国家税务总局规定的其他服务。

3. 按照国家有关规定应取得相关资质的国际运输服务项目，纳税人取得相关资质的，适用增值税零税率政策，未取得的，适用增值税免税政策。

境内的单位或个人提供程租服务，如果租赁的交通工具用于国际运输服务和港澳台运输服务，由出租方按规定申请适用增值税零税率。

境内的单位和个人向境内单位或个人提供期租、湿租服务，如果承租方利用租赁的交通工具向其他单位或个人提供国际运输服务和港澳台运输服务，由承租方适用增值税零税率。境内的单位或个人向境外单位或个人提供期租、湿租服务，由出租方适用增值税零税率。

境内单位和个人以无运输工具承运方式提供的国际运输服务，由境内实际承运人适用增值税零税率；无运输工具承运业务的经营者适用增值税免税政策。

4. 境内的单位和个人提供适用增值税零税率的服务或者无形资产，如果属于适用简易计税方法的，实行免征增值税办法。如果属于适用增值税一般计税方法的，生产企业实行免抵退税办法，外贸企业外购服务或者无形资产出口实行免退税办法，外贸企业直接将服务或自行研发的无形资产出口，视同生产企业连同其出口货物统一实行免抵退税办法。

服务和无形资产的退税率为其按照《试点实施办法》第十五条第（一）至（三）项规定适用的增值税税率。实行退（免）税办法的服务和无形资产，如果主管税务机关认定出口价格偏高的，有权按照核定的出口价格计算退（免）税，核定的出口价格低于外贸企业购进价格的，低于部分对应的进项税额不予退税，转入成本。

5. 境内的单位和个人销售适用增值税零税率的服务或无形资产的，可以放弃适用增值税零税率，选择免税或按规定缴纳增值税。放弃适用增值税零税率后，36个月内不得再申请适用增值税零税率。

6. 境内的单位和个人销售适用增值税零税率的服务或无形资产，按月向主管退税的税务机关申报办理增值税退（免）税手续。具体管理办法由国家税务总局商财政部另行制定。

这里所称完全在境外消费，是指：（1）服务的实际接受方在境外，且与境内的货物和不动产无关。（2）无形资产完全在境外使用，且与境内的货物和不动产无关。（3）财政部和国家税务总局规定的其他情形。

(四) 征收率

增值税对小规模纳税人及一些特殊情况采用简易征收办法，对小规模纳税人及特殊情况适用的征收比例称为征收率，征收率为3%。

考虑到小规模纳税人经营规模小，且会计核算不健全，难以按上述增值税税率计税和使用增值税专用发票抵扣进项税款，因此实行按销售额与征收率计算应纳税额的简易办法。小规模纳税人增值税征收率自2009年1月1日起，由过去的6%和4%一律调整为3%，不再设置工业和商业两档征收率。征收率的调整，由国务院决定。

根据"营改增"的规定，交通运输业、邮政业、电信业、仓储服务和部分现代服务业营业税改征增值税中的小规模纳税人适用3%的征收率。

根据财政部、国家税务总局《关于简并增值税征收率政策的通知》（财税〔2014〕57号），为进一步规范税制、公平税负，经国务院批准，决定简并和统一增值税征收率，将6%和4%的增值税征收率统一调整为3%。

下列按简易办法征收增值税的优惠政策继续执行，不得抵扣进项税额：

1. 纳税人销售自己使用过的物品，按下列政策执行：

（1）一般纳税人销售自己使用过的属于《增值税暂行条例》第十条规定不得抵扣且未抵扣进项税额的固定资产，按照简易办法依照3%征收率减按2%征收增值税。

纳税人销售自己使用过的固定资产，适用简易办法依照3%征收率减按2%征收增值税政策的，可以放弃减税，按照简易办法依照3%征收率缴纳增值税，并可以开具增值税专用发票。

一般纳税人销售自己使用过的除固定资产以外的物品，应当按照适用税率征收增值税。

（2）小规模纳税人（除其他个人外，下同）销售自己使用过的固定资产，减按2%征收率征收增值税。

小规模纳税人销售自己使用过的除固定资产以外的物品，应按3%的征收率征收增值税。

（3）纳税人销售旧货，按照简易办法依照3%征收率减按2%征收增值税。

所谓旧货，是指进入二次流通的具有部分使用价值的货物（含旧汽车、旧摩托车和旧游艇），但不包括自己使用过的物品。

上述纳税人销售自己使用过的固定资产、物品和旧货适用按照简易办法依

照3%征收率减按2%征收增值税的,按下列公式确定销售额和应纳税额:

$$销售额 = 含税销售额 \div (1 + 3\%)$$

$$应纳税额 = 销售额 \times 2\%$$

2. 一般纳税人销售自产的下列货物,可选择按照简易办法依照3%征收率计算缴纳增值税:

(1) 县级及县级以下小型水力发电单位生产的电力。小型水力发电单位,是指各类投资主体建设的装机容量为5万千瓦以下(含5万千瓦)的小型水力发电单位。

(2) 建筑用和生产建筑材料所用的砂、土、石料。

(3) 以自己采掘的砂、土、石料或其他矿物连续生产的砖、瓦、石灰(不含黏土实心砖、瓦)。

(4) 用微生物、微生物代谢产物、动物毒素、人或动物的血液或组织制成的生物制品。

(5) 自来水。

(6) 商品混凝土(仅限于以水泥为原料生产的水泥混凝土)。

(7) 属于增值税一般纳税人的单采血浆站销售非临床用人体血液,可以按照简易办法依照3%征收率计算应纳税额,但不得对外开具增值税专用发票;也可以按照销项税额抵扣进项税额的办法依照增值税适用税率计算应纳税额。

(8) 一般纳税人销售货物属于下列情形之一的,暂按简易办法依照3%征收率计算缴纳增值税:

①寄售商店代销寄售物品(包括居民个人寄售的物品在内);

②典当业销售死当物品。

(9) 对属于一般纳税人的自来水公司销售自来水按简易办法依照3%征收率征收增值税,不得抵扣其购进自来水取得增值税扣税凭证上注明的增值税税款。

(10) 属于一般纳税人的药品经营企业销售生物制品,可以选择简易办法按照生物制品销售额和3%征收率计算缴纳增值税。

(11) 属于一般纳税人的单采血浆站销售非临床用人体血液,可以按照简易办法依照3%征收率计算缴纳增值税。

一般纳税人选择简易办法计算缴纳增值税后,36个月内不得变更。

四、增值税的优惠政策

(一)《增值税暂行条例》规定的免税项目

1. 农业生产者销售的自产农产品。
2. 避孕药品和用具。
3. 古旧图书,是指向社会收购的古书和旧书。
4. 直接用于科学研究、科学试验和教学的进口仪器、设备。
5. 外国政府、国际组织无偿援助的进口物资和设备。
6. 由残疾人的组织直接进口供残疾人专用的物品。
7. 销售的自己使用过的物品。自己使用过的物品,是指除游艇、摩托车和应征消费税的汽车外的个人自己使用过的物品。

销售的自己使用过的物品。自己使用过的物品,是指其他个人自己使用过的物品。

(二) 财政部、国家税务总局规定的减免税项目

1. 资源综合利用产品和劳务增值税优惠政策。
2. 免征蔬菜流通环节增值税。

经国务院批准,自 2012 年 1 月 1 日起,免征蔬菜流通环节增值税。

(1) 对从事蔬菜批发、零售的纳税人销售的蔬菜免征增值税。

(2) 纳税人既销售蔬菜又销售其他增值税应税货物的,应分别核算蔬菜和其他增值税应税货物的销售额;未分别核算的,不得享受蔬菜增值税免税政策。

3. 粕类产品征免增值税问题。

豆粕属于征收增值税的饲料产品,除豆粕以外的其他粕类饲料产品,均免征增值税。

4. 制种行业增值税政策。

制种企业在下列生产经营模式下生产销售种子,属于农业生产者销售自产农业产品,应根据《增值税暂行条例》有关规定免征增值税。

(1) 制种企业利用自有土地或承租土地,雇用农户或雇工进行种子繁育,再经烘干、脱粒、风筛等深加工后销售种子。

(2) 制种企业提供亲本种子委托农户繁育并从农户手中收回,再经烘干、脱粒、风筛等深加工后销售种子。

5. 有机肥产品免征增值税政策。

自 2008 年 6 月 1 日起,纳税人生产销售和批发、零售有机肥产品免征增值税。

6. 按债转股企业与金融资产管理公司签订的债转股协议,债转股原企业将货物资产作为投资提供给债转股新公司的,免征增值税。

7. 节能服务公司实施符合条件的合同能源管理项目,将项目中的增值税应税货物转让给用能企业,暂免征收增值税。

8. 为进一步扶持小微企业发展,经国务院批准,自 2013 年 8 月 1 日起,对增值税小规模纳税人中月销售额不超过 2 万元的企业或非企业性单位,暂免征收增值税。

为进一步加大对小微企业的税收支持力度,经国务院批准,自 2014 年 10 月 1 日起至 2017 年 12 月 31 日,对月销售额不超过 3 万元(含本数,下同)的增值税小规模纳税人,免征增值税。

9. 自 2014 年 3 月 1 日起,对外购用于生产乙烯、芳烃类化工产品(以下称特定化工产品)的石脑油、燃料油(以下称 2 类油品),且使用 2 类油品生产特定化工产品的产量占本企业用石脑油、燃料油生产各类产品总量 50%(含)以上的企业,其外购 2 类油品的价格中消费税部分对应的增值税额,予以退还。

予以退还的增值税额 = 已缴纳消费税的 2 类油品数量
× 2 类油品消费税单位税额 × 17%

对符合上述规定条件的企业,在 2014 年 2 月 28 日前形成的增值税期末留抵税额,可在不超过其购进 2 类油品的价格中消费税部分对应的增值税额的规模下,申请一次性退还。

2 类油品的价格中消费税部分对应的增值税额,根据国家对 2 类油品开征消费税以来企业购进的已缴纳消费税的 2 类油品数量和消费税单位税额计算。

增值税期末留抵税额,根据主管税务机关认可的增值税纳税申报表的金额计算。

10. 关于延续宣传文化增值税的优惠政策。

(1) 自 2013 年 1 月 1 日起至 2017 年 12 月 31 日,执行下列增值税先征后退政策。

对下列出版物在出版环节执行增值税100%先征后退的政策。

①中国共产党和各民主党派的各级组织的机关报纸和机关期刊，各级人大、政协、政府、工会、共青团、妇联、残联、科协的机关报纸和机关期刊，新华社的机关报纸和机关期刊，军事部门的机关报纸和机关期刊。

上述各级组织不含其所属部门。机关报纸和机关期刊增值税先征后退范围掌握在一个单位一份报纸和一份期刊以内。

②专为少年儿童出版发行的报纸和期刊，中小学的学生课本。

③专为老年人出版发行的报纸和期刊。

④少数民族文字出版物。

⑤盲文图书和盲文期刊。

⑥经批准在内蒙古、广西、西藏、宁夏、新疆五个自治区内注册的出版单位出版的出版物。

⑦列入本通知附件1的图书、报纸和期刊。

对下列出版物在出版环节执行增值税先征后退50%的政策：

①各类图书、期刊、音像制品、电子出版物，但本通知第一条第（一）项规定执行增值税100%先征后退的出版物除外。

②列入本通知附件2的报纸。

对下列印刷、制作业务执行增值税100%先征后退的政策：

①对少数民族文字出版物的印刷或制作业务。

②列入本通知附件3的新疆维吾尔自治区印刷企业的印刷业务。

（2）自2013年1月1日起至2017年12月31日，免征图书批发、零售环节增值税。

11. 对电影产业的税收优惠政策。

对电影制片企业销售电影拷贝（含数字拷贝）、转让版权取得的收入，电影发行企业取得的电影发行收入，电影放映企业在农村的电影放映收入，自2014年1月1日至2018年12月31日免征增值税。

12. 跨境应税服务增值税免税管理办法。

下列跨境服务免征增值税：

（1）工程、矿产资源在境外的工程勘察勘探服务。

（2）会议展览地点在境外的会议展览服务。

为客户参加在境外举办的会议、展览而提供的组织安排服务，属于会议展览地点在境外的会议展览服务。

（3）存储地点在境外的仓储服务。

（4）标的物在境外使用的有形动产租赁服务。

（5）为出口货物提供的邮政业服务和收派服务。

为出口货物提供的邮政业服务，是指：①寄递函件、包裹等邮件出境；②向境外发行邮票；③出口邮册等邮品；④代办收件地在境外的速递物流类业务。

为出口货物提供的收派服务，是指为出境的函件、包裹提供的收件、分拣、派送服务。

纳税人为出口货物提供收派服务，免税销售额为其向寄件人收取的全部价款和价外费用。

境外单位或者个人为出境的函件、包裹在境外提供邮政服务和收派服务，属于《营业税改征增值税试点实施办法》第十条规定的完全在境外消费的应税服务，不征收增值税。

（6）在境外提供的广播影视节目（作品）发行、播映服务。

在境外提供的广播影视节目（作品）发行服务，是指向境外单位或者个人发行广播影视节目（作品）、转让体育赛事等文体活动的报道权或者播映权，且该广播影视节目（作品）、体育赛事等文体活动在境外播映或者报道。

在境外提供的广播影视节目（作品）播映服务，是指在境外的影院、剧院、录像厅及其他场所播映广播影视节目（作品）。

通过境内的电台、电视台、卫星通信、互联网、有线电视等无线或者有线装置向境外播映广播影视节目（作品），不属于在境外提供的广播影视节目（作品）播映服务。

（7）以水路运输方式提供国际运输服务但未取得《国际船舶运输经营许可证》的；以公路运输方式提供国际运输服务但未取得《道路运输经营许可证》或者《国际汽车运输行车许可证》，或者《道路运输经营许可证》的经营范围未包括"国际运输"的；以航空运输方式提供国际运输服务但未取得《公共航空运输企业经营许可证》，或者其经营范围未包括"国际航空客货邮运输业务"的；以航空运输方式提供国际运输服务但未持有《通用航空经营许可证》，或者其经营范围未包括"公务飞行"的。

（8）以公路运输方式提供至香港、澳门的交通运输服务，但未取得《道路运输经营许可证》，或者未具有持《道路运输证》的直通港澳运输车辆的；以水路运输方式提供至台湾的交通运输服务，但未取得《台湾海峡两岸间水路运输许可证》，或者未具有持《台湾海峡两岸间船舶营运证》的船舶的；以水路运输方式提供至香港、澳门的交通运输服务，但未具有获得港澳线路运营许可的船舶的；以航空运输方式提供往返香港、澳门、台湾的交通运输服务或者在香港、澳门、台湾提供交通运输服务，但未取得《公共航空运输企业经营许可证》，或者其经营范围未包括"国际、国内（含港澳）航空客货邮运输业务"的；以航空运输方式提供往返香港、澳门、台湾的交通运输服务或者在香港、澳门、台湾提供交通运输服务，但未持有《通用航空经营许可证》，或者其经营范围未包括"公务飞行"的。

（9）适用简易计税方法，或声明放弃适用零税率选择免税的下列应税服务：

①国际运输服务；

②往返香港、澳门、台湾的交通运输服务以及在香港、澳门、台湾提供的交通运输服务；

③航天运输服务；

④向境外单位提供的研发服务和设计服务，对境内不动产提供的设计服务除外。

（10）向境外单位提供的下列应税服务：

①电信业服务、技术转让服务、技术咨询服务、合同能源管理服务、软件服务、电路设计及测试服务、信息系统服务、业务流程管理服务、商标著作权转让服务、知识产权服务、物流辅助服务（仓储服务、收派服务除外）、认证服务、鉴证服务、咨询服务、广播影视节目（作品）制作服务、程租服务。

纳税人向境外单位或者个人提供国际语音通话服务、国际短信服务、国际彩信服务，通过境外电信单位结算费用的，服务接受方为境外电信单位，属于向境外单位提供的电信业服务。

境外单位从事国际运输和港澳台运输业务经停我国机场、码头、车站、领空、内河、海域时，纳税人向其提供的航空地面服务、港口码头服务、货运客运站场服务、打捞救助服务、装卸搬运服务，属于向境外单位提供的物流辅助服务。

合同标的物在境内的合同能源管理服务，对境内不动产提供的鉴证咨询服务，以及提供服务时货物实体在境内的鉴证咨询服务，不属于本款规定的向境外单位提供的应税服务。

②广告投放地在境外的广告服务。

广告投放地在境外的广告服务,是指为在境外发布的广告所提供的广告服务。

纳税人向国内海关特殊监管区域内的单位或者个人提供的应税服务,不属于跨境服务,应照章征收增值税。

纳税人提供本办法第二条所列跨境服务,除第5项外,必须与服务接受方签订跨境服务书面合同。否则,不予免征增值税。

纳税人向外国航空运输企业提供空中飞行管理服务,以中国民用航空局下发的航班计划或者中国民用航空局清算中心临时来华飞行记录,为跨境服务书面合同。

纳税人向外国航空运输企业提供物流辅助服务(除空中飞行管理服务外),与经中国民用航空局批准设立的外国航空运输企业常驻代表机构签订的书面合同,属于与服务接受方签订的跨境服务书面合同。外国航空运输企业临时来华飞行,未签订跨境服务书面合同的,以中国民用航空局清算中心临时来华飞行记录为跨境服务书面合同。

纳税人向境外单位有偿提供跨境服务,该服务的全部收入应从境外取得,否则,不予免征增值税。

下列情形视同从境外取得收入:

①纳税人向外国航空运输企业提供物流辅助服务,从中国民用航空局清算中心、中国航空结算有限责任公司或者经中国民用航空局批准设立的外国航空运输企业常驻代表机构取得的收入。

②纳税人向境外关联单位提供跨境服务,从境内第三方结算公司取得的收入。上述所称第三方结算公司,是指承担跨国企业集团内部成员单位资金集中运营管理职能的资金结算公司,包括财务公司、资金池、资金结算中心等。

③国家税务总局规定的其他情形。

纳税人提供跨境服务免征增值税的,应单独核算跨境服务的销售额,准确计算不得抵扣的进项税额,其免税收入不得开具增值税专用发票。

中国邮政速递物流股份有限公司及其分支机构为出口货物提供收派服务,按照下列公式计算不得抵扣的进项税额:

$$\text{不得抵扣的进项税额} = \text{当期无法划分的全部进项税额} \times \frac{\left(\text{当期简易计税方法计税项目销售额} + \text{非增值税应税劳务营业额} + \text{免征增值税项目销售额} - \text{为出口货物提供收派服务支付给境外合作方的费用}\right)}{\left(\text{当期全部销售额} + \text{当期全部营业额}\right)}$$

13. 租赁企业进口飞机有关税收政策。

经国务院批准,自 2014 年 1 月 1 日起,租赁企业一般贸易项下进口飞机并租给国内航空公司使用的,享受与国内航空公司进口飞机同等税收优惠政策,即进口空载重量在 25 吨以上的飞机减按 5% 征收进口环节增值税。自 2014 年 1 月 1 日以来,对已按 17% 税率征收进口环节增值税的上述飞机,超出 5% 税率的已征税款,尚未申报增值税进项税额抵扣的,可以退还。租赁企业申请退税时,应附送主管税务机关出具的进口飞机所缴纳增值税未抵扣证明。

海关特殊监管区域内租赁企业从境外购买并租给国内航空公司使用的、空载重量在 25 吨以上、不能实际入区的飞机,不实施进口保税政策,减按 5% 征收进口环节增值税。

14. 纳税人既享受增值税即征即退、先征后退政策又享受免抵退税政策有关问题的处理。

(1) 纳税人既有增值税即征即退、先征后退项目,也有出口等其他增值税应税项目的,增值税即征即退和先征后退项目不参与出口项目免抵退税计算。纳税人应分别核算增值税即征即退、先征后退项目和出口等其他增值税应税项目,分别申请享受增值税即征即退、先征后退和免抵退税政策。

(2) 用于增值税即征即退或者先征后退项目的进项税额无法划分的,按照下列公式计算:

$$\text{无法划分进项税额中用于增值税即征即退或者先征后退项目的部分} = \frac{\text{当月无法划分的全部进项税额} \times \text{当月增值税即征即退或者先征后退项目销售额}}{\text{当月全部销售额、营业额合计}}$$

15. 住房租赁的税收优惠。

2016 年 6 月 3 日国务院办公厅发布《关于加快培育和发展住房租赁市场的若干意见》。对依法登记备案的住房租赁企业、机构和个人,给予税收优惠政策支持。意见要求落实"营改增"关于住房租赁的有关政策。对个人出租住房的,由按照 5% 的征收率减按 1.5% 计算缴纳增值税;对个人出租住房月收入不超过 3 万元的,2017 年底之前可按规定享受免征增值税政策;对房地产中介机构提供住房租赁经纪代理服务,适用 6% 的增值税税率;对一般纳税人出租在实施"营改增"试点前取得的不动产,允许选择适用简易计税办法,按照 5% 的征收率计算缴纳增值税。对个人出租住房所得,减半征收个人所得税;对个人承租住房的租金支出,结合个人所得税改革,统筹研究有关费用扣除问题。

(三) 营业税改征增值税试点过渡政策的规定

营业税改征增值税试点过渡政策的规定

1. 下列项目免征增值税：

(1) 托儿所、幼儿园提供的保育和教育服务。

(2) 养老机构提供的养老服务。

(3) 残疾人福利机构提供的育养服务。

(4) 婚姻介绍服务。

(5) 殡葬服务。

(6) 残疾人员本人为社会提供的服务。

(7) 医疗机构提供的医疗服务。

(8) 从事学历教育的学校提供的教育服务。

(9) 学生勤工俭学提供的服务。

(10) 农业机耕、排灌、病虫害防治、植物保护、农牧保险以及相关技术培训业务，家禽、牲畜、水生动物的配种和疾病防治。

(11) 纪念馆、博物馆、文化馆、文物保护单位管理机构、美术馆、展览馆、书画院、图书馆在自己的场所提供文化体育服务取得的第一道门票收入。

(12) 寺院、宫观、清真寺和教堂举办文化、宗教活动的门票收入。

(13) 行政单位之外的其他单位收取的符合《试点实施办法》第十条规定条件的政府性基金和行政事业性收费。

(14) 个人转让著作权。

(15) 个人销售自建自用住房。

(16) 2018年12月31日前，公共租赁住房经营管理单位出租公共租赁住房。

(17) 台湾航运公司、航空公司从事海峡两岸海上直航、空中直航业务在大陆取得的运输收入。

(18) 纳税人提供的直接或者间接国际货物运输代理服务。

(19) 以下利息收入。

①2016年12月31日前，金融机构农户小额贷款。

②国家助学贷款。

③国债、地方政府债。

④人民银行对金融机构的贷款。

⑤住房公积金管理中心用住房公积金在指定的委托银行发放的个人住房贷款。

⑥外汇管理部门在从事国家外汇储备经营过程中,委托金融机构发放的外汇贷款。

⑦统借统还业务中,企业集团或企业集团中的核心企业以及集团所属财务公司按不高于支付给金融机构的借款利率水平或者支付的债券票面利率水平,向企业集团或者集团内下属单位收取的利息。

统借方向资金使用单位收取的利息,高于支付给金融机构借款利率水平或者支付的债券票面利率水平的,应全额缴纳增值税。

统借统还业务,一是指企业集团或者企业集团中的核心企业向金融机构借款或对外发行债券取得资金后,将所借资金分拨给下属单位(包括独立核算单位和非独立核算单位,下同),并向下属单位收取用于归还金融机构或债券购买方本息的业务。二是指企业集团向金融机构借款或对外发行债券取得资金后,由集团所属财务公司与企业集团或者集团内下属单位签订统借统还贷款合同并分拨资金,并向企业集团或者集团内下属单位收取本息,再转付企业集团,由企业集团统一归还金融机构或债券购买方的业务。

(20)被撤销金融机构以货物、不动产、无形资产、有价证券、票据等财产清偿债务。

被撤销金融机构,是指经人民银行、银监会依法决定撤销的金融机构及其分设于各地的分支机构,包括被依法撤销的商业银行、信托投资公司、财务公司、金融租赁公司、城市信用社和农村信用社。除另有规定外,被撤销金融机构所属、附属企业,不享受被撤销金融机构增值税免税政策。

(21)保险公司开办的一年期以上人身保险产品取得的保费收入。

(22)下列金融商品转让收入。

①合格境外投资者(QFII)委托境内公司在我国从事证券买卖业务。

②香港市场投资者(包括单位和个人)通过沪港通买卖上海证券交易所上市A股。

③对香港市场投资者(包括单位和个人)通过基金互认买卖内地基金份额。

④证券投资基金(封闭式证券投资基金,开放式证券投资基金)管理人运用基金买卖股票、债券。

⑤个人从事金融商品转让业务。

(23) 金融同业往来利息收入。

①金融机构与人民银行所发生的资金往来业务。包括人民银行对一般金融机构贷款,以及人民银行对商业银行的再贴现等。

②银行联行往来业务。同一银行系统内部不同行、处之间所发生的资金账务往来业务。

③金融机构间的资金往来业务。是指经人民银行批准,进入全国银行间同业拆借市场的金融机构之间通过全国统一的同业拆借网络进行的短期(一年以下含一年)无担保资金融通行为。

④金融机构之间开展的转贴现业务。

(24) 同时符合下列条件的担保机构从事中小企业信用担保或者再担保业务取得的收入(不含信用评级、咨询、培训等收入)3年内免征增值税:

①已取得监管部门颁发的融资性担保机构经营许可证,依法登记注册为企(事)业法人,实收资本超过2 000万元。

②平均年担保费率不超过银行同期贷款基准利率的50%。平均年担保费率=本期担保费收入/(期初担保余额+本期增加担保金额)×100%。

③连续合规经营2年以上,资金主要用于担保业务,具备健全的内部管理制度和为中小企业提供担保的能力,经营业绩突出,对受保项目具有完善的事前评估、事中监控、事后追偿与处置机制。

④为中小企业提供的累计担保贷款额占其两年累计担保业务总额的80%以上,单笔800万元以下的累计担保贷款额占其累计担保业务总额的50%以上。

⑤对单个受保企业提供的担保余额不超过担保机构实收资本总额的10%,且平均单笔担保责任金额最多不超过3 000万元人民币。

⑥担保责任余额不低于其净资产的3倍,且代偿率不超过2%。

(25) 国家商品储备管理单位及其直属企业承担商品储备任务,从中央或者地方财政取得的利息补贴收入和价差补贴收入。

(26) 纳税人提供技术转让、技术开发和与之相关的技术咨询、技术服务。

(27) 同时符合下列条件的合同能源管理服务:

①节能服务公司实施合同能源管理项目相关技术,应当符合国家质量监督检验检疫总局和国家标准化管理委员会发布的《合同能源管理技术通则》(GB/T24915—2010)规定的技术要求。

②节能服务公司与用能企业签订节能效益分享型合同,其合同格式和内容,符

合《中华人民共和国合同法》和《合同能源管理技术通则》（GB/T24915—2010）等规定。

（28）2017年12月31日前，科普单位的门票收入，以及县级及以上党政部门和科协开展科普活动的门票收入。

（29）政府举办的从事学历教育的高等、中等和初等学校（不含下属单位），举办进修班、培训班取得的全部归该学校所有的收入。

（30）政府举办的职业学校设立的主要为在校学生提供实习场所、并由学校出资自办、由学校负责经营管理、经营收入归学校所有的企业，从事《销售服务、无形资产或者不动产注释》中"现代服务"（不含融资租赁服务、广告服务和其他现代服务）、"生活服务"（不含文化体育服务、其他生活服务和桑拿、氧吧）业务活动取得的收入。

（31）家政服务企业由员工制家政服务员提供家政服务取得的收入。

（32）福利彩票、体育彩票的发行收入。

（33）军队空余房产租赁收入。

（34）为了配合国家住房制度改革，企业、行政事业单位按房改成本价、标准价出售住房取得的收入。

（35）将土地使用权转让给农业生产者用于农业生产。

（36）涉及家庭财产分割的个人无偿转让不动产、土地使用权。

（37）土地所有者出让土地使用权和土地使用者将土地使用权归还给土地所有者。

（38）县级以上地方人民政府或自然资源行政主管部门出让、转让或收回自然资源使用权（不含土地使用权）。

（39）随军家属就业。

（40）军队转业干部就业。

2. 增值税即征即退。

（1）一般纳税人提供管道运输服务，对其增值税实际税负超过3%的部分实行增值税即征即退政策。

（2）经人民银行、银监会或者商务部批准从事融资租赁业务的试点纳税人中的一般纳税人，提供有形动产融资租赁服务和有形动产融资性售后回租服务，对其增值税实际税负超过3%的部分实行增值税即征即退政策。商务部授权的省级商务主管部门和国家经济技术开发区批准的从事融资租赁业务和融资性售后回租业务的试点纳税人中的一般纳税人，2016年5月1日后实收资本达到1.7亿元的，从达到标准的当月起按照上述规定执行；2016年5月1日后实收资本未达到1.7亿元但注册资本达到1.7亿元的，在2016年7月31日前仍可按照上述规定执行，2016年8月1日后开展的有形动产融资租赁业务和有形动产融资性售后回租业务不得按照上述规定执行。

（3）本规定所称增值税实际税负，是指纳税人当期提供应税服务实际缴纳的增值税额占纳税人当期提供应税服务取得的全部价款和价外费用的比例。

3. 扣减增值税规定。

（1）退役士兵创业就业。

①对自主就业退役士兵从事个体经营的，在3年内按每户每年8 000元为限额依次扣减其当年实际应缴纳的增值税、城市维护建设税、教育费附加、地方教育附加和个人所得税。限额标准最高可上浮20%，各省、自治区、直辖市人民政府可根据本地区实际情况在此幅度内确定具体限额标准，并报财政部和国家税务总局备案。

②对商贸企业、服务型企业、劳动就业服务企业中的加工型企业和街道社区具有加工性质的小型企业实体，在新增加的岗位中，当年新招用自主就业退役士兵，与其签订1年以上期限劳动合同并依法缴纳社会保险费的，在3年内按实际招用人数予以定额依次扣减增值税、城市维护建设税、教育费附加、地方教育附加和企业所得税优惠。定额标准为每人每年4 000元，最高可上浮50%，各省、自治区、直辖市人民政府可根据本地区实际情况在此幅度内确定具体定额标准，并报财政部和国家税务总局备案。计算公式为：

$$企业减免税总额 = \sum 每名自主就业退役士兵本年度在本企业工作月份 \div 12 \times 定额标准$$

（2）重点群体创业就业。

对持《就业创业证》（注明"自主创业税收政策"或"毕业年度内自主创业税收政策"）或2015年1月27日前取得的《就业失业登记证》（注明"自主创业税收政策"或附着《高校毕业生自主创业证》）的人员从事个体经营的，在3年内按每户每年8 000元为限额依次扣减其当年实际应缴纳的增值税、城市维护建设税、教育费附加、地方教育附加和个人所得税。限额标准最高可上浮20%，各省、自治区、直辖市人民政府可根据本地区实际情况在此幅度内确定具体限额标准，并报财政部和国家税务总局备案。

对商贸企业、服务型企业、劳动就业服务企业中的加工型企业和街道社区具有加工性质的小型企业实体，在新增加的岗位中，当年新招用在人力资源社会保障部门公共就业服务机构登记失业半年以上且持《就业创业证》或2015年1月27日前取得的《就业失业登记证》（注明"企业吸纳税收政策"）人员，与其签订1年以上期限劳动合同并依法缴纳社会保险费的，在3年内按实际招用人数予以定额依次扣减增值税、城市维护建设税、教育费附加、地方教育附加和企业所得税优惠。定额标准为每人每年4 000元，最高可上浮30%，各省、自治区、直辖市人民政府可根据本地区实际情况在此幅度内确定具体定额标准，并报财政部和国家税务总局备案。

4. 金融企业发放贷款后，自结息日起90天内发生的应收未收利息按现行规定缴纳增值税，自结息日起90天后发生的应收未收利息暂不缴纳增值税，待实际收到利息时按规定缴纳增值税。

上述所称金融企业，是指银行（包括国有、集体、股份制、合资、外资银行以及其他所有制形式的银行）、城市信用社、农村信用社、信托投资公司、财务公司。

5. 个人将购买不足2年的住房对外销售的，按照5%的征收率全额缴纳增值税；个人将购买2年以上（含2年）的住房对外销售的，免征增值税。上述政策适用于北京市、上海市、广州市和深圳市之外的地区。

个人将购买不足2年的住房对外销售的，按照5%的征收率全额缴纳增值税；个人将购买2年以上（含2年）的非普通住房对外销售的，以销售收入减去购买住房价款后的差额按照5%的征收率缴纳增值税；个人将购买2年以上（含2年）的普通住房对外销售的，免征增值税。上述政策仅适用于北京市、上海市、广州市和深圳市。

6. 上述增值税优惠政策除已规定期限的项目和第五条政策外，其他均在"营改增"试点期间执行。如果试点纳税人在纳入"营改增"试点之日前已经按照有关政策规定享受了营业税税收优惠，在剩余税收优惠政策期限内，按照本规定享受有关增值税优惠。

7. 根据2016年6月18日财政部《关于进一步明确全面推开"营改增"试点有关再保险、不动产租赁和非学历教育等政策的通知》（财税〔2016〕68号）的规定，"营改增"试点期间：

（1）境内保险公司向境外保险公司提供的完全在境外消费的再保险服务，免征增值税。试点纳税人提供再保险服务（境内保险公司向境外保险公司提供的再保险服务除外），实行与原保险服务一致的增值税政策。

（2）房地产开发企业中的一般纳税人，出租自行开发的房地产老项目，可以选择适用简易计税方法，按照5%的征收率计算应纳税额。出租其2016年5月1日后自行开发的与机构所在地不在同一县（市）的房地产项目，应按照3%预征率在不动产所在地预缴税款后，向机构所在地主管税务机关进行纳税申报。房地产开发企业中的小规模纳税人，出租自行开发的房地产项目，按照5%的征收率计算应纳税额。

（3）一般纳税人提供非学历教育服务，可以选择适用简易计税方法按照3%征收率计算应纳税额。

（四）增值税起征点的规定

纳税人销售额未达到国务院财政、税务主管部门规定的起征点的免征增值税。增值税起征点的适用范围限于个人（不包括认定为一般纳税人的个体工商户和小规模纳税人）。

增值税起征点的幅度规定如下：

1. 销售货物的，为月销售额5 000～20 000元；
2. 销售应税劳务的，为月销售额5 000～20 000元；
3. 按次纳税的，为每次（日）销售额300～500元。
4. 应税服务的起征点：
（1）按期纳税的，为月销售额5 000～20 000元（含本数）。
（2）按次纳税的，为每次（日）销售额300～500元（含本数）。

五、增值税的征收管理

（一）增值税的纳税义务发生时间

1. 销售货物或者提供应税劳务的纳税义务发生时间。

（1）纳税人销售货物或者提供应税劳务，其纳税义务发生时间为收讫销售款项或者取得索取销售款项凭据的当天；先开具发票的，为开具发票的当天。其中，收讫销售款项或者取得索取销售款项凭据的当天按销售结算方式的不同，具体为：

①采取直接收款方式销售货物，不论货物是否发出，均为收到销售款或者取得索取销售款凭据的当天。

②采取托收承付和委托银行收款方式销售货物，为发出货物并办妥托收手

续的当天。

③采取赊销和分期收款方式销售货物，为书面合同约定的收款日期的当天，无书面合同的或者书面合同没有约定收款日期的，为货物发出的当天。

④采取预收货款方式销售货物，为货物发出的当天，但生产销售生产工期超过 12 个月的大型机械设备、船舶、飞机等货物，为收到预收款或者书面合同约定的收款日期的当天。

⑤委托其他纳税人代销货物，为收到代销单位的代销清单或者收到全部或者部分货款的当天。未收到代销清单及货款的，为发出代销货物满 180 天的当天。

⑥销售应税劳务，为提供劳务同时收讫销售款或者取得索取销售款的凭据的当天。

⑦纳税人发生除将货物交付其他单位或者个人代销和销售代销货物以外的视同销售货物行为，为货物移送的当天。

（2）纳税人进口货物，其纳税义务发生时间为报关进口的当天。

（3）增值税扣缴义务发生时间为纳税人增值税纳税义务发生的当天。

2. 提供应税服务的纳税义务发生时间。

（1）纳税人提供应税服务的纳税义务发生时间为提供应税服务并收讫销售款项或者取得索取销售款项凭据的当天；先开具发票的，为开具发票的当天。

其中，收讫销售款项，是指纳税人提供应税服务过程中或者完成后收到款项；取得索取销售款项凭据的当天，是指书面合同确定的付款日期；未确定书面合同或者书面合同未确定付款日期的，为应税服务完成的当天。

（2）纳税人提供有形动产租赁服务采取预收款方式的，其纳税义务发生时间为收到预收款的当天。

（3）纳税人发生视同提供应税服务的，其纳税义务发生时间为应税服务完成的当天。

（4）增值税扣缴义务发生时间为纳税人增值税纳税义务发生的当天。

（二）纳税期限

根据《增值税暂行条例》的规定，增值税的纳税期限分别为 1 日、3 日、5 日、10 日、15 日、1 个月或者 1 个季度。

纳税人的具体纳税期限，由主管税务机关根据纳税人应纳税额的大小分别核定；不能按照固定期限纳税的，可以按次纳税。以 1 个季度为纳税期限的规定仅适用于小规模纳税人以及财政部和国家税务总局规定的其他纳税人。小规模纳税人的具体纳税期限，由主管税务机关根据其应纳税额的大小分别核定。

纳税人以1个月或者1个季度为1个纳税期的，自期满之日起15日内申报纳税；以1日、3日、5日、10日或者15日为1个纳税期的，自期满之日起5日内预缴税款，于次月1日起15日内申报纳税并结清上月应纳税款。

扣缴义务人解缴税款的期限，依照前两款规定执行。

纳税人进口货物，应当自海关填发进口增值税专用缴款书之日起15日内缴纳税款。

纳税人出口货物适用退（免）税规定的，应当向海关办理出口手续，凭出口报关单等有关凭证，在规定的出口退（免）税申报期内按月向主管税务机关申报办理该项出口货物的退（免）税。

出口货物办理退税后发生退货或者退关的，纳税人应当依法补缴已退的税款。

（三）纳税地点

1. 固定业户应当向其机构所在地的主管税务机关申报纳税。总机构和分支机构不在同一县（市）的，应当分别向各自所在地的主管税务机关申报纳税；但在同一省（区、市）范围内的，经省（区、市）财政厅（局）、国家税务局审批同意，可以由总机构汇总向总机构所在地的主管税务机关申报缴纳增值税。

2. 固定业户到外县（市）销售货物或者应税劳务，应当向其机构所在地的主管税务机关申请开具外出经营活动税收管理证明，并向其机构所在地的主管税务机关申报纳税；未开具证明的，应当向销售地或者劳务发生地的主管税务机关申报纳税；未向销售地或者劳务发生地的主管税务机关申报纳税的，由其机构所在地的主管税务机关补征税款。

3. 非固定业户销售货物或者应税劳务，应当向销售地或者劳务发生地的主管税务机关申报纳税；未向销售地或者劳务发生地的主管税务机关申报纳税的，由其机构所在地或者居住地的主管税务机关补征税款。

4. 进口货物，应当向报关地海关申报纳税。

5. 扣缴义务人应当向其机构所在地或者居住地的主管税务机关申报缴纳其扣缴的税款。

（四）营业税改征增值税后的征收机关

营业税改征后的增值税，由国家税务局系统负责征收。

第二节 增值税专用发票的使用与管理

一、增值税专用发票概述

增值税专用发票（以下简称专用发票）是指专门用于结算销售货物和提供加工修理修配劳务使用的一种发票，隶属于国家税务局管理范围，其式样和印制及管理规定均由国家税务总局制定。

一般纳税人应通过增值税防伪税控系统（以下简称防伪税控系统）使用专用发票。使用，包括领购、开具、缴销、认证纸质专用发票及其相应的数据电文。上述所称防伪税控系统，是指经国务院同意推行的，使用专用设备和通用设备、运用数字密码和电子存储技术管理专用发票的计算机管理系统。"专用设备"是指金税卡、IC卡、读卡器和其他设备。"通用设备"是指计算机、打印机、扫描器具和其他设备。

专用发票由基本联次或者基本联次附加其他联次构成，基本联次为三联：发票联、抵扣联和记账联。发票联，作为购买方核算采购成本和增值税进项税额的记账凭证；抵扣联，作为购买方报送主管税务机关认证和留存备查的凭证；记账联，作为销售方核算销售收入和增值税销项税额的记账凭证。其他联次用途，由一般纳税人自行确定。

货物运输业专用发票分为三联票和六联票，第一联：记账联，承运人记账凭证；第二联：抵扣联，受票方扣税凭证；第三联：发票联，受票方记账凭证；第四联至第六联由发票使用单位自行安排使用。

专用发票（增值税税控系统）实行最高开票限额管理。最高开票限额，是指单份专用发票或货运专票开具的销售额合计数不得达到的上限额度。

最高开票限额由一般纳税人申请，区县税务机关依法审批。一般纳税人申请最高开票限额时，需填报《增值税专用发票最高开票限额申请单》。主管税务机关受理纳税人申请以后，根据需要进行实地查验。实地查验的范围和方法由各省国税机关确定。

一般纳税人申请最高开票限额时，需填报《最高开票限额申请表》（见表2-1）。

表 2-1　　　　　　　　增值税专用发票最高开票限额申请单

<table>
<tr><td rowspan="5">申请事项
（由纳税人
填写）</td><td colspan="2">纳税人名称</td><td></td><td>纳税人识别号</td><td></td></tr>
<tr><td colspan="2">地址</td><td></td><td>联系电话</td><td></td></tr>
<tr><td colspan="2">购票人信息</td><td colspan="3"></td></tr>
<tr><td colspan="2">申请增值税专用发票（增值税税控系统）最高开票限额</td><td colspan="3">□初次　　□变更　　（请选择一个项目并在□内打"√"）
□一亿元　□一千万元　□一百万元
□十万元　□一万元　□一千元
（请选择一个项目并在□内打"√"）</td></tr>
<tr><td colspan="2">申请货物运输业增值税专用发票（增值税税控系统）最高开票限额</td><td colspan="3">□初次　　□变更　　（请选择一个项目并在□内打"√"）
□一亿元　□一千万元　□一百万元
□十万元　□一万元　□一千元
（请选择一个项目并在□内打"√"）</td></tr>
<tr><td colspan="5">申请理由：

经办人（签字）：　　　　　　　　　　　纳税人（印章）：
　年　月　日　　　　　　　　　　　　　年　月　日</td></tr>
<tr><td rowspan="4">区县税务
机关意见</td><td colspan="3">发票种类</td><td colspan="2">批准最高开票限额</td></tr>
<tr><td colspan="3">增值税专用发票（增值税税控系统）</td><td colspan="2"></td></tr>
<tr><td colspan="3">货物运输业增值税专用发票
（增值税税控系统）</td><td colspan="2"></td></tr>
<tr><td colspan="5">经办人（签字）：　　批准人（签字）：　　税务机关（印章）：
　年　月　日　　　　　年　月　日　　　　　年　月　日</td></tr>
</table>

注：本申请表一式两联：第一联由申请纳税人留存；第二联由区县税务机关留存。

二、专用发票领购和使用

（一）专用发票的领购

一般纳税人凭《发票领购簿》、IC 卡和经办人身份证明领购专用发票。一般纳税人有下列情形之一的，不得领购开具专用发票：

1. 会计核算不健全，不能向税务机关准确提供增值税销项税额、进项税额、应纳税额数据及其他有关增值税税务资料的。

上列其他有关增值税税务资料的内容，由省、自治区、直辖市和计划单列市国家税务局确定。

2. 有《税收征收管理法》规定的税收违法行为，拒不接受税务机关处理的。

3. 有下列行为之一，经税务机关责令限期改正而仍未改正的：

（1）虚开增值税专用发票；

（2）私自印制专用发票；

（3）向税务机关以外的单位和个人买取专用发票；

（4）借用他人专用发票；

（5）未按本规定第十一条开具专用发票；

（6）未按规定保管专用发票和专用设备；有下列情形之一的，为未按规定保管专用发票和专用设备：

①未设专人保管专用发票和专用设备；

②未按税务机关要求存放专用发票和专用设备；

③未将认证相符的专用发票抵扣联、《认证结果通知书》和《认证结果清单》装订成册；

④未经税务机关查验，擅自销毁专用发票基本联次。

（7）未按规定申请办理防伪税控系统变更发行；

（8）未按规定接受税务机关检查。

有上列情形的，如已领购专用发票，主管税务机关应暂扣其结存的专用发票和IC卡。

（二）"营改增"后纳税人发票的使用

1. 自本地区"营改增"试点实施之日起，增值税纳税人不得开具公路、内河货物运输业统一发票。

增值税一般纳税人（以下简称一般纳税人）提供货物运输服务的，使用货物运输业增值税专用发票（以下简称货运专票）和普通发票；提供货物运输服务之外其他增值税应税项目的，统一使用增值税专用发票（以下简称专用发票）和增值税普通发票。

小规模纳税人提供货物运输服务，服务接受方索取货运专票的，可向主管税务机关申请代开，填写《代开货物运输业增值税专用发票缴纳税款申报单》。代开货运专票按照代开专用发票的有关规定执行。

2. 提供港口码头服务、货运客运场站服务、装卸搬运服务、旅客运输服务的一般纳税人，可以选择使用定额普通发票。

3. 从事国际货物运输代理业务的一般纳税人，应使用六联专用发票或五联增值税普通发票，其中第四联用作购付汇联；从事国际货物运输代理业务的小规模纳税人，应使用普通发票，其中第四联用作购付汇联。

4. 纳税人于本地区试点实施之日前提供改征增值税的营业税应税服务并开具营业税发票后，如发生服务中止、折让、开票有误等情形，且不符合发票作废条件的，应于 2014 年 3 月 31 日前向原主管税务机关申请开具营业税红字发票，不得开具红字专用发票和红字货运专票。需重新开具发票的，应于 2014 年 3 月 31 日前向原主管税务机关申请开具营业税发票，不得开具专用发票或货运专票。

5. 实行增值税退（免）税办法的增值税零税率应税服务不得开具增值税专用发票。

（三）"营改增"后税控系统使用问题

1. 自本地区"营改增"试点实施之日起，一般纳税人提供货物运输服务、开具货运专票的，使用货物运输业增值税专用发票税控系统（以下简称货运专票税控系统）；提供货物运输服务之外的其他增值税应税服务、开具专用发票和增值税普通发票的，使用增值税防伪税控系统（以下简称防伪税控系统）。

2. 自 2013 年 8 月 1 日起，一般纳税人从事机动车（旧机动车除外）零售业务开具机动车销售统一发票，应使用机动车销售统一发票税控系统（以下简称机动车发票税控系统）。

3. 试点纳税人使用的防伪税控系统专用设备为金税盘和报税盘，纳税人应当使用金税盘开具发票，使用报税盘领购发票、抄报税；货运专票税控系统和机动车发票税控系统专用设备为税控盘和报税盘，纳税人应当使用税控盘开具发票，使用报税盘领购发票、抄报税。

货运专票税控系统及专用设备管理，按照现行防伪税控系统有关规定执行。各省国税机关可对现有相关文书作适当调整。

4. 北京市小规模纳税人自 2012 年 9 月 1 日起使用金税盘或税控盘开具普通发票，使用报税盘领购发票、抄报税的办法继续执行。

三、专用发票开具范围

1. 一般纳税人销售货物或者提供应税劳务和应税服务，应向购买方开具专用发票。

2. 商业企业一般纳税人零售的烟、酒、食品、服装、鞋帽（不包括劳保专用部分)、化妆品等消费品不得开具专用发票。

3. 增值税小规模纳税人需要开具专用发票的,可向主管税务机关申请代开。

4. 销售免税货物不得开具专用发票,法律、法规及国家税务总局另有规定的除外。

5. 关于货运专票开具问题。

(1) 一般纳税人提供应税货物运输服务,使用货运专票;提供其他增值税应税项目、免税项目或非增值税应税项目的,不得使用货运专票。

(2) 货运专票中"承运人及纳税人识别号"栏填写提供货物运输服务、开具货运专票的一般纳税人信息;"实际受票方及纳税人识别号"栏填写实际负担运输费用、抵扣进项税额的一般纳税人信息;"费用项目及金额"栏填写应税货物运输服务明细项目及不含增值税的销售额;"合计金额"栏填写应税货物运输服务项目不含增值税的销售额合计;"税率"栏填写增值税税率;"税额"栏填写按照应税货物运输服务项目不含增值税的销售额和适用税率计算得出的增值税额;"价税合计(大写)(小写)"栏填写不含增值税的销售额和增值税额的合计;"机器编号"栏填写货运专票税控系统税控盘编号。

(3) 税务机关在代开货运专票时,货运专票税控系统在货运专票左上角自动打印"代开"字样;"税率"栏填写小规模纳税人增值税征收率;"税额"栏填写按照应税货物运输服务项目不含增值税的销售额和小规模纳税人增值税征收率计算得出的增值税额;"备注"栏填写税收完税凭证号码;其他栏次内容与本条第(2)项相同。

6. 纳税人提供应税服务,应当向索取增值税专用发票的接受方开具增值税专用发票,并在增值税专用发票上分别注明销售额和销项税额。属于下列情形之一的,不得开具增值税专用发票:

(1) 向消费者个人提供应税服务。

(2) 适用免征增值税规定的应税服务。

(3) 小规模纳税人销售货物或者应税劳务的。

四、专用发票开具要求

专用发票应按下列要求开具:

1. 项目齐全,与实际交易相符;

2. 字迹清楚，不得压线、错格；
3. 发票联和抵扣联加盖财务专用章或者发票专用章；
4. 按照增值税纳税义务的发生时间开具。

对不符合上列要求的专用发票，购买方有权拒收。

第三节　增值税应纳税额的计算

一、一般纳税人增值税应纳税额的计算

增值税一般纳税人销售货物或者提供应税劳务和应税服务的应纳税额，运用扣除法计算。其计算公式为：

当期应纳税额 = 当期销项税额 - 当期进项税额

= 当期销售额 × 适用税率 - 当期进项税额

（一）当期销项税额的确定

销项税额是指纳税人销售货物或者提供应税劳务和应税服务，按照销售额或提供应税劳务和应税服务收入与规定的税率计算并向购买方收取的增值税税额。其计算公式为：

当期销项税额 = 销售额 × 适用税率

或：　　当期销项税额 = 组成计税价格 × 适用税率

1. 一般销售方式下的销售额。

销售额是指纳税人销售货物或者提供应税劳务和应税服务向购买方（承受应税劳务和应税服务也视为购买方）收取的全部价款和价外费用。

价外费用，包括价外向购买方收取的手续费、补贴、基金、集资费、返还利润、奖励费、违约金、滞纳金、延期付款利息、赔偿金、代收款项、代垫款项、包装费、包装物租金、储备费、优质费、运输装卸费以及其他各种性质的价外收费。但下列项目不包括在内：

（1）受托加工应征消费税的消费品所代收代缴的消费税。

（2）同时符合以下条件的代垫运输费用：

①承运部门的运输费用发票开具给购买方的；

②纳税人将该项发票转交给购买方的。

（3）同时符合以下条件代为收取的政府性基金或者行政事业性收费：

①由国务院或者财政部批准设立的政府性基金，由国务院或者省级人民政府及其财政、价格主管部门批准设立的行政事业性收费；

②收取时开具省级以上财政部门印制的财政票据；

③所收款项全额上缴财政。

（4）销售货物的同时代办保险等而向购买方收取的保险费，以及向购买方收取的代购买方缴纳的车辆购置税、车辆牌照费。

2. 特殊销售方式下的销售额。

在销售活动中，为了达到促销的目的，有多种销售方式。不同销售方式下，销售者取得的销售额会有所不同。对不同销售方式如何确定其计征增值税的销售额，既是纳税人关心的问题，也是税法必须分别予以明确规定的事情。税法对以下几种销售方式分别作了规定：

（1）采取折扣方式销售。

折扣销售是指销货方在销售货物或提供应税劳务和应税服务时，因购货方购货数量较大等原因而给予购货方的价格优惠，如购买5件，销售价格折扣10%；购买10件，折扣20%等。根据税法规定，纳税人采取折扣方式销售货物，如果销售额和折扣额在同一张发票上的"金额"栏分别注明的，可按折扣后的销售额征收增值税。未在同一张发票"金额"栏注明折扣额，而仅在发票的"备注"栏注明折扣额的，折扣额不得从销售额中减除。

"营改增"也规定：纳税人提供应税服务，将价款和折扣额在同一张发票上分别注明的，以折扣后的价款为销售额；未在同一张发票上分别注明的，以价款为销售额，不得扣减折扣额。

（2）采取以旧换新方式销售。

以旧换新是指纳税人在销售自己的货物时，有偿收回旧货物的行为。根据税法规定，采取以旧换新方式销售货物的，应按新货物的同期销售价格确定销售额，不得扣减旧货物的收购价格。但由于金银首饰以旧换新业务的特殊情况，对金银首饰以旧换新业务，可以按销售方实际收取的不含增值税的全部价款征收增值税。

（3）采取还本销售方式销售。

还本销售是指纳税人在销售货物后，到一定期限由销售方一次或分次退还给购货方全部或部分价款。这种方式实际上是一种筹资行为，是以货物换取资金的使用价值,到期还本不付息的方法。因此,税法规定,采取还本销售方式销售货物,其销售额就是货物的销售价格,不得从销售额中减除还本支出。

(4) 采取以物易物方式销售。

以物易物是一种较为特殊的购销活动,是指购销双方不是以货币结算,而是以同等价款的货物相互结算,实现货物购销的一种方式。以物易物双方都应作购销处理,以各自发出的货物核算销售额并计算销项税额,以各自收到的货物按规定核算购货额并计算进项税额。

(5) 包装物押金的税务处理。

包装物是指纳税人包装本单位货物的各种物品。根据税法规定,纳税人为销售货物而出租出借包装物收取的押金,单独记账核算的,时间在1年以内,又未过期的,不并入销售额征税,但对因逾期未收回包装物不再退还的押金,应按所包装货物的适用税率计算销项税额。"逾期"是指按合同约定实际逾期或以1年为期限,对收取1年以上的押金,无论是否退还均并入销售额征税。

对销售除啤酒、黄酒外的其他酒类产品而收取的包装物押金,无论是否返还以及会计上如何核算,均应并入当期销售额征税。

(6) 视同销售货物行为的销售额的确定。

对视同销售征税而无销售额的按下列顺序确定其销售额:

①按纳税人最近时期同类货物的平均销售价格确定;

②按其他纳税人最近时期同类货物的平均销售价格确定;

③按组成计税价格确定。其计算公式为:

$$组成计税价格 = 成本 \times (1 + 成本利润率)$$

该货物同时又征收消费税的,其组成计税价格中应加上消费税税额,其计算公式为:

$$组成计税价格 = 成本 \times (1 + 成本利润率) + 消费税税额$$

或:

$$组成计税价格 = 成本 \times (1 + 成本利润率) \div (1 - 消费税税率)$$

$$组成计税价格 = [成本 \times (1 + 成本利润率) + 课税数量 \times 消费税定额税率] \div (1 - 消费税税率)$$

公式中的"成本"是指:销售自产货物的为实际生产成本,销售外购货物的为实际采购成本。公式中的"成本利润率"由国家税务总局确定。但属于应从价定率征收消费税的货物,其组成计税价格公式中的成本利润率,为国家税务总局确定的成本利润率。

"营改增"也规定：纳税人提供应税服务的价格明显偏低或者偏高且不具有合理商业目的的，或者发生视同提供应税服务而无销售额的，主管税务机关有权按照下列顺序确定销售额：

（1）按照纳税人最近时期提供同类应税服务的平均价格确定。

（2）按照其他纳税人最近时期提供同类应税服务的平均价格确定。

（3）按照组成计税价格确定，其计算公式为：

$$组成计税价格 = 成本 \times (1 + 成本利润率)$$

成本利润率由国家税务总局确定。

3. 含税销售额的换算。

为了符合增值税作为价外税的要求，纳税人在填写进销货及纳税凭证、进行账务处理时，应分项记录不含税销售额、销项税额和进项税额，以正确计算应纳增值税额。因此，一般纳税人销售货物或者应税劳务和应税服务，采用销售额和销项税额合并定价方法的，按下列公式换算为不含税的销售额：

$$不含税销售额 = 含税销售额 \div (1 + 税率)$$

（二）进项税额的计算

进项税额是指纳税人购进货物或者接受应税劳务和应税服务支付或者负担的增值税额。

1. 准予从销项税额中抵扣的进项税额。

（1）从销售方或者提供方取得的增值税专用发票上注明的增值税额。

（2）从海关取得的海关进口增值税专用缴款书上注明的增值税额。

（3）购进农产品，除取得增值税专用发票或者海关进口增值税专用缴款书外，按照农产品收购发票或者销售发票上注明的农产品买价和13%的扣除率计算进项税额。其计算公式为：

$$进项税额 = 买价 \times 扣除率$$

（4）原增值税一般纳税人取得的2013年8月1日（含）以后开具的运输费用结算单据，不得作为增值税扣税凭证。

原增值税一般纳税人取得的试点小规模纳税人由税务机关代开的增值税专用发票，按增值税专用发票注明的税额抵扣进项税额。

（5）自2010年10月1日起，项目运营方利用信托资金融资进行项目建设开发，在项目建设期内取得的增值税专用发票和其他抵扣凭证，允许其按现行增值税有关规定予以抵扣。

（6）接受境外单位或者个人提供的应税服务，从税务机关或者境内代理人取得的解缴税款的中华人民共和国税收缴款凭证（以下简称税收缴款凭证）上注明的增值税额。

（7）增值税一般纳税人（以下简称"原纳税人"）在资产重组过程中，将全部资产、负债和劳动力一并转让给其他增值税一般纳税人（以下称"新纳税人"），并按程序办理注销税务登记的，其在办理注销登记前尚未抵扣的进项税额可结转至新纳税人处继续抵扣。

（8）蜂窝数字移动通信用塔（杆），属于《固定资产分类与代码》(GB/T 14885—1994) 中的"其他通讯设备"（代码699），其增值税进项税额可以按照现行规定从销项税额中抵扣。

2. "营改增"后原增值税纳税人进项税额的抵扣政策。

根据"营改增"的规定，原增值税纳税人（指按照《增值税暂行条例》缴纳增值税的纳税人）有关进项税额抵扣的政策如下：

（1）原增值税一般纳税人接受试点纳税人提供的应税服务，取得的增值税专用发票上注明的增值税额为进项税额，准予从销项税额中抵扣。

（2）原增值税一般纳税人自用的应征消费税的摩托车、汽车、游艇，其进项税额准予从销项税额中抵扣。

（3）原增值税一般纳税人接受境外单位或者个人提供的应税服务，按照规定应当扣缴增值税的，准予从销项税额中抵扣的进项税额为从税务机关或者代理人取得的解缴税款的税收缴款凭证上注明的增值税额。

（4）原增值税一般纳税人购进货物或者接受应税劳务，用于《应税服务范围注释》所列项目的，不属于《增值税暂行条例》第十条所称的用于非增值税应税项目，其进项税额准予从销项税额中抵扣。

3. 不得从销项税额中抵扣的进项税额。

按《增值税暂行条例》和"营改增"有关规定，下列项目的进项税额不得从销项税额中抵扣：

（1）用于简易计税方法计税项目、非增值税应税项目、免征增值税项目、集体福利或者个人消费的购进货物或者应税劳务。

（2）非正常损失的购进货物及相关的应税劳务。

（3）非正常损失的在产品、产成品所耗用的购进货物或者应税劳务。

（4）纳税人进口货物向境外实际支付的货款低于进口报关价格的差额部分

以及从境外供应商处取得的退还或返还的资金,不作进项税额转出处理。

(5)原增值税一般纳税人接受试点纳税人提供的应税服务,下列项目的进项税额不得从销项税额中抵扣:

①用于简易计税方法计税项目、非增值税应税项目、免征增值税项目、集体福利或者个人消费,其中涉及的专利技术、非专利技术、商誉、商标、著作权、有形动产租赁,仅指专用于上述项目的专利技术、非专利技术、商誉、商标、著作权、有形动产租赁。

②接受的旅客运输服务。

③与非正常损失的购进货物相关的交通运输业服务。

④与非正常损失的在产品、产成品所耗用购进货物相关的交通运输业服务。

(三) 计算应纳税额的时间限定

1. 计算销项税额的时间限定。

根据《增值税暂行条例》及其《增值税暂行条例实施细则》和"营改增"的规定。采取直接收款方式销售货物,不论货物是否发出,均为收到销售款或者取得索取销售款凭据的当天;采取托收承付和委托银行收款方式销售货物,为发出货物并办妥托收手续的当天等,以保证准时、准确记录和核算当期销项税额。

2. 防伪税控专用发票进项税额抵扣的时间限定。

增值税一般纳税人取得 2010 年 1 月 1 日以后开具的增值税专用发票、公路内河货物运输业统一发票(现为货物运输业增值税专用发票)和机动车销售统一发票,应在开具之日起 180 日内到税务机关办理认证,并在认证通过的次月申报期内,向主管税务机关申报抵扣进项税额。

3. 海关进口增值税专用缴款书进项税额抵扣的时间限定。

纳税人进口货物取得的属于增值税扣税范围的海关缴款书,应自开具之日起 180 天内向主管税务机关报送《海关完税凭证抵扣清单》(电子数据),申请稽核比对,逾期未申请的其进项税额不予抵扣。

二、小规模纳税人增值税应纳税额的计算

小规模纳税人销售货物、提供应税劳务和应税服务,其应纳税额的计算采

用简易计税方法计税，不得抵扣进项税额。其计算公式为：

当期应纳增值税额 = 当期销售额（不含增值税）× 征收率

不含税销售额 = 含税销售额 ÷（1 + 征收率）

【例 2 - 1】某商店系小规模纳税人。2016 年 5 月该商店发生以下业务：

（1）销售服装取得含增值税销售额为 18 540 元，开具了普通发票。

（2）购进办公用品一批，支付货款 13 500 元、增值税税款 2 295 元。

（3）当月销售办公用品取得含税销售额为 27 810 元，开具了普通发票；销售给一般纳税人某公司仪器两台，取得不含增值税销售额 38 500 元、增值税税款 1 540 元，增值税专用发票已由税务所代开。

计算该商店 5 月增值税应纳税额。

小规模纳税人销售货物或者提供应税劳务，按照销售额和征收率，实行简易办法计算应纳税额，不得抵扣进项税额。小规模商业企业增值税征收率为 3%。

该商店 5 月增值税应纳税额 = 销售额 × 征收率 = 含税销售额 ÷（1 + 征收率）× 征收率 = ［18 540 ÷（1 + 3%）+ 27 810 ÷（1 + 3%）+ 38 500］× 3% = 2 505(元)

三、进口货物应纳税额的计算

纳税人进口货物，按照组成计税价格和《增值税暂行条例》规定的税率计算应纳税额。其计算公式为：

组成计税价格 = 关税完税价格 + 关税 + 消费税

应纳税额 = 组成计税价格 × 税率

【例 2 - 2】某公司为增值税一般纳税人。2016 年 5 月，该公司进口生产家具用的木材一批，关税完税价格 8 万元，已纳关税 1 万元。该企业适用的增值税税率为 17%。计算该公司进口木材组成计税价格和应纳增值税额。

进口木材不需缴纳消费税，该公司进口木材组成计税价格 = 8 + 1 = 9（万元）；应纳税额 = 9 × 17% = 1.53（万元）。

第四节　增值税的会计处理

一、会计科目的设置

(一) 一般纳税人

为了核算企业应交的增值税，一般纳税人企业应在"应交税费"科目下设置"应交增值税"、"未交增值税"明细科目。

"应交增值税"明细科目的借方企业购进货物或接受应税劳务支付的进项税额、实际已缴纳的增值税等；贷方反映销售货物或提供应税劳务应缴纳的增值税额、出口货物退税、转出已支付或应分担的增值税等；期末借方余额反映企业尚未抵扣的增值税。"应交增值税"明细账内，应分别设置"进项税额"、"已交税金"、"转出未交增值税"、"减免税款"、"销项税额"、"出口退税"、"进项税额转出"、"出口抵减内销产品应纳税额"、"转出多交增值税"等专栏，其格式设置如表 2-2 所示，并按规定进行核算。

表 2-2　　　　　"应交税费——应交增值税"明细账

略	借方						贷方					借或贷	余额
	合计	进项税额	已交税金	减免税款	出口抵减内销产品应纳税额	转出未交增值税	合计	销项税额	出口退税	进项税额转出	转出多交增值税		

月份终了，将本月应交未交或多交的增值税额自"应交增值税（转出未交增值税、转出多交增值税）"明细科目转入"未交增值税"明细科目。

(二) 小规模纳税人

小规模纳税人仅在"应交税费"科目下设置"应交增值税"明细科目，

贷方余额反映应缴未缴增值税,借方余额反映多缴的增值税。

二、一般纳税人增值税的会计处理

1. 一般购销业务的会计处理。

一般纳税企业在国内采购的物资,按专用发票上记载的应当计入采购成本的金额,借记"材料采购"、"在途物资"或"原材料""管理费用"等科目,按专用发票上注明的可抵扣增值税额,借记"应交税费——应交增值税(进项税额)"科目,按应付或实际支付的金额,贷记"应付账款"、"应付票据"、"银行存款"等科目。购入物资发生的退货,作相反会计分录。企业接受应税劳务,按专用发票上记载的应当计入加工、修理修配等物资成本的金额,借记"委托加工物资"等科目,按专用发票上注明的可抵扣增值税额,借记"应交税费——应交增值税(进项税额)"科目,按应付或实际支付的金额,贷记"应付账款"、"银行存款"等科目。企业进口物资,按进口物资应计入采购成本的金额,借记"材料采购"、"库存商品"等科目,按海关提供的完税凭证上注明的可抵扣增值税额,借记"应交税费——应交增值税(进项税额)"科目,按应付或实际支付的金额,贷记"应付账款"、"银行存款"等科目。

企业销售物资或提供应税劳务(包括将自产、委托加工或购买的货物分配给股东),按实现的营业收入和按规定收取的增值税额,借记"应收账款"、"应收票据"、"银行存款"、"应付股利"等科目,按实现的营业收入,贷记"主营业务收入"等科目,按专用发票上注明的增值税额,贷记"应交税费——应交增值税(销项税额)"科目;发生的销售退回,作相反会计分录。

【例2-3】某企业购入一批原材料,增值税专用发票上注明的原材料价款500 000元,增值税额为85 000元。货款已经支付,材料已经到达并验收入库。假定该企业采用实际成本进行日常材料核算。该企业当期销售产品收入为1 200 000元(不含应向购买者收取的增值税),货款尚未收到。假如该产品的增值税税率为17%,不缴纳消费税。根据上述经济业务,企业应作如下会计处理:

①购入原材料时:

借:原材料 500 000
    应交税费——应交增值税(进项税额) 85 000
  贷:银行存款 585 000

② 当期销售产品时：

销项税额 = 1 200 000 × 17% = 204 000（元）

借：应收账款　　　　　　　　　　　　　　1 404 000
　　贷：主营业务收入　　　　　　　　　　　　1 200 000
　　　　应交税费——应交增值税（销项税额）　　204 000

2. 购入免税产品和收购废旧物资等的账务处理。

按照增值税暂行条例规定，对于购入的免税农业产品、收购废旧物资等可以按买价（或收购金额）和规定税率计算进项税额，借记"应交税费——应交增值税（进项税额）"科目，按买价减去按规定计算的进项税额后的差额，借记"材料采购"、"原材料"、"库存商品"等科目，按应付或实际支付的价款，贷记"应付账款"、"银行存款"等科目。这部分进项税额，留待以后用销项税额抵扣。

【例2-4】某企业收购农业产品，实际支付的价款为100 000元，收购的农业产品已验收入库。该产品准予抵扣的进项税额按买价的13%计算确定，该企业采用实际成本进行日常材料核算。企业应作如下会计处理：

进项税额 = 100 000 × 13% = 13 000（元）

借：原材料　　　　　　　　　　　　　　　　87 000
　　应交税费——应交增值税（进项税额）　　　13 000
　　贷：银行存款　　　　　　　　　　　　　　100 000

3. 外购或销售货物支付运输费用的会计处理。

一般纳税企业外购货物（固定资产除外）所支付的运输费用，以及一般纳税企业销售货物支付的运输费用（不包括代垫运费），可根据运费单据（普通发票）所列运费金额依一定的扣除率计算进项税额予以抵扣，但随同运费支付的装卸费、保险费等其他杂费不得计算扣除进项税额。其账务处理比照上述收购免税产品的账务处理。

4. 接受实物投资的会计处理。

企业接受投资转入的货物，按合同或协议约定的价值，借记"原材料"等科目，按增值税专用发票（或完税凭证）上注明的增值税，借记"应交税费——应交增值税（进项税额）"科目，按其在注册资本中所占有的份额，贷记"实收资本"或"股本"科目，按其差额，贷记"资本公积"科目。

5. 不予抵扣项目的会计处理。

按照规定，在会计核算时，属于购入货物时即能认定其进项税额不能抵扣的,如购进固定资产、购入物资及接受劳务直接用于非应税项目,或直接用于免税项目以及直接用于集体福利和个人消费的,其增值税专用发票上注明的增值税,计入购入物资及接受劳务的成本,不通过"应交税费——应交增值税(进项税额)"科目核算。属于购入货物时不能直接认定其进项税额能否抵扣的,其增值税专用发票上注明的增值税额,按照增值税会计处理方法记入"应交税费——应交增值税(进项税额)"科目;如果这部分购入货物以后用于按规定不得抵扣进项税额项目的,以及购进的物资、在产品、产成品发生非正常损失,应将原已计入进项税额并已支付的增值税转入有关的承担者予以承担,借记"在建工程"、"应付福利费"、"待处理财产损溢"等科目,贷记"应交税费——应交增值税(进项税额转出)"科目。属于待处理财产损失的部分,应与遭受非正常损失的购进货物、在产品、产成品成本一并处理。

【例2-5】明光公司购入设备一台,专用发票上注明设备价款560 000元,增值税95 200元,已用银行存款支付。购入一批材料,增值税专用发票上注明的增值税额为17万元,材料价款100万元。材料已入库,货款已经支付(假如该公司材料采用实际成本进行核算)。材料入库后,该公司将该批材料全部用于基建工程项目。该公司应作会计处理如下:

购入设备时:

借:固定资产　　　　　　　　　　　　　　　　655 200
　　贷:银行存款　　　　　　　　　　　　　　　　655 200

材料入库时:

借:原材料　　　　　　　　　　　　　　　　　1 000 000
　　应交税费——应交增值税(进项税额)　　　　170 000
　　贷:银行存款　　　　　　　　　　　　　　　1 170 000

基建工程领用材料时:

借:在建工程　　　　　　　　　　　　　　　　1 170 000
　　贷:应交税费——应交增值税(进项税额转出)　170 000
　　　　原材料　　　　　　　　　　　　　　　1 000 000

6. 视同销售的会计处理。

按照规定,对于企业将货物交付他人代销;销售代销货物;将自产或委托加工的货物用于非应税项目;将自产、委托加工或购买的货物作为投资;将自产、委托加工或购买的物资分配给股东或投资者;将自产、委托加工的物资用于集体福利或个人消费等行为,应视同销售货物,计算交纳增值税。

①企业将自产或委托加工的货物作为投资。投资方应视同销售,接受投资方视同购货处理。双方分别按规定计算货物的销项税额和进项税额。

【例 2-6】明远公司用原材料向志达公司投资,该批原材料的成本 300 万元,双方协议价格(公允价值)为 330 万元。假如该原材料的增值税税率为 17%,并开具增值税专用发票,注明税额为 56.1 万元。根据上述经济业务,明远公司和志达公司(假如两公司原材料均采用实际成本进行核算)应分别作如下会计处理:

明远公司对外投资转出原材料时:

借:长期股权投资　　　　　　　　　　　　　　　3 861 000
　　贷:主营业务收入　　　　　　　　　　　　　　3 300 000
　　　　应交税费——应交增值税(销项税额)　　　　561 000
借:主营业务成本　　　　　　　　　　　　　　　3 000 000
　　贷:库存商品　　　　　　　　　　　　　　　　3 000 000

志达公司收到投资时:

借:原材料　　　　　　　　　　　　　　　　　　3 300 000
　　应交税费——应交增值税(进项税额)　　　　　561 000
　　贷:实收资本　　　　　　　　　　　　　　　　3 861 000

②企业将自产或委托加工的货物用于非应税项目或用于集体福利或个人消费。企业也应视同销售。按视同销售计算销项税额和货物成本,借记"在建工程"、"应付福利费"、"营业外支出"等科目,按计算的销项税额,贷记"应交税费——应交增值税(销项税额)"科目,按货物的成本,贷记"库存商品"、"自制半成品"科目。

【例 2-7】华远公司工程领用本企业生产的产品,该产品成本为 50 万元,计税价格为 60 万元。该公司应作如下会计处理:

借:在建工程　　　　　　　　　　　　　　　　　602 000
　　贷:库存商品　　　　　　　　　　　　　　　　500 000
　　　　应交税费——应交增值税(销项税额)　　　　102 000

③企业将自产、委托加工或购买的货物分配给股东或投资人。按规定,企业将自产、委托加工或购买的货物分配给股东或投资人,也视同销售。

【例 2-8】明达公司以本企业生产的产品分配利润,该产品成本为 30 万元,销售价格为 50 万元(不含税),该产品的增值税税率为 17%。该公司应作如下会计处理:

借：利润分配　　　　　　　　　　　　　　　　585 000
　　贷：应付利润　　　　　　　　　　　　　　　　585 000
借：应付利润　　　　　　　　　　　　　　　　　585 000
　　贷：主营业务收入　　　　　　　　　　　　　　500 000
　　　　应交税费——应交增值税（销项税额）　　 85 000
借：主营业务成本　　　　　　　　　　　　　　　300 000
　　贷：库存商品　　　　　　　　　　　　　　　　300 000

7. 有出口货物的企业，其出口退税的会计处理。

实行"免、抵、退"办法有进出口经营权的生产性企业，按规定计算的当期出口物资不予免征、抵扣和退税的税额，计入出口物资成本，借记"主营业务成本"科目，贷记"应交税费——应交增值税（进项税额转出）"科目。按规定计算的当期应予抵扣的税额，借记"应交税费——应交增值税（出口抵减内销产品应纳税额）"科目，贷记"应交税费——应交增值税（出口退税）"科目。因应抵扣的税额大于应纳税额而未全部抵扣，按规定应予退回的税款，借记"其他应交款"科目，贷记"应交税费——应交增值税（出口退税）"科目；收到退回的税款，借记"银行存款"科目，贷记"其他应交款"科目。

未实行"免、抵、退"办法的企业，物资出口销售时，按当期出口物资应收的款项，借记"应收账款"等科目，按规定计算的应收出口退税，借记"其他应交款"科目，按规定计算的不予退回的税金，借记"主营业务成本"科目，按当期出口物资实现的营业收入，贷记"主营业务收入"科目，按规定计算的增值税，贷记"应交税费——应交增值税（销项税额）"科目。收到退回的税款，借记"银行存款"科目，贷记"其他应交款"科目。

8. 实际交纳增值税的会计处理。

为了分别一般纳税企业欠交增值税款和待抵扣增值税的情况，确保企业及时足额上交增值税，企业应在"应交税费"科目下设置"未交增值税"明细科目，核算企业月份终了从"应交税费——应交增值税"科目转入的当月未交或多交的增值税；同时，在"应交税费——应交增值税"科目下设置"转出未交增值税"和"转出多交增值税"专栏。

企业按规定实际交纳增值税时，本月交纳本月的增值税与本月交纳以前各期的应交未交增值税的账务处理是不同的。企业本月交纳本月的增值税，仍然通过"应交税费——应交增值税（已交税金）"科目核算，即借记"应交税费——应交增值税（已交税金）"科目，贷记"银行存款"科目；本月上交上期应交未交的增值税,则通过"应交税费——未交增值税"科目核算,即借记"应交税费——未交增值税"科目,贷记"银行存款"科目。

月份终了,企业计算出当月应交未交的增值税,借记"应交税费——应交增值税(转出未交增值税)"科目,贷记"应交税费——未交增值税"科目;当月多交的增值税,借记"应交税费——未交增值税"科目,贷记"应交税费——应交增值税(转出多交增值税)"科目。

【例2-9】(不存在已交税额的情况下)(1)假设乙企业"应交税费——应交增值税"科目,销项税额为200万元,进项税额为160万元,期末贷方余额40万元,则企业应作的会计分录为:

借:应交税费——应交增值税(转出未交增值税)　　400 000
　　贷:应交税费——未交增值税　　　　　　　　　　400 000

下月征收期内缴纳税款时,会计处理如下:

借:应缴税额——未交增值税　　　　　　　　　　　400 000
　　贷:银行存款　　　　　　　　　　　　　　　　　400 000

(2)假设乙企业"应交税费——应交增值税"科目,销项税额为200万元,进项税额为220万元,期末借方余额为20万元,属于尚未抵扣的增值税。不需要进行业务处理。

三、小规模纳税企业的账务处理

小规模纳税企业按照国家有关规定由税务机关认定。小规模纳税企业实行简易办法按照销售额的6%或4%计算应纳税额,其计算公式为:

$$应纳税额 = 销售额 \times 征收率$$

上述公式的销售额不包括应纳税额。若企业采用销售额和应纳税额合并定价方法的,按照以下公式还原为不含税销售额:

$$销售额 = 含税销售额 \div (1 + 征收率)$$

小规模纳税企业购入货物无论是否具有增值税专用发票,其支付的增值税额均不计入进项税额,不得由销项税额抵扣,而计入购入货物的成本。相应地,其他企业从小规模纳税企业购入货物或接受劳务支付的增值税额,如果不能取得增值税专用发票,也不能作为进项税额抵扣,而应计入购入货物或应税劳务的成本。小规模纳税企业"应交税费——应交增值税"科目,应采用三栏式账户。

【例2-10】 光华公司被核定为小规模纳税企业,本期购入原材料,按照增值税专用发票上记载的原材料价款为40万元,支付的增值税额为6.8万元,企业开出、承兑的商业汇票,材料尚未到达,原材料按计划成本计价。该公司本期销售产品开出发票上的价格为63.6万元,货款尚未收到,适用增值税税率为6%。本期实际上交增值税3万元。该公司应作如下会计处理:

(1) 购进材料时:

借:材料采购　　　　　　　　　　　　　　　468 000
　　贷:应付票据　　　　　　　　　　　　　　　468 000

(2) 销售产品时:

不含税价格 = 63.6 ÷ (1 + 6%) = 60(万元)

应交增值税 = 60 × 6% = 3.6(万元)

借:应收账款　　　　　　　　　　　　　　　636 000
　　贷:主营业务收入　　　　　　　　　　　　　600 000
　　　　应交税费——应交增值税　　　　　　　　36 000

(3) 本期实际上交增值税时:

借:应交税费——应交增值税　　　　　　　　　30 000
　　贷:银行存款　　　　　　　　　　　　　　　30 000

四、"营改增"的会计处理

1. 一般纳税人购进货物、服务、无形资产、不动产或接受应税劳务的会计处理。

一般纳税人购进货物、服务、无形资产、不动产或接受应税劳务,按照增值税专用发票上注明的增值税额,借记"应交税费——应交增值税(进项税额)"科目,按照专用发票上记载的应计入采购成本的金额,借记"材料采购"、"在途物资"、"原材料"、"制造费用"、"管理费用"、"营业费用"、"固定资产"、"无形资产"、"主营业务成本"、"其他业务成本"等科目,按照应付或实际支付的金额,贷记"应付账款"、"应付票据"、"银行存款"等科目。购入货物发生的退货,作相反的会计分录。

【例2-11】 兴业公司为增值税一般纳税人。假设该企业从事提供应税服务的业务,2016年5月15日,取得《货物运输业增值税专用发票》一张,"金额"栏为6 000元,"税率"栏为"11%","税额"栏为660元,款已付;

企业应作的会计分录为：

借：营业费用   6 000
    应交税费——应交增值税（进项税额）   660
    贷：银行存款   6 660

2. 一般纳税人进口货物或接受境外单位或者个人提供的应税服务的会计处理。

一般纳税人进口货物或接受境外单位或者个人提供的应税服务，按照海关提供的海关进口增值税专用缴款书上注明的增值税额或中华人民共和国税收通用缴款书上注明的增值税额，借记"应交税费——应交增值税（进项税额）"科目，按照进口货物或接受境外单位或者个人提供的应税服务应计入采购成本的金额，借记"材料采购"、"在途物资"、"原材料"、"管理费用"、"营业费用"、"固定资产"等科目，按照应付或实际支付的金额，贷记"应付账款"、"银行存款"等科目。（目前，海关进口缴款书采用先比对后抵扣的管理方法）

【例2-12】假设兴华公司2016年5月进口货物，取得海关进口缴款书一份，金额为200万元，税额为34万元。当月提交比对系统，则上述业务的会计处理为：

借：原材料   2 000 000
    应交税费——待抵扣进项税额   340 000
    贷：银行存款   2 340 000

收到税务机关告知的稽核比对结果通知书及其明细清单后：

借：应交税费——应交增值税（进项税额）   340 000
    贷：应交税费——待抵扣进项税额   340 000

3. 辅导期纳税人会计处理。

一般纳税人购进货物、服务、无形资产、不动产或接受应税劳务，已经取得的增值税扣税凭证，按税法规定不符合抵扣条件，暂不予在本期申报抵扣的进项税额（如实施辅导期管理的纳税人），借记"应交税费——待抵扣进项税额"科目，应计入采购成本的金额，借记"材料采购"、"在途物资"、"原材料"、"制造费用"、"管理费用"、"营业费用"、"固定资产"、"主营业务成本"、"其他业务成本"等科目，按照应付或实际支付的金额，贷记"应付账款"、"应付票据"、"银行存款"等科目。

纳税人收到税务机关告知的稽核比对结果通知书及其明细清单后，按稽核比对结果通知书及其明细清单注明的稽核相符、允许抵扣的进项税额，借记

"应交税费——应交增值税(进项税额)",贷记"应交税费——待抵扣进项税额"。经核实不得抵扣的进项税额,红字借记"应交税费——待抵扣进项税额",红字贷记相关科目。

【例 2-13】承〖例 2-11〗假设兴业公司纳入辅导期管理,则上述业务的会计处理为:

借:营业费用　　　　　　　　　　　　　　　　　　6 000
　　应交税费——待抵扣进项税额　　　　　　　　　　660
　　贷:银行存款　　　　　　　　　　　　　　　　　　6 660

收到税务机关告知的稽核比对结果通知书及其明细清单后:

借:应交税费——应交增值税(进项税额)　　　　　660
　　贷:应交税费——待抵扣进项税额　　　　　　　　　660

收到税务机关告知的稽核比对结果通知书及其明细清单不得抵扣后:

借:应交税费——待抵扣进项税额　　　　　　　　-660
　　贷:营业费用　　　　　　　　　　　　　　　　　-660

4. 一般纳税人销售货物、服务、无形资产、不动产或提供应税劳务的会计处理。

一般纳税人销售货物、服务、无形资产、不动产或提供应税劳务,按照确认的收入和按规定收取的增值税额,借记"应收账款"、"应收票据"、"银行存款"等科目,按照按规定收取的增值税额,贷记"应交税费——应交增值税(销项税额)"科目,按确认的收入,贷记"主营业务收入"、"其他业务收入"等科目。发生的服务终止或折让,作相反的会计分录。

【例 2-14】2016 年 5 月 16 日,振华公司取得某项服务费收入 212 万元,开具增值税专用发票,销售额 200 万元,销项税额 12 万元。企业应作的会计分录为:

借:银行存款　　　　　　　　　　　　　　　　　2 120 000
　　贷:主营业务收入　　　　　　　　　　　　　　2 000 000
　　　　应交税费——应交增值税(销项税额)　　　　120 000

5. 视同销售业务的会计处理。

单位或者个体工商户向其他单位或者个人无偿提供服务、转让无形资产或者不动产,除用于公益事业或者以社会公众为对象的外,均应视同销售服务、无形资产或者不动产。视同提供应税服务应提取的销项税额,借记"营业外支出"、"应付利润"等科目,贷记"应交税费——应交增值税(销项税额)"

科目。

【例2-15】从事工艺设计的甲公司无偿为乙生产企业设计工艺流程,该设计服务的市场计税价格为 80 000 元,该批设计服务人工成本为 60 000 元,适用的增值税税率为6%。

视同销售计算的税额 = 80 000 × 6% = 4 800(元）

借：营业外支出　　　　　　　　　　　　　　　　648 000
　　贷：应交税费——应交增值税（销项税额）　　　4 800
　　　　应付职工薪酬　　　　　　　　　　　　　　60 000

6. 一般纳税人向境外单位提供适用零税率的应税服务的会计处理。

一般纳税人向境外单位提供适用零税率的应税服务,不计算营业收入应缴纳的增值税。凭有关单证向税务机关申报办理该项出口服务的免抵退税。

(1) 按税务机关批准的免抵税额,借记"应交税费——应交增值税（出口抵减内销应纳税额）",按税务机关批准的应退税额,借记"其他应收款——增值税"等科目,按计算的免抵退税额,贷记"应交税费——应交增值税（出口退税）"科目。

(2) 收到退回的税款时,借记"银行存款"科目,贷记"其他应收款——增值税"科目。

(3) 办理退税后发生服务终止补交已退回税款的,用红字或负数登记。

依据财税 [2016] 36 号附件4第四条规定,"境内的单位和个人提供适用增值税零税率的服务或者无形资产,如果属于适用简易计税方法的,实行免征增值税办法。如果属于适用增值税一般计税方法的,生产企业实行免抵退税办法,外贸企业外购服务或者无形资产出口实行免退税办法,外贸企业直接将服务或自行研发的无形资产出口,视同生产企业连同其出口货物统一实行免抵退税办法。"

7. 不得从销项税额中抵扣的进项税额的会计处理。

根据财政部　国家税务总局《关于全面推开营业税改征增值税试点的通知》（财税 [2016] 36 号）的规定,下列项目的进项税额不得从销项税额中抵扣：

(1) 用于简易计税方法计税项目、免征增值税项目、集体福利或者个人消费的购进货物、加工修理修配劳务、服务、无形资产和不动产。其中涉及的固定资产、无形资产、不动产,仅指专用于上述项目的固定资产、无形资产（不包括其他权益性无形资产）、不动产。纳税人的交际应酬消费属于个人消费。

（2）非正常损失的购进货物，以及相关的加工修理修配劳务和交通运输服务。

（3）非正常损失的在产品、产成品所耗用的购进货物（不包括固定资产）、加工修理修配劳务和交通运输服务。

（4）非正常损失的不动产，以及该不动产所耗用的购进货物、设计服务和建筑服务。

（5）非正常损失的不动产在建工程所耗用的购进货物、设计服务和建筑服务。纳税人新建、改建、扩建、修缮、装饰不动产，均属于不动产在建工程。

（6）购进的旅客运输服务、贷款服务、餐饮服务、居民日常服务和娱乐服务。

（7）财政部和国家税务总局规定的其他情形。

发生上述情况的进项税额不得从销项税额中抵扣，以及购进货物、加工修理修配劳务、应税服务、无形资产和不动产改变用途等原因，其进项税额不得抵扣，应相应转入有关科目，借记"待处理财产损溢"、"在建工程"、"应付福利费"等科目，贷记"应交税费——应交增值税（进项税额转出）"科目，属于转作待处理财产损失的部分，应与非正常损失的购进货物、在产品、产成品成本一并处理。

【例2-16】甲公司，2016年5月20日盘点库存发现，由于管理不善，某产品盘亏5件，经查属于被盗。该产品账面成本15万元，其中耗用原材料成本10万元。责令管理人员赔偿3万元，保险公司赔偿5万元，经有关单位批准处理。甲公司应做会计分录如下：

（1）发现盘亏：

借：待处理财产损溢——待处理流动资产损溢　　　　167 000
　　贷：库存商品　　　　　　　　　　　　　　　　150 000
　　　　应交税费——应交增值税（进项税额转出）　 17 000

（2）责任认定后取得保险款和责任赔偿：

借：银行存款（或其他应收款）　　　　　　　　　　80 000
　　贷：待处理财产损溢——待处理流动资产损溢　　 80 000

（3）批准处理：

借：营业外支出　　　　　　　　　　　　　　　　　87 000
　　贷：待处理财产损溢——待处理流动资产损溢　　 87 000

第二章 增值税纳税实务与会计处理

8. 纳税人销售已使用固定资产应交增值税的会计处理。

一般纳税人销售已使用固定资产，及小规模纳税人销售已使用固定资产按照适用税率征收增值税的，应交增值税的会计处理与销售其他货物的处理一样，即小规模纳税人应通过"应交税费——应交增值税"科目核算，一般纳税人应通过"应交税费——应交增值税（销项税额）"科目核算。但若出售属于按简易办法征收增值税的已使用固定资产，其按简易办法计算出的应交增值税，在会计处理上应将其直接计入"应交税费——未交增值税"科目，而不能计入"应交税费——应交增值税（销项税额）"科目（注：此时会计处理和申报填写有差异，申报要按政策规定先在申报表第21栏"简易征收办法计算的应纳税额"填写按3%计算的税额，再计算出1%税额填写在第23栏"应纳税额减征额"）。

【例2-17】甲企业2016年5月出售于2012年6月购买的某设备（未抵扣设备进项税额），该设备原值40万元，已计提折旧10万元，售价24万元，适用17%的增值税税率。企业应作的会计分录为：

（1）出售设备转入清理：

借：固定资产清理　　　　　　　　　　　300 000
　　累计折旧　　　　　　　　　　　　　100 000
　　　贷：固定资产　　　　　　　　　　　　　400 000

（2）收到出售设备价款：

借：银行存款　　　　　　　　　　　　　240 000
　　　贷：固定资产清理　　　　　　　　　　　240 000

（3）按3%征收率减按2%征收计算出应交增值税：

应交增值税 = 240 000/（1 + 3%）×2% = 4 660.19（元）

借：固定资产清理　　　　　　　　　　　4 660.19
　　　贷：应交税费——未交增值税　　　　　　4 660.19

（4）结转固定资产清理：

借：营业外支出　　　　　　　　　　　　55 339.81
　　　贷：固定资产清理　　　　　　　　　　　55 339.81

9. 月份终了，一般纳税人应将当月发生的应交未交增值税额自"应交税费——应交增值税"科目转入"未交增值税"明细科目，借记"应交税费——应交增值税（转出未交增值税）"科目，贷记"应交税费——未交增值税"科目。将本月多交的增值税自"应交税费——应交增值税"科目转入

"未交增值税"明细科目,借记"应交税费——未交增值税"科目,贷记"应交税费——应交增值税(转出多交增值税)"科目。(注意:转出多交增值税只能在本期已交税金范围内转回。)

当月上交上月应交未交的增值税,借记"应交税费——未交增值税"科目,贷记"银行存款"科目。

当月上交本月增值税时,借记"应交税费——应交增值税(已交税金)"科目,贷记"银行存款"科目。

【例2-18】(存在已交税金的情况下)某房地产开发企业为增值税一般纳税人,2016年11月,销售其2016年5月1日后自建的不动产,应适用一般计税方法,以取得的全部价款和价外费用为销售额(2 000万元)计算应纳税额。纳税人应以取得的全部价款和价外费用,按照5%的预征率在不动产所在地预缴税款后,向机构所在地主管国税机关进行纳税申报。

在不动产所在地预缴税款时:

预缴税额 = 2 000 × 5% = 100(万元)

借:应交税费——应交增值税(已交税金)　　　　1 000 000
　　贷:银行存款　　　　　　　　　　　　　　　　1 000 000

(1)假设11月该企业销项税额为300万元,进项税额40万元,则当期"应交税费——应交增值税"贷方余额为160万元(160 = 300 - 40 - 100),说明该企业11月应缴纳的增值税为160万元。则企业应作的会计分录为:

借:应交税费——应交增值税(转出未交增值税)　　1 600 000
　　贷:应交税费——未交增值税　　　　　　　　　1 600 000

12月申报后缴税的会计处理:

借:应交税额——未交增值税　　　　　　　　　　1 600 000
　　贷:银行存款　　　　　　　　　　　　　　　　1 600 000

(2)假设11月该企业销项税额为100万元,进项税额40万元,则当期"应交税费——应交增值税"借方余额为40万元(- 40 = 100 - 40 - 100),则企业应作的会计分录为:

借:应交税费——未交增值税　　　　　　　　　　400 000
　　贷:应交税费——应交增值税(转出多交增值税)　400 000

(3)假设11月该企业销项税额为20万元,进项税额160万元,则此时"应交税费——应交增值税"借方余额为240万元(- 240 = 20 - 160 - 100),则企业应作的会计分录为:

借：应交税费——未交增值税　　　　　　　　　　　1 000 000
　　贷：应交税费——应交增值税（转出多交增值税）　1 000 000

注意：转出多交增值税只能在本期已交税金范围内转回，此时能够转回的只有本期已交税额 100 万元，借方与贷方的差额 140 万元属于尚未抵扣的增值税。

10. 一般纳税人享受限额扣减增值税优惠政策的，按规定扣减的增值税额，借记"应交税费——未交增值税"科目，贷记"营业外收入——政府补助"科目。

【例 2 - 19】假定甲企业当年新招用持《就业失业登记证》人员 10 人，与其签订 1 年以上期限劳动合同并依法缴纳社会保险费的，定额标准为每人每年 4 000 元，则会计处理如下：

借：应交税费——未交增值税　　　　　　　　　　40 000
　　贷：营业外收入——政府补助　　　　　　　　　40 000

11. 享受即征即退增值税税收优惠政策。这种税收优惠和政策都是在增值税正常缴纳之后的退库，不影响增值税计算抵扣链条的完整性。（即：销售货物时，可以按规定开具增值税专用发票等票据，正常计算销项税额；购买方也可以按规定予以抵扣）。

根据企业会计准则对政府补助的定义可知：即征即退的增值税符合政府补助的定义，因此计入营业外收入。

【例 2 - 20】甲企业当期"应交税费——应交增值税"科目贷方余额为 40 万元，当月享受即征即退增值税税额为 20 万元。

则当月计提应收的即征即退增值税（20 万元）时，会计处理如下：

借：其他应收款——即征即退增值税　　　　　　200 000
　　贷：营业外收入——政府补助　　　　　　　　200 000

次月申报期内缴纳增值税（40 万元）时，会计处理如下：

借：应缴税费——未交增值税　　　　　　　　　400 000
　　贷：银行存款　　　　　　　　　　　　　　400 000

收到增值税返还时，会计处理如下：

借：银行存款　　　　　　　　　　　　　　　　200 000
　　贷：其他应收款——即征即退增值税　　　　200 000

12. 增值税税控系统专用设备和技术维护费用抵减增值税额的会计处理。

（1）一般纳税人的会计处理。

一般纳税人首次购入增值税税控系统专用设备，按实际支付或应付的金额，借记"固定资产"科目，贷记"银行存款"、"应付账款"等科目。按规定抵减的增值税应纳税额，借记"应交税费——应交增值税（减免税款）"科目，贷记"递延收益"科目。按期计提折旧，借记"管理费用"等科目，贷记"累计折旧"科目；同时，借记"递延收益"科目，贷记"管理费用"等科目。

一般纳税人发生技术维护费，按实际支付或应付的金额，借记"管理费用"等科目，贷记"银行存款"等科目。按规定抵减的增值税应纳税额，借记"应交税费——应交增值税（减免税款）"科目，贷记"管理费用"等科目。

【例2-21】2016年4月，某科技公司首次购入增值税税控系统设备，支付价款1 640元，同时支付当年增值税税控系统专用设备技术维护费380元。当月两项合计抵减当月增值税应纳税额2 020元。

①首次购入增值税税控系统专用设备时：

借：固定资产——税控设备　　　　　　　　　　1 640
　　贷：银行存款　　　　　　　　　　　　　　　1 640

②发生防伪税控系统专用设备技术维护费：

借：管理费用　　　　　　　　　　　　　　　　　380
　　贷：银行存款　　　　　　　　　　　　　　　　380

③抵减当月增值税应纳税额：

借：应交税费——应交增值税（减免税款）　　　2 020
　　贷：递延收益　　　　　　　　　　　　　　　2 020

④以后各月计提折旧时（假定按3年，残值10%）

借：管理费用　　　　　　　　　　　　　　　　　 41
　　贷：累计折旧　　　　　　　　　　　　　　　　 41

借：递延收益　　　　　　　　　　　　　　　　　 41
　　贷：管理费用　　　　　　　　　　　　　　　　 41

（2）小规模纳税人初次购入税控设备。

小规模纳税人初次购入增值税税控系统专用设备，按实际支付或应付的金额，借记"固定资产"科目，贷记"银行存款"、"应付账款"等科目。按规定抵减的增值税应纳税额，借记"应交税费——应交增值税"科目，贷记"递延收益"科目。按期计提折旧，借记"管理费用"等科目，贷记"累计折旧"

科目；同时，借记"递延收益"科目，贷记"管理费用"等科目。

小规模纳税人发生技术维护费，按实际支付或应付的金额，借记"管理费用"等科目，贷记"银行存款"等科目。按规定抵减的增值税应纳税额，借记"应交税费——应交增值税"科目，贷记"管理费用"等科目。

13. 增值税期末留抵税额的会计处理。

根据财政部 国家税务总局《关于全面推开营业税改征增值税试点的通知》（财税〔2016〕36号）的规定，原增值税一般纳税人兼有销售服务、无形资产或者不动产的，截止到纳入"营改增"试点之日前的增值税期末留抵税额，不得从销售服务、无形资产或者不动产的销项税额中抵扣。应在"应交税费"科目下增设"增值税留抵税额"明细科目。"应交税费——增值税留抵税额"科目期末余额应根据其流动性在资产负债表中的"其他流动资产"项目或"其他非流动资产"项目列示。

开始试点当月月初，将不得从应税服务的销项税额中抵扣的进项税额转出：

借：应交税费——增值税留抵税额
　　贷：应交税费——应交增值税（进项税额转出）

待以后期间允许抵扣时，按允许抵扣的金额：

借：应交税费——应交增值税（进项税额）
　　贷：应交税费——增值税留抵税额

14. 不动产分期抵扣的会计处理。

根据国家税务总局关于发布《不动产进项税额分期抵扣暂行办法》（公告2016年第15号）的规定，增值税一般纳税人（以下称"纳税人"）2016年5月1日后取得并在会计制度上按固定资产核算的不动产，以及2016年5月1日后发生的不动产在建工程，其进项税额应按照有关规定分2年从销项税额中抵扣，第一年抵扣比例为60%，第二年抵扣比例为40%。纳税人按照规定从销项税额中抵扣进项税额，应取得2016年5月1日后开具的合法有效的增值税扣税凭证。上述进项税额中，60%的部分于取得扣税凭证的当期从销项税额中抵扣；40%的部分为待抵扣进项税额，于取得扣税凭证的当月起第13个月从销项税额中抵扣。

购入不动产时：

借：固定资产
　　应交税费——应交增值税（进项税额）

　　　　贷：银行存款

　　40%不予抵扣的部分：

　　　　借：应交税费——待抵扣进项税额

　　　　　　贷：应交税费——应交增值税（进项税额转出）

　　第13个月允许抵扣时：

　　　　借：应交税费——应交增值税（进项税额）

　　　　　　贷：应交税费——待抵扣进项税额

　　15. 经财政部和国家税务总局批准可以视为一个纳税人合并纳税的会计处理。

　　（1）分公司、子公司按照现行规定计算的在所在地缴纳的增值税，借记"其他应收款""内部往来"等科目，贷记"应交税费——未交增值税"科目；上缴时，借记"应交税费——未交增值税"科目，贷记"银行存款"科目。月初，分、子公司要将上月各自销售额（或营业额）、进项税额及应纳税额（包括增值税、营业税）通过传递单传至总部。

　　（2）公司总部收到各分公司、子公司的传递单后，按照传递单上注明的应纳税额，借记"应交税费——应交增值税（已交税金）"科目，贷记"其他应付款""内部往来"等科目；将全部收入汇总后计算销项税额，减除汇总的全部进项税额后形成总的增值税应纳税额，再将各分公司、子公司汇总的应纳税额（包括增值税、营业税）作为已交税金予以扣减后，形成总部的增值税应纳税额。

　　16. 小规模纳税人的会计处理。

　　（1）小规模纳税人提供应税服务，按确认的收入和按规定收取的增值税额，借记"应收账款"、"应收票据"、"银行存款"等科目，按规定收取的增值税额，贷记"应交税费——应交增值税"科目，按确认的收入，贷记"主营业务收入"、"其他业务收入"等科目。

　　（2）小规模纳税人税款缴纳小规模纳税人月份终了上交增值税时，借记"应交税费——应交增值税"科目，贷记"银行存款"科目。收到退回多交的增值税税款时，作相反的会计分录。

第三章 消费税纳税实务与会计处理

第一节 消费税基本法规

消费税是指对特定的消费品和消费行为在特定的环节征收的一种流转税。具体地说,是指对从事生产、委托加工及进口应税消费品的单位和个人,就其消费品的销售额或销售数量,在特定环节征收的一种税。

消费税的特点:(1)征收范围具有选择性。(2)征税环节具有单一性。(3)平均税率水平比较高且税负差异大。(4)征收方法具有灵活性。

一、纳税义务人

在我国境内生产、委托加工和进口消费税暂行条例规定的消费品的单位和个人,以及国务院确定的销售《消费税暂行条例》规定的消费品的其他单位和个人,为消费税的纳税人。

在我国境内,是指生产、委托加工和进口属于应当缴纳消费税的消费品的起运地或者所在地在境内。

单位,是指企业、行政单位、事业单位、军事单位、社会团体及其他单位。

个人,是指个体工商户及其他个人。

二、征税范围

根据《消费税暂行条例》及其实施细则的规定,消费税的征税范围包括下列方面:

（一）生产应税消费品

纳税人生产应税消费品，于纳税人销售时纳税。应税消费品一般包括有害消费品、奢侈品、高能耗及高档消费品、不可再生和替代的石油类消费品其他消费品等。

纳税人生产应税消费品，除了直接对外销售应征收消费税外，如将生产的应税消费品换取生产资料、消费资料、投资入股、偿还债务，以及用于继续生产应税消费品以外的其他方面都应缴纳消费税。

另外，工业企业以外的单位和个人的下列行为视为应税消费品的生产行为，按规定征收消费税：

（1）将外购的消费税非应税产品以消费税应税产品对外销售的；

（2）将外购的消费税低税率应税产品以高税率应税产品对外销售的。

（二）委托加工应税消费品

委托加工应税消费品是指委托方提供原料和主要材料，受托方只收取加工费和代垫部分辅助材料加工的应税消费品。由受托方提供原材料或其他情形的一律不能视同加工应税消费品。委托加工的应税消费品收回后，再继续用于生产应税消费品销售且符合现行政策规定的，其加工环节缴纳的消费税款可以扣除。

（三）进口应税消费品

单位和个人进口属于消费税征税范围的货物，在进口环节要缴纳消费税。为了减少征税成本，进口环节缴纳的消费税由海关代征。

（四）零售应税消费品

在零售环节征收消费税的金银首饰仅限于金基、银基合金首饰以及金、银和金基、银基合金的镶嵌首饰，进口环节暂不征收，零售环节适用税率为5%，在纳税人销售金银首饰、钻石及钻石饰品时征收。其计税依据是不含增值税的销售额。

对既销售金银首饰，又销售非金银首饰的生产、经营单位，应将两类商品划分清楚，分别核算销售额。凡划分不清楚或不能分别核算的，在生产环节销售的，一律从高适用税率征收消费税；在零售环节销售的，一律按金银首饰征收消费税。金银首饰与其他产品组成成套消费品销售的，应按销售额全额征收消费税。

金银首饰连同包装物销售的，无论包装是否单独计价，也无论会计上如何核算，均应并入金银首饰的销售额，计征消费税。

带料加工的金银首饰，应按受托方销售同类金银首饰的销售价格确定计税依据征收消费税。没有同类金银首饰销售价格的，按照组成计税价格计算纳税。

纳税人采用以旧换新（含翻新改制）方式销售的金银首饰，应按实际收取的不含增值税的全部价款确定计税依据征收消费税。

三、消费税税目

根据《消费税暂行条例》及相关法规规定，目前消费税税目包括烟、酒、化妆品等15种商品：

（一）烟

凡是以烟叶为原料加工生产的产品，不论使用何种辅料，均属于本税目的征收范围。包括卷烟（进口卷烟、白包卷烟、手工卷烟和未经国务院批准纳入计划的企业及个人生产的卷烟）、雪茄烟和烟丝。

在"烟"税目下分"卷烟"等子目，"卷烟"又分"甲类卷烟"和"乙类卷烟"。其中，甲类卷烟是指每标准条（200支，下同）调拨价格在70元（不含增值税）以上（含70元）的卷烟；乙类卷烟是指每标准条调拨价格在70元（不含增值税）以下的卷烟。

卷烟除了在生产销售环节征收消费税外，还在批发环节征收一次。自2015年5月10日起，卷烟批发环节消费税的从价税税率由5%提高至11%，并按0.005元/支加征从量税。纳税人兼营卷烟批发和零售业务的，应当分别核算批发和零售环节的销售额、销售数量；未分别核算批发和零售环节销售额、销售数量的，按照全部销售额、销售数量计征批发环节消费税。纳税人销售给纳税人以外的单位和个人的卷烟于销售时纳税。纳税人之间销售的卷烟不缴纳消费税。

（二）酒

酒包括粮食白酒、薯类白酒、黄酒、啤酒和其他酒。

啤酒每吨出厂价（含包装物及包装物押金）在 3 000 元（含 3 000 元，不含增值税）以上的是甲类啤酒，每吨出厂价（含包装物及包装物押金）在 3 000 元（不含增值税）以下的是乙类啤酒。包装物押金不包括重复使用的塑料周转箱的押金。对饮食业、商业、娱乐业举办的啤酒屋（啤酒坊）利用啤酒生产设备生产的啤酒，应当征收消费税。果啤属于啤酒，按啤酒征收消费税。

配制酒（露酒）是指以发酵酒、蒸馏酒或食用酒精为酒基，加入可食用或药食两用的辅料或食品添加剂，进行调配、混合或再加工制成的并改变了其原酒基风格的饮料酒。具体规定如下：

（1）以蒸馏酒或食用酒精为酒基，具有国家相关部门批准的国食健字或卫食健字文号并且酒精度低于38度（含）的配制酒，按消费税税目税率表"其他酒"10%适用税率征收消费税。

（2）以发酵酒为酒基，酒精度低于20度（含）的配制酒，按消费税税目税率表"其他酒"10%适用税率征收消费税。

（3）其他配制酒，按消费税税目税率表"白酒"适用税率征收消费税。

葡萄酒消费税适用"酒"税目下设的"其他酒"子目。葡萄酒是指以葡萄为原料，经破碎（压榨）、发酵而成的酒精度在1度（含）以上的葡萄原酒和成品酒（不含以葡萄为原料的蒸馏酒）。

（三）化妆品

本税目征收范围包括各类美容、修饰类化妆品、高档护肤类化妆品和成套化妆品。

美容、修饰类化妆品是指香水、香水精、香粉、口红、指甲油、胭脂、眉笔、唇笔、蓝眼油、眼睫毛以及成套化妆品。

舞台、戏剧、影视演员化妆用的上妆油、卸装油、油彩，不属于本税目的征收范围。

高档护肤类化妆品征收范围另行制定。

（四）贵重首饰及珠宝玉石

本税目包括以金、银、白金、宝石、珍珠、钻石、翡翠、珊瑚、玛瑙等高贵稀有物质以及其他金属、人造宝石等制作的各种纯金银首饰及镶嵌首饰和经采掘、打磨、加工的各种珠宝玉石。对出国人员免税商店销售的金银首饰征收消费税。

（五）鞭炮、焰火

本税目包括各种鞭炮、焰火。体育上用的发令纸、鞭炮药引线，不按本税目征收。

（六）成品油

本税目包括汽油、柴油、石脑油、溶剂油、航空煤油、润滑油、燃料油7个子目；航空煤油暂缓征收。

1. 汽油。

汽油是指用原油或其他原料加工生产的辛烷值不小于66的可用作汽油发动机燃料的各种轻质油。取消车用含铅汽油消费税，汽油税目不再划分二级子目，统一按照无铅汽油税率征收消费税。

以汽油、汽油组分调和生产的甲醇汽油、乙醇汽油也属于本税目征收范围。

2. 柴油。

柴油是指用原油或其他原料加工生产的倾点或凝点在－50号至30号的可用作柴油发动机燃料的各种轻质油和以柴油组分为主、经调和精制可用作柴油发动机燃料的非标油。

以柴油、柴油组分调和生产的生物柴油也属于本税目征收范围。

3. 石脑油。

石脑油又叫化工轻油，是以原油或其他原料加工生产的用于化工原料的轻质油。

石脑油的征收范围包括除汽油、柴油、航空煤油、溶剂油以外的各种轻质油。

4. 溶剂油。

溶剂油是用原油或其他原料加工生产的用于涂料、油漆、食用油、印刷油墨、皮革、农药、橡胶、化妆品生产和机械清洗、胶粘行业的轻质油。

5. 航空煤油。

航空煤油也叫喷气燃料，是用原油或其他原料加工生产的用作喷气发动机和喷气推进系统燃料的各种轻质油。航空煤油的消费税暂缓征收。

6. 润滑油。

润滑油是用原油或其他原料加工生产的用于内燃机、机械加工过程的润滑产品。润滑油分为矿物性润滑油、植物性润滑油、动物性润滑油和化工原料合成润滑油。

润滑油的征收范围包括矿物性润滑油、矿物性润滑油基础油、植物性润滑油、动物性润滑油和化工原料合成润滑油。

7. 燃料油。

燃料油也称重油、渣油，是用原油或其他原料加工生产，主要用作电厂发电、锅炉用燃料、加热炉燃料、冶金和其他工业炉燃料。腊油、船用重油、常压重油、减压重油、180CTS燃料油、7号燃料油、糠醛油、工业燃料、4~6号燃料油等油品的主要用途是作为燃料燃烧，属于燃料油征收范围。

（七）小汽车

小汽车是指由动力驱动，具有4个或4个以上车轮的非轨道承载的车辆。

本税目征收范围包括含驾驶员座位在内最多不超过9个座位（含）的，在设计和技术特性上用于载运乘客和货物的各类乘用车和含驾驶员座位在内的座位数在10~23座（含23座）的在设计和技术特性上用于载运乘客和货物的各类中轻型商用客车。

用排气量小于1.5升（含）的乘用车底盘（车架）改装、改制的车辆属于乘用车征收范围。用排气量大于1.5升的乘用车底盘（车架）或用中轻型商用客车底盘（车架）改装、改制的车辆属于中轻型商用客车征收范围。

含驾驶员人数（额定载客）为区间值的（如8~10人、17~26人）小汽车，按其区间值下限人数确定征收范围。

电动汽车不属于本税目征收范围。车身长度大于7米（含），并且座位在10~23座（含）以下的商用客车，不属于中轻型商用客车征税范围，不征收消费税。沙滩车、雪地车、卡丁车、高尔夫车不属于消费税征收范围，不征收消费税。

（八）摩托车

包括轻便摩托车和摩托车两种。对最大设计车速不超过50千米/小时，发动机气缸总工作容量不超过50毫米的三轮摩托车不征收消费税。气缸容量250毫升（不含）以下的小排量摩托车不征收消费税。

（九）高尔夫球及球具

高尔夫球及球具是指从事高尔夫球运动所需的各种专用装备，包括高尔夫球、高尔夫球杆及高尔夫球包（袋）等。

高尔夫球是指重量不超过 45.93 克、直径不超过 42.67 毫米的高尔夫球运动比赛、练习用球；高尔夫球杆是指被设计用来打高尔夫球的工具，由杆头、杆身和握把三部分组成；高尔夫球包（袋）是指专用于盛装高尔夫球及球杆的包（袋）。

本税目征收范围包括高尔夫球、高尔夫球杆、高尔夫球包（袋）。高尔夫球杆的杆头、杆身和握把属于本税目的征收范围。

（十）高档手表

高档手表是指销售价格（不含增值税）每只在 10 000 元（含）以上的各类手表。

本税目征收范围包括符合以上标准的各类手表。

（十一）游艇

游艇是指长度大于 8 米小于 90 米，船体由玻璃钢、钢、铝合金、塑料等多种材料制作，可以在水上移动的水上浮载体。按照动力划分，游艇分为无动力艇、帆艇和机动艇。

本税目征收范围包括艇身长度大于 8 米（含）小于 90 米（含），内置发动机，可以在水上移动，一般为私人或团体购置，主要用于水上运动和休闲娱乐等非营利活动的各类机动艇。

（十二）木制一次性筷子

木制一次性筷子，又称卫生筷子，是指以木材为原料经过锯段、浸泡、旋切、刨切、烘干、筛选、打磨、倒角、包装等环节加工而成的各类供一次性使用的筷子。

本税目征收范围包括各种规格的木制一次性筷子。未经打磨、倒角的木制一次性筷子属于本税目征税范围。

（十三）实木地板

实木地板是指以木材为原料，经锯割、干燥、刨光、截断、开榫、涂漆等工序加工而成的块状或条状的地面装饰材料。实木地板按生产工艺不同，可分为独板（块）实木地板、实木指接地板、实木复合地板三类；按表面处理状态不同，可分为未涂饰地板（白坯板、素板）和漆饰地板两类。

本税目征收范围包括各类规格的实木地板、实木指接地板、实木复合地板及用于装饰墙壁、天棚的侧端面为榫、槽的实木装饰板。未经涂饰的素板也属于本税目征税范围。

（十四）电池

电池，是一种将化学能、光能等直接转换为电能的装置，一般由电极、电解质、容器、极端，通常还有隔离层组成的基本功能单元，以及用一个或多个基本功能单元装配成的电池组。范围包括：原电池、蓄电池、燃料电池、太阳能电池和其他电池。

自2015年2月1日起对电池（铅蓄电池除外）征收消费税；对无汞原电池、金属氢化物镍蓄电池（又称"氢镍蓄电池"或"镍氢蓄电池"）、锂原电池、锂离子蓄电池、太阳能电池、燃料电池、全钒液流电池免征消费税。2015年12月31日前对铅蓄电池缓征消费税；自2016年1月1日起，对铅蓄电池按4%税率征收消费税。

（十五）涂料

涂料是指涂于物体表面能形成具有保护、装饰或特殊性能的固态涂膜的一类液体或固体材料之总称。自2015年2月1日起对涂料片收消费税，施工状态下挥发性有机物（Volatile Organic Compounds，VOC）含量低于420克/升（含）的涂料免征消费税。

四、消费税税率

消费税采用比例税率和定额税率两种形式，以适应不同应税消费品的实际情况。

消费税根据不同的税目或子目确定相应的税率或单位税额。消费税税目、税率表如表3-1所示。

表 3-1　　　　　　　　　消费税税目、税率表

税目	税率
一、烟	
1. 卷烟	
（1）甲类卷烟（生产或进口环节）	56% 加 0.003 元/支
（2）乙类卷烟（生产或进口环节）	36% 加 0.003 元/支
（3）批发环节	11% 加 0.005 元/支
2. 雪茄烟	36%
3. 烟丝	30%
二、酒	
1. 白酒	20% 加 0.5 元/500 克（或者 500 毫升）
2. 黄酒	240 元/吨
3. 啤酒	
（1）甲类啤酒	250 元/吨
（2）乙类啤酒	220 元/吨
4. 其他酒	10%
三、化妆品	30%
四、贵重首饰及珠宝玉石	
1. 金银首饰、铂金首饰和钻石及钻石饰品	5%
2. 其他贵重首饰和珠宝玉石	10%
五、鞭炮、焰火	15%
六、成品油	
1. 汽油	1.52 元/升
2. 柴油	1.2 元/升
3. 航空煤油	1.2 元/升
4. 石脑油	1.52 元/升
5. 溶剂油	1.52 元/升
6. 润滑油	1.52 元/升
7. 燃料油	1.2 元/升
七、摩托车	
1. 气缸容量为 250 毫升的	3%
2. 气缸容量为 250 毫升以上的	10%
八、小汽车	
1. 乘用车	
（1）气缸容量(排气量，下同)在 1.0 升(含 1.0 升)以下的	1%
（2）气缸容量在 1.0 升以上至 1.5 升（含 1.5 升）的	3%
（3）气缸容量在 1.5 升以上至 2.0 升（含 2.0 升）的	5%
（4）气缸容量在 2.0 升以上至 2.5 升（含 2.5 升）的	9%
（5）气缸容量在 2.5 升以上至 3.0 升（含 3.0 升）的	12%
（6）气缸容量在 3.0 升以上至 4.0 升（含 4.0 升）的	25%
（7）气缸容量在 4.0 升以上的	40%
2. 中轻型商用客车	5%
九、高尔夫球及球具	10%
十、高档手表	20%
十一、游艇	10%
十二、木制一次性筷子	5%
十三、实木地板	5%
十四、电池	4%
十五、涂料	4%

五、消费税征收管理

(一) 纳税义务发生时间

消费税纳税义务发生的时间，以货款结算方式或行为发生时间分别确定。

1. 纳税人销售的应税消费品，其纳税义务的发生时间为：

（1）纳税人采取赊销和分期收款结算方式的，为书面合同约定的收款日期的当天，书面合同没有约定收款日期或者无书面合同的，为发出应税消费品的当天。

（2）纳税人采取预收货款结算方式的，为发出应税消费品的当天。

（3）纳税人采取托收承付和委托银行收款方式销售的应税消费品，为发出应税消费品并办妥托收手续的当天。

（4）纳税人采取其他结算方式的，为收讫销售款或者取得索取销售款凭据的当天。

2. 纳税人自产自用的应税消费品，为移送使用的当天。

3. 纳税人委托加工的应税消费品，为纳税人提货的当天。

4. 纳税人进口的应税消费品，为报关进口的当天。

(二) 纳税期限

根据《消费税暂行条例》的规定，消费税的纳税期限分别为1日、3日、5日、10日、15日、1个月或者1个季度。纳税人的具体纳税期限，由主管税务机关根据纳税人应纳税额的大小分别核定；不能按照固定期限纳税的，可以按次纳税。

纳税人以1个月或以1个季度为一期纳税的，自期满之日起15日内申报纳税；以1日、3日、5日、10日或者15日为一期纳税的，自期满之日起5日内预缴税款，于次月1日起至15日内申报纳税并结清上月应纳税款。

纳税人进口应税消费品，应当自海关填发海关进口消费税专用缴款书之日起15日内缴纳税款。

(三) 纳税地点

1. 纳税人销售的应税消费品，以及自产自用的应税消费品，除国务院财政、税务主管部门另有规定外,应当向纳税人机构所在地或者居住地的主管税务机关申报纳税。

2. 委托加工的应税消费品,除受托方为个人外,由受托方向机构所在地或者居住地的主管税务机关解缴消费税税款。

3. 进口的应税消费品,由进口人或者其代理人向报关地海关申报纳税。

4. 纳税人到外县(市)销售或者委托外县(市)代销自产应税消费品的,于应税消费品销售后,向机构所在地或者居住地主管税务机关申报纳税。

纳税人的总机构与分支机构不在同一县(市)的,应当分别向各自机构所在地的主管税务机关申报纳税;经财政部、国家税务总局或者其授权的财政、税务机关批准,可以由总机构汇总向总机构所在地的主管税务机关申报纳税。

5. 纳税人销售的应税消费品,如因质量等原因由购买者退回时,经所在地主管税务机关审核批准后,可退还已征收的消费税税款,但不能自行直接抵减应纳税款。

第二节 消费税应纳税额的计算

一、消费税应纳税额计算的一般方法

消费税应纳税额的计算主要分为从价定率计税、从量定额计税和从价从量复合计税三种方法。

(一)从价定率计税

在从价定率计算方法下,应纳税额等于应税消费品的销售额乘以适用税率,其计算公式为:

$$应纳税额 = 应税消费品销售额 \times 适用税率$$

应纳税额的多少取决于应税消费品的销售额和适用税率两个因素。

1. 销售额的确定。

销售额为纳税人销售应税消费品向购买方收取的全部价款和价外费用。价外费用,是指价外向购买方收取的手续费、补贴、基金、集资费、返还利润、奖励费、违约金、滞纳金、延期付款利息、赔偿金、代收款项、代垫款项、包

装费、包装物租金、储备费、优质费、运输装卸费以及其他各种性质的价外收费。但下列项目不包括在内：

（1）同时符合以下条件的代垫运输费用：①承运部门的运输费用发票开具给购买方的；②纳税人将该项发票转交给购买方的。

（2）同时符合以下条件代为收取的政府性基金或者行政事业性收费：①由国务院或者财政部批准设立的政府性基金，由国务院或者省级人民政府及其财政、价格主管部门批准设立的行政事业性收费；②收取时开具省级以上财政部门印制的财政票据；③所收款项全额上缴财政。

其他价外费用，无论是否属于纳税人的收入，均应并入销售额计算征税。

实行从价定率办法计算应纳税额的应税消费品连同包装销售的，无论包装是否单独计价，也不论在会计上如何核算，均应并入应税消费品的销售额中征收消费税。

2. 含增值税销售额的换算。

按照《消费税暂行条例实施细则》的规定，应税消费品的销售额，不包括应向购货方收取的增值税税款。如果纳税人应税消费品的销售额中未扣除增值税税款或者因不得开具增值税专用发票而发生价款和增值税税款合并收取的，在计算消费税时，应将含增值税的销售额换算为不含增值税税款的销售额。其换算公式为：

应税消费品的销售额 = 含增值税的销售额 ÷ (1 + 增值税税率或征收率)

在使用换算公式时，应根据纳税人的具体情况分别使用增值税税率或征收率。如果消费税的纳税人同时又是增值税一般纳税人的，应适用17%的增值税税率；如果消费税的纳税人是增值税小规模纳税人的，应适用3%的征收率。

（二）从量定额计税

在从量定额计算方法下，应纳税额等于应税消费品的销售数量乘以单位税额，其计算公式为：

应纳税额 = 应税消费品销售数量 × 定额税率

应纳税额的多少取决于应税消费品的销售数量和单位税额两个因素。

1. 销售数量的确定。

销售数量是指纳税人生产、加工和进口应税消费品的数量。具体规定为：

（1）销售应税消费品的，为应税消费品的销售数量；

（2）自产自用应税消费品的，为应税消费品的移送使用数量；

(3) 委托加工应税消费品的，为纳税人收回的应税消费品数量；

(4) 进口的应税消费品，为海关核定的应税消费品进口征税数量。

2. 计量单位的换算标准。

为了规范不同产品的计量单位，以准确计算应纳税额，《消费税暂行条例实施细则》规定吨与升两个计量单位的换算标准。如表 3-2 所示。

表 3-2　　　　　　　　　　吨、升换算表

序号	名称	计量单位的换算标准
1	黄酒	1 吨 = 962 升
2	啤酒	1 吨 = 988 升
3	汽油	1 吨 = 1 388 升
4	柴油	1 吨 = 1 176 升
5	航空煤油	1 吨 = 1 246 升
6	石脑油	1 吨 = 1 385 升
7	溶剂油	1 吨 = 1 282 升
8	润滑油	1 吨 = 1 126 升
9	燃料油	1 吨 = 1 015 升

（三）从价从量复合计税

现行消费税的征税范围中，只有卷烟、白酒采用复合计征方法。应纳税额等于应税销售数量乘以定额税率再加上应税销售额乘以比例税率。其计算公式为：

应纳税额 = 应税消费品销售额 × 适用税率 + 应税消费品销售数量 × 定额税率

销售额为纳税人生产销售卷烟、白酒向购买方收取的全部价款和价外费用。销售数量为纳税人生产销售、进口、委托加工、自产自用卷烟、白酒的销售数量、海关核定税数量、委托方收回数量、移送使用数量。

二、消费税应纳税额的计算

（一）生产销售环节应纳消费税的计算

1. 直接对外销售应纳消费税的计算。

(1) 从价定率计税。其基本计算公式为：

应纳税额 = 应税消费品的销售额 × 比例税率

【例3-1】某企业为增值税一般纳税人,适用的增值税税率为17%。2016年5月,该企业销售自产摩托车一批,取得含增值税销售额117万元。已知摩托车适用消费税税率为10%。计算该企业5月份应纳消费税税额。

销售价款和增值税税款合并收取的销售额,在计算消费税时,应当换算为不含增值税税款的销售额。计算过程如下:

不含增值税销售额 = 含增值税的销售额 ÷ (1 + 增值税税率) = 117 ÷ (1 + 17%) = 100(万元)

应纳消费税税额 = 100 × 10% = 10(万元)

(2)从量定额计税。其计算公式为:

应纳税额 = 应税消费品的销售数量 × 定额税率

【例3-2】某啤酒厂2016年5月销售甲类啤酒800吨,取得不含增值税销售额236万元,增值税税款40.12万元,另收取包装物押金18.72万元。计算5月该啤酒厂应纳消费税税额。

销售甲类啤酒,适用定额税率每吨250元。包装物不作价随同产品销售,而是收取押金,此项押金则不应并入应税消费品的销售额中征税。

应纳税额 = 销售数量 × 定额税率 = 800 × 250 = 200 000(元)

(3)从价定率和从量定额复合计算。

现行消费税的征税范围中,只有卷烟、白酒采用复合计算方法。其计算公式为:

应纳税额 = 应税销售额 × 比例税率 + 应税消费品的销售数量 × 定额税率

【例3-3】某白酒生产企业为增值税一般纳税人,2016年5月销售白酒200吨,取得不含增值税的销售额800万元。计算白酒企业5月应缴纳的消费税额。

白酒适用比例税率20%,定额税率每500克0.5元。

应纳税额 = 800 × 20% + 200 × 2 000 × 0.00005 = 180(万元)

2. 自产自用应纳消费税的计算。

纳税人自产自用的应税消费品,用于连续生产应税消费品的,不纳税。纳税人自产自用的应税消费品,除用于连续生产应税消费品外,凡用于其他方面的,于移送使用时,按照纳税人生产的同类消费品的销售价格计算纳税。

同类消费品的销售价格是指纳税人当月销售的同类消费品的销售价格,如果当月同类消费品各期销售价格高低不同,应按销售数量加权平均计算。但销售的应税消费品有下列情况之一的，不得列入加权平均计算：

（1）销售价格明显偏低又无正当理由的；

（2）无销售价格的。

如果当月无销售或者当月未完结，应按照同类消费品上月或者最近月份的销售价格计算纳税。

没有同类消费品销售价格的，按照组成计税价格计算纳税。组成计税价格的计算公式是：

实行从价定率办法计算纳税的组成计税价格计算公式：

$$组成计税价格 = (成本 + 利润) \div (1 - 比例税率)$$

$$应纳税额 = 组成计税价格 \times 比例税率$$

实行复合计税办法计算纳税的组成计税价格计算公式：

$$组成计税价格 = (成本 + 利润 + 自产自用数量 \times 定额税率) \div (1 - 比例税率)$$

$$应纳税额 = 组成计税价格 \times 比例税率 + 自产自用数量 \times 定额税率$$

上述公式中所说的"成本"，是指应税消费品的产品生产成本。

上述公式中所说的"利润"，是指根据应税消费品的全国平均成本利润率计算的利润。应税消费品全国平均成本利润率由国家税务总局确定。具体标准如表3-3所示。

表3-3　　　　　应税消费品平均成本利润率表　　　　　单位：%

货物名称	利润率	货物名称	利润率
1. 甲类卷烟	10	10. 贵重首饰及珠宝玉石	6
2. 乙类卷烟	5	11. 摩托车	6
3. 雪茄烟	5	12. 高尔夫球及球具	10
4. 烟丝	5	13. 高档手表	20
5. 粮食白酒	10	14. 游艇	10
6. 薯类白酒	5	15. 木制一次性筷子	5
7. 其他酒	5	16. 实木地板	5
8. 化妆品	5	17. 乘用车	8
9. 鞭炮、焰火	5	18. 中轻型商用客车	5

【例3-4】某葡萄酒有限公司2012年春节前，以福利形式发给每位职工新型红酒1箱，该红酒每箱生产成本400元，成本利润率为5%，消费税税率为10%。该公司的职工人数为600人，计算该公司此项行为应缴纳的消费税税额。

组成计税价格 = 成本 × (1 + 成本利润率) ÷ (1 − 消费税税率)
= 400 × 600 × (1 + 5%) ÷ (1 − 10%)
= 252 000 ÷ 0.9 = 280 000（元）

应纳税额 = 280 000 × 10% = 28 000（元）

（二）委托加工环节应税消费品应纳税的计算

委托加工的应税消费品，按照受托方的同类消费品的销售价格计算纳税。没有同类消费品销售价格的，按照组成计税价格计算纳税。

实行从价定率办法计算纳税的，其计算公式为：

组成计税价格 = (材料成本 + 加工费) ÷ (1 − 比例税率)

实行复合计税办法计算纳税的，其计算公式为：

组成计税价格 = (材料成本 + 加工费 + 委托加工数量 × 定额税率) ÷ (1 − 比例税率)

上述组成计税价格公式中：

材料成本是指委托方所提供加工材料的实际成本。委托加工应税消费品的纳税人，必须在委托加工合同上如实注明（或以其他方式提供）材料成本，凡未提供材料成本的，受托方所在地主管税务机关有权核定其材料成本。

加工费是指受托方加工应税消费品向委托方所收取的全部费用（包括代垫辅助材料的实际成本），不包括增值税税金。

【例3-5】某化妆品企业2016年4月受托为某单位加工一批化妆品，委托单位提供的原材料金额为75万元，收取委托单位不含增值税的加工费19.5万元，化妆品企业无同类产品市场价格，消费税税率为30%。计算化妆品企业应代收代缴的消费税。

组成计税价格 = (75 + 19.5) ÷ (1 − 30%) = 135（万元）

应代收代缴消费税 = 135 × 30% = 40.5（万元）

（三）进口环节应纳消费税的计算

纳税人进口应税消费品，按照组成计税价格和规定的税率计算应纳税额。

1. 实行从价定率办法计算纳税的，其计算公式：

组成计税价格 = (关税完税价格 + 关税) ÷ (1 − 消费税比例税率)

应纳税额 = 组成计税价格 × 消费税比例税率

公式中所称"关税完税价格"，是指海关核定的关税计税价格。

【例3-6】 某汽车商贸公司，2016年5月从国外进口一批小汽车60辆，海关核定的每辆小汽车关税完税价为34万元，小汽车关税税率为20%，消费税税率为25%。请计算该批小汽车进口环节应缴纳的消费税税额。

应纳关税税额 = 60 × 34 × 20% = 408（万元）

组成计税价格 = (60 × 34 + 408) ÷ (1 - 25%) = 3 264（万元）

应缴纳消费税税额 = 3 264 × 25% = 816（万元）

2. 实行从量定额计征应纳税额的，其计算公式为：

$$应纳税额 = 应税消费品数量 × 消费税定额税率$$

3. 实行从价定率和从量定额复合计税办法应纳税额的，其计算公式为：

$$组成计税价格 = (关税完税价格 + 关税 + 进口数量 × 消费税定额税率) ÷ (1 - 消费税比例税率)$$

$$应纳税额 = 组成计税价格 × 消费税税率 + 应税消费品进口数量 × 消费税定额税率$$

进口环节消费税除国务院另有规定者外，一律不得给予减税、免税。

【例3-7】 某烟草公司2016年5月进口甲类卷烟200箱，海关核定的每箱卷烟关税完税价为3万元，卷烟关税税率为25%，消费税比例税率为56%，定额税率为0.003元/支，每标准箱有250条，每条200支。请计算该批卷烟进口环节应缴纳的消费税税额。

应纳关税税额 = 200 × 3 × 25% = 150（万元）

组成计税价格 = (200 × 3 + 150 + 200 × 250 × 200 × 0.003 ÷ 10 000) ÷ (1 - 56%)
= 1 711.3636（万元）

应缴纳消费税税额 = 1 711.3636 × 56% + 200 × 250 × 200 × 0.003 ÷ 10 000
= 958.3636 + 3 = 961.3636（万元）

（四）已纳消费税的扣除

为了避免重复征税，现行消费税规定，将外购应税消费品和委托加工收回的应税消费品继续生产应税消费品销售的，可以将外购应税消费品和委托加工收回应税消费品已缴纳的消费税给予扣除。

1. 外购应税消费品已纳税款的扣除。

由于某些应税消费品是用外购已缴纳消费税的应税消费品连续生产出来的，在对这些连续生产出来的应税消费品计算征税时，税法规定应按当期生产领用数量计算准予扣除外购的应税消费品已纳的消费税税款。扣除范围包括：

（1）外购已税烟丝生产的卷烟；

（2）外购已税化妆品原料生产的化妆品；

（3）外购已税珠宝、玉石原料生产的贵重首饰及珠宝、玉石；

（4）外购已税鞭炮、焰火原料生产的鞭炮、焰火；

（5）外购已税杆头、杆身和握把为原料生产的高尔夫球杆；

（6）外购已税木制一次性筷子原料生产的木制一次性筷子；

（7）外购已税实木地板原料生产的实木地板；

（8）外购已税石脑油、润滑油、燃料油为原料生产的成品油；

（9）外购已税汽油、柴油为原料生产的汽油、柴油。

上述当期准予扣除外购应税消费品已纳消费税税款的计算公式为：

$$当期准予扣除的外购应税消费品已纳税款 = 当期准予扣除的外购应税消费品买价 \times 外购应税消费品适用税率$$

$$当期准予扣除的外购应税消费品买价 = 期初库存的外购应税消费品的买价 + 当期购进的应税消费品的买价 - 期末库存的外购应税消费品的买价$$

外购已税消费品的买价是指购货发票上注明的销售额（不包括增值税税款）。

纳税人用外购的已税珠宝、玉石原料生产的改在零售环节征收消费税的金银首饰（镶嵌首饰），在计税时一律不得扣除外购珠宝、玉石的已纳税款。

对自己不生产应税消费品，而只是购进后再销售应税消费品的工业企业，其销售的化妆品、鞭炮、焰火和珠宝、玉石，凡不能构成最终消费品直接进入消费品市场，而需进一步生产加工的，应当征收消费税，同时允许扣除上述外购应税消费品的已纳税款。

允许扣除已纳税款的应税消费品只限于从工业企业购进的应税消费品和进口环节已缴纳消费税的应税消费品，对从境内商业企业购进应税消费品的已纳税款一律不得扣除。

2. 委托加工收回的应税消费品已纳税款的扣除。

委托加工的应税消费品因为已由受托方代收代缴消费税，因此，委托方收回货物后用于连续生产应税消费品的，其已纳税款准予按照规定从连续生产的应税消费品应纳消费税税额中抵扣。按照消费税法的规定，下列连续生产的应税消费品准予从应纳消费税税额中按当期生产领用数量计算扣除委托加工收回的应税消费品已纳消费税税款：

（1）以委托加工收回的已税烟丝为原料生产的卷烟；
（2）以委托加工收回的已税化妆品原料生产的化妆品；
（3）以委托加工收回的已税珠宝、玉石原料生产的贵重首饰及珠宝、玉石；
（4）以委托加工收回的已税鞭炮、焰火原料生产的鞭炮、焰火；
（5）以委托加工收回的已税杆头、杆身和握把为原料生产的高尔夫球杆；
（6）以委托加工收回的已税木制一次性筷子原料生产的木制一次性筷子；
（7）以委托加工收回的已税实木地板原料生产的实木地板；
（8）以委托加工收回的已税石脑油、润滑油、燃料油为原料生产的成品油；
（9）以委托加工收回的已税汽油、柴油为原料生产的汽油、柴油。

上述当期准予扣除委托加工收回的应税消费品已纳消费税税款的计算公式是：

$$\text{当期准予扣除的委托加工应税消费品已纳税款} = \text{期初库存的委托加工应税消费品已纳税款} + \text{当期收回的委托加工应税消费品已纳税款} - \text{期末库存的委托加工应税消费品已纳税款}$$

纳税人用委托加工收回的已税珠宝、玉石原料生产的改在零售环节征收消费税的金银首饰，在计税时一律不得扣除委托加工收回的珠宝、玉石原料的已纳消费税税款。

第三节 消费税的会计处理

为了核算企业应交的消费税，企业应当在"应交税费"科目下设置"应交消费税"明细科目进行有关的会计处理。企业计提应交消费税时，借记"营业税金及附加"等科目，贷记"应交税费——应交消费税"看；实际交纳的消费税时，借记"应交税费——应交消费税"科目，贷记"银行存款"科目。

一、直接对外销售的应税消费品税的会计处理

企业销售应税消费品计提应交消费税时，应借记"营业税金及附加"等科

目，贷记"应交税费——应交消费税"科目；实际缴纳消费税时，借记"应交税费——应交消费税"科目，贷记"银行存款"等科目。

【例 3-8】 某化妆品生产企业为增值税一般纳税人。2016 年 5 月 10 日向某大型商场销售化妆品一批，开具增值税专用发票，取得不含增值税销售额 50 万元，增值税额 8.5 万元。化妆品适用消费税税率 30%。销货价税款已收妥存入银行。计算该化妆品生产企业上述业务应缴纳的消费税额并进行会计处理。

计算应交消费税并进行会计处理：

应缴纳的消费税额 = 50 × 30% = 15（万元）

借：营业税金及附加　　　　　　　　　　　　150 000
　　贷：应交税费——应交消费税　　　　　　　　　150 000

实际缴纳消费税时：

借：应交税费——应交消费税　　　　　　　　150 000
　　贷：银行存款　　　　　　　　　　　　　　　　150 000

【例 3-9】 某化工厂 2016 年 5 月销售汽油 160 吨，柴油 100 吨。假定汽油的不含税销售价格为 5 000 元/吨，实际成本为 4 000 元/吨；柴油的不含税销售价格为 4 000 元/吨，实际成本为 3 000 元/吨。汽油固定税额 1 元/升，柴油固定税额 0.8 元/升。款项已收到并存入银行。

汽油应纳税额 = 160 × 1 388 × 1 = 222 080（元）

柴油应纳税额 = 100 × 1 176 × 0.8 = 94 080（元）

该公司当月应纳消费税 = 222 080 + 94 080 = 316 160（元）

计提消费税时：

借：营业税金及附加　　　　　　　　　　　　316 160
　　贷：应交税费——应交消费税　　　　　　　　　316 160

实际缴纳消费税时：

借：应交税费——应交消费税　　　　　　　　316 160
　　贷：银行存款　　　　　　　　　　　　　　　　316 160

二、自产自用的应税消费品的会计处理

1. 用于连续生产应税消费品的会计处理。

纳税人自产自用的应税消费品，用于连续生产应税消费品的，不纳税，只进行实际成本的核算。

【例3-10】某卷烟厂领用自产烟丝15吨，用于连续生产卷烟，烟丝的实际总成本为75 000元。则领用时该厂的会计处理如下：

借：生产成本　　　　　　　　　　　　　　　　　75 000
　　贷：原材料　　　　　　　　　　　　　　　　　75 000

2. 用于其他方面的会计处理。

(1) 用于生产非应税消费品的会计处理。

纳税人自产自用的应税消费品，用于连续生产非应税消费品得，由于最终产品不是应税消费品，因此应于移送使用时纳消费税。在领用时借记"生产成本"科目，贷记"原材料"、"应交税费——应交消费税"等科目。

【例3-11】某汽车制造厂领用库存自产汽车轮胎200个，用于连续生产卡车。汽车轮胎的实际总成本为60 000元。汽车轮胎的成本利润率为5%，消费税率3%。则领用时该厂的会计处理如下：

应纳消费税 = 60 000 × (1 + 5%) ÷ (1 - 3%) × 3% = 1 948.45（元）

借：生产成本　　　　　　　　　　　　　　　　　61 948.45
　　贷：原材料　　　　　　　　　　　　　　　　　60 000
　　　　应交税费——应交消费税　　　　　　　　　 1 948.45

(2) 用于其他方面的应税消费品的会计处理。

纳税人自产自用的应税消费品作为股权投资，或用于在建工程、管理部门、非生产机构、提供劳务，以及用于馈赠、赞助、集资、广告、样品、职工福利、奖励等其他方面的，应视同销售，在按成本转账的同时按同类消费品的销售价格或组成计税价格和使用税率计算消费税。借记"长期股权投资"、"在建工程"、"管理费用"、"销售费用"、"应付职工薪酬"、"固定资产"等科目，贷记"库存商品"、"应交税费——应交消费税"等科目。

【例3-12】承〖例3-4〗有关的会计处理为：

借：营业税金及附加　　　　　　　　　　　　　　 28 000
　　贷：应交税费——应交消费税　　　　　　　　　 28 000
借：应付职工薪酬　　　　　　　　　　　　　　　 327 600
　　贷：主营业务收入　　　　　　　　　　　　　 280 000
　　　　应交税费——应交增值税　　　　　　　　　 47 600
借：主营业务成本　　　　　　　　　　　　　　　 240 000
　　贷：库存商品　　　　　　　　　　　　　　　 240 000

【例3-13】宏源公司为一般纳税人，于2016年5月将应税消费品用于对外股权投资，该批消费品成本为 100 万元，计税价格（公允价值）为 120 万元，该消费品的增值税率为 17%，消费税率为 10%。该公司应作如下会计处理：

应交增值税 = 1 200 000 × 17% = 204 000（元）

应交纳的消费税 = 1 200 000 × 10% = 120 000（元）

借：长期股权投资　　　　　　　　　　　　　　1 524 000
　　贷：主营业务收入　　　　　　　　　　　　　1 200 000
　　　　应交税费——应交增值税（销项税额）　　204 000
　　　　　　　　——应交消费税　　　　　　　　120 000

借：主营业务成本　　　　　　　　　　　　　　1 000 000
　　贷：库存商品　　　　　　　　　　　　　　　1 000 000

三、委托加工应税消费品的会计处理

需要缴纳消费税的委托加工物资，由受托方代收代交税款（除受托加工或翻新改制金银首饰按规定由受托方交纳消费税外）。受托方按应交税款金额，借记"应收账款"、"银行存款"等科目，贷记"应交税费——应交消费税"。委托加工物资收回后，直接用于销售的或用于连续生产非消费税应税商品时，将代收代缴的消费税计入委托加工物资的成本，借记"委托加工物资"等科目，贷记"应付账款"、"银行存款"等科目；委托加工物资收回后用于连续生产应税消费品的，按规定准予抵扣的，按代收代交的消费税，借记"应交税费——应交消费税"，贷记"应付账款"、"银行存款"等科目。

【例 3-14】甲汽车制造厂 2016 年 5 月委托乙轮胎制造厂加工汽车轮胎一批，发出材料成本 300 000 元，支付加工费 120 000 元，增值税 20 400 元。乙轮胎厂无同类汽车轮胎的销售价格。甲企业在汽车轮胎收回后当期全部领用连续生产新型汽车轮胎对外销售，汽车轮胎消费税的适用税率为 3%，取得销售收入 1 080 000 元。

有关的会计处理如下：

（1）发出材料时：

借：委托加工物资　　　　　　　　　　　　　　300 000
　　贷：原材料　　　　　　　　　　　　　　　　300 000

（2）支付加工费、消费税和增值税时：

组成计税价格=(300 000+120 000)÷(1-3%)=432 989.69(元)

应支付消费税=432 989.69×3%=12 989.69(元)

借：委托加工物资	120 000
应交税费——应交增值税（进项税额）	20 400
——应交消费税（代扣税金）	12 989.69
贷：银行存款	153 389.69

(3) 收回委托加工的轮胎时：

借：原材料	420 000
贷：委托加工物资	420 000

(4) 领用委托加工收回的轮胎时：

借：生产成本	420 000
贷：原材料	420 000

同时结转代扣代缴的消费税

借：应交税费——应交消费税	12 989.69
贷：应交税费——应交消费税（代扣税金）	12 989.69

(5) 新型汽车轮胎实现销售确认收入，计算消费税时：

应纳消费税=1 080 000×3%=32 400(元)

借：银行存款	1 263 600
贷：主营业务收入	1 080 000
应交税费——应交增值税（销项税额）	183 600
借：营业税金及附加	32 400
贷：应交税费——应交消费税	32 400

(6) 缴纳当期实际应纳的消费税时：

当期实际应纳消费税=32 400-12 989.69=19 410.31(元)

借：应交税费——应交消费税	19 410.31
贷：银行存款	19 410.31

四、进口应纳消费品消费税的会计处理

纳税人进口的应税消费品，应于报关进口时缴纳消费税，直接计入进口应税消费品的成本。企业进口的应税消费品可能是固定资产、原材料等，因此，应按应税消费品的到岸价格加关税连同消费税及不允许抵扣的增值税，借记

"固定资产"、"在途物资"、"库存商品"等科目,按支付的允许抵扣的增值税,借记"应交税费——应交增值税(进项税额)",贷记"银行存款"等科目。

【例 3-15】 某汽车贸易公司 2016 年 6 月从国外进口小汽车 5 辆作固定资产使用,海关核定的每辆小汽车关税完税价为 28 万元,已知小汽车关税税率为 20%,消费税税率为 25%。计算该公司进口小汽车应纳消费税税额并进行有关的会计处理。

根据消费税法律制度的规定,纳税人进口应税消费品,按照组成计税价格和规定的税率计算应纳税额。计算过程:

(1) 应纳关税税额 = 6×28×20% = 33.6(万元)
(2) 组成计税价格 = (6×28+33.6)÷(1-25%) = 268.8(万元)
(3) 应纳消费税税额 = 268.8×25% = 67.2(万元)
(4) 应纳增值税 = 268.8×17% = 45.696(万元)

进口小汽车的成本 = 6×28+33.6+67.2+45.696 = 314.496(万元)

借:固定资产　　　　　　　　　　　　　　　3 144 960
　　贷:银行存款　　　　　　　　　　　　　　　　3 144 960

第四章 关税纳税实务与会计处理

第一节 关税基本法规

关税是海关依法对进出境货物、物品征收的一种流转税。所谓"境"是指关境，又称"海关境域"或"关税领域"，是国家《海关法》全面实施的领域。通常情况下，一国关境与国境是一致的，包括国家全部的领土、领海、领空。但当某一国家在国境内设立了自由港、自由贸易区等，这些区域就进出口关税而言处在关境之外，这时，该国家的关境小于国境；当几个国家结成关税同盟，成员国之间相互取消关税，对外实行共同的关税税则时，就其成员国来说，关镜就会大于国境。

关税法是指国家制定的调整关税征收与缴纳权利义务关系的法律规范。现行关税法律规范以全国人民代表大会于 2000 年 7 月修正颁布的《中华人民共和国海关法》（以下简称《海关法》）为法律依据，以国务院于 2003 年 11 月发布的《中华人民共和国进出口关税条例》（以下简称《进出口关税条例》），以及由国务院关税税则委员会审定并报国务院批准，作为条例组成部分的《中华人民共和国海关进出口税则》（以下简称《海关进出口税则》）和《中华人民共和国海关入境旅客行李物品和个人邮递物品征收进口税办法》为基本法规，由负责关税政策制定和征收管理的主管部门依据基本法规拟订的管理办法和实施细则为主要内容。

一、关税的征税对象和纳税义务人

（一）征税对象

关税的征税对象，是准许进出口我国国境或关境的货物和物品。货物是指贸易性商品；物品指入境旅客随身携带的行李物品、个人邮递物品、各种运输工具上的服务人员携带进口的自用物品、馈赠物品以及其他方式进境的个人物品。

（二）纳税义务人

进口货物的收货人、出口货物的发货人、进出境物品的所有人，是关税的纳税义务人。

进出口货物的收、发货人是依法取得对外贸易经营权，并进口或者出口货物的法人或者其他社会团体。

进出境物品的所有人包括该物品的所有人和推定为所有人的人。一般情况下，对于携带进境的物品，推定其携带人为所有人；对分离运输的行李，推定相应的进出境旅客为所有人；对以邮递方式进境的物品，推定其收件人为所有人；以邮递或其他运输方式出境的物品，推定其寄件人或托运人为所有人。

二、进出口税则

（一）进出口税则概况

进出口税则是一国政府根据国家关税政策和经济政策，通过一定的立法程序制定公布实施的进出口货物和物品应税的关税税率表。进出口税则以税率表为主体，通常还包括实施税则的法令、使用税则的有关说明和附录等。

税率表作为税则主体，包括税则商品分类目录和税率栏两大部分。税则商品分类目录是把种类繁多的商品加以综合，按照其不同特点分门别类地简化成数量有限的商品类目，分别编号按序排列，称为税则号列，并逐号列出该号中应列入的商品名称。商品分类的原则即归类规则，包括归类总规则和各类、章、目的具体注释。税率栏是按商品分类目录逐项定出的税率栏目。我国现行进口税则为四栏税率,出口税则为一栏税率。

(二) 税则归类

税则归类,就是按照税则的规定,将每项具体进出口商品按其特性在税则中找出其最适合的某一个税号,即"对号入座",以便确定其适用的税率,计算关税税负。税则归类一般按以下步骤进行:

1. 了解需要归类的具体进出口商品的构成、材料属性、成分组成、特性、用途和功能。

2. 查找有关商品在税则中拟归的类、章及税号。对于原材料性质的货品,应首先考虑按其属性归类;对于制成品,应首先考虑按其用途归类。

3. 将考虑采用的有关类、章及税号进行比较,筛选出最为合适的税号。在比较、筛选时,首先看类、章的注释有无具体描述归类对象或其类似品,已具体描述的,按类、章的规定办理;其次是查阅《HS注释》,确切地了解有关类、章及税号范围。

4. 通过以上方法也难以确定的税则归类商品,可运用归类总规则的有关条款来确定其税号。如进口地海关无法解决的税则归类问题,应报海关总署明确。

(三) 税率

1. 进口关税税率。

在我国加入世界贸易组织(WTO)之前,我国进口税则设有两栏税率,即普通税率和优惠税率。对原产于与我国未订有关税互惠协议的国家或者地区的进口货物,按照普通税率征税;对原产于与我国订有关税互惠协议的国家或者地区的进口货物,按照优惠税率征税。在我国加入WTO之后,为履行我国在加入WTO关税减让谈判中承诺的有关义务,享有WTO成员应有的权利,自2002年1月1日起,我国进口税则设有最惠国税率、协定税率、特惠税率、普通税率、关税配额税率等税率。对进口货物在一定期限内可以实行暂定税率。

最惠国税率适用原产于与我国共同适用最惠国待遇条款的WTO成员或地区的进口货物,或原产于与我国签订有相互给予最惠国待遇条款的双边贸易协定的国家或地区进口的货物,以及原产于我国境内的进口货物;

协定税率适用原产于我国参加的含有关税优惠条款的区域性贸易协定有关缔约方的进口货物;

特惠税率适用原产于与我国签订有特殊优惠关税协定的国家或地区的进口货物；

普通税率适用于原产于上述国家或地区以外的其他国家或地区的进口货物。按照普通税率征税的进口货物，经国务院关税税则委员会特别批准，可以适用最惠国税率。适用最惠国税率、协定税率、特惠税率的国家或者地区名单，由国务院关税税则委员会决定，报国务院批准后执行。

适用最惠国税率的进口货物有暂定税率的，应当适用暂定税率；适用协定税率、特惠税率的进口货物有暂定税率的，应当从低适用税率；适用普通税率的进口货物，不适用暂定税率。

按照国家规定实行关税配额管理的进口货物，关税配额内的，适用关税配额税率。我国对部分进口农产品和化肥产品实行关税配额，即一定数量内的上述进口商品适用税率较低的配额内税率，超出该数量的进口商品适用税率较高的配额外税率。现行税则对700多个税目进口商品实行了暂定税率，对小麦、玉米等7种农产品和尿素等3种化肥产品实行关税配额管理。

2. 出口关税税率。

我国出口税则为一栏税率，即出口税率。国家仅对少数资源性产品及易于竞相杀价、盲目进口、需要规范出口秩序的半制成品征收出口关税。现行税则对100余种商品计征出口关税，主要是鳗鱼苗、部分有色金属矿砂及其精矿、生锑、磷、氟钽酸钾、苯、山羊板皮、部分铁合金、钢铁废碎料、铜和铝原料及其制品、镍锭、锌锭、锑锭。但对上述范围内的部分商品实行0~25%的暂定税率，此外，根据需要对其他200多种商品征收暂定税率。与进口暂定税率一样，出口暂定税率优先适用于出口税则中规定的出口税率。

3. 特别关税。

特别关税包括报复性关税、反倾销税与反补贴税、保障性关税。

任何国家或者地区违反与中华人民共和国签订或者共同参加的贸易协定及相关协定，对中华人民共和国在贸易方面采取禁止、限制、加征关税或者其他影响正常贸易的措施的，对原产于该国家或者地区的进口货物可以征收报复性关税，适用报复性关税税率。

按照有关法律、行政法规的规定对进口货物采取反倾销、反补贴、保障措施的，其税率的适用按照《中华人民共和国反倾销条例》、《中华人民共和国反补贴条例》和《中华人民共和国保障措施条例》的有关规定执行。

征收特别关税的货物、适用国别、税率、期限和征收办法，由国务院关税税则委员会决定，海关总署负责实施。

4. 税率的运用。

我国《进出口关税条例》规定，进出口货物，应当依照税则规定的归类原则归入合适的税号，并按照适用的税率征税。其中：

（1）进出口货物，应当按照纳税义务人申报进口或者出口之日实施的税率征税。

（2）进口货物到达前，经海关核准先行申报的，应当按照装载此货物的运输工具申报进境之日实施的税率征税。

（3）有下列情形之一，需缴纳税款的，应当适用海关接受申报办理纳税手续之日实施的税率：

①保税货物经批准不复运出境的；

②减免税货物经批准转让或者移作他用的；

③暂准进境货物经批准不复运出境，以及暂准出境货物经批准不复运进境的；

④租赁进口货物，分期缴纳税款的。

（4）进出口货物的补税和退税，适用该进出口货物原申报进口或者出口之日所实施的税率，但下列情况除外：

①按照特定减免税办法批准予以减免税的进口货物，后因情况改变经海关批准转让或出售或移作他用需予补税的，适用海关接受纳税人再次填写报关单申报办理纳税及有关手续之日实施的税率征税。

②加工贸易进口料、件等属于保税性质的进口货物，如经批准转为内销，应按向海关申报转为内销之日实施的税率征税；如未经批准擅自转为内销的，则按海关查获日期所施行的税率征税。

③暂时进口货物转为正式进口需予补税时，应按其申报正式进口之日实施的税率征税。

④分期支付租金的租赁进口货物，分期付税时，适用海关接受纳税人再次填写报关单申报办理纳税及有关手续之日实施的税率征税。

⑤溢卸、误卸货物事后确定需征税时，应按其原运输工具申报进口日期所实施的税率征税。如原进口日期无法查明的，可按确定补税当天实施的税率征税。

⑥对由于税则归类的改变、完税价格的审定或其他工作差错而需补税的，应按原征税日期实施的税率征税。

⑦对经批准缓税进口的货物以后缴税时，不论是分期或一次交清税款，都应按货物原进口之日实施的税率征税。

⑧查获的走私进口货物需补税时，应按查获日期实施的税率征税。

三、关税的优惠政策

（一）法定减免税

法定减免税是税法中明确列出的减税或免税。符合税法规定可予减免税的进出口货物，纳税义务人无须提出申请，海关可按规定直接予以减免税。海关对法定减免税货物一般不进行后续管理。

我国《海关法》和《进出口关税条例》明确规定，下列货物、物品予以减免关税：

1. 关税税额在人民币 50 元以下的一票货物，可免征关税。

2. 无商业价值的广告品和货样，可免征关税。

3. 外国政府、国际组织无偿赠送的物资，可免征关税。

4. 进出境运输工具装载的途中必需的燃料、物料和饮食用品，可予免税。

5. 经海关核准暂时进境或者暂时出境，并在 6 个月内复运出境或者复运进境的货样、展览品、施工机械、工程车辆、工程船舶、供安装设备时使用的仪器和工具、电视或者电影摄制器械、盛装货物的容器以及剧团服装道具，在货物收、发货人向海关缴纳相当于税款的保证金或者提供担保后，可予暂时免税。

6. 为境外厂商加工、装配成品和为制造外销产品而进口的原材料、辅料、零件、部件、配套件和包装物料，海关按照实际加工出口的成品数量免征进口关税；或者对进口料、件先征进口关税，再按照实际加工出口的成品数量予以退税。

7. 因故退还的中国出口货物，经海关审查属实，可予免征进口关税，但已征收的出口关税不予退还。

8. 因故退还的境外进口货物，经海关审查属实，可予免征出口关税，但已征收的进口关税不予退还。

9. 进口货物如有以下情形，经海关查明属实，可酌情减免进口关税：

（1）在境外运输途中或者在起卸时，遭受损坏或者损失的；

(2) 起卸后海关放行前，因不可抗力遭受损坏或者损失的；

(3) 海关查验时已经破漏、损坏或者腐烂，经证明不是保管不慎造成的。

10. 无代价抵偿货物，即进口货物在征税放行后，发现货物残损、短少或品质不良，而由国外承运人、发货人或保险公司免费补偿或更换的同类货物，可以免税。但有残损或质量问题的原进口货物如未退运国外，其进口的无代价抵偿货物应照章征税。

11. 我国缔结或者参加的国际条约规定减征、免征关税的货物、物品，按照规定予以减免关税。

12. 法律规定减征、免征的其他货物。

(二) 特定减免税

特定减免税也称政策性减免税。在法定减免税之外，国家按照国际通行规则和我国实际情况，制定发布的有关进出口货物减免关税的政策，称为特定或政策性减免税。特定减免税货物一般有地区、企业和用途的限制，海关需要进行后续管理，也需要进行减免税统计。主要包括：科教用品、残疾人专用品、扶贫、慈善性捐赠物资，其他还有加工贸易产品、边境贸易进口物资等的减灾关税规定。

(三) 临时减免税

临时减免税是指以上法定和特定减免税以外的其他减免税，即由国务院根据《海关法》对某个单位、某类商品、某个项目或某批进出口货物的特殊情况，给予特别照顾，一案一批，专文下达的减免税。一般有单位、品种、期限、金额或数量等限制，不能比照执行。

我国已加入世界贸易组织，为遵循统一、规范、公平、公开的原则，有利于统一税法、公平税负、平等竞争，国家严格控制减免税，一般不办理个案临时性减免税，对特定减免税也在逐步规范、清理，对不符合国际惯例的税收优惠政策将逐步予以废止。

四、关税的征收管理

(一) 关税缴纳

进口货物自运输工具申报进境之日起 14 日内，出口货物在货物运抵海关监管区后装货的24小时以前,应由进出口货物的纳税义务人向货物进(出)境地海关申报,海关根据税则归类和完税价格计算应缴纳的关税和进口环节代征税,并填发税款缴款书。

纳税义务人应当自海关填发税款缴款书之日起15日内,向指定银行缴纳税款。如关税缴纳期限的最后1日是周末或法定节假日,则关税缴纳期限顺延至周末或法定节假日过后的第1个工作日。为方便纳税义务人,经申请且海关同意,进(出)口货物的纳税义务人可以在设有海关的指运地(启运地)办理海关申报、纳税手续。

关税纳税义务人因不可抗力或者在国家税收政策调整的情形下,不能按期缴纳税款的,经海关批准,可以延期缴纳税款,但最长不得超过6个月。

纳税义务人未在关税缴纳期限内缴纳税款,即构成关税滞纳。《海关法》赋予海关对滞纳关税的纳税义务人强制执行的权利。强制措施主要有:

1. 征收关税滞纳金。滞纳金自关税缴纳期限届满滞纳之日起,至纳税义务人缴纳关税之日止,按滞纳税款万分之五的比例按日征收,周末或法定节假日不予扣除。具体计算公式为:

$$关税滞纳金金额 = 滞纳关税税额 \times 滞纳金征收比率 \times 滞纳天数$$

2. 强制征收。如纳税义务人自海关填发缴款书之日起3个月仍未缴纳税款,经海关关长批准,海关可以采取强制扣缴、变价抵缴等强制措施。强制扣缴即海关从纳税义务人在开户银行或者其他金融机构的存款中直接扣缴税款。变价抵缴即海关将应税货物依法变卖,以变卖所得抵缴税款。

(二) 关税退还

关税退还是关税纳税义务人按海关核定的税额缴纳关税后,因某种原因的出现,海关将实际征收多于应当征收的税额(称为溢征关税)退还给原纳税义务人的一种行政行为。根据《海关法》规定,海关多征的税款,海关发现后应当立即退还。

按规定,有下列情形之一的,进出口货物的纳税义务人可以自缴纳税款之日起1年内,书面声明理由,连同原纳税收据向海关申请退税并加算银行同期活期存款利息,逾期不予受理:

1. 因海关误征,多纳税款的。

2. 海关核准免验进口的货物,在完税后,发现有短卸情形,经海关审查认可的。

3. 已征出口关税的货物，因故未将其出口，申报退关，经海关查验属实的。

对已征出口关税的出口货物和已征进口关税的进口货物，因货物品种或规格原因（非其他原因）原状复运进境或出境的，经海关查验属实的，也应退还已征关税。

海关应当自受理退税申请之日起 30 日内，做出书面答复并通知退税申请人。本规定强调的是，"因货物品种或规格原因，原状复运进境或出境的"。如果属于其他原因且不能以原状复运进境或出境，不能退税。

（三）关税补征和追征

关税补征和追征是海关在关税纳税义务人按海关核定的税额缴纳关税后，发现实际征收税额少于应当征收的税额（称为短征关税）时，责令纳税义务人补缴所差税款的一种行政行为。

由于纳税人违反海关规定造成短征关税的，称为追征；非因纳税人违反海关规定造成短征关税的，称为补征。区分关税追征和补征的目的是区别不同情况适用不同的征收时效，超过时效规定的期限，海关就丧失了追补关税的权力。根据《海关法》规定，进出境货物和物品放行后，海关发现少征或者漏征税款，应当自缴纳税款或者货物、物品放行之日起 1 年内，向纳税义务人补征；因纳税义务人违反规定而造成的少征或者漏征的税款，自纳税义务人应缴纳税款之日起 3 年以内可以追征，并从缴纳税款之日起按日加收少征或者漏征税款万分之五的滞纳金。

第二节　关税应纳税额的计算

一、关税完税价格的确定

进出口货物的完税价格，由海关以该货物的成交价格为基础审查确定。成交价格不能确定时，完税价格由海关依法估定。自我国加入世界贸易组织后，我国海关已全面实施《世界贸易组织估价协定》，遵循客观、公平、统一的估价原则，并依据 2014 年 2 月 1 日起实施的《中华人民共和国海关审定进出口货物完税价格办法》（以下简称《完税价格办法》），审定进出口货物的完税价格。

（一）一般进口货物的完税价格

1. 以成交价格为基础的完税价格。

根据《海关法》规定，进口货物的完税价格包括货物的货价、货物运抵我国境内输入地点起卸前的运输及其相关费用、保险费。我国境内输入地为入境海关地，包括内陆河、江口岸，一般为第一口岸。货物的货价以成交价格为基础。进口货物的成交价格是指买方为购买该货物，并按《完税价格办法》有关规定调整后的实付或应付价格。

2. 对实付或应付价格进行调整的有关规定。

"实付或应付价格"指买方为购买进口货物直接或间接支付的总额，即作为卖方销售进口货物的条件，由买方向卖方或为履行卖方义务向第三方已经支付或将要支付的全部款项。

（1）如下列费用或者价值未包括在进口货物的实付或者应付价格中，应当计入完税价格：

①由买方负担的除购货佣金以外的佣金和经纪费。"购货佣金"指买方为购买进口货物向自己的采购代理人支付的劳务费用。"经纪费"指买方为购买进口货物向代表买卖双方利益的经纪人支付的劳务费用。

②由买方负担的与该货物视为一体的容器费用。

③由买方负担的包装材料和包装劳务费用。

④与该货物的生产和向中华人民共和国境内销售有关的，由买方以免费或者以低于成本的方式提供并可以按适当比例分摊的料件、工具、模具、消耗材料及类似货物的价款，以及在境外开发、设计等相关服务的费用。

⑤与该货物有关并作为卖方向我国销售该货物的一项条件，应当由买方直接或间接支付的特许权使用费。"特许权使用费"指买方为获得与进口货物相关的、受著作权保护的作品、专利、商标、专有技术和其他权利的使用许可而支付的费用。但是在估定完税价格时，进口货物在境内的复制权费不得计入该货物的实付或应付价格之中。

⑥卖方直接或间接从买方对该货物进口后转售、处置或使用所得中获得的收益。

上列所述的费用或价值，应当由进口货物的收货人向海关提供客观量化的数据资料。如果没有客观量化的数据资料，完税价格由海关按《完税价格办法》规定的方法进行估定。

（2）下列费用，如能与该货物实付或者应付价格区分，不得计入完税价格：

①厂房、机械、设备等货物进口后的基建、安装、装配、维修和技术服务的费用；

②货物运抵境内输入地点之后的运输费用、保险费和其他相关费用；

③进口关税及其他国内税收；

④为在境内复制进口货物而支付的费用；

⑤境内外技术培训及境外考察费用。

3. 对买卖双方之间有特殊关系的规定。

买卖双方之间有特殊关系的，经海关审定其特殊关系未对成交价格产生影响，或进口货物的收货人能证明其成交价格与同时或大约同时发生的下列任意价格相近，该成交价格海关应当接受：

（1）向境内无特殊关系的买方出售的相同或类似货物的成交价格；

（2）按照使用倒扣价格有关规定所确定的相同或类似货物的完税价格；

（3）按照使用计算价格有关规定所确定的相同或类似货物的完税价格。

海关在使用上述价格做比较时，应当考虑商业水平和进口数量的不同，以及实付或者应付价格的调整规定所列各项目和交易中买卖双方有无特殊关系造成的费用差异。

有下列情形之一的，应当认定买卖双方有特殊关系：买卖双方为同一家族成员；买卖双方互为商业上的高级职员或董事；一方直接或间接地受另一方控制；买卖双方都直接或间接地受第三方控制；买卖双方共同直接或间接地控制第三方；一方直接或间接地拥有、控制或持有对方5%或以上公开发行的有表决权的股票或股份；一方是另一方的雇员、高级职员或董事；买卖双方是同一合伙的成员。买卖双方在经营上相互有联系，一方是另一方的独家代理、经销或受让人，如果有上述关系的，也应当视为有特殊关系。

4. 进口货物海关估价方法。

进口货物的价格不符合成交价格条件或者成交价格不能确定的，海关应当依次以相同货物成交价格方法、类似货物成交价格方法、倒扣价格方法、计算价格方法及其他合理方法确定的价格为基础，估定完税价格。如果进口货物的收货人提出要求，并提供相关资料，经海关同意，可以选择倒扣价格方法和计算价格方法的适用次序。

（1）相同或类似货物成交价格方法。

相同或类似货物成交价格方法，即以与被估的进口货物同时或大约同时（在海关接受申报进口之日的前后各45日以内）进口的相同或类似货物的成交价格为基础，估定完税价格。

以该方法估定完税价格时，应使用与该货物相同商业水平且进口数量基本一致的相同或类似货物的成交价格，但对因运输距离和运输方式不同，在成本和其他费用方面产生的差异应当进行调整。在没有上述的相同或类似货物的成交价格的情况下，可以使用不同商业水平或不同进口数量的相同或类似货物的成交价格，但对因商业水平、进口数量、运输距离和运输方式不同，在价格、成本和其他费用方面产生的差异应当做出调整。

以该方法估定完税价格时，应当首先使用同一生产商生产的相同或类似货物的成交价格，只有在没有这一成交价格的情况下，才可以使用同一生产国或地区生产的相同或类似货物的成交价格。如果有多个相同或类似货物的成交价格，应当以最低的成交价格为基础，估定进口货物的完税价格。

上述"相同货物"指与进口货物在同一国家或地区生产的，在物理性质、质量和信誉等所有方面都相同的货物，但表面的微小差异允许存在；"类似货物"指与进口货物在同一国家或地区生产的，虽然不是在所有方面都相同，但却具有相似的特征、相似的组成材料、同样的功能，并且在商业中可以互换的货物。

（2）倒扣价格方法。

倒扣价格方法即以被估的进口货物、相同或类似进口货物在境内销售的价格为基础估定完税价格。按该价格销售的货物应当同时符合五个条件，即在被估货物进口时或大约同时销售；按照进口时的状态销售；在境内第一环节销售；合计的货物销售总量最大；向境内无特殊关系方的销售。

以该方法估定完税价格时，下列各项应当扣除：

①该货物的同等级或同种类货物，在境内销售时的利润和一般费用及通常支付的佣金。

②货物运抵境内输入地点之后的运费、保险费、装卸费及其他相关费用。

③进口关税、进口环节税和其他与进口或销售上述货物有关的国内税。

（3）计算价格方法。

计算价格方法即按下列各项的总和计算出的价格估定完税价格。有关项为：

①生产该货物所使用的原材料价值和进行装配或其他加工的费用；

②与向境内出口销售同等级或同种类货物的利润、一般费用相符的利润和一般费用；

③货物运抵境内输入地点起卸前的运输及相关费用、保险费。

(4) 其他合理方法。

使用其他合理方法时，应当根据《完税价格办法》规定的估价原则，以在境内获得的数据资料为基础估定完税价格。但不得使用以下价格：

①境内生产的货物在境内的销售价格；

②可供选择的价格中较高的价格；

③货物在出口地市场的销售价格；

④以计算价格方法规定的有关各项之外的价值或费用计算的价格；

⑤出口到第三国或地区的货物的销售价格；

⑥最低限价或武断虚构的价格。

(二) 出口货物的完税价格

1. 以成交价格为基础的完税价格。

出口货物的完税价格，由海关以该货物向境外销售的成交价格为基础审查确定，并应包括货物运至我国境内输出地点装载前的运输及其相关费用、保险费，但其中包含的出口关税税额，应当扣除。

出口货物的成交价格，是指该货物出口销售到我国境外时买方向卖方实付或应付的价格。出口货物的成交价格中含有支付给境外的佣金的，如果单独列明，应当扣除。

2. 出口货物海关估价方法。

出口货物的成交价格不能确定时，完税价格由海关依次使用下列方法估定：

(1) 同时或大约同时向同一国家或地区出口的相同货物的成交价格；

(2) 同时或大约同时向同一国家或地区出口的类似货物的成交价格；

(3) 根据境内生产相同或类似货物的成本、利润和一般费用、境内发生的运输及其相关费用、保险费计算所得的价格；

(4) 按照合理方法估定的价格。

（三）进出口货物完税价格中的运输及相关费用、保险费的计算

1. 以一般陆运、空运、海运方式进口的货物。

在进口货物的运输及相关费用、保险费计算中，海运进口货物，计算至该货物运抵境内的卸货口岸；如果该货物的卸货口岸是内河（江）口岸，则应当计算至内河（江）口岸。陆运进口货物，计算至该货物运抵境内的第一口岸；如果运输及其相关费用、保险费支付至目的地口岸，则计算至目的地口岸。空运进口货物，计算至该货物运抵境内的第一口岸；如果该货物的目的地为境内的第一口岸外的其他口岸，则计算至目的地口岸。

陆运、空运和海运进口货物的运费和保险费，应当按照实际支付的费用计算。如果进口货物的运费无法确定或未实际发生，海关应当按照该货物进口同期运输行业公布的运费率（额）计算运费；按照"货价加运费"两者总额的3‰计算保险费。

2. 以其他方式进口的货物。

邮运的进口货物，应当以邮费作为运输及其相关费用、保险费；以境外边境口岸价格条件成交的铁路或公路运输进口货物，海关应当按照货价的1%计算运输及其相关费用、保险费；作为进口货物的自驾进口的运输工具，海关在审定完税价格时，可以不另行计入运费。

3. 出口货物。

出口货物的销售价格如果包括离境口岸至境外口岸之间的运输、保险费的，该运费、保险费应当扣除。

二、应纳税额的计算

（一）从价税应纳税额的计算

关税税额 = 应税进（出）口货物数量 × 单位完税价格 × 税率

（二）从量税应纳税额的计算

关税税额 = 应税进（出）口货物数量 × 单位货物税额

（三）复合税应纳税额的计算

我国目前实行的复合税都是先计征从量税，再计征从价税。

关税税额 = 应税进（出）口货物数量 × 单位货物税额
      + 应税进（出）口货物数量 × 单位完税价格 × 税率

（四）滑准税应纳税额的计算

关税税额 = 应税进（出）口货物数量 × 单位完税价格 × 滑准税税率

现行税则《进（出）口商品从量税、复合税、滑准税税目税率表》后注明了滑准税税率的计算公式，该公式是一个与应税进（出）口货物完税价格相关的取整函数。

【例4-1】某商场于2016年2月进口一批化妆品。该批货物在国外的买价120万元，货物运抵我国入关前发生的运输费、保险费和其他费用分别为10万元、6万元、4万元。货物报关后，该商场按规定缴纳了进口环节的增值税和消费税并取得了海关开具的缴款书。从海关将化妆品运往商场所在地取得增值税专用发票，注明运输费用5万元、增值税进项税额0.55万元，该批化妆品当月在国内全部销售，取得不含税销售额520万元（假定化妆品进口关税率20%，增值税税率17%，消费税税率30%）。计算该批化妆品进口环节应缴纳的关税、增值税、消费税和国内销售环节应缴纳的增值税。

（1）关税的组成计税价格 = 120 + 10 + 6 + 4 = 140（万元）
（2）应缴纳进口关税 = 140 × 20% = 28（万元）
（3）进口环节应纳增值税的组成计税价格 = (140 + 28) ÷ (1 - 30%) = 240（万元）
（4）进口环节应缴纳增值税 = 240 × 17% = 40.8（万元）
（5）进口环节应缴纳消费税 = 240 × 30% = 72（万元）
（6）国内销售环节应缴纳增值税 = 520 × 17% - 0.55 - 40.8 = 47.05（万元）

第三节 关税的会计处理

为了正确核算和反映企业缴纳关税的情况，企业在"应交税费"科目下设置"应交税费——应交关税"明细科目。企业负担的关税税额根据具体情况，分别在"材料采购"、"在建工程"、"营业税金及附加"等科目核算。

一、进口关税的会计处理

(一)自营进口业务关税的会计处理

企业自营进口商品应支付的进口关税,应通过"应交税费——应交关税"科目核算,同时,按进口商品的国外进价、应交的进口关税、消费税和国外运费、保险费等,一并构成进口商品的采购成本,记入"材料采购"等科目。商品运到我国口岸目的地后发生的费用计入销售费用(或管理费用)。

【例4-2】某进出口公司进口一批原材料,海关审定的关税完税价格为600 000美元,进口关税税率为20%,增值税税率为17%,当日外汇牌价为1美元=6.5612人民币。计算该公司应纳关税与增值税税额,并进行相应的会计处理。

应纳关税税额 = 600 000 × 6.5612 × 20% = 787 344(元)

材料采购成本 = 600 000 × 6.5612 + 787 344 = 4 724 064(元)

应纳增值税额 = 4 724 064 × 17% = 803 090.88(元)

会计处理如下:

购进材料并计提应纳关税时:

借:材料采购　　　　　　　　　　　　　　　4 724 064
　　贷:应付账款　　　　　　　　　　　　　　3 936 720
　　　　应交税费——应交关税　　　　　　　　787 344

实际缴纳进口环节税款及货款时:

借:应付账款　　　　　　　　　　　　　　　3 936 720
　　应交税费——应交关税　　　　　　　　　　787 344
　　　　　　——应交增值税(进项税额)　　　803 090.88
　　贷:银行存款　　　　　　　　　　　　　　5 527 154.88

材料验收入库时:

借:原材料　　　　　　　　　　　　　　　　4 724 064
　　贷:材料采购　　　　　　　　　　　　　　4 724 064

企业被批准减免进口关税,在收到退回的税款时,应借记"银行存款"科目,贷记"应交税费——应交关税"科目;同时结转退回的税款,借记"应交税费——应交关税"科目,贷记"材料采购"、"固定资产"、"在建工程"等科目。

（二）代理进出口业务关税的会计处理

代理进出口业务时，受托企业不负责进出口盈亏，只收取一定比例的手续费，借记"应收账款"等有关科目，贷记"应交税费——应交关税"科目；代交进出口关税时，借记"应交税费——应交关税"科目，贷记"银行存款"科目；收到委托单位的税款时，借记"银行存款"科目，贷记"应收账款"科目。

企业委托外贸企业代理进口原材料应支付的关税时，不通过"应交税费——应交关税"科目核算，而是将其与进口原材料的价款、国外运费、保险费、国内费用等一并计入进口原材料的采购成本；企业根据与外商签订的加工装配和补偿贸易合同而引进的国外设备所支付的关税在"固定资产"、"在建工程"科目核算。

【例4-3】岭南公司委托前明进出口公司进口一批原材料，预付进口货款5 000 000元人民币已汇入前明公司账户。该批货物到岸价格为450 000美元，关税税率为20%，代理手续费为进价的5%。原材料验收入库，并与前明公司结算完毕。已知增值税税率为17%，当日外汇牌价为1美元=6.56元人民币。计算其应纳的关税，并进行有关的会计处理。

（1）岭南公司有关的处理：

应负担的关税税额=450 000×6.56×20%=590 400（元）

材料采购成本=450 000×6.56×(1+5%)+590 400=3 690 000（元）

应纳增值税额=(450 000×6.56+590 400)×17%=602 208（元）

有关的会计处理如下：

①预付进口货款时：

借：预付账款　　　　　　　　　　　　　　5 000 000
　　贷：银行存款　　　　　　　　　　　　　　　　5 000 000

②收到前明公司转来有关单据及商品时：

借：原材料　　　　　　　　　　　　　　　3 690 000
　　应交税费——应交增值税（进项税额）　　602 208
　　贷：预付账款　　　　　　　　　　　　　　　　4 292 208

③岭南公司收到前明公司退回多余的预付货款707 792元时：

借：银行存款　　　　　　　　　　　　　　707 792

         贷:预付账款   707 792
   (2)前明公司有关的处理
   ①收到委托单位划来的进口货款时:
     借:银行存款   5 000 000
         贷:预收账款   5 000 000
   ②对外支付进口商品款时:
     借:应付账款   2 952 000
         贷:银行存款   2 952 000
   ③计算支付关税、增值税时:
     借:预收账款   590 400
         贷:应交税费——应交关税   590 400
     借:应交税费——应交关税   590 400
             ——应交增值税(进项税额)   602 208
         贷:银行存款   1 192 608
   ④将进口商品交付岭南公司并收取手续费时:
     借:预收账款   147 600
         贷:主营业务收入   147 600
   ⑤将增值税转出时:
     借:预收账款   602 208
         贷:应交税费——应交增值税(销项税额)   602 208
   ⑥退回多余的款项是:
     借:预收账款   3 659 792
         贷:应付账款   2 952 000
             银行存款   707 792

二、出口关税的会计处理

出口产品需要缴纳关税时通过"营业税金及附加"科目核算。

【例4-4】前进公司出口公司进口一批产品,该商品的离岸价格折合人民币为9 600 000元,出口关税税率为20%,关税以转账支票浮起。试计算其应纳的关税,并进行有关的会计处理。

计算该批产品的关税:

关税完税价格 = 9 600 000 ÷ (1 + 20%) = 8 000 000（元）
应纳出口关税额 = 8 000 000 × 20% = 1 600 000（元）

其会计处理如下：

计算应交关税时：

借：营业税金及附加　　　　　　　　　　1 600 000
　　贷：应交税费——应交关税　　　　　　　　　1 600 000

实际缴纳关税时：

借：应交税费——应交关税　　　　　　　1 600 000
　　贷：银行存款　　　　　　　　　　　　　　　1 600 000

第五章 企业所得税纳税实务与会计处理

第一节 企业所得税基本法规

企业所得税法，是指国家制定的用以调整企业所得税征收与缴纳之间权利及义务关系的法律规范。现行企业所得税法的基本规范，是2007年3月16日第十届全国人民代表大会第五次全体会议通过的《中华人民共和国企业所得税法》（以下简称《企业所得税法》）和2007年11月28日国务院第197次常务会议通过的《中华人民共和国企业所得税法实施条例》（以下简称《实施条例》）。

企业所得税是对我国境内的企业和其他取得收入的组织的生产经营所得和其他所得征收的一种税。

一、企业所得税的纳税义务人

企业所得税的纳税义务人，是指在中华人民共和国境内的企业和其他取得收入的组织。《企业所得税法》第一条规定，除个人独资企业、合伙企业不适用企业所得税法外，凡在我国境内，企业和其他取得收入的组织（以下简称"企业"）为企业所得税的纳税人，依照本法规定缴纳企业所得税。

企业所得税的纳税人分为居民企业和非居民企业，这是根据企业纳税义务范围的宽窄进行的分类方法，不同的企业在向中国政府缴纳所得税时，纳税义务不同。把企业分为居民企业和非居民企业，是为了更好地保障我国税收管辖权的有效行使。税收管辖权是一国政府在征税方面的主权，是国家主权的重要组成部分。根据国际上的通行做法，我国选择了地域管辖权和居民管辖权的双重管辖权标准，最大限度地维护我国的税收利益。

（一）居民企业

居民企业，是指依法在中国境内成立，或者依照外国（地区）法律成立但实际管理机构在中国境内的企业。这里的企业包括国有企业、集体企业、私营企业、联营企业、股份制企业、外商投资企业、外国企业以及有生产、经营所得和其他所得的其他组织。其中，有生产、经营所得和其他所得的其他组织，是指经国家有关部门批准，依法注册、登记的事业单位、社会团体等组织。由于我国的一些社会团体组织、事业单位在完成国家事业计划的过程中，开展多种经营和有偿服务活动，取得除财政部门各项拨款、财政部和国家物价部门批准的各项规费收入以外的经营收入，具有了经营的特点，应当视同企业纳入征税范围。其中，实际管理机构，是指对企业的生产经营、人员、账务、财产等实施实质性全面管理和控制的机构。

（二）非居民企业

非居民企业，是指依照外国（地区）法律成立且实际管理机构不在中国境内，但在中国境内设立机构、场所的，或者在中国境内未设立机构、场所，但有来源于中国境内所得的企业。

上述所称机构、场所，是指在中国境内从事生产经营活动的机构、场所，包括：

1. 管理机构、营业机构、办事机构。
2. 工厂、农场、开采自然资源的场所。
3. 提供劳务的场所。
4. 从事建筑、安装、装配、修理、勘探等工程作业的场所。
5. 其他从事生产经营活动的机构、场所。

非居民企业委托营业代理人在中国境内从事生产经营活动的，包括委托单位或者个人经常代其签订合同，或者储存、交付货物等，该营业代理人视为非居民企业在中国境内设立的机构、场所。

二、企业所得税的征税对象

企业所得税的征税对象，是指企业的生产经营所得、其他所得和清算所得。

（一）居民企业的征税对象

居民企业应就来源于中国境内、境外的所得作为征税对象。所得包括销售货物所得、提供劳务所得、转让财产所得、股息红利等权益性投资所得、利息所得、租金所得、特许权使用费所得、接受捐赠所得和其他所得。

（二）非居民企业的征税对象

非居民企业在中国境内设立机构、场所的，应当就其所设机构、场所取得的来源于中国境内的所得，以及发生在中国境外但与其所设机构、场所有实际联系的所得，缴纳企业所得税。非居民企业在中国境内未设立机构、场所的，或者虽设立机构、场所但取得的所得与其所设机构、场所没有实际联系的，应当就其来源于中国境内的所得缴纳企业所得税。

上述所称实际联系，是指非居民企业在中国境内设立的机构、场所拥有的据以取得所得的股权、债权，以及拥有、管理、控制据以取得所得的财产。

（三）所得来源的确定

纳税人各种所得按下列原则确定其所得来源地：

1. 销售货物所得，按照交易活动发生地确定。
2. 提供劳务所得，按照劳务发生地确定。
3. 转让财产所得。（1）不动产转让所得按照不动产所在地确定。（2）动产转让所得按照转让动产的企业或者机构、场所所在地确定。（3）权益性投资资产转让所得按照被投资企业所在地确定。
4. 股息、红利等权益性投资所得，按照分配所得的企业所在地确定。
5. 利息所得、租金所得、特许权使用费所得，按照负担、支付所得的企业或者机构、场所所在地确定，或者按照负担、支付所得的个人的住所地确定。
6. 其他所得，由国务院财政、税务主管部门确定。

三、企业所得税的税率

企业所得税税率是体现国家与企业分配关系的核心要素。税率设计的原则是兼顾国家、企业、职工个人三者利益，既要保证财政收入的稳定增长，又要使企业在发展生产、经营方面有一定的财力保证；既要考虑到企业的实际情况和负担能力，又要维护税率的统一性。

企业所得税实行比例税率。比例税率简便易行，透明度高，不会因征税而改变企业间收入分配比例，有利于促进效率的提高。现行规定是：

1. 基本税率为25%。适用于居民企业和在中国境内设有机构、场所且所得与机构、场所有关联的非居民企业。

2. 低税率为20%。适用于在中国境内未设立机构、场所的，或者虽设立机构、场所但取得的所得与其所设机构、场所没有实际联系的非居民企业。

四、企业所得税的优惠政策

税收优惠，是指国家对某一部分特定企业和课税对象给予减轻或免除税收负担的一种措施。税法规定的企业所得税的税收优惠方式包括免税、减税、加计扣除、加速折旧、减计收入、税额抵免等。

（一）免征与减征优惠

企业的下列所得，可以免征、减征企业所得税。企业如果从事国家限制和禁止发展的项目，不得享受企业所得税优惠。

1. 从事农、林、牧、渔业项目的所得。

（1）企业从事农、林、牧、渔业项目的所得，包括免征和减征两部分。

①企业从事下列项目的所得，免征企业所得税：

②蔬菜、谷物、薯类、油料、豆类、棉花、麻类、糖料、水果、坚果的种植。

③农作物新品种的选育。

④中药材的种植。

⑤林木的培育和种植。

⑥牲畜、家禽的饲养。

⑦林产品的采集。

⑧灌溉、农产品初加工、兽医、农技推广、农机作业和维修等农、林、牧、渔服务业项目。

⑨远洋捕捞。

（2）企业从事下列项目的所得，减半征收企业所得税：

①花卉、茶以及其他饮料作物和香料作物的种植。

②海水养殖、内陆养殖。

2. 从事国家重点扶持的公共基础设施项目投资经营的所得。

企业所得税法所称国家重点扶持的公共基础设施项目，是指《公共基础设施项目企业所得税优惠目录》规定的港口码头、机场、铁路、公路、电力、水利等项目。

企业从事国家重点扶持的公共基础设施项目的投资经营的所得，自项目取得第一笔生产经营收入所属纳税年度起，第1年至第3年免征企业所得税，第4年至第6年减半征收企业所得税。

企业承包经营、承包建设和内部自建自用本条规定的项目，不得享受本条规定的企业所得税优惠。

企业投资经营符合《公共基础设施项目企业所得税优惠目录》规定条件和标准的公共基础设施项目，采用一次核准、分批次（如码头、泊位、航站楼、跑道、路段、发电机组等）建设的，凡同时符合以下条件的，可按每一批次为单位计算所得，并享受企业所得税"三免三减半"优惠：

（1）不同批次在空间上相互独立；

（2）每一批次自身具备取得收入的功能；

（3）以每一批次为单位进行会计核算，单独计算所得，并合理分摊期间费用。

3. 从事符合条件的环境保护、节能节水项目的所得。

环境保护、节能节水项目的所得，自项目取得第一笔生产经营收入所属纳税年度起，第1年至第3年免征企业所得税，第4年至第6年减半征收企业所得税。

符合条件的环境保护、节能节水项目，包括公共污水处理、公共垃圾处理、沼气综合开发利用、节能减排技术改造、海水淡化等。项目的具体条件和范围由国务院财政、税务主管部门商国务院有关部门制定，报国务院批准后公布施行。

但是以上规定享受减免税优惠的项目，在减免税期限内转让的，受让方自受让之日起，可以在剩余期限内享受规定的减免税优惠；减免税期限届满后转让的，受让方不得就该项目重复享受减免税优惠。

4. 符合条件的技术转让所得。

企业所得税法所称符合条件的技术转让所得免征、减征企业所得税，是指一个纳税年度内,居民企业转让技术所有权所得不超过500万元的部分,免征企业所得税;超过500万元的部分,减半征收企业所得税。

技术转让的范围,包括居民企业转让专利技术、计算机软件著作权、集成电路布图设计权、植物新品种、生物医药新品种、5年(含)以上非独占许可使用权,以及财政部和国家税务总局确定的其他技术。

(1) 符合条件的技术转让所得的计算方法:

技术转让所得=技术转让收入-技术转让成本-相关税费

或　技术转让所得=技术转让收入-无形资产摊销费用
-相关税费-应分摊期间费用

技术转让收入是指当事人履行技术转让合同后获得的价款,不包括销售或转让设备、仪器、零部件、原材料等非技术性收入。不属于与技术转让项目密不可分的技术咨询、技术服务、技术培训等收入,不得计入技术转让收入。

技术转让成本是指转让的无形资产的净值,即该无形资产的计税基础减除在资产使用期间按照规定计算的摊销扣除额后的余额。

相关税费是指技术转让过程中实际发生的有关税费,包括除企业所得税和允许抵扣的增值税以外的各项税金及其附加、合同签订费用、律师费等相关费用及其他支出。

(2) 享受减免企业所得税优惠的技术转让应符合以下条件:

①享受优惠的技术转让主体是企业所得税法规定的居民企业;

②技术转让属于财政部、国家税务总局规定的范围;

③境内技术转让经省级以上科技部门认定;

④向境外转让技术经省级以上商务部门认定;

⑤国务院税务主管部门规定的其他条件。

技术转让应签订技术转让合同。其中,境内的技术转让须经省级以上(含省级)科技部门认定登记,跨境的技术转让须经省级以上(含省级)商务部门认定登记,涉及财政经费支持的技术转让,需省级以上(含省级)科技部门审批。

居民企业技术出口应由有关部门按照商务部、科技部发布的《中国禁止出口限制出口技术目录》(商务部、科技部令2008年第12号)进行审查。居民企业取得禁止出口和限制出口技术转让所得,不享受技术转让减免企业所得税优惠政策。

居民企业从直接或间接持有股权之和达到100%的关联方取得的技术转让

所得，不享受技术转让减免企业所得税优惠政策。

享受技术转让所得减免企业所得税优惠的企业，应单独计算技术转让所得，并合理分摊企业的期间费用；没有单独计算的，不得享受技术转让所得企业所得税优惠。

企业发生技术转让，应在纳税年度终了后至报送年度纳税申报表以前，向主管税务机关办理减免税备案手续。

（二）高新技术企业优惠

国家需要重点扶持的高新技术企业减按15%的税率征收企业所得税。国家需要重点扶持的高新技术企业，是指拥有核心自主知识产权，并同时符合下列六方面条件的企业：

1. 拥有核心自主知识产权。是指在中国境内（不含港澳台地区）注册的企业，近3年内通过自主研发、受让、受赠、并购等方式，或通过5年以上的独占许可方式，对其主要产品（服务）的核心技术拥有自主知识产权。

2. 产品（服务）属于《国家重点支持的高新技术领域》规定的范围。

3. 研究开发费用占销售收入的比例不低于规定比例。是指企业为获得科学技术（不包括人文、社会科学）新知识，创造性运用科学技术新知识，或实质性改进技术、产品（服务）而持续进行了研究开发活动，且近3个会计年度的研究开发费用总额占销售收入总额的比例符合如下要求：

（1）最近一年销售收入小于5 000万元的企业，比例不低于6%。

（2）最近一年销售收入在5 000万元至20 000万元的企业，比例不低于4%。

（3）最近一年销售收入在20 000万元以上的企业，比例不低于3%。

其中，企业在中国境内发生的研究开发费用总额占全部研究开发费用总额的比例不低于60%。企业注册成立时间不足3年的，按实际经营年限计算。

4. 高新技术产品（服务）收入占企业总收入的比例不低于规定比例。是指高新技术产品（服务）收入占企业当年总收入的60%以上。

5. 科技人员占企业职工总数的比例不低于规定比例。是指具有大学专科以上学历的科技人员占企业当年职工总数的30%以上，其中研发人员占企业当年职工总数的10%以上。

6. 高新技术企业认定管理办法规定的其他条件。

根据财税〔2011〕47号规定，自2010年1月1日起，以境内、境外全部生产经营活动有关的研究开发费用总额、总收入、销售收入总额、高新技术产品（服务）收入等指标申请并经认定的高新技术企业，其来源于境外的所得可以享受高新技术企业所得税优惠政策，即对其来源于境外所得可以按照15%的优惠税率缴纳企业所得税，在计算境外抵免限额时，可按照15%的优惠税率计算境内外应纳税总额。

高新技术企业应在资格期满前三个月内提出复审申请，在通过复审之前，在其高新技术企业资格有效期内，其当年企业所得税暂按15%的税率预缴。

（三）小型微利企业优惠

小型微利企业减按20%的税率征收企业所得税。小型微利企业的条件如下：

1. 工业企业，年度应纳税所得额不超过30万元，从业人数不超过100人，资产总额不超过3 000万元。

2. 其他企业，年度应纳税所得额不超过30万元，从业人数不超过80人，资产总额不超过1 000万元。

按照财税［2015］34号规定，自2015年1月1日至2017年12月31日，对年应纳税所得额低于20万元（含20万元）的小型微利企业，其所得减按50%计入应纳税所得额，按20%的税率缴纳企业所得税。

按照财税［2015］99号规定，自2015年10月1日起至2017年12月31日，对年应纳税所得额在20万元到30万元（含30万元）之间的小型微利企业，其所得减按50%计入应纳税所得额，按20%的税率缴纳企业所得税。

（四）加计扣除优惠

加计扣除优惠包括研究开发费用与企业安置残疾人员所支付的工资两项内容：

1. 研究开发费用加计扣除。

企业开展研发活动中实际发生的研发费用，未形成无形资产计入当期损益的，在按规定据实扣除的基础上，按照本年度实际发生额的50%，从本年度应纳税所得额中扣除；形成无形资产的，按照无形资产成本的150%在税前摊销。

研发费用的具体范围包括：人员人工费用、直接投入费用、折旧费用、无形资产摊销、新产品设计费、新工艺规程制定费、新药研制的临床试验费、勘探开发技术的现场试验费、其他相关费用、财政部和国家税务总局规定的其他费用。

研发活动是指企业为获得科学与技术新知识，创造性运用科学技术新知识，或实质性改进技术、产品（服务）、工艺而持续进行的具有明确目标的系统性活动。

企业委托外部机构或个人进行研发活动所发生的费用，按照费用实际发生额的80%计入委托方研发费用并计算加计扣除，受托方不得再进行加计扣除。委托外部研究开发费用实际发生额应按照独立交易原则确定。

企业共同合作开发的项目，由合作各方就自身实际承担的研发费用分别计算加计扣除。

企业集团根据生产经营和科技开发的实际情况，对技术要求高、投资数额大，需要集中研发的项目，其实际发生的研发费用，可以按照权利和义务相一致、费用支出和收益分享相配比的原则，合理确定研发费用的分摊方法，在受益成员企业间进行分摊，由相关成员企业分别计算加计扣除。

企业为获得创新性、创意性、突破性的产品进行创意设计活动而发生的相关费用，可按照本通知规定进行税前加计扣除。

2. 企业安置残疾人员所支付的工资的加计扣除。

企业安置残疾人员所支付工资费用的加计扣除，是指企业安置残疾人员的，在按照支付给残疾职工工资据实扣除的基础上，按照支付给残疾职工工资的100%加计扣除。残疾人员的范围适用《中华人民共和国残疾人保障法》的有关规定。企业安置国家鼓励安置的其他就业人员所支付的工资的加计扣除办法，由国务院另行规定。

（五）创投企业优惠

创业投资企业从事国家需要重点扶持和鼓励的创业投资，可以按投资额的一定比例抵扣应纳税所得额。

创投企业优惠，是指创业投资企业采取股权投资方式投资于未上市的中小高新技术企业2年以上的，可以按照其投资额的70%在股权持有满2年的当年抵扣该创业投资企业的应纳税所得额；当年不足抵扣的，可以在以后纳税年度结转抵扣。

（六）加速折旧优惠

企业的固定资产由于技术进步等原因，确需加速折旧的，可以缩短折旧年

限或者采取加速折旧的方法。可以采取缩短折旧年限或者采取加速折旧的方法的固定资产,包括:

1. 由于技术进步,产品更新换代较快的固定资产;
2. 常年处于强震动、高腐蚀状态的固定资产。

采取缩短折旧年限方法的,最低折旧年限不得低于法定折旧年限的60%;采取加速折旧方法的,可以采取双倍余额递减法或者年数总和法。

对符合相关条件的生物药品制造业,专用设备制造业,铁路、船舶、航空航天和其他运输设备制造业,计算机、通信和其他电子设备制造业,仪器仪表制造业,信息传输、软件和信息技术服务业等行业企业,2014年1月1日后购进的固定资产(包括自行建造);对符合相关条件的轻工、纺织、机械、汽车等四个领域重点行业的企业,2015年1月1日后新购进的固定资产,允许按不低于企业所得税法规定折旧年限的60%缩短折旧年限,或选择采取双倍余额递减法或年数总和法进行加速折旧。上述重点行业企业是指以上述行业业务为主营业务,其固定资产投入使用当年的主营业务收入占企业收入总额50%(不含)以上的企业。

企业在2014年1月1日后购进并专门用于研发活动的仪器、设备,单位价值不超过100万元的,可以一次性在计算应纳税所得额时扣除;单位价值超过100万元的,允许按不低于企业所得税法规定折旧年限的60%缩短折旧年限,或选择采取双倍余额递减法或年数总和法进行加速折旧。

企业持有的固定资产,单位价值不超过5 000元的,可以一次性在计算应纳税所得额时扣除。企业在2013年12月31日前持有的单位价值不超过5 000元的固定资产,其折余价值部分,2014年1月1日以后可以一次性在计算应纳税所得额时扣除。

(七) 减计收入优惠

企业以《资源综合利用企业所得税优惠目录》规定的资源作为主要原材料,生产国家非限制和禁止并符合国家和行业相关标准的产品取得的收入,减按90%计入收入总额。前述所称原材料占生产产品材料的比例不得低于前述优惠目录规定的标准。

(八) 税额抵免优惠

税额抵免,是指企业购置并实际使用《环境保护专用设备企业所得税优惠目录》、《节能节水专用设备企业所得税优惠目录》和《安全生产专用设备企业所得税优惠目录》规定的环境保护、节能节水、安全生产等专用设备的,该专用设备的投资额的10%可以从企业当年的应纳税额中抵免;当年不足抵免的,可以在以后5个纳税年度结转抵免。享受上述规定的企业所得税优惠的企业,应当实际购置并自身实际投入使用上述规定的专用设备;企业购置上述专用设备在5年内转让、出租的,应当停止享受企业所得税优惠,并补缴已经抵免的企业所得税税款。

购置并实际使用的环境保护、节能节水和安全生产专用设备,包括承租方企业以融资租赁方式租入的、并在融资租赁合同中约定租赁期届满时租赁设备所有权转移给承租方企业,且符合规定条件的上述专用设备。凡融资租赁期届满后租赁设备所有权未转移至承租方企业的,承租方企业应停止享受抵免企业所得税优惠,并补缴已经抵免的企业所得税税款。

(九) 非居民企业优惠

非居民企业,是指在中国境内未设立机构、场所的,或者虽设立机构、场所但取得的所得与其所设机构、场所没有实际联系的企业。非居民企业减按10%的税率征收企业所得税。该类非居民企业取得下列所得免征企业所得税。

1. 外国政府向中国政府提供贷款取得的利息所得。
2. 国际金融组织向中国政府和居民企业提供优惠贷款取得的利息所得。
3. 经国务院批准的其他所得。

(十) 特殊行业优惠

1. 关于鼓励软件产业和集成电路产业发展的优惠政策。

为进一步鼓励软件产业和集成电路产业发展,财税〔2012〕27号文件规定了相应的企业所得税优惠政策,主要有:

(1) 集成电路线宽小于0.8微米(含)的集成电路生产企业,经认定后,在2017年12月31日前自获利年度起计算优惠期,第一年至第二年免征企业所得税,第三年至第五年按照25%的法定税率减半征收企业所得税,并享受至期满为止。

(2) 集成电路线宽小于0.25微米或投资额超过80亿元的集成电路生产企业,经认定后,减按15%的税率征收企业所得税,其中经营期在15年以上的,在2017年12月31日前自获利年度起计算优惠期,第一年至第五年免征企业所得税，第六年至第十年按照25%的法定税率减半征收企业所得税，并享受至期满为止。

（3）我国境内新办的集成电路设计企业和符合条件的软件企业，经认定后，在2017年12月31日前自获利年度起计算优惠期，第一年至第二年免征企业所得税，第三年至第五年按照25%的法定税率减半征收企业所得税，并享受至期满为止。

软件企业所得税优惠政策适用于经认定并实行查账征收方式的软件企业。所称经认定，是指经国家规定的软件企业认定机构按照软件企业认定管理的有关规定进行认定并取得软件企业认定证书。

软件企业的获利年度，是指软件企业开始生产经营后，第一个应纳税所得额大于零的纳税年度，包括对企业所得税实行核定征收方式的纳税年度。软件企业享受定期减免税优惠的期限应当连续计算，不得因中间发生亏损或其他原因而间断。

（4）国家规划布局内的重点软件企业和集成电路设计企业，如当年未享受免税优惠的，可减按10%的税率征收企业所得税。

（5）符合条件的集成电路封装、测试企业以及集成电路关键专用材料生产企业、集成电路专用设备生产企业，在2017年（含2017年）前实现获利的，自获利年度起，第一年至第二年免征企业所得税，第三年至第五年按照25%的法定税率减半征收企业所得税，并享受至期满为止；2017年前未实现获利的，自2017年起计算优惠期，享受至期满为止。

2. 关于鼓励证券投资基金发展的优惠政策。

（1）对证券投资基金从证券市场中取得的收入，包括买卖股票、债券的差价收入，股权的股息、红利收入，债券的利息收入及其他收入，暂不征收企业所得税。

（2）对投资者从证券投资基金分配中取得的收入，暂不征收企业所得税。

（3）对证券投资基金管理人运用基金买卖股票、债券的差价收入，暂不征收企业所得税。

3. 节能服务公司的优惠政策。

自2011年1月1日起，对符合条件的节能服务公司实施合同能源管理项目，符合企业所得税税法有关规定的，自项目取得第一笔生产经营收入所属纳税年度起，第一年至第三年免征企业所得税，第四年至第六年按照25%的法定税率减半征收企业所得税。

4. 电网企业电网新建项目享受所得税的优惠政策。

根据《中华人民共和国企业所得税法》及其实施条例的有关规定，居民企业从事符合《公共基础设施项目企业所得税优惠目录（2008年版）》规定条件和标准的电网（输变电设施）的新建项目，可依法享受"三免三减半"的企业所得税优惠政策。基于企业电网新建项目的核算特点，暂以资产比例法，即以企业新增输变电固定资产原值占企业总输变电固定资产原值的比例，合理计算电网新建项目的应纳税所得额，并据此享受"三免三减半"的企业所得税优惠政策。

（十一）西部地区的减免税

自2011年1月1日至2020年12月31日期间，对设在西部地区以《西部地区鼓励类产业目录》中鼓励类产业项目为主营业务，且其当年度主营业务收入占企业收入总额70%以上的企业，可减按15%税率缴纳企业所得税。

对西部地区2010年12月31日前新办的，根据《财政部 国家税务总局 海关总署关于西部大开发税收优惠政策问题的通知》（财税[2001]2002号）规定，可以享受企业所得税"两免三减半"的交通、电力、水利、广播电视企业，其享受的企业所得税"两免三减半"优惠可以继续享受到期满为止。

（十二）其他优惠

1. 享受企业所得税过渡优惠政策的企业，应按照新税法和实施条例中有关收入和扣除的规定计算应纳税所得额。

2. 企业所得税过渡优惠政策与新税法及实施条例规定的优惠政策存在交叉的，由企业选择最优惠的政策执行，不得叠加享受，且一经选择，不得改变。

3. 法律设置的发展对外经济合作和技术交流的特定地区内，以及国务院已规定执行上述地区特殊政策的地区内新设立的国家需要重点扶持的高新技术企业，可以享受过渡性税收优惠，具体办法由国务院规定。

4. 国家已确定的其他鼓励类企业，可以按照国务院规定享受减免税优惠。

5. 对企业取得的2009年及以后年度发行的地方政府债券利息所得，免征企业所得税。地方政府债券是指经国务院批准，以省、自治区、直辖市和计划单列市政府为发行和偿还主体的债券。

五、企业所得税的征收管理

(一) 纳税地点

1. 居民企业的纳税地点。

除税收法律、行政法规另有规定外，居民企业以企业登记注册地为纳税地点；但登记注册地在境外的，以实际管理机构所在地为纳税地点。

居民企业在中国境内设立不具有法人资格的营业机构的，应当汇总计算并缴纳企业所得税。企业汇总计算并缴纳企业所得税时，应当统一核算应纳税所得额，具体办法由国务院财政、税务主管部门另行制定。

2. 非居民企业的纳税地点。

非居民企业在中国境内设立机构、场所的，以机构、场所所在地为纳税地点。非居民企业在中国境内设立两个或者两个以上机构、场所的，经税务机关审核批准，可以选择由其主要机构、场所汇总缴纳企业所得税。

在中国境内未设立机构、场所的，或者虽设立机构、场所但取得的所得与其所设机构、场所没有实际联系的非居民企业，以扣缴义务人所在地为纳税地点。

非居民企业经批准汇总缴纳企业所得税后，需要增设、合并、迁移、关闭机构、场所或者停止机构、场所业务的，应当事先由负责汇总申报缴纳企业所得税的主要机构、场所向其所在地税务机关报告；需要变更汇总缴纳企业所得税的主要机构、场所的，依照前述规定办理。

(二) 纳税期限

企业所得税按年计征，分月或者分季预缴，年终汇算清缴，多退少补。纳税年度自公历1月1日起至12月31日止。

企业在一个纳税年度中间开业，或者终止经营活动，使该纳税年度的实际经营期不足12个月的，应当以其实际经营期为1个纳税年度。企业依法清算时，应当以清算期间作为1个纳税年度。

企业应当自年度终了之日起5个月内，向税务机关报送年度企业所得税纳税申报表，并汇算清缴，结清应缴应退税款。

企业在年度中间终止经营活动的，应当自实际经营终止之日起60日内，向税务机关办理当期企业所得税汇算清缴。

（三）纳税申报

按月或按季预缴的，应当自月份或者季度终了之日起 15 日内，向税务机关报送预缴企业所得税纳税申报表，预缴税款。

企业在报送企业所得税纳税申报表时，应当按照规定附送财务会计报告和其他有关资料。

企业应当在办理注销登记前，就其清算所得向税务机关申报并依法缴纳企业所得税。

企业分月或者分季预缴企业所得税时，应当按照月度或者季度的实际利润额预缴；按照月度或者季度的实际利润额预缴有困难的，可以按照上一纳税年度应纳税所得额的月度或者季度平均额预缴，或者按照经税务机关认可的其他方法预缴。预缴方法一经确定，该纳税年度内不得随意变更。

企业在纳税年度内无论盈利或者亏损，都应当依照规定期限，向税务机关报送预缴企业所得税纳税申报表、年度企业所得税纳税申报表、财务会计报告和税务机关规定应当报送的其他有关资料。

企业所得税以人民币计算。所得以人民币以外的货币计算的，应当折合成人民币计算并缴纳税款。

企业所得以人民币以外的货币计算的，预缴企业所得税时，应当按照月度或者季度最后 1 日的人民币汇率中间价，折合成人民币计算应纳税所得额。

年度终了汇算清缴时，对已经按照月度或者季度预缴税款的，不再重新折合计算，只就该纳税年度内未缴纳企业所得税的部分，按照纳税年度最后一日的人民币汇率中间价，折合成人民币计算应纳税所得额。

经税务机关检查确认，企业少计或者多计前述规定的所得的，应当按照检查确认补税或者退税时的上一个月最后一日的人民币汇率中间价，将少计或者多计的所得折合成人民币计算应纳税所得额，再计算应补缴或者应退的税款。

第二节 企业所得税应纳税所得额的计算

企业所得税应纳税所得额，是指企业每一纳税年度的收入总额，减除不征税收入、免税收入、各项扣除以及允许弥补的以前年度亏损后的余额。其基本公式为：

应纳税所得额 = 收入总额 – 不征税收入 – 免税收入 – 各项扣除 – 允许弥补的以前年度亏损

企业应纳税所得额的计算，以权责发生制为原则，属于当期的收入和费用，不论款项是否收付，均作为当期的收入和费用；不属于当期的收入和费用，即使款项已经在当期收付，均不作为当期的收入和费用。在计算应纳税所得额时，企业财务、会计处理办法与税收法律法规的规定不一致的，应当依照税收法律法规的规定计算。

一、收入总额

企业收入总额是指以货币形式和非货币形式从各种来源取得的收入。包括：销售货物收入，提供劳务收入，转让财产收入，股息、红利等权益性投资收益，利息收入，租金收入，特许权使用费收入，接受捐赠收入以及其他收入。

企业取得收入的货币形式，包括现金、存款、应收账款、应收票据、准备持有至到期的债券以及债务的豁免等。

企业取得收入的非货币形式，包括固定资产、生物资产、无形资产、股权投资、存货、不准备持有至到期的债券投资、劳务以及有关权益等。非货币形式收入应当按照公允价值确定收入额。

1. 销售货物收入。

销售货物收入，是指企业销售商品、产品、原材料、包装物、低值易耗品以及其他存货取得的收入。

除法律法规另有规定外，企业销售货物收入的确认，必须遵循权责发生制原则和实质重于形式原则。

（1）符合收入确认条件，采取下列商品销售方式的，应按以下规定确认收入实现时间：

①销售商品采用托收承付方式的，在办妥托收手续时确认收入；

②销售商品采用预收款方式的，在发出商品时确认收入；

③销售商品需要安装和检验的，在购买方接受商品以及安装和检验完毕时确认收入。如果安装程序比较简单，可在发出商品时确认收入；

④销售商品采用支付手续费方式委托代销的，在收到代销清单时确认

收入。

（2）采用售后回购方式销售商品的，销售的商品按售价确认收入，回购的商品作为购进商品处理。有证据表明不符合销售收入确认条件的，如以销售商品方式进行融资，收到的款项应确认为负债，回购价格大于原售价的，差额应在回购期间确认为利息费用。

（3）销售商品以旧换新的，销售商品应当按照销售商品收入确认条件确认收入，回收的商品作为购进商品处理。

（4）企业为促进商品销售而在商品价格上给予的价格扣除属于商业折扣，商品销售涉及商业折扣的，应当按照扣除商业折扣后的金额确定销售商品收入金额。

债权人为鼓励债务人在规定的期限内付款而向债务人提供的债务扣除属于现金折扣，销售商品涉及现金折扣的，应当按扣除现金折扣前的金额确定销售商品收入金额，现金折扣在实际发生时作为财务费用扣除。

企业因售出商品的质量不合格等原因而在售价上给予的减让属于销售折让；企业因售出商品质量、品种不符合要求等原因而发生的退货属于销售退回。企业已经确认销售收入的售出商品发生销售折让和销售退回，应当在发生当期冲减当期销售商品收入。

2. 提供劳务收入。

提供劳务收入，是指企业从事建筑安装、修理修配、交通运输、仓储租赁、金融保险、邮电通信、咨询经纪、文化体育、科学研究、技术服务、教育培训、餐饮住宿、中介代理、卫生保健、社区服务、旅游、娱乐、加工以及其他劳务服务活动取得的收入。

企业在各个纳税期末，提供劳务交易的结果能够可靠估计的，应采用完工进度（完工百分比）法确认提供劳务收入。

（1）提供劳务交易的结果能够可靠估计，是指同时满足下列条件：
①收入的金额能够可靠地计量。
②交易的完工进度能够可靠地确定。
③交易中已发生和将发生的成本能够可靠地核算。

（2）企业提供劳务完工进度的确定，可选下列方法：
①已完工作的测量。
②已提供劳务占劳务总量的比例。
③发生成本占总成本的比例。

（3）企业应按照从接受劳务方已收或应收的合同或协议价款确定劳务收入总额，根据纳税期末提供劳务收入总额乘以完工进度扣除以前纳税年度累计已确认提供劳务收入后的金额，确认为当期劳务收入；同时，按照提供劳务估计总成本乘以完工进度扣除以前纳税期间累计已确认劳务成本后的金额，结转为当期劳务成本。

（4）下列提供劳务满足收入确认条件的，应按规定确认收入：

①安装费。应根据安装完工进度确认收入。安装工作是商品销售附带条件的，安装费在确认商品销售实现时确认收入。

②宣传媒介的收费。应在相关的广告或商业行为出现于公众面前时确认收入。广告的制作费，应根据制作广告的完工进度确认收入。

③软件费。为特定客户开发软件的收费，应根据开发的完工进度确认收入。

④服务费。包含在商品售价内可区分的服务费，在提供服务的期间分期确认收入。

⑤艺术表演、招待宴会和其他特殊活动的收费。在相关活动发生时确认收入。收费涉及几项活动的，预收的款项应合理分配给每项活动，分别确认收入。

⑥会员费。申请入会或加入会员，只允许取得会籍，所有其他服务或商品都要另行收费的，在取得该会员费时确认收入。申请入会或加入会员后，会员在会员期内不再付费就可得到各种服务或商品，或者以低于非会员的价格销售商品或提供服务的，该会员费应在整个受益期内分期确认收入。

⑦特许权费。属于提供设备和其他有形资产的特许权费，在交付资产或转移资产所有权时确认收入；属于提供初始及后续服务的特许权费，在提供服务时确认收入。

⑧劳务费。长期为客户提供重复的劳务收取的劳务费，在相关劳务活动发生时确认收入。

3. 转让财产收入。

转让财产收入，是指企业转让固定资产、生物资产、无形资产、股权、债权等财产取得的收入。转让财产收入应当按照从财产受让方已收或应收的合同或协议价款确认收入。转让财产收入除另有规定外，均应一次性计入确认收入的年度计算缴纳企业所得税。

企业转让股权收入，应于转让协议生效且完成股权变更手续时，确认收入的实现。转让股权收入扣除为取得该股权所发生的成本后，为股权转让所得。企业在计算股权转让所得时，不得扣除被投资企业未分配利润等股东留存收益中按该项股权所可能分配的金额。

根据国家税务总局公告 2011 年第 39 号规定，自 2011 年 7 月 1 日起，企业转让上市公司限售股有关所得税的处理按以下规定执行。

根据《企业所得税法》第一条及其《实施条例》第三条的规定，转让限售股取得收入的企业（包括事业单位、社会团体、民办非企业单位等），为企业所得税的纳税义务人。

（1）企业转让代个人持有的限售股征税问题。

因股权分置改革造成原由个人出资而由企业代持有的限售股，企业在转让时按以下规定处理：

①企业转让上述限售股取得的收入，应作为企业应税收入计算纳税。

上述限售股转让收入扣除限售股原值和合理税费后的余额为该限售股转让所得。企业未能提供完整、真实的限售股原值凭证，不能准确计算该限售股原值的，主管税务机关一律按该限售股转让收入的 15%，核定为该限售股原值和合理税费。

依照本条规定完成纳税义务后的限售股转让收入余额转付给实际所有人时不再纳税。

②依法院判决、裁定等原因，通过证券登记结算公司，企业将其代持的个人限售股直接变更到实际所有人名下的，不视同转让限售股。

（2）企业在限售股解禁前转让限售股征税问题。

企业在限售股解禁前将其持有的限售股转让给其他企业或个人（以下简称"受让方"），其企业所得税问题按以下规定处理：

①企业应按减持在证券登记结算机构登记的限售股取得的全部收入，计入企业当年度应税收入计算纳税。

②企业持有的限售股在解禁前已签订协议转让给受让方，但未变更股权登记、仍由企业持有的，企业实际减持该限售股取得的收入，依照上述第 2 条第（1）项规定纳税后，其余额转付给受让方的，受让方不再纳税。

4. 股息、红利等权益性投资收益。

股息、红利等权益性投资收益，是指企业因权益性投资从被投资方取得的收入。股息、红利等权益性投资收益，除国务院财政、税务主管部门另有规定外，按照被投资方做出利润分配决定的日期确认收入的实现。

5. 利息收入。

利息收入，是指企业将资金提供他人使用但不构成权益性投资，或者因他人占用本企业资金取得的收入，包括存款利息、贷款利息、债券利息、欠款利息等收入。利息收入，按照合同约定的债务人应付利息的日期确认收入的实现。

自 2013 年 9 月 1 日起，企业混合性投资业务，是指兼具权益和债权双重特性的投资业务。同时符合下列条件的混合性投资业务，按下列规定进行企业所得税处理：

（1）被投资企业接受投资后，需要按投资合同或协议约定的利率定期支付利息（或定期支付保底利息、固定利润、固定股息，下同）；

（2）有明确的投资期限或特定的投资条件，并在投资期满或者满足特定投资条件后，被投资企业需要赎回投资或偿还本金；

（3）投资企业对被投资企业净资产不拥有所有权；

（4）投资企业不具有选举权和被选举权；

（5）投资企业不参与被投资企业日常生产经营活动。

符合上述（1）至（5）条规定的混合性投资业务，按下列规定进行企业所得税处理：

（1）对于被投资企业支付的利息，投资企业应于被投资企业应付利息的日期，确认收入的实现并计入当期应纳税所得额；被投资企业应于应付利息的日期，确认利息支出，并按税法和《国家税务总局关于企业所得税若干问题的公告》（国家税务总局公告 2011 年第 34 号）第一条的规定，进行税前扣除。

（2）对于被投资企业赎回的投资，投资双方应于赎回时将赎价与投资成本之间的差额确认为债务重组损益，分别计入当期应纳税所得额。

6. 租金收入。

租金收入，是指企业提供固定资产、包装物或者其他有形资产的使用权取得的收入。租金收入，按照合同约定的承租人应付租金的日期确认收入的实现。如果交易合同或协议中规定租赁期限跨年度，且租金提前一次性支付的，出租人可对上述已确认的收入，在租赁期内，分期均匀计入相关年度收入。

7. 特许权使用费收入。

特许权使用费收入，是指企业提供专利权、非专利技术、商标权、著作权以及其他特许权的使用权取得的收入。特许权使用费收入，按照合同约定的特许权使用人应付特许权使用费的日期确认收入的实现。

8. 接受捐赠收入。

接受捐赠收入，是指企业接受的来自其他企业、组织或者个人无偿给予的货币性资产、非货币性资产。接受捐赠收入，按照实际收到捐赠资产的日期确认收入的实现。

企业以买一赠一等方式组合销售本企业商品的，不属于捐赠，应将总的销售金额按各项商品的公允价值的比例来分摊确认各项的销售收入。

9. 其他收入。

其他收入，是指企业取得《企业所得税法》具体列举的收入外的其他收入，包括企业资产溢余收入、逾期未退包装物押金收入、确实无法偿付的应付款项、已作坏账损失处理后又收回的应收款项、债务重组收入、补贴收入、违约金收入、汇兑收益等。

10. 特殊收入的确认。

（1）以分期收款方式销售货物的，按照合同约定的收款日期确认收入的实现。

（2）企业受托加工制造大型机械设备、船舶、飞机，以及从事建筑、安装、装配工程业务或者提供其他劳务等，持续时间超过12个月的，按照纳税年度内完工进度或者完成的工作量确认收入的实现。

（3）采取产品分成方式取得收入的，按照企业分得产品的日期确认收入的实现，其收入额按照产品的公允价值确定。

（4）企业发生非货币性资产交换，以及将货物、财产、劳务用于捐赠、偿债、赞助、集资、广告、样品、职工福利或者利润分配等用途的，应当视同销售货物、转让财产或者提供劳务，但国务院财政、税务主管部门另有规定的除外。

11. 处置资产收入的确认。

企业发生下列情形的处置资产，除将资产转移至境外以外，由于资产所有权属在形式和实质上均不发生改变，可作为内部处置资产，不视同销售确认收入，相关资产的计税基础延续计算。

（1）将资产用于生产、制造、加工另一产品。

（2）改变资产形状、结构或性能。

（3）改变资产用途（如自建商品房转为自用或经营）。

（4）将资产在总机构及其分支机构之间转移。

（5）上述两种或两种以上情形的混合。

（6）其他不改变资产所有权属的用途。

企业将资产移送他人的下列情形，因资产所有权属已发生改变而不属于内部处置资产，应按规定视同销售确定收入。

（1）用于市场推广或销售。

（2）用于交际应酬。

（3）用于职工奖励或福利。

（4）用于股息分配。

（5）用于对外捐赠。

（6）其他改变资产所有权属的用途。

企业发生上述资产处置时，属于企业自制的资产，应按企业同类资产同期对外销售价格确定销售收入；属于外购的资产，可按购入时的价格确定销售收入。

12. 非货币性资产投资企业所得税处理。

非货币性资产，是指现金、银行存款、应收账款、应收票据以及准备持有至到期的债券投资等货币性资产以外的资产。

（1）居民企业（以下简称企业）以非货币性资产对外投资确认的非货币性资产转让所得，可在不超过5年期限内，分期均匀计入相应年度的应纳税所得额，按规定计算缴纳企业所得税。

（2）企业以非货币性资产对外投资，应对非货币性资产进行评估并按评估后的公允价值扣除计税基础后的余额，计算确认非货币性资产转让所得。

企业以非货币性资产对外投资，应于投资协议生效并办理股权登记手续时，确认非货币性资产转让收入的实现。

（3）企业以非货币性资产对外投资而取得被投资企业的股权，应以非货币性资产的原计税成本为计税基础，加上每年确认的非货币性资产转让所得，逐年进行调整。

被投资企业取得非货币性资产的计税基础，应按非货币性资产的公允价值确定。

（4）企业在对外投资5年内转让上述股权或投资收回的，应停止执行递延纳税政策，并就递延期内尚未确认的非货币性资产转让所得，在转让股权或投资收回当年的企业所得税年度汇算清缴时，一次性计算缴纳企业所得税；企业在计算股权转让所得时，可按本通知第三条第一款规定将股权的计税基础一次调整到位。

企业在对外投资5年内注销的,应停止执行递延纳税政策,并就递延期内尚未确认的非货币性资产转让所得,在注销当年的企业所得税年度汇算清缴时,一次性计算缴纳企业所得税。

(5)此处所称非货币性资产投资,限于以非货币性资产出资设立新的居民企业,或将非货币性资产注入现存的居民企业。

(6)企业发生非货币性资产投资,符合《财政部 国家税务总局关于企业重组业务企业所得税处理若干问题的通知》(财税〔2009〕59号)等文件规定的特殊性税务处理条件的,也可选择按特殊性税务处理规定执行。

二、不征税收入

不征税收入,是指从性质和根源上不属于企业营利性活动带来的经济利益、不作为应纳税所得额组成部分的收入,不应列为征收范围的收入。

下列收入为不征税收入。

1. 财政拨款。

财政拨款,是指各级人民政府对纳入预算管理的事业单位、社会团体等组织拨付的财政资金,但国务院和国务院财政、税务主管部门另有规定的除外。

县级以上人民政府将国有资产无偿划入企业,凡指定专门用途并按规定进行管理的,企业可作为不征税收入进行企业所得税处理。其中,该项资产属于非货币性资产的,应按政府确定的接收价值计算不征税收入。

2. 依法收取并纳入财政管理的行政事业性收费、政府性基金。

行政事业性收费,是指依照法律法规等有关规定,按照国务院规定程序批准,在实施社会公共管理,以及在向公民、法人或者其他组织提供特定公共服务过程中,向特定对象收取并纳入财政管理的费用。政府性基金,是指企业依照法律、行政法规等有关规定,代政府收取的具有专项用途的财政资金。

3. 国务院规定的其他不征税收入。

国务院规定的其他不征税收入,是指企业取得的,由国务院财政、税务主管部门规定专项用途并经国务院批准的财政性资金。

三、免税收入

免税收入,是指属于企业的应税所得,但是按照税法规定免予征收企业所得税的收入。企业的免税收入包括：

1. 国债利息收入。

国债利息收入，是指企业持有国务院财政部门发行的国债取得的利息收入。

2. 符合条件的居民企业之间的股息、红利等权益性投资收益。

符合条件的居民企业之间的股息、红利等权益性投资收益，是指居民企业直接投资于其他居民企业取得的投资收益。

3. 在中国境内设立机构、场所的非居民企业从居民企业取得与该机构、场所有实际联系的股息、红利等权益性投资收益。

股息、红利等权益性投资收益，不包括连续持有居民企业公开发行并上市流通的股票不足12个月取得的投资收益。

4. 符合条件的非营利组织的收入。

非营利组织的下列收入为免税收入：

（1）接受其他单位或者个人捐赠的收入。

（2）除《企业所得税法》第七条规定的财政拨款以外的其他政府补助收入，但不包括因政府购买服务取得的收入。

（3）按照省级以上民政、财政部门规定收取的会费。

（4）不征税收入和免税收入孳生的银行存款利息收入。

（5）财政部、国家税务总局规定的其他收入。

符合条件的非营利组织，是指同时符合下列条件的组织：

（1）依法履行非营利组织登记手续；

（2）从事公益性或者非营利性活动；

（3）取得的收入除用于与该组织有关的、合理的支出外，全部用于登记核定或者章程规定的公益性或者非营利性事业；

（4）财产及其孳息不用于分配；

（5）按照登记核定或者章程规定，该组织注销后的剩余财产用于公益性或者非营利性目的，或者由登记管理机关转赠给与该组织性质、宗旨相同的组织，并向社会公告；

（6）投入人对投入该组织的财产不保留或者享有任何财产权利；

（7）工作人员工资福利开支控制在规定的比例内，不变相分配该组织的财产；

（8）国务院财政、税务主管部门规定的其他条件。

符合条件的非营利组织的收入,不包括非营利组织从事营利性活动取得的收入,但国务院财政、税务主管部门另有规定的除外。对非营利组织从事非营利性活动取得的收入给予免税,但从事营利性活动取得的收入则要征税。

四、税前扣除项目

(一)扣除项目的范围

企业实际发生的与取得收入有关的、合理的支出,包括成本、费用、税金、损失和其他支出,准予在计算应纳税所得额时扣除。合理的支出,是指符合生产经营活动常规,应当计入当期损益或者有关资产成本的必要和正常的支出。除另有规定外,企业实际发生的成本、费用、税金、损失和其他支出,不得重复扣除。

企业发生的支出应当区分收益性支出和资本性支出。收益性支出在发生当期直接扣除;资本性支出应当分期扣除或者计入有关资产成本,不得在发生当期直接扣除。

企业的不征税收入用于支出所形成的费用或者财产,不得扣除或者计算对应的折旧、摊销扣除。

1. 成本,是指企业在生产经营活动中发生的销售成本、销货成本、业务支出以及其他耗费。即企业销售商品(产品、材料、下脚料、废料、废旧物资等)、提供劳务、转让固定资产、无形资产的成本。

2. 费用,是指企业在生产经营活动中发生的销售费用、管理费用和财务费用。已经计入成本的有关费用除外。

销售费用,是指应由企业负担的为销售商品而发生的费用。

管理费用,是指企业的行政管理部门为管理组织经营活动提供各项支援性服务而发生的费用。

财务费用,是指企业筹集经营性资金而发生的费用。

3. 税金,是指企业发生的除企业所得税和允许抵扣的增值税以外的各项税金及其附加。即纳税人按照规定缴纳的消费税、营业税、资源税、土地增值税、关税、城市维护建设税、教育费附加等产品销售税金及附加,以及发生的房产税、车船税、城镇土地使用税、印花税等。企业缴纳的增值税属于价外税,故不在扣除之列。

4. 损失,是指企业在生产经营活动中发生的固定资产和存货的盘亏、毁损、报废损失,转让财产损失,呆账损失,坏账损失,以及自然灾害等不可抗力因素造成的损失以及其他损失。

企业发生的损失,减除责任人赔偿和保险赔款后的余额,依照国务院财政、税务主管部门的规定扣除。企业已经作为损失处理的资产,在以后纳税年度又全部收回或者部分收回时,应当计入当期收入。

5. 其他支出,是指除成本、费用、税金、损失外,企业在生产经营活动中发生的与生产经营活动有关的、合理的支出。

(二) 扣除标准

1. 工资、薪金支出。

(1) 企业发生的合理的工资薪金支出,准予扣除。工资薪金,是指企业每一纳税年度支付给在本企业任职或者受雇的员工的所有现金形式或者非现金形式的劳动报酬,包括基本工资、奖金、津贴、补贴、年终加薪、加班工资,以及与员工任职或者受雇有关的其他支出。

合理的工资、薪金,是指企业按照股东大会、董事会、薪酬委员会或相关管理机构制定的工资薪金制度规定实际发放给员工的工资薪金。

(2) 属于国有性质的企业,其工资薪金,不得超过政府有关部门给予的限定数额;超过部分,不得计入企业工资薪金总额,也不得在计算企业应纳税所得额时扣除。

(3) 企业因雇用季节工、临时工、实习生、返聘离退休人员以及接受外部劳务派遣用工所实际发生的费用,应区分为工资薪金支出和职工福利费支出,并按《企业所得税法》规定在企业所得税前扣除。其中属于工资薪金支出的,准予计入企业工资薪金总额的基数,作为计算其他各项相关费用扣除的依据。

(4) 根据国家税务总局公告2012年第18号《关于我国居民企业实行股权激励计划有关企业所得税处理问题的公告》,为推进我国资本市场改革,促进企业建立健全激励与约束机制,就上市公司实施股权激励计划有关企业所得税处理问题作出如下规定:

上市公司依照《上市公司股权激励管理办法》要求建立职工股权激励计划,并按我国企业会计准则的有关规定,在股权激励计划授予激励对象时,按照该股票的公允价格及数量,计算确定作为上市公司相关年度的成本或费用,作为换取激励对象提供服务的对价。上述企业建立的职工股权激励计划,其企业所得税的处理，自2012年7月1日起按以下规定执行：

①对股权激励计划实行后立即可以行权的，上市公司可以根据实际行权时该股票的公允价格与激励对象实际行权支付价格的差额和数量，计算确定作为当年上市公司工资薪金支出，依照税法规定进行税前扣除。

②对股权激励计划实行后，需待一定服务年限或者达到规定业绩条件（以下简称"等待期"）方可行权的。上市公司等待期内会计上计算确认的相关成本费用，不得在对应年度计算缴纳企业所得税时扣除。在股权激励计划可行权后，上市公司方可根据该股票实际行权时的公允价格与当年激励对象实际行权支付价格的差额及数量，计算确定作为当年上市公司工资薪金支出，依照税法规定进行税前扣除。

③上述所指股票实际行权时的公允价格，以实际行权日该股票的收盘价格确定。

股权激励，是指《上市公司股权激励管理办法》中规定的上市公司以本公司股票为标的，对其董事、监事、高级管理人员及其他员工进行的长期性激励。股权激励实行方式包括授予限制性股票、股票期权以及其他法律法规规定的方式。

（5）企业福利性补贴支出税前扣除。国家税务总局2015年第34号规定，列入企业员工工资薪金制度、固定与工资薪金一起发放的福利性补贴，符合《国家税务总局关于企业工资薪金及职工福利费扣除问题的通知》（国税函[2009]3号）第一条规定的合理工资、薪金支出条件，可作为企业发生的工资薪金支出，按规定在税前扣除。

不能同时符合上述合理工资、薪金支出条件的福利性补贴，应作为国税函[2009]3号文件第三条规定的职工福利费，按规定计算限额税前扣除。

（6）企业年度汇算清缴结束前支付汇缴年度工资薪金税前扣除。企业在年度汇算清缴结束前向员工实际支付的已预提汇缴年度工资薪金，准予在汇缴年度按规定扣除。

2. 职工福利费、工会经费、职工教育经费。

企业发生的职工福利费、工会经费、职工教育经费按标准扣除。未超过标准的按实际发生数额扣除，超过扣除标准的只能按标准扣除。

（1）企业发生的职工福利费支出，不超过工资薪金总额14%的部分，准予扣除。列入企业员工工资薪金制度、固定与工资薪金一起发放的福利性补贴，符合国家税务总局相关规定的，可作为企业发生的工资薪金支出，按规定在税前扣除。不能同时符合上述条件的福利性补贴,应按规定计算限额税前扣除。

企业的职工福利费,包括以下内容:

①尚未实行分离办社会职能的企业,其内设福利部门所发生的设备、设施和人员费用,包括职工食堂、职工浴室、理发室、医务所、托儿所、疗养院等集体福利部门的设备、设施即维修保养费用和福利部门工作人员的工资薪金、社会保险费、住房公积金、劳务费等。

②为职工卫生保健、生活、住房、交通等所发放的各项补贴和非货币性福利,包括企业向职工发放的因公外地就医费用、未实行医疗统筹企业职工医疗费用、职工供养直系亲属医疗补贴、供暖费补贴、职工防暑降温费、职工困难补贴、救济费、职工食堂经费补贴、职工交通补贴等。

③按照其他规定发生的其他职工福利费,包括丧葬补助费、抚恤费、安家费、探亲假路费等。

企业发生的职工福利费,应该单独设置账册,进行准确核算。没有单独设置账册准确核算的,税务机关应责令企业在规定的期限内进行改正。逾期仍未改正的,税务机关可对企业发生的职工福利费进行合理的核定。

(2)企业拨缴的工会经费,不超过工资薪金总额2%的部分,准予扣除。

(3)除国务院财政、税务主管部门另有规定外,企业发生的职工教育经费支出,不超过工资薪金总额的2.5%的部分,准予扣除;超过部分,准予在以后纳税年度结转扣除。

3. 社会保险费。

(1)企业依照国务院有关主管部门或者省级人民政府规定的范围和标准为职工缴纳的五险一金,即基本养老保险费、基本医疗保险费、失业保险费、工伤保险费、生育保险费等基本社会保险费和住房公积金,准予扣除。

(2)企业根据国家有关政策规定,为在本企业任职或者受雇的全体员工支付的补充养老保险费、补充医疗保险费,分别在不超过职工工资总额5%标准内的部分,在计算应纳税所得额时准予扣除;超过的部分,不予扣除。

企业依照国家有关规定为特殊工种职工支付的人身安全保险费和符合国务院财政、税务主管部门规定可以扣除的其他商业保险费准予扣除。企业为投资者或者职工支付的商业保险费,不得扣除。

4. 借款费用。

(1)企业在生产经营活动中发生的合理的不需要资本化的借款费用,准予扣除。

（2）企业为购置、建造固定资产、无形资产和经过 12 个月以上的建造才能达到预定可销售状态的存货发生借款的，在有关资产购置、建造期间发生的合理的借款费用，应当作为资本性支出计入有关资产的成本，并依照《实施条例》有关规定扣除。

（3）企业通过发行债券、取得贷款、吸收保户储金等方式融资而发生的合理的费用支出，符合资本化条件的，应计入相关资产成本；不符合资本化条件的，应作为财务费用，准予在企业所得税前据实扣除。

5. 利息费用。

企业在生产经营活动中发生的下列利息支出，准予扣除：

（1）非金融企业向金融企业借款的利息支出、金融企业的各项存款利息支出和同业拆借利息支出、企业经批准发行债券的利息支出可据实扣除。

（2）非金融企业向非金融企业借款的利息支出，不超过按照金融企业同期同类贷款利率计算的数额的部分可据实扣除，超过部分不许扣除。

金融企业，是指各类银行、保险公司及经中国人民银行批准从事金融业务的非银行金融机构。包括国家专业银行、区域性银行、股份制银行、外资银行、中外合资银行以及其他综合性银行，还包括全国性保险企业、区域性保险企业、股份制保险企业、中外合资保险企业以及其他专业性保险企业，城市、农村信用社、各类财务公司以及其他从事信托投资、租赁等业务的专业和综合性非银行金融机构。非金融企业，是指除上述金融机构以外的所有企业、事业单位以及社会团体等企业或组织。

（3）凡企业投资者在规定期限内未缴足其应缴资本额的，该企业对外借款所发生的利息，相当于投资者实缴资本额与在规定期限内应缴资本额的差额应计付的利息，其不属于企业合理的支出，应由企业投资者负担，不得在计算企业应纳税所得额时扣除。

（4）企业向股东或其他与企业有关联关系的自然人借款的利息支出，应根据《企业所得税法》及《财政部 国家税务总局关于企业关联方利息支出税前扣除标准有关税收政策问题的通知》规定的条件，计算企业所得税扣除额。

企业向除股东或其他与企业有关联关系的自然人以外的内部职工或其他人员借款的利息支出，其借款情况同时符合以下条件的，其利息支出在不超过按照金融企业同期同类贷款利率计算的数额的部分，准予扣除。

①企业与个人之间的借贷是真实、合法、有效的，并且不具有非法集资目

的或其他违反法律、法规的行为；

②企业与个人之间签订了借款合同。

6. 汇兑损失。

企业在货币交易中，以及纳税年度终了时将人民币以外的货币性资产、负债按照期末即期人民币汇率中间价折算为人民币时产生的汇兑损失，除已经计入有关资产成本以及与向所有者进行利润分配相关的部分外，准予扣除。

7. 公益性捐赠。

企业发生的公益性捐赠支出，不超过年度利润总额12%的部分，准予在计算应纳税所得额时扣除。

年度利润总额，是指企业依照国家统一会计制度的规定计算的年度会计利润。

公益性捐赠，是指企业通过公益性社会团体或者县级以上人民政府及其部门，用于《公益事业捐赠法》规定的公益事业的捐赠。具体范围包括：

（1）救助灾害、救济贫困、扶助残疾人等困难的社会群体和个人的活动；

（2）教育、科学、文化、卫生、体育事业；

（3）环境保护、社会公共设施建设；

（4）促进社会发展和进步的其他社会公共和福利事业。

8. 业务招待费。

企业发生的与生产经营活动有关的业务招待费支出，按照发生额的60%扣除，但最高不得超过当年销售（营业）收入的5‰。

企业在筹建期间，发生的与筹办活动有关的业务招待费支出，可按实际发生额的60%计入企业筹办费，并按有关规定在税前扣除。

对从事股权投资业务的企业（包括集团公司总部、创业投资企业等），其从被投资企业所分配的股息、红利以及股权转让收入，可以按规定的比例计算业务招待费扣除限额。

9. 广告费和业务宣传费。

企业发生的符合条件的广告费和业务宣传费支出，除国务院财政、税务主管部门另有规定外，不超过当年销售（营业）收入15%的部分，准予扣除；超过部分，准予在以后纳税年度结转扣除。企业在筹建期间，发生的广告费和业务宣传费，可按实际发生额计入企业筹办费，并按有关规定在税前扣除。

企业申报扣除的广告费支出应与赞助支出严格区分。企业申报扣除的广告费支出，必须符合下列条件：广告是通过工商部门批准的专门机构制作的，已实际支付费用并已取得相应发票，通过一定的媒体传播。

10. 环境保护专项资金。

企业依照法律、行政法规有关规定提取的用于环境保护、生态恢复等方面的专项资金，准予扣除。上述专项资金提取后改变用途的，不得扣除。

11. 保险费。

企业参加财产保险，按照规定缴纳的保险费，准予扣除。

12. 租赁费。

企业根据生产经营活动的需要租入固定资产支付的租赁费，按照以下方法扣除：

（1）以经营租赁方式租入固定资产发生的租赁费支出，按照租赁期限均匀扣除。经营性租赁是指所有权不转移的租赁。

（2）以融资租赁方式租入固定资产发生的租赁费支出，按照规定构成融资租入固定资产价值的部分应当提取折旧费用分期扣除。融资租赁是指在实质上转移与一项资产所有权有关的全部风险和报酬的一种租赁。

13. 劳动保护费。

企业发生的合理的劳动保护支出，准予扣除。自2011年7月1日起，企业根据其工作性质和特点，由企业统一制作并要求员工工作时统一着装所发生的工作服饰费用，根据《实施条例》第二十七条的规定，可以作为企业合理的支出给予税前扣除。

14. 有关资产的费用。

企业转让各类固定资产发生的费用，允许扣除。企业按规定计算的固定资产折旧费、无形资产和递延资产的摊销费，准予扣除。

15. 总机构分摊的费用。

非居民企业在中国境内设立的机构、场所，就其中国境外总机构发生的与该机构、场所生产经营有关的费用，能够提供总机构出具的费用汇集范围、定额、分配依据和方法等证明文件，并合理分摊的，准予扣除。

16. 资产损失。

企业当期发生的固定资产和流动资产盘亏、毁损净损失，由其提供清查盘存资料经主管税务机关审核后，准予扣除企业因存货盘亏、毁损、报废等原因不得从销项税金中抵扣的进项税金，应视同企业财产损失，准予与存货损失一起在所得税前按规定扣除。

17. 手续费及佣金支出。

企业发生与生产经营有关的手续费及佣金支出，不超过以下规定计算限额以内的部分，准予扣除；超过部分，不得扣除。

①保险企业：财产保险企业按照全部保费收入扣除退保金等后余额的15%计算限额；人身保险企业按当年全部保费收入扣除退保金等后余额的10%计算限额。

②其他企业：按与具有合法经营资格中介服务机构或个人（不含交易双方及其雇员、代理人和代表人等）所签订服务协议或合同确认的收入金额的5%计算限额。

③从事代理服务、主营业务收入为手续费、佣金的企业（如证券、期货、保险代理等企业），其为取得该类收入而实际发生的营业成本（包括手续费及佣金支出），准予在企业所得税前据实扣除。

企业应与具有合法经营资格的中介服务企业或个人签订代办协议或合同，并按规定支付手续费及佣金。除委托个人代理外，企业以现金等非转账方式支付的手续费及佣金不得在税前扣除。企业为发行权益性证券支付给有关证券承销机构的手续费及佣金不得在税前扣除。

企业不得将手续费及佣金支出计入回扣、业务提成、返利、进场费等费用。

企业已计入固定资产、无形资产等相关资产的手续费及佣金支出，应当通过折旧、摊销等方式分期扣除，不得在发生当期直接扣除。

企业支付的手续费及佣金不得直接冲减服务协议或合同金额，并如实入账。

企业应当如实向当地主管税务机关提供当年手续费及佣金计算分配表和其他相关资料，并依法取得合法真实凭证。

电信企业在发展客户、拓展业务等过程中（如委托销售电话入网卡、电话充值卡等），需向经纪人、代办商支付手续费及佣金的，其实际发生的相关手续费及佣金支出，不超过企业当年收入总额5%的部分，准予在企业所得税前据实扣除。

从事代理服务、主营业务收入为手续费、佣金的企业（如证券、期货、保险代理等企业），其为取得该类收入而实际发生的营业成本（包括手续费及佣金支出），准予在企业所得税前据实扣除。

18. 根据《企业所得税法》第二十一条规定，对企业依据财务会计制度规定，并实际在财务会计处理上已确认的支出，凡没有超过《企业所得税法》和有关税收法规规定的税前扣除范围和标准的，可按企业实际会计处理确认的支出，在企业所得税前扣除，计算其应纳税所得额。

19. 企业维简费支出企业所得税税前扣除规定。

企业实际发生的维简费支出，属于收益性支出的，可作为当期费用税前扣除；属于资本性支出的，应计入有关资产成本，并按《企业所得税法》规定计提折旧或摊销费用在税前扣除。

自2013年1月1日起，除煤矿企业继续执行《国家税务总局关于煤矿企业维简费和高危行业企业安全生产费用企业所得税税前扣除问题的公告》（国家税务总局公告2011年第26号）外，其他企业按以下规定执行。

（1）企业按照有关规定预提的维简费，不得在当期税前扣除。

（2）本规定实施前，企业按照有关规定提取且已在当期税前扣除的维简费，按以下规定处理：

①尚未使用的维简费，并未作纳税调整的，可不作纳税调整，应首先抵减2013年实际发生的维简费，仍有余额的，继续抵减以后年度实际发生的维简费，至余额为零时，企业方可按收益性支出、资本性支出各自的规定处理；已作纳税调整的，不再调回，直接按收益性支出、资本性支出各自的规定处理。

②已用于资产投资并形成相关资产全部成本的，该资产提取的折旧或费用摊销额，不得税前扣除；已用于资产投资并形成相关资产部分成本的，该资产提取的折旧或费用摊销额中与该部分成本对应的部分，不得税前扣除；已税前扣除的，应调整作为2013年度应纳税所得额。

20. 企业参与政府统一组织的棚户区改造有关企业所得税政策。

企业参与政府统一组织的工矿（含中央下放煤矿）棚户区改造、林区棚户区改造、垦区危房改造并同时符合一定条件的棚户区改造支出，准予在企业所得税前扣除。

21. 金融企业涉农贷款和中小企业贷款损失准备金税前扣除。

自2014年1月1日起至2018年12月31日，金融企业涉农贷款和中小企业贷款损失准备金企业所得税税前扣除按以下规定处理。

（1）金融企业根据《贷款风险分类指引》（银监发［2007］54号），对其涉农贷款和中小企业贷款进行风险分类后，按照以下比例计提的贷款损失准备金，准予在计算应纳税所得额时扣除：

①关注类贷款，计提比例为2%；

②次级类贷款，计提比例为25%；

③可疑类贷款，计提比例为50%；

④损失类贷款，计提比例为100%。

（2）中小企业贷款，是指金融企业对年销售额和资产总额均不超过2亿元的企业贷款。

（3）金融企业发生的符合条件的涉农贷款和中小企业贷款损失，应先冲减已在税前扣除的贷款损失准备金，不足冲减部分可据实在计算应纳税所得额时扣除。

22. 金融企业贷款损失准备金企业所得税税前扣除有关政策。

自2014年1月1日起至2018年12月31日，金融企业贷款（涉农贷款和中小企业贷款除外）损失准备金企业所得税税前扣除按以下规定处理。

（1）准予税前提取贷款损失准备金的贷款资产范围包括：

①贷款（含抵押、质押、担保等贷款）；

②银行卡透支、贴现、信用垫款（含银行承兑汇票垫款、信用证垫款、担保垫款等）、进出口押汇、同业拆出、应收融资租赁款等各项具有贷款特征的风险资产；

③由金融企业转贷并承担对外还款责任的国外贷款，包括国际金融组织贷款、外国买方信贷、外国政府贷款、日本国际协力银行不附条件贷款和外国政府混合贷款等资产。

（2）金融企业准予当年税前扣除的贷款损失准备金计算公式如下：

$$\text{准予当年税前扣除的贷款损失准备金} = \text{本年末准予提取贷款损失准备金的贷款资产余额} \times 1\% - \text{截至上年末已在税前扣除的贷款损失准备金的余额}$$

金融企业按上述公式计算的数额如为负数，应当相应调增当年应纳税所得额。

（3）金融企业的委托贷款、代理贷款、国债投资、应收股利、上交央行准备金以及金融企业剥离的债权和股权、应收财政贴息、央行款项等不承担风险和损失的资产，不得提取贷款损失准备金在税前扣除。

（4）金融企业发生的符合条件的贷款损失，应先冲减已在税前扣除的贷款损失准备金，不足冲减部分可据实在计算当年应纳税所得额时扣除。

23. 依照有关法律、行政法规和国家有关税法规定准予扣除的其他项目。如会员费、合理的会议费、差旅费、违约金、诉讼费用等。

（三）不得扣除项目

在计算应纳税所得额时，下列支出不得扣除：

1. 向投资者支付的股息、红利等权益性投资收益款项。
2. 企业所得税税款。
3. 税收滞纳金。具体是指纳税人违反税收法规，被税务机关处以的滞纳金。
4. 罚金、罚款和被没收财物的损失。是指纳税人违反国家有关法律、法规规定，被有关部门处以的罚款，以及被司法机关处以的罚金和被没收的财物。
5. 超过规定标准的捐赠支出。
6. 赞助支出。具体是指企业发生的与生产经营活动无关的各种非广告性质支出。
7. 未经核定的准备金支出。具体是指不符合国务院财政、税务主管部门规定的各项资产减值准备、风险准备等准备金支出。
8. 企业之间支付的管理费、企业内营业机构之间支付的租金和特许权使用费，以及非银行企业内营业机构之间支付的利息，不得扣除。
9. 与取得收入无关的其他支出。

五、亏损弥补

亏损，是指企业将每一纳税年度的收入总额减除不征税收入、免税收入和各项扣除后小于零的数额。税法规定，企业某一纳税年度发生的亏损可以用下一年度的所得弥补，下一年度的所得不足以弥补的，可以逐年延续弥补，但最长不得超过5年。企业在汇总计算缴纳企业所得税时，其境外营业机构的亏损不得抵减境内营业机构的盈利。

企业筹办期间不计算为亏损年度，企业自开始生产经营的年度，为开始计算企业损益的年度。企业从事生产经营之前进行筹办活动期间发生筹办费用支出，不得计算为当期的亏损，企业可以在开始经营之日的当年一次性扣除，也可以按照新税法有关长期待摊费用的处理规定处理，但一经选定，不得改变。

税务机关对企业以前年度纳税情况进行检查时调增的应纳税所得额，凡企业以前年度发生亏损且该亏损属于企业所得税法规定允许弥补的，应允许调增的应纳税所得额弥补该亏损。弥补该亏损后仍有余额的，按照企业所得税法规定计算缴纳企业所得税。对检查调增的应纳税所得额应根据其情节，依照《税收征收管理法》有关规定进行处理或处罚。

对企业发现以前年度实际发生的、按照税收规定应在企业所得税前扣除而未扣除或者少扣除的支出，企业作出专项申报及说明后，准予追补至该项目发生年度计算扣除，但追补确认期限不得超过5年。

企业由于上述原因多缴的企业所得税税款，可以在追补确认年度企业所得税应纳税款中抵扣，不足抵扣的，可以向以后年度递延抵扣或申请退税。

亏损企业追补确认以前年度未在企业所得税前扣除的支出，或盈利企业经过追补确认后出现亏损的，应首先调整该项支出所属年度的亏损额，然后再按照弥补亏损的原则计算以后年度多缴的企业所得税款，并按前款规定处理。

六、非居民企业的应纳税所得额

在中国境内未设立机构、场所的，或者虽设立机构、场所但取得的所得与其所设机构、场所没有实际联系的非居民企业，其取得的来源于中国境内的所得，按照下列方法计算其应纳税所得额：

1. 股息、红利等权益性投资收益和利息、租金、特许权使用费所得，以收入全额为应纳税所得额。

2. 转让财产所得，以收入全额减除财产净值后的余额为应纳税所得额。

财产净值，是指有关资产、财产的计税基础减除已经按照规定扣除的折旧、折耗、摊销、准备金等后的余额。

3. 其他所得，参照前两项规定的方法计算应纳税所得额。

非居民企业在中国境内设立的机构、场所，就其中国境外总机构发生的与该机构、场所生产经营有关的费用，能够提供总机构出具的费用汇集范围、定额、分配依据和方法等证明文件并合理分摊的，准予扣除。

第三节　资产的税务处理

企业资产，是指企业拥有或者控制的、用于经营管理活动且与取得应税收入有关的资产。企业的各项资产，包括固定资产、生产性生物资产、无形资产、长期待摊费用、投资资产、存货等，以历史成本为计税基础。历史成本，是指企业取得该项资产时实际发生的支出。企业持有各项资产期间资产增值或者减值，除国务院财政、税务主管部门规定可以确认损益外，不得调整该资产的计税基础。

企业转让资产，该项资产的净值，准予在计算应纳税所得额时扣除。资产的净值，是指有关资产、财产的计税基础减除已经按照规定扣除的折旧、折耗、摊销、准备金等后的余额。除另有规定外，企业在重组过程中，应当在交易发生时确认有关资产的转让所得或者损失，相关资产应当按照交易价格重新确定计税基础。

税收对资产的分类与会计准则对资产的分类略有不同，如税收条例中的无形资产实际上包括准则中的无形资产、商誉和部分投资性房地产；投资资产包括准则中的交易性金融资产、持有至到期投资和长期股权投资；固定资产包括准则中的固定资产和部分投资性房地产等。

一、固定资产

固定资产，是指企业为生产产品、提供劳务、出租或者经营管理而持有的、使用时间超过12个月的非货币性资产，包括房屋、建筑物、机器、机械、运输工具以及其他与生产经营活动有关的设备、器具、工具等。

（一）固定资产计税基础

固定资产按照以下方法确定计税基础：

1. 外购的固定资产，以购买价款和支付的相关税费以及直接归属于使该资产达到预定用途发生的其他支出为计税基础；

2. 自行建造的固定资产，以竣工结算前发生的支出为计税基础；

3. 融资租入的固定资产，以租赁合同约定的付款总额和承租人在签订租赁合同过程中发生的相关费用为计税基础，租赁合同未约定付款总额的，以该资产的公允价值和承租人在签订租赁合同过程中发生的相关费用为计税基础；

4. 盘盈的固定资产，以同类固定资产的重置完全价值为计税基础；

5. 通过捐赠、投资、非货币性资产交换、债务重组等方式取得的固定资产，以该资产的公允价值和支付的相关税费为计税基础；

6. 改建的固定资产，除法定的支出外，以改建过程中发生的改建支出增加计税基础。

（二）固定资产折旧的范围

在计算应纳税所得额时，企业按照规定计算的固定资产折旧，准予扣除。下列固定资产不得计算折旧扣除：

1. 房屋、建筑物以外未投入使用的固定资产；
2. 以经营租赁方式租入的固定资产；
3. 以融资租赁方式租出的固定资产；
4. 已足额提取折旧仍继续使用的固定资产；
5. 与经营活动无关的固定资产；
6. 单独估价作为固定资产入账的土地；
7. 其他不得计算折旧扣除的固定资产。

（三）固定资产折旧的计提方法

税法规定固定资产按照直线法计算的折旧，准予扣除。

企业应当自固定资产投入使用月份的次月起计算折旧；停止使用的固定资产，应当自停止使用月份的次月起停止计算折旧。

企业应当根据固定资产的性质和使用情况，合理确定固定资产的预计净残值。固定资产的预计净残值一经确定，不得变更。

（四）固定资产折旧的计提年限

除国务院财政、税务主管部门另有规定外，固定资产计算折旧的最低年限如下：

1. 房屋、建筑物，为20年；
2. 飞机、火车、轮船、机器、机械和其他生产设备，为10年；
3. 与生产经营活动有关的器具、工具、家具等，为5年；

4. 飞机、火车、轮船以外的运输工具，为4年；

5. 电子设备，为3年。

从事开采石油、天然气等矿产资源的企业，在开始商业性生产前发生的费用和有关固定资产的折耗、折旧方法，由国务院财政、税务主管部门另行规定。

（五）固定资产折旧的企业所得税处理

企业固定资产会计折旧年限如果短于税法规定的最低折旧年限，其按会计折旧年限计提的折旧高于按税法规定的最低折旧年限计提的折旧部分，应调增当期应纳税所得额；企业固定资产会计折旧年限已期满且会计折旧已提足，但税法规定的最低折旧年限尚未到期且税收折旧尚未足额扣除，其未足额扣除的部分准予在剩余的税收折旧年限继续按规定扣除。

企业固定资产会计折旧年限如果长于税法规定的最低折旧年限，其折旧应按会计折旧年限计算扣除，税法另有规定除外。

企业按会计规定提取的固定资产减值准备，不得税前扣除，其折旧仍按税法确定的固定资产计税基础计算扣除。

企业按税法规定实行加速折旧的，其按加速折旧办法计算的折旧额可全额在税前扣除。

石油天然气开采企业在计提油气资产折耗（折旧）时，由于会计与税法规定计算方法不同导致的折耗（折旧）差异，应按税法规定进行纳税调整。

（六）固定资产改扩建的税务处理

自2011年7月1日起，企业对房屋、建筑物固定资产在未足额提取折旧前进行改扩建的，如属于推倒重置的，该资产原值减除提取折旧后的净值，应并入重置后的固定资产计税成本，并在该固定资产投入使用后的次月起，按照税法规定的折旧年限，一并计提折旧；如属于提升功能、增加面积的，该固定资产的改扩建支出，并入该固定资产计税基础，并从改扩建完工投入使用后的次月起，重新按税法规定的该固定资产折旧年限计提折旧，如该改扩建后的固定资产尚可使用的年限低于税法规定的最低年限的，可以按尚可使用的年限计提折旧。

二、生物资产

生物资产,是指有生命的动物和植物。生物资产分为消耗性生物资产、生产性生物资产和公益性生物资产。消耗性生物资产,是指为出售而持有的或在将来收获为农产品的生物资产,包括生长中的农田作物、蔬菜、用材林以及存栏待售的牲畜等。生产性生物资产,是指为产出农产品、提供劳务或出租等目的而持有的生物资产,包括经济林、薪炭林、产畜和役畜等。公益性生物资产,是指以防护、环境保护为主要目的的生物资产,包括防风固沙林、水土保持林和水源涵养林等。

(一) 生物资产的计税基础

生产性生物资产按照以下方法确定计税基础:

1. 外购的生产性生物资产,以购买价款和支付的相关税费为计税基础。
2. 通过捐赠、投资、非货币性资产交换、债务重组等方式取得的生产性生物资产,以该资产的公允价值和支付的相关税费为计税基础。

(二) 生物资产的折旧方法和折旧年限

生产性生物资产按照直线法计算的折旧,准予扣除。企业应当自生产性生物资产投入使用月份的次月起计算折旧;停止使用的生产性生物资产,应当自停止使用月份的次月起停止计算折旧。

企业应当根据生产性生物资产的性质和使用情况,合理确定生产性生物资产的预计净残值。生产性生物资产的预计净残值一经确定,不得变更。

生产性生物资产计算折旧的最低年限如下:

1. 林木类生产性生物资产,为 10 年。
2. 畜类生产性生物资产,为 3 年。

三、无形资产

无形资产,是指企业为生产产品、提供劳务、出租或者经营管理而持有的、没有实物形态的非货币性长期资产,包括专利权、商标权、著作权、土地使用权、非专利技术、商誉等。在计算应纳税所得额时,企业按照规定计算的无形资产摊销费用，准予扣除。

（一）无形资产的计税基础

无形资产按照以下方法确定计税基础：

1. 外购的无形资产，以购买价款和支付的相关税费以及直接归属于使该资产达到预定用途发生的其他支出为计税基础。

2. 自行开发的无形资产，以开发过程中该资产符合资本化条件后至达到预定用途前发生的支出为计税基础。

3. 通过捐赠、投资、非货币性资产交换、债务重组等方式取得的无形资产，以该资产的公允价值和支付的相关税费为计税基础。

（二）无形资产摊销的范围

在计算应纳税所得额时，企业按照规定计算的无形资产摊销费用，准予扣除。

下列无形资产不得计算摊销费用扣除：

1. 自行开发的支出已在计算应纳税所得额时扣除的无形资产。

2. 自创商誉。

3. 与经营活动无关的无形资产。

4. 其他不得计算摊销费用扣除的无形资产。

（三）无形资产的摊销方法及年限

无形资产的摊销，采取直线法计算。外购商誉的支出，在企业整体转让或者清算时，准予扣除。

无形资产的摊销年限不得低于10年。作为投资或者受让的无形资产，有关法律规定或者合同约定了使用年限的，可以按照规定或者约定的使用年限分期摊销。

四、长期待摊费用

长期待摊费用，是指企业发生的应在1个年度以上或几个年度进行摊销的费用。在计算应纳税所得额时，企业发生的下列支出作为长期待摊费用，按照规定摊销的，准予扣除：

1. 已足额提取折旧的固定资产的改建支出，按照固定资产预计尚可使用年限分期摊销。

2. 租入固定资产的改建支出，按照合同约定的剩余租赁期限分期摊销。

所谓固定资产的改建支出，是指改变房屋或者建筑物结构、延长使用年限等发生的支出。

改建的固定资产延长使用年限的，除前述规定外，应当适当延长折旧年限。

3. 固定资产的大修理支出，按照固定资产尚可使用年限分期摊销。固定资产的大修理支出是指同时符合下列条件的支出：

（1）修理支出达到取得固定资产时的计税基础50%以上；

（2）修理后固定资产的使用年限延长2年以上。

4. 其他应当作为长期待摊费用的支出，自支出发生月份的次月起，分期摊销，摊销年限不得低于3年。

五、存货

存货，是指企业持有以备出售的产品或者商品、处在生产过程中的在产品、在生产或者提供劳务过程中耗用的材料和物料等。企业使用或者销售的存货，按照规定计算的存货成本，准予在计算应纳税所得额时扣除。

（一）存货的计税基础

存货按照以下方法确定成本：

1. 通过支付现金方式取得的存货，以购买价款和支付的相关税费为成本。

2. 通过支付现金以外的方式取得的存货，以该存货的公允价值和支付的相关税费为成本。

3. 生产性生物资产收获的农产品，以产出或者采收过程中发生的材料费、人工费和分摊的间接费用等必要支出为成本。

（二）存货的成本计算方法

企业使用或者销售的存货的成本计算方法，可以在先进先出法、加权平均法、个别计价法中选用一种。计价方法一经选用，不得随意变更。

企业转让以上资产，在计算企业应纳税所得额时，资产的净值允许扣除。

其中，资产的净值是指有关资产、财产的计税基础减除已经按照规定扣除的折旧、折耗、摊销、准备金等后的余额。

除国务院财政、税务主管部门另有规定外，企业在重组过程中，应当在交易发生时确认有关资产的转让所得或者损失，相关资产应当按照交易价格重新确定计税基础。

六、投资资产

投资资产，是指企业对外进行权益性投资和债权性投资形成的资产。

（一）投资资产的成本

投资资产按以下方法确定投资成本：

1. 通过支付现金方式取得的投资资产，以购买价款为成本。

2. 通过支付现金以外的方式取得的投资资产，以该资产的公允价值和支付的相关税费为成本。

（二）投资资产成本的扣除方法

企业对外投资期间，投资资产的成本在计算应纳税所得额时不得扣除，企业在转让或者处置投资资产时，投资资产的成本准予扣除。

（三）投资企业撤回或减少投资的税务处理

自2011年7月1日起，投资企业从被投资企业撤回或减少投资，其取得的资产中，相当于初始出资的部分，应确认为投资收回；相当于被投资企业累计未分配利润和累计盈余公积按减少实收资本比例计算的部分，应确认为股息所得；其余部分确认为投资资产转让所得。

被投资企业发生的经营亏损，由被投资企业按规定结转弥补；投资企业不得调整减低其投资成本，也不得将其确认为投资损失。

（四）非货币性资产投资企业所得税处理

非货币性资产，是指现金、银行存款、应收账款、应收票据以及准备持有至到期的债券投资等货币性资产以外的资产。

1. 居民企业（以下简称企业）以非货币性资产对外投资确认的非货币性

资产转让所得,可在不超过5年期限内,分期均匀计入相应年度的应纳税所得额,按规定计算缴纳企业所得税。

2. 企业以非货币性资产对外投资,应对非货币性资产进行评估并按评估后的公允价值扣除计税基础后的余额,计算确认非货币性资产转让所得。

企业以非货币性资产对外投资,应于投资协议生效并办理股权登记手续时,确认非货币性资产转让收入的实现。

3. 企业以非货币性资产对外投资而取得被投资企业的股权,应以非货币性资产的原计税成本为计税基础,加上每年确认的非货币性资产转让所得,逐年进行调整。

被投资企业取得非货币性资产的计税基础,应按非货币性资产的公允价值确定。

4. 企业在对外投资5年内转让上述股权或投资收回的,应停止执行递延纳税政策,并就递延期内尚未确认的非货币性资产转让所得,在转让股权或投资收回当年的企业所得税年度汇算清缴时,一次性计算缴纳企业所得税;企业在计算股权转让所得时,可按本通知第三条第一款规定将股权的计税基础一次调整到位。

企业在对外投资5年内注销的,应停止执行递延纳税政策,并就递延期内尚未确认的非货币性资产转让所得,在注销当年的企业所得税年度汇算清缴时,一次性计算缴纳企业所得税。

5. 非货币性资产投资,限于以非货币性资产出资设立新的居民企业,或将非货币性资产注入现存的居民企业。

6. 企业发生非货币性资产投资,符合《财政部 国家税务总局关于企业重组业务企业所得税处理若干问题的通知》(财税〔2009〕59号)等文件规定的特殊性税务处理条件的,也可选择按特殊性税务处理规定执行。

七、税法规定与会计规定差异的处理

税法规定与会计规定差异的处理,是指企业在财务会计核算中与税法规定不一致的,应当依照税法规定予以调整。即企业在平时进行会计核算时,可以按会计制度的有关规定进行账务处理,但在申报纳税时,对税法规定和会计制度规定有差异的,要按税法规定进行纳税调整。

根据《企业所得税法》第二十一条规定,对企业依据财务会计制度规定,并实际在财务会计处理上已确认的支出,凡没有超过《企业所得税法》和有关税收法规规定的税前扣除范围和标准的，可按企业实际会计处理确认的支出，在企业所得税前扣除，计算其应纳税所得额。

1. 企业不能提供完整、准确的收入及成本、费用凭证，不能正确计算应纳税所得额的，由税务机关核定其应纳税所得额。

2. 企业依法清算时，以其清算终了后的清算所得为应纳税所得额，按规定缴纳企业所得税。所谓清算所得，是指企业的全部资产可变现价值或者交易价格减除资产净值、清算费用以及相关税费等后的余额。

投资方企业从被清算企业分得的剩余资产，其中相当于从被清算企业累计未分配利润和累计盈余公积中应当分得的部分，应当确认为股息所得；剩余资产减除上述股息所得后的余额，超过或者低于投资成本的部分，应当确认为投资资产转让所得或者损失。

3. 企业应纳税所得额是根据税收法规计算出来的，它在数额上与依据财务会计制度计算的利润总额往往不一致。因此，税法规定：对企业按照有关财务会计规定计算的利润总额，要按照税法的规定进行必要调整后，才能作为应纳税所得额计算缴纳所得税。

4. 自2011年7月1日起，企业当年度实际发生的相关成本、费用，由于各种原因未能及时取得该成本、费用的有效凭证，企业在预缴季度所得税时，可暂按账面发生金额进行核算；但在汇算清缴时，应补充提供该成本、费用的有效凭证。

八、资产损失

资产损失，是指企业在生产经营活动中实际发生的、与取得应税收入有关的资产损失，包括现金损失，存款损失，坏账损失，贷款损失，股权投资损失，固定资产和存货的盘亏、毁损、报废、被盗损失，自然灾害等不可抗力因素造成的损失以及其他损失。企业发生上述资产损失，应在按税法规定实际确认或者实际发生的当年申报扣除。

企业以前年度发生的资产损失未能在当年税前扣除的，可以按照规定，向税务机关说明并进行专项申报扣除。其中，属于实际资产损失，准予追补至该项损失发生年度扣除，其追补确认期限一般不得超过五年。企业因以前年度实际资产损失未在税前扣除而多缴的企业所得税税款，可在追补确认年度企业所得税应纳税款中予以抵扣，不足抵扣的，向以后年度递延抵扣。

第四节　企业所得税应纳税额的计算

一、居民企业应纳税额的计算

（一）居民企业应纳税额的计算公式

居民企业应缴纳所得税额等于应纳税所得额乘以适用税率，基本计算公式为：

应纳税额 = 应纳税所得额 × 适用税率 − 减免税额 − 抵免税额

根据计算公式可以看出，应纳税额的多少，取决于应纳税所得额和适用税率两个因素。在实际过程中，应纳税所得额的计算一般有两种方法。

1. 直接计算法。

在直接计算法下，企业每一纳税年度的收入总额减除不征税收入、免税收入、各项扣除以及允许弥补的以前年度亏损后的余额为应纳税所得额。计算公式与前述相同，即为：

应纳税所得额 = 收入总额 − 不征税收入 − 免税收入 − 各项扣除金额
　　　　　　 − 允许弥补的以前年度亏损

2. 间接计算法。

在间接计算法下，是在会计利润总额的基础上加或减按照税法规定调整的项目金额后，即为应纳税所得额。计算公式为：

应纳税所得额 = 会计利润总额 ± 纳税调整项目金额

纳税调整项目金额包括两方面的内容：一是企业的财务会计处理和税收规定不一致的应予以调整的金额；二是企业按税法规定准予扣除的税收金额。

【例 5−1】某企业为居民企业，2015 年发生经营业务如下：

（1）取得产品销售收入 8 000 万元。

（2）发生产品销售成本 5 200 万元。

（3）发生销售费用 1 540 万元（其中广告费 1 300 万元）；管理费用 560 万元（其中业务招待费 50 万元）；财务费用 120 万元。

（4）销售税金 320 万元（含增值税 240 万元）。

（5）营业外收入160万元，营业外支出100万元（含通过公益性社会团体向贫困山区捐款60万元，支付税收滞纳金12万元）。

（6）取得购买国债的利息收入80万元；

（7）计入成本、费用中的实发工资总额400万元、拨缴职工工会经费10万元、发生职工福利费62万元、发生职工教育经费14万元。

计算该企业2015年度实际应纳的企业所得税。

（1）会计利润总额 = 8 000 + 160 + 80 - 5 200 - 1 540 - 960 - 120 - 80 - 100 = 240（万元）

（2）广告费和业务宣传费税前扣除限额 = 8 000 × 15% = 1 200（万元）

（3）广告费和业务宣传费调增所得额 = 1 300 - 1 200 = 100（万元）

（4）业务招待费税前扣除限额为下列两个计算结果较小者：

营业收入的5‰ = 8 000 × 5‰ = 40（万元）

业务招待费实际发生额的60% = 50 × 60% = 30（万元）

所以，业务招待费调增所得额 = 50 - 50 × 60% = 50 - 30 = 20（万元）

（5）捐赠支出应调增所得额 = 60 - 240 × 12% = 31.2（万元）

（6）国债利息收入免征企业所得税，应调减所得额80万元。

（7）工会经费应调增所得额 = 10 - 400 × 2% = 2（万元）

（8）职工福利费应调增所得额 = 62 - 400 × 14% = 6（万元）

（9）职工教育经费应调增所得额 = 14 - 400 × 2.5% = 4（万元）

（10）应纳税所得额 = 240 + 100 + 20 + 31.2 - 80 + 12 + 2 + 6 + 4 = 335.2（万元）

（11）2015年应缴企业所得税 = 335.2 × 25% = 83.8（万元）

（二）境外所得抵扣税额的计算

企业取得的下列所得已在境外缴纳的所得税税额，可以从其当期应纳税额中抵免，抵免限额为该项所得依照企业所得税法规定计算的应纳税额；超过抵免限额的部分，可以在以后5个年度内，用每年度抵免限额抵免当年应抵税额后的余额进行抵补：

1. 居民企业来源于中国境外的应税所得。

2. 非居民企业在中国境内设立机构、场所，取得发生在中国境外但与该机构、场所有实际联系的应税所得。

居民企业从其直接或者间接控制的外国企业分得的来源于中国境外的股

息、红利等权益性投资收益,外国企业在境外实际缴纳的所得税税额中属于该项所得负担的部分,可以作为该居民企业的可抵免境外所得税税额,在企业所得税法规定的抵免限额内抵免。

上述所称直接控制,是指居民企业直接持有外国企业20%以上股份。

上述所称间接控制,是指居民企业以间接持股方式持有外国企业20%以上股份,具体认定办法由国务院财政、税务主管部门另行制定。

已在境外缴纳的所得税税额,是指企业来源于中国境外的所得依照中国境外税收法律以及相关规定应当缴纳并已经实际缴纳的企业所得税性质的税款。企业依照企业所得税法的规定抵免企业所得税税额时,应当提供中国境外税务机关出具的税款所属年度的有关纳税凭证。

抵免限额,是指企业来源于中国境外的所得,依照企业所得税法和实施条例的规定计算的应纳税额。除国务院财政、税务主管部门另有规定外,该抵免限额应当分国(地区)不分项计算,计算公式为:

$$抵免限额 = 中国境内、境外所得依照企业所得税法和条例规定计算的应纳税总额 \times 来源于某国(地区)的应纳税所得额 \div 中国境内、境外应纳税所得总额$$

前述5个年度,是指从企业取得的来源于中国境外的所得,已经在中国境外缴纳的企业所得税性质的税额超过抵免限额的当年的次年起连续5个纳税年度。

二、非居民企业应纳税额的计算

(一)非居民企业应纳税额的计算公式

对于在中国境内设立机构、场所的所得应纳税额的计算公式与居民企业计税公式相同,其计算公式为:

$$应纳税额 = 应纳税所得额 \times 适用税率 - 减免税额 - 抵免税额$$

对于在中国境内未设立机构、场所的,或者虽设立机构、场所但取得的所得与其所设机构、场所没有实际联系的非居民企业的所得,按照下列方法计算应纳税所得额:

1. 股息、红利等权益性投资收益和利息、租金、特许权使用费所得,以收入全额为应纳税所得额。

营业税改征增值税试点中的非居民企业，应以不含增值税的收入全额作为应纳税所得额。

2. 转让财产所得，以收入全额减除财产净值后的余额为应纳税所得额。

3. 其他所得，参照前两项规定的方法计算应纳税所得额。

财产净值是指财产的计税基础减除已经按照规定扣除的折旧、折耗、摊销、准备金等后的余额。

具体征收管理规定如下：

（1）扣缴义务人在每次向非居民企业支付或者到期应支付所得时，应从支付或者到期应支付的款项中扣缴企业所得税。到期应支付的款项，是指支付人按照权责发生制原则应当计入相关成本、费用的应付款项。

扣缴义务人每次代扣代缴税款时，应当向其主管税务机关报送《中华人民共和国扣缴企业所得税报告表》（以下简称《扣缴表》）及相关资料，并自代扣之日起7日内缴入国库。

（2）扣缴企业所得税应纳税额计算。

$$扣缴企业所得税应纳税额 = 应纳税所得额 \times 实际征收率$$

（3）扣缴义务人对外支付或者到期应支付的款项为人民币以外货币的，在申报扣缴企业所得税时，应当按照扣缴当日国家公布的人民币汇率中间价，折合成人民币计算应纳税所得额。

（4）扣缴义务人与非居民企业签订应税所得有关的业务合同时，凡合同中约定由扣缴义务人负担应纳税款的，应将非居民企业取得的不含税所得换算为含税所得后计算征税。

（5）按照企业所得税法及其实施条例和相关税收法规规定，给予非居民企业减免税优惠的，应按相关税收减免管理办法和行政审批程序的规定办理。对未经审批或者减免税申请未得到批准之前，扣缴义务人发生支付款项的，应按规定代扣代缴企业所得税。

（二）非居民企业所得税核定征收办法

非居民企业因会计账簿不健全，资料残缺难以查账，或者其他原因不能准确计算并据实申报其应纳税所得额的，税务机关有权采取以下方法核定其应纳税所得额。

1. 按收入总额核定应纳税所得额：适用于能够正确核算收入或通过合理方法推定收入总额，但不能正确核算成本费用的非居民企业。计算公式如下：

应纳税所得额 = 收入总额 × 经税务机关核定的利润率

2. 按成本费用核定应纳税所得额：适用于能够正确核算成本费用，但不能正确核算收入总额的非居民企业。计算公式如下：

应纳税所得额 = 成本费用总额 ÷ （1 - 经税务机关核定的利润率）
× 经税务机关核定的利润率

3. 按经费支出换算收入核定应纳税所得额：适用于能够正确核算经费支出总额，但不能正确核算收入总额和成本费用的非居民企业。计算公式如下：

应纳税所得额 = 经费支出总额 ÷ （1 - 经税务机关核定的利润率
- 营业税税率） × 经税务机关核定的利润率

4. 税务机关可按照以下标准确定非居民企业的利润率：

（1）从事承包工程作业、设计和咨询劳务的，利润率为15%～30%。

（2）从事管理服务的，利润率为30%～50%。

（3）从事其他劳务或劳务以外经营活动的，利润率不低于15%。

税务机关有根据认为非居民企业的实际利润率明显高于上述标准的，可以按照比上述标准更高的利润率核定其应纳税所得额。

5. 非居民企业与中国居民企业签订机器设备或货物销售合同，同时提供设备安装、装配、技术培训、指导、监督服务等劳务，其销售货物合同中未列明提供上述劳务服务收费金额，或者计价不合理的，主管税务机关可以根据实际情况，参照相同或相近业务的计价标准核定劳务收入。无参照标准的，以不低于销售货物合同总价款的10%为原则，确定非居民企业的劳务收入。

6. 非居民企业为中国境内客户提供劳务取得的收入，凡其提供的服务全部发生在中国境内的，应全额在中国境内申报缴纳企业所得税。凡其提供的服务同时发生在中国境内外的，应以劳务发生地为原则划分其境内外收入，并就其在中国境内取得的劳务收入申报缴纳企业所得税。税务机关对其境内外收入划分的合理性和真实性有疑义的，可以要求非居民企业提供真实有效的证明，并根据工作量、工作时间、成本费用等因素合理划分其境内外收入；如非居民企业不能提供真实有效的证明，税务机关可视同其提供的服务全部发生在中国境内，确定其劳务收入并据以征收企业所得税。

（三）源泉扣缴

源泉扣缴适用于非居民企业。即非居民企业在取得收入时，其缴税在收入支付环节由支付人代扣代缴。

1. 扣缴义务人。

对非居民企业在中国境内未设立机构、场所的，或者虽设立机构、场所但取得的所得与其所设机构、场所没有实际联系的所得应缴纳的所得税，实行源泉扣缴，以支付人为扣缴义务人。税款由扣缴义务人在每次支付或者到期应支付时，从支付或者到期应支付的款项中扣缴。所称支付人，是指依照有关法律规定或者合同约定对非居民企业直接负有支付相关款项义务的单位或者个人。所称支付，包括现金支付、汇拨支付、转账支付和权益兑价支付等货币支付和非货币支付。所称到期应支付的款项，是指支付人按照权责发生制原则应当计入相关成本、费用的应付款项。

对非居民企业在中国境内取得工程作业和劳务所得应缴纳的所得税，税务机关可以指定工程价款或者劳务费的支付人为扣缴义务人。

2. 扣缴方法。

（1）扣缴义务人扣缴税款时，按前述非居民企业计算方法计算税款。

（2）应当扣缴的所得税，扣缴义务人未依法扣缴或者无法履行扣缴义务的，由企业在所得发生地缴纳。企业未依法缴纳的，税务机关可以从该企业在中国境内其他收入项目的支付人应付的款项中，追缴该企业的应纳税款。

上述所称所得发生地，是指依照实施条例第七条规定的原则确定的所得发生地。在中国境内存在多处所得发生地的，由企业选择其中之一申报缴纳企业所得税。

上述所称该企业在中国境内其他收入，是指该企业在中国境内取得的其他各种来源的收入。

（3）税务机关在追缴该企业应纳税款时，应当将追缴理由、追缴数额、缴纳期限和缴纳方式等告知该企业。

（4）扣缴义务人每次代扣的税款，应当自代扣之日起7日内缴入国库，并向所在地的税务机关报送扣缴企业所得税报告表。

第五节　企业所得税的会计处理

一、所得税会计概述

会计和税收是经济领域中两个不同的分支，分别遵循不同的原则，规范不同的对象，服务于不同的目的。依据企业会计准则计算的税前利润称为会计利润；依据税法的规定计算的应税利润称为应纳税所得额。随着我国会计制度改革和税制改革的不断深入，企业按照会计准则核算会计利润与按照税法计算的应纳税所得额之间的差异逐步扩大。所得税会计就是研究如何处理会计利润和应纳税所得额之间差异的会计理论和方法。

我国《企业会计准则第18号——所得税》要求企业所得税的会计处理采用资产负债表债务法。

资产负债表债务法是通过比较资产负债表上按照会计准则规定确定的资产、负债账面价值与按照税法规定确定的计税基础，资产、负债的账面价值与其计税基础存在差异的，分别应纳税暂时性差异与可抵扣暂时性差异，应按照准则规定确认相关的递延所得税负债与递延所得税资产。

应纳税暂时性差异是指资产的账面价值大于其计税基础或者负债的账面价值小于其计税基础的，如交易性金融资产增值，可供出售金融资产增值等。应纳税暂时性差异形成递延所得税负债。

可抵扣暂时性差异是指资产的账面价值小于其计税基础或者负债的账面价值大于其计税基础的，如计提资产减值准备、预计负债等。可抵扣暂时性差异形成递延所得税资产。

二、计税基础与暂时性差异

（一）资产的计税基础与暂时性差异

资产的计税基础，是指在企业收回资产账面价值过程中，计算应纳税所得额时按照税法规定可以自应税经济利益中抵扣的金额，即某一项资产在未来期间计税时可以税前扣除的金额。企业应当按照适用的税收法规规定计算确定资产的计税基础。导致资产的账面价值与其计税基础存在暂时性差异的原因主要有：（1）固定资产折旧方法、折旧年限不同；（2）无形资产、长期待摊费用摊销期限不同；（3）计提资产减值准备；（4）公允价值变动。

1. 固定资产的计税基础与暂时性差异。

以各种方式取得的固定资产，初始确认时入账价值基本上是被税法认可的，即一般固定资产取得时其入账价值等于计税基础。

固定资产在持有期间进行后续计量时，按会计准则规定其基本计量模式是

"成本—累计折旧—固定资产减值准备",而税法规定其基本计量模式是"成本—按照税法规定计算确定的累计折旧"。会计与税收处理的差异主要来自于折旧方法、折旧年限的不同以及固定资产减值准备的计提。

(1) 折旧方法不同产生的暂时性差异。按照会计准则规定,企业一般根据固定资产经济利益的预期实现方式合理选择折旧方法。而按税法规定固定资产的折旧方法,除某些按照规定可以加速折旧的情况外,基本上可以税前扣除的是按照直线法计提的折旧。所以折旧方法的不同,会产生固定资产账面价值与计税基础之间的差异。

(2) 折旧年限不同产生的暂时性差异。税法一般规定了每一类固定资产的折旧年限,而会计处理时按照会计准则规定是由企业按照固定资产能够为企业带来经济利益的期限估计确定的。所以折旧年限的不同,也会产生固定资产账面价值与计税基础之间的差异。

(3) 计提固定资产减值准备产生的暂时性差异。固定资产的持有期间内,对固定资产计提了减值准备以后,因所计提的减值准备在计提当期不允许税前扣除,也会造成固定资产的账面价值与计税基础的差异。

【例 5 - 2】甲公司于 2014 年 1 月 1 日开始计提折旧的某项固定资产,原价为 6 000 000 元,使用年限为 10 年,采用年限平均法计提折旧,预计净残值为 0。税法规定类似固定资产采用加速折旧法计提的折旧可予税前扣除,折旧年限 10 年,该企业在计税时采用双倍余额递减法计提折旧,预计净残值为 0。2015 年 12 月 31 日,企业估计该项固定资产的可收回金额为 4 400 000 元。

2015 年 12 月 31 日,该项固定资产的账面价值 = 6 000 000 - 600 000 × 2 - 400 000 = 4 400 000 (元)

计税基础 = 6 000 000 - 6 000 000 × 20% - 4 800 000 × 20% = 3 840 000 (元)

该项固定资产账面价值 4 400 000 元与其计税基础 3 840 000 元之间的 560 000 元差额为应纳税暂时性差异,在未来期间会增加企业应纳税所得额,增加未来期间应交所得税,应确认为递延所得税负债。

【例 5 - 3】乙公司于 2015 年年末以 750 万元购入一项生产用固定资产,按照该项固定资产的预计使用情况,乙公司在会计核算时估计其使用寿命为 10 年,计税时,按照适用税法规定,其折旧年限为 20 年,假定会计与税收均按年限平均法计列折旧,净残值均为 0。20 × 6 年该项固定资产按照 12 个月计提折旧。本例中假定固定资产未发生减值。

该项固定资产在 2016 年 12 月 31 日的账面价值 = 750 - 750 ÷ 10 = 675 (万元)

该项固定资产在 2016 年 12 月 31 日的计税基础 = 750 - 750 ÷ 20 = 712.5（万元）

该项固定资产的账面价值 675 万元与其计税基础 712.5 万元之间产生的 37.5 万元可抵扣暂时性差异，在未来期间会减少企业的应纳税所得额。减少未来期间应交所得税，应确认为递延所得税资产。

【例 5-4】 甲公司于 2012 年 12 月 24 日取得某设备，成本为 13 000 000 元，预计使用 10 年，预计净残值为 0，采用年限平均法计提折旧。2015 年 12 月 31 日，根据该设备生产产品的市场占有情况，甲公司估计其可收回金额为 8 900 000 元。假定税法规定的折旧方法、折旧年限与会计准则相同，企业的资产在发生实质性损失时可予税前扣除。

2015 年 12 月 31 日，甲公司该设备的账面价值 = 13 000 000 - 1 300 000 × 3 = 9 100 000（元），可收回金额为 8 900 000 元，应当计提 200 000 元固定资产减值准备，计提该减值准备后，固定资产的账面价值为 8 900 000 元。

该设备的计税基础 = 13 000 000 - 1 300 000 × 3 = 9 100 000（元）

资产的账面价值 8 900 000 元小于其计税基础 9 100 000 元，产生 200 000 元可抵扣暂时性差异。在未来期间会减少企业的应纳税所得额。减少未来期间应交所得税，应确认为递延所得税资产。

2. 无形资产的计税基础与暂时性差异。

除内部研究开发形成的无形资产以外，以其他方式取得的无形资产，初始确认时其入账价值与税法规定的成本之间一般不存在差异。

（1）对于内部研究开发形成的无形资产，会计准则规定有关研究开发支出分为两个阶段，研究阶段的支出应当费用化计入当期损益，而开发阶段符合资本化条件的支出应当计入所形成无形资产的成本；税法规定，自行开发的无形资产，以开发过程中该资产符合资本化条件后至达到预定用途前发生的支出为计税基础。对于研究开发费用，税法中规定可以加计扣除，即企业为开发新技术、新产品、新工艺发生的研究开发费用，未形成无形资产计入当期损益的，在据实扣除的基础上，再按照研究开发费用的 50% 加计扣除；形成无形资产的，按照无形资产成本的 150% 摊销。但如果该无形资产的确认不是产生于企业合并交易，同时在确认时既不影响会计利润也不影响应纳税所得额，按照所得税会计准则的规定，不确认该暂时性差异的所得税影响。

（2）无形资产在后续计量时，会计与税收的差异主要产生于对无形资产是否需要摊销及无形资产减值准备的计提。会计准则规定应根据无形资产使用寿命情况，区分为使用寿命有限的无形资产和使用寿命不确定的无形资产。对于使用寿命不确定的无形资产，不要求摊销，在会计期末应进行减值测试。税法规定，企业取得无形资产的成本，应在一定期限内摊销，有关摊销额允许税前扣除。在对无形资产计提减值准备的情况下，因所计提的减值准备不允许税前扣除，也会造成其账面价值与计税基础的差异。

【例 5-5】甲公司当期发生研究开发支出共计 13 000 000 元，其中研究阶段支出 4 000 000 元，开发阶段符合资本化条件前发生的支出为 2 000 000 元，符合资本化条件后发生的支出为 7 000 000 元。假定开发形成的无形资产在当期期末已达到预定使用状态，但尚未进行摊销。

甲公司当年发生的研究开发支出中，按照会计规定应予费用化的金额为 6 000 000 元，形成无形资产的成本为 7 000 000 元，即期末无形资产的账面价值为 7 000 000 元。

甲公司于当期发生的 13 000 000 元研究开发支出，可在税前扣除的金额为 9 000 000 元。对于按照会计准则规定形成无形资产的部分，税法规定按照无形资产成本的 150% 作为计算未来期间摊销额的基础，即该项无形资产在初始确认时的计税基础为 10 500 000 元（7 000 000×150%）。

该项无形资产的账面价值 7 000 000 元与其计税基础 10 500 000 元之间的差额 3 500 000 元将于未来期间税前扣除，产生可抵扣暂时性差异。

【例 5-6】甲公司于 2015 年 1 月 1 日外购取得某项无形资产，入账成本为 8 000 000 元。企业根据各方面情况判断，无法合理预计其带来未来经济利益的期限，作为使用寿命不确定的无形资产。2015 年 12 月 31 日，对该项无形资产进行减值测试表明未发生减值。企业在计税时，对该项无形资产按照 10 年的期间摊销，有关摊销额允许税前扣除。

会计上将该项无形资产作为使用寿命不确定的无形资产，在未发生减值的情况下，2015 年 12 月 31 日其账面价值为取得成本 8 000 000 元。

该项无形资产在 2015 年 12 月 31 日的计税基础为 7 200 000 元（8 000 000 - 800 000）。

该项无形资产的账面价值 8 000 000 元与其计税基础 7 200 000 元之间的差额 800 000 元为应纳税暂时性差异，在未来期间会增加企业应纳税所得额，增加未来期间应交所得税，应确认为递延所得税负债。

3. 以公允价值计量且其变动计入当期损益的金融资产的计税基础与暂时性差异。

按照《企业会计准则第 22 号——金融工具确认和计量》的规定，对于以公允价值计量且其变动计入当期损益的金融资产,其于某一会计期末的账面价值为公允价值,税法规定按照会计准则确认的公允价值变动损益在计税时不予考虑,会造成该类金融资产账面价值与计税基础之间的差异。

【例 5-7】 甲公司 2015 年 9 月以 400 000 元取得乙公司股票 50 000 股作为交易性金融资产核算,2015 年 12 月 31 日,甲公司尚未出售所持有乙公司股票,乙公司股票公允价值为每股 9 元。税法规定,资产在持有期间公允价值的变动不计入当期应纳税所得额,待处置时一并计算应计入应纳税所得额的金额。

作为交易性金融资产的乙公司股票在 2015 年 12 月 31 日的账面价值为 450 000 元（9 × 50 000）,其计税基础为原取得成本不变,即 400 000 元,两者之间产生 50 000 元的应纳税暂时性差异。

4. 其他资产的计税基础与暂时性差异。

因会计准则规定与税收法规规定不同,企业持有的其他资产也可能造成其账面价值与计税基础之间存在差异。

例如,应收账款、存货等计提了资产减值准备,在资产发生实质性损失前不允许税前扣除,即该项资产的计税基础不会随减值准备的提取发生变化,从而造成该项资产的账面价值与计税基础之间存在差异。再如,投资性房地产。对于采用成本模式进行后续计量的投资性房地产,其账面价值与计税基础的确定与固定资产、无形资产相同；对于采用公允价值模式进行后续计量的投资性房地产,其计税基础的确定类似于固定资产或无形资产计税基础的确定。

（二）负债的计税基础与暂时性差异

负债的计税基础,是指负债的账面价值减去未来期间计算应纳税所得额时按照税法规定可予抵扣的金额。负债的确认与偿还一般不会影响企业未来期间的损益,也不会影响其未来期间的应纳税所得额,因此其计税基础即为账面价值。例如企业的短期借款、应付账款、应付票据等。但是,某些情况下,负债的确认可能会影响企业的损益,进而影响不同期间的应纳税所得额,使其计税基础与账面价值之间产生差额,如按照会计规定确认的某些预计负债。

1. 预计负债的计税基础与暂时性差异。

按照《企业会计准则第 13 号——或有事项》规定,企业应将预计提供售后服务发生的支出在销售当期确认为费用,同时确认预计负债。如果税法规定,与销售产品相关的支出应于发生时税前扣除。因该类事项产生的预计负债在期末的计税基础为其账面价值与未来期间可税前扣除的金额之间的差额,因有关的支出实际发生时可全额税前扣除,其计税基础为0。

因其他事项确认的预计负债,应按照税法规定的计税原则确定其计税基础。某些情况下,某些事项确认的预计负债,税法规定其支出无论是否实际发生均不允许税前扣除,即未来期间按照税法规定可予抵扣的金额为0,则其账面价值与计税基础相同。

【例5-8】甲公司2015年因销售产品承诺提供3年的保修服务,在当年年度利润表中确认了5 000 000元销售费用,同时确认为预计负债,当年度发生保修支出1 000 000元,预计负债的期末余额为4 000 000元。假定税法规定,与产品售后服务相关的费用可以在实际发生时税前扣除。

该项预计负债在甲公司2015年12月31日的账面价值为4 000 000元。

该项预计负债的计税基础 = 账面价值 − 未来期间计算应纳税所得额时按照税法规定可予抵扣的金额

= 4 000 000 − 4 000 000 = 0

2. 预收账款的计税基础。

企业在收到客户预付的款项时,因不符合收入确认条件,会计上将其确认为负债。税法对于收入的确认原则一般与会计规定相同,即会计上未确认收入时,计税时一般亦不计入应纳税所得额,该部分经济利益在未来期间计税时可予税前扣除的金额为0,计税基础等于账面价值。

如果不符合会计准则规定的收入确认条件,但按照税法规定应计入当期应纳税所得额时,有关预收账款的计税基础为0,即因其产生时已经计入应纳税所得额,未来期间可全额税前扣除,计税基础为账面价值减去在未来期间可全额税前扣除的金额,即其计税基础为0。

3. 应付职工薪酬的计税基础。

会计准则规定,企业为获得职工提供的服务给予的各种形式的报酬以及其他相关支出均应作为企业的成本、费用,在未支付之前确认为负债。税法对于合理的职工薪酬基本允许税前扣除,相关应付职工薪酬负债的账面价值等于计税基础。

4. 其他负债的计税基础。

企业的其他负债项目,如应交的罚款和滞纳金等,在尚未支付之前按照会计规定确认为费用,同时作为负债处理。税法规定,罚款和滞纳金不允许税前扣除,其计税基础为账面价值减去未来期间计税时可予税前扣除的金额0之间的差额，即计税基础等于账面价值。

【例 5-9】 甲公司因未按照税法规定缴纳税金，按规定需在 2015 年缴纳滞纳金 300 000 元，至 2015 年 12 月 31 日，该款项尚未支付，形成其他应付款 300 000 元。

甲公司 2015 年 12 月 31 日因应缴滞纳金形成的其他应付款账面价值为 300 000 元，税法规定，企业因违反国家法律、法规规定缴纳的罚款、滞纳金不允许税前扣除。甲公司其他应付款计税基础 = 300 000 - 0 = 300 000（元）。对于罚款和滞纳金支出，会计与税收规定存在差异，但该差异仅影响发生当期，对未来期间计税不产生影响，因而不产生暂时性差异。

（三）特殊交易或事项产生的资产、负债的计税基础

除企业在正常生产经营活动过程中取得的资产和负债以外，对于某些特殊交易中产生的资产、负债，其计税基础的确定也应遵从税法的规定，如企业合并过程中取得资产、负债计税基础的确定。

《企业会计准则第 20 号——企业合并》中视参与合并各方在合并前及合并后是否为同一方或相同的多方最终控制，将企业合并分为同一控制下的企业合并与非同一控制下的企业合并两种类型。对于企业合并交易的所得税处理，通常情况下，将被合并企业视为按公允价值转让、处置全部资产，计算资产的转让所得，依法缴纳所得税。合并企业接受被合并企业的有关资产，计税时可以按经评估确认或税法认可的转让价值确定计税成本。税法对于企业的合并、改组等交易，考虑合并中涉及的非股权支付额的比例、取得被合并方股权比例等条件，将其区分为应税合并与免税合并。由于会计准则与税法对企业合并的划分标准不同、处理原则不同，某些情况下，会造成企业合并中取得的有关资产、负债的入账价值与计税基础的差异。

三、递延所得税负债和递延所得税资产的确认和计量

（一）递延所得税负债的确认和计量

应纳税暂时性差异在转回期间将增加未来期间的应纳税所得额和应交所得税，导致企业经济利益的流出，从其发生当期看，构成企业应支付税金的义务，应作为负债确认。

确认应纳税暂时性差异产生的递延所得税负债时,交易或事项发生时影响到会计利润或应纳税所得额的,相关的所得税影响应作为利润表中所得税费用的组成部分;与直接计入所有者权益的交易或事项相关的,其所得税影响应增加或减少所有者权益;企业合并产生的,相关的递延所得税影响应调整购买日应确认的商誉或是计入当期损益的金额。

1. 递延所得税负债的确认。

企业在确认因应纳税暂时性差异产生的递延所得税负债时,应遵循以下原则:

(1) 除会计准则中明确规定可不确认递延所得税负债的情况以外,企业对于所有的应纳税暂时性差异均应确认相关的递延所得税负债。除直接计入所有者权益的交易或事项以及企业合并外,在确认递延所得税负债的同时,应增加利润表中的所得税费用。

【例5-10】甲公司于2015年1月1日开始计提折旧的某设备,取得成本为4 000 000元,采用年限平均法计提折旧,使用年限为10年,预计净残值为0。假定计税时允许按双倍余额递减法计提折旧,使用年限及预计净残值与会计相同。甲公司适用的所得税税率为25%。假定该企业不存在其他会计与税收处理的差异。

2015年该项固定资产按照会计规定计提的折旧额为400 000元,计税时允许扣除的折旧额为400 000元,则该固定资产的账面价值3 600 000元与其计税基础3 200 000元的差额构成应纳税暂时性差异,企业应确认递延所得税负债100 000元[(3 600 000 - 3 200 000)×25%]。

(2) 不确认递延所得税负债的特殊情况。有些情况下,虽然资产、负债的账面价值与其计税基础不同,产生了应纳税暂时性差异,但出于各方面考虑,会计准则规定不确认相关的递延所得税负债,主要包括:

①商誉的初始确认。非同一控制下的企业合并中,企业合并成本大于合并中取得的被购买方可辨认净资产公允价值份额的差额,确认为商誉。因会计与税收的划分标准不同,按照税法规定作为免税合并的情况下,税法不认可商誉的价值,即从税法角度,商誉的计税基础为0,两者之间的差额形成应纳税暂时性差异。但是,确认该部分暂时性差异产生的递延所得税负债,则意味着将进一步增加商誉的价值。因商誉本身即是企业合并成本在取得的被购买方可辨认资产、负债之间进行分配后的剩余价值,确认递延所得税负债进一步增加其账面价值会影响到会计信息的可靠性,而且增加了商誉的账面价值以后,可能

很快就要计提减值准备，同时其账面价值的增加还会进一步产生应纳税暂时性差异，使得递延所得税负债和商誉价值量的变化不断循环。因此，会计上作为非同一控制下的企业合并，同时按照税法规定作为免税合并的情况下，商誉的计税基础为0，其账面价值与计税基础不同形成的应纳税暂时性差异，会计准则规定不确认相关的递延所得税负债。

应予以说明的是，按照会计准则规定在非同一控制下企业合并中确认了商誉，并且按照所得税法规的规定该商誉在初始确认时计税基础等于账面价值的，该商誉在后续计量过程中因会计准则与税法规定不同产生暂时性差异的，应当确认相关的所得税影响。

②除企业合并以外的其他交易或事项中，如果该项交易或事项发生时既不影响会计利润，也不影响应纳税所得额，则所产生的资产、负债的初始确认金额与其计税基础不同，形成应纳税暂时性差异的，交易或事项发生时不确认相应的递延所得税负债。该规定主要是考虑到由于交易发生时既不影响会计利润，也不影响应纳税所得额，确认递延所得税负债的直接结果是增加有关资产的账面价值或是降低所确认负债的账面价值，使得资产、负债在初始确认时，违背历史成本原则，影响会计信息的可靠性。

③与子公司、联营企业、合营企业投资等相关的应纳税暂时性差异，一般应确认递延所得税负债，但同时满足以下两个条件的除外：一是投资企业能够控制暂时性差异转回的时间；二是该暂时性差异在可预见的未来很可能不会转回。满足上述条件时，投资企业可以运用自身的影响力决定暂时性差异的转回，如果不希望其转回，则在可预见的未来该项暂时性差异即不会转回，从而无须确认相关的递延所得税负债。

应予以说明的是，企业在运用上述条件不确认与联营企业、合营企业相关的递延所得税负债时，应有确凿的证据表明其能够控制有关暂时性差异转回的时间。一般情况下，企业对联营企业的生产经营决策仅能够实施重大影响，并不能够主导被投资单位包括利润分配政策在内的主要生产经营决策的制定，满足《企业会计准则第18号——所得税》规定的能够控制暂时性差异转回时间的条件一般是通过与其他投资者签订协议等，达到能够控制被投资单位利润分配政策等情况。

对于采用权益法核算的长期股权投资，其账面价值与计税基础产生的有关暂时性差异是否应确认相关的所得税影响，应考虑该项投资的持有意图：

①如果企业拟长期持有该项投资，则因初始投资成本的调整产生的暂时性

差异预计未来期间不会转回，对未来期间没有所得税影响；因确认投资损益产生的暂时性差异，如果在未来期间逐期分回现金股利或利润时免税，也不存在对未来期间的所得税影响；因确认应享有被投资单位其他权益变动而产生的暂时性差异，在长期持有的情况下预计未来期间也不会转回。因此，在准备长期持有的情况下，对于采用权益法核算的长期股权投资账面价值与计税基础之间的差异一般不确认相关的所得税影响。

②如果投资企业改变持有意图拟对外出售的情况下，按照税法规定，企业在转让或者处置投资资产时，投资资产的成本准予扣除。在持有意图由长期持有转变为拟近期出售的情况下，因长期股权投资的账面价值与计税基础不同产生的有关暂时性差异，均应确认相关的所得税影响。

2. 递延所得税负债的计量。

递延所得税负债应以相关应纳税暂时性差异转回期间适用的所得税税率计量。在我国，除享受优惠政策的情况以外，企业适用的所得税税率在不同年度之间一般不会发生变化，企业在确认递延所得税负债时，可以现行适用所得税税率为基础计算确定。对于享受优惠政策的企业，如国家需要重点扶持的高新技术企业，享受一定时期的税率优惠，则所产生的暂时性差异应以预计其转回期间的适用所得税税率为基础计量。另外，无论应纳税暂时性差异的转回期间如何，递延所得税负债不要求折现。

（二）递延所得税资产的确认和计量

1. 递延所得税资产的确认。

资产、负债的账面价值与其计税基础不同产生可抵扣暂时性差异的，在估计未来期间能够取得足够的应纳税所得额用以利用该可抵扣暂时性差异时，应当以很可能取得用来抵扣可抵扣暂时性差异的应纳税所得额为限，确认相关的递延所得税资产。同递延所得税负债的确认相同，有关交易或事项发生时，对会计利润或应纳税所得额产生影响的，所确认的递延所得税资产应作为利润表中所得税费用的调整；有关的可抵扣暂时性差异产生于直接计入所有者权益的交易或事项，则确认的递延所得税资产也应计入所有者权益；企业合并时产生的可抵扣暂时性差异的所得税影响，应相应调整企业合并中确认的商誉或是应计入当期损益的金额。

确认递延所得税资产时，应关注以下问题：

（1）递延所得税资产的确认应以未来期间可能取得的应纳税所得额为限。

在可抵扣暂时性差异转回的未来期间内，企业无法产生足够的应纳税所得额用以抵减可抵扣暂时性差异的影响，使得与递延所得税资产相关的经济利益无法实现的，该部分递延所得税资产不应确认；企业有确凿的证据表明其于可抵扣暂时性差异转回的未来期间能够产生足够的应纳税所得额，进而利用可抵扣暂时性差异的，则应以可能取得的应纳税所得额为限，确认相关的递延所得税资产。

在判断企业于可抵扣暂时性差异转回的未来期间能否产生足够的应纳税所得额时，应考虑以下两个方面的影响：

一是通过正常的生产经营活动能够实现的应纳税所得额，如企业通过销售商品、提供劳务等所实现的收入，扣除相关费用后的金额。

二是以前期间产生的应纳税暂时性差异在未来期间转回时将产生应纳税所得额的增加额。

考虑到受可抵扣暂时性差异转回的期间内可能取得应纳税所得额的限制，因无法取得足够的应纳税所得额而未确认相关的递延所得税资产的，应在财务报表附注中进行披露。

（2）对与子公司、联营企业、合营企业的投资相关的可抵扣暂时性差异，同时满足下列条件的，应当确认相关的递延所得税资产：一是暂时性差异在可预见的未来很可能转回；二是未来很可能获得用来抵扣可抵扣暂时性差异的应纳税所得额。

对联营企业和合营企业的投资产生的可抵扣暂时性差异，主要产生于权益法下确认的投资损失以及计提减值准备的情况下。

（3）对于按照税法规定可以结转以后年度的未弥补亏损和税款抵减，应视同可抵扣暂时性差异处理。在预计可利用可弥补亏损或税款抵减的未来期间内能够取得足够的应纳税所得额时，应当以很可能取得的应纳税所得额为限，确认相关的递延所得税资产，同时减少确认当期的所得税费用。

与未弥补亏损和税款抵减相关的递延所得税资产，其确认条件与可抵扣暂时性差异产生的递延所得税资产相同，在估计未来期间能否产生足够的应纳税所得额用于利用该部分未弥补亏损或税款抵减时，应考虑以下相关因素的影响：

①在未弥补亏损到期前，企业是否会因以前期间产生的应纳税暂时性差异转回而产生足够的应纳税所得额；

②在未弥补亏损到期前，企业是否可能通过正常的生产经营活动产生足够

③未弥补亏损是否产生于一些在未来期间不可能再发生的特殊原因；

④是否存在其他的证据表明在未弥补亏损到期前能够取得足够的应纳税所得额。

2. 不确认递延所得税资产的特殊情况。

某些情况下，如果企业发生的某项交易或事项不是企业合并，并且交易发生时既不影响会计利润也不影响应纳税所得额，且该项交易中产生的资产、负债的初始确认金额与其计税基础不同，产生可抵扣暂时性差异的，会计准则规定在交易或事项发生时不确认相关的递延所得税资产。其原因同该种情况下不确认相关的递延所得税负债相同，如果确认递延所得税资产，则需调整资产、负债的入账价值，对实际成本进行调整将有违历史成本原则，影响会计信息的可靠性，该种情况下不确认相关的递延所得税资产。

【例5-11】甲公司2015年发生资本化研究开发支出2 000 000元，至年末研发项目尚未完成。税法规定，按照会计准则规定资本化的开发支出按其150%作为计算摊销额的基础。

甲公司按照会计准则规定资本化的开发支出为2 000 000元，其计税基础为3 000 000元（2 000 000×150%），该开发支出及所形成无形资产在初始确认时其账面价值与计税基础即存在差异，因该差异并非产生于企业合并，同时在产生时既不影响会计利润也不影响应纳税所得额，按照《企业会计准则第18号——所得税》规定，不确认与该暂时性差异相关的所得税影响。

3. 递延所得税资产的计量。

同递延所得税负债的计量原则相一致，确认递延所得税资产时，应估计相关可抵扣暂时性差异的转回时间，采用转回期间适用的所得税税率为基础计算确定。另外，无论相关的可抵扣暂时性差异转回期间如何，递延所得税资产均不予折现。

资产负债表日，企业应当对递延所得税资产的账面价值进行复核。如果未来期间很可能无法取得足够的应纳税所得额用以利用递延所得税资产的利益，应当减记递延所得税资产的账面价值。对于预期无法实现的部分，一般应确认为当期所得税费用，同时减少递延所得税资产的账面价值；对于原确认时计入所有者权益的递延所得税资产，其减记金额也应计入所有者权益，不影响当期所得税费用。递延所得税资产的账面价值因上述原因减记以后，继后期间根据新的环境和情况判断能够产生足够的应纳税所得额用以利用可抵扣暂时性差异，使得递延所得税资产包含的经济利益能够实现的，应相应恢复递延所得税资产的账面价值。

四、企业所得税核算的科目设置

（一）"所得税费用"科目

"所得税费用"科目核算企业确认的应从当期利润总额中扣除的所得税费用。

资产负债表日，企业按照税法规定计算确定的当期应交所得税，借记"所得税费用"科目，贷记"应交税费——应交所得税"科目。

资产负债表日，根据递延所得税资产的应有余额大于"递延所得税资产"科目余额的差额，借记"递延所得税资产"科目，贷记"所得税费用"科目、"其他综合收益"等科目；递延所得税资产的应有余额小于"递延所得税资产"科目余额的差额作相反的会计分录。

资产负债表日，根据递延所得税负债的应有余额大于"递延所得税负债"科目余额的差额，借记"所得税费用"科目，贷记"递延所得税负债"科目；递延所得税负债的应有余额小于"递延所得税负债"科目余额的差额做相反的会计分录。

期末应将"所得税费用"科目的余额转入"本年利润"科目，结转后科目无余额。

（二）"递延所得税资产"科目

"递延所得税资产"科目核算企业确认的可抵扣暂时性差异对所得税的影响。

根据税法规定可用以后年度税前利润弥补的亏损及税款抵减产生的所得税资产，也在"递延所得税资产"科目核算。

资产负债表日，企业确认的递延所得税资产，借记"递延所得税资产"科目，贷记"所得税费用"科目。

资产负债表日递延所得税资产的应有余额大于其账面余额的，应按其差额确认，借记"递延所得税资产"科目，贷记"所得税费用"等科目；资产负债表日递延所得税资产的应有余额小于其账面余额的差额做相反的会计分录。

企业合并中取得资产、负债的入账价值与其计税基础不同形成可抵扣暂时性差异的，应于购买日确认递延所得税资产，借记"递延所得税资产"科目，贷记"商誉"等科目。与直接计入所有者权益的交易或事项相关的递延所得税资产，借记"递延所得税资产"科目，贷记"其他综合收益"科目。

资产负债表日，预计未来期间很可能无法获得足够的应纳税所得额用以抵扣可抵扣暂时性差异的，按原已确认的递延所得税资产中应减记的金额，借记"所得税费用"、"其他综合收益"等科目，贷记"递延所得税资产"科目。

"递延所得税资产"账户期末借方余额，反映企业确认的递延所得税资产。

(三)"递延所得税负债"科目

"递延所得税负债"科目核算企业确认的应纳税暂时性差异产生的所得税负债，可按应纳税暂时性差异的项目进行明细核算。

资产负债表日，企业确认的递延所得税负债，借记"所得税费用"科目，贷记"递延所得税负债"科目。资产负债表日递延所得税负债的应有余额大于其账面余额的，应按其差额确认，借记"所得税费用"科目，贷记"递延所得税负债"科目；资产负债表日递延所得税负债的应有余额小于其账面余额的做相反的会计分录。

与直接计入所有者权益的交易或事项相关的递延所得税负债，借记"其他综合收益"科目，贷记"递延所得税负债"科目。

企业合并中取得资产、负债的入账价值与其计税基础不同形成应纳税暂时性差异的，应于购买日确认递延所得税负债，同时调整商誉，借记"商誉"等科目，贷记"递延所得税负债"科目。

"递延所得税负债"科目期末贷方余额，反映企业已确认的递延所得税负债。

(四)"应交税费——应交所得税"科目

企业按照税法规定计算应交的所得税，借记"所得税费用"等科目，贷记"应交税费——应交所得税"科目。交纳的所得税，借记"应交税费——应交所得税"科目，贷记"银行存款"等科目。

五、所得税费用的账务处理

所得税会计主要目的是为确定当期应交所得税以及利润表中的所得税费

用，从而确定各期实现的净利润。确认递延所得税资产和递延所得税负债，最终目的也是解决不同会计期间所得税费用的分配问题。按照资产负债表债务法核算所得税的情况下，利润表中的所得税费用由两个部分组成：当期所得税和递延所得税。

（一）当期所得税

当期所得税是指企业按照税法规定计算确定的针对当期发生的交易和事项，应缴纳给税务机关的所得税金额，即应交所得税。

企业在确定当期所得税时，对于当期发生的交易或事项，会计处理与税收处理不同的，应在会计利润的基础上，按照适用税收法规的要求进行调整，计算出当期应纳税所得额，按照应纳税所得额与适用所得税税率计算确定当期应交所得税。一般情况下，应纳税所得额可在会计利润的基础上，考虑会计与税收规定之间的差异，按照以下公式计算确定：

应纳税所得额 = 会计利润 + 纳税调整增加额 - 纳税调整减少额

当期应交所得税 = 应纳税所得额 × 适用税额 - 减免税额 - 抵免税额

（二）递延所得税费用

递延所得税费用是指递延所得税资产和递延所得税负债的当期发生额的综合结果，但不包括计入所有者权益的交易或事项的所得税影响。用公式表示即为：

$$递延所得税费用 = \left(\begin{array}{c}递延所得税负债的\\期末余额\end{array} - \begin{array}{c}当期递延所得税\\负债的期初余额\end{array}\right)$$

$$- \left(\begin{array}{c}当期递延所得税\\资产的期末余额\end{array} - \begin{array}{c}当期递延所得税\\资产的期初余额\end{array}\right)$$

应注意的是，如果某项交易或事项按照会计准则规定应计入所有者权益的，由该交易或事项产生的递延所得税资产或递延所得税负债及其变化也应计入所有者权益，不构成利润表中的递延所得税费用。

【例5-12】甲公司2015年9月取得的某项可供出售金融资产，成本为3 000 000元，2015年12月31日，其公允价值为3 200 000元。甲公司适用的所得税税率为25%。

会计期末在确认200 000元（3 200 000 - 3 000 000）的公允价值变动时：

借：可供出售金融资产——公允价值变动　　　　　　　200 000

贷：其他综合收益　　　　　　　　　　　　　　　200 000
　确认应纳税暂时性差异的所得税影响时：
　　借：其他综合收益（200 000×25%）　　　　　　　50 000
　　贷：递延所得税负债　　　　　　　　　　　　　　50 000

（三）所得税费用

计算确定了当期应交所得税及递延所得税费用（或收益）以后，利润表中应予确认的所得税费用为两者之和，即：

$$所得税费用 = 当期所得税 + 递延所得税费用$$

【例5-13】 甲公司2015年12月31日资产负债表中部分项目的账面价值和计税基础情况如下（单位：万元）：

项目	账面价值	计税基础
交易性金融资产	1 200	1 000
存货	1 000	1 070
固定资产	1 300	1 200
无形资产	900	980
预计负债	50	0
总计		

假定甲公司适用的所得税税率为25%，2015年初"递延所得税资产"和"递延所得税负债"科目均无余额。2015年税前会计利润为385万元，当年会计与税收间的差异包括下述事项：

（1）购买国债获取利息收入25万元；

（2）支付的税款滞纳金10万元；

（3）持有的交易性金融资产公允价值上升200万元；

（4）本年提取的存货跌价准备70万元；

（5）固定资产的原始成本和计税基础均为2 000万元，会计采用直线法折旧为700万元，而公司依税法规定采用双倍余额递减法计算折旧扣除，应税折旧为800万元；

（6）当年提取无形资产减值准备80万元；

（7）因未决诉讼预计损失50万元。

该公司2015年度的应纳税所得额 = 385 - 25 + 10 - 200 + 70 - 100 + 80 + 50 =

270（万元）

应交所得税 = 270 × 25% = 67.5（万元）

"递延所得税负债"科目的年末余额 = 300 × 25% = 75（万元）

"递延所得税资产"科目的年末余额 = 200 × 25% = 50（万元）

所得税费用 = 67.5 + 75 - 50 = 92.5（万元）

编制甲公司所得税相关会计分录：

借：所得税费用　　　　　　　　　　　　　　925 000
　　递延所得税资产　　　　　　　　　　　　500 000
　　贷：应交税费——应交所得税　　　　　　　　675 000
　　　　递延所得税负债　　　　　　　　　　　　750 000

六、递延所得税的特殊处理

（一）与直接计入所有者权益的交易或事项相关的所得税

与当期及以前期间直接计入所有者权益的交易或事项相关的当期所得税及递延所得税应当计入所有者权益。直接计入所有者权益的交易或事项主要有：对会计政策变更采用追溯调整法或对前期差错更正采用追溯重述法调整期初留存收益、可供出售金融资产公允价值的变动计入所有者权益，同时包含负债及权益成分的金融工具在初始确认时计入所有者权益等。

【例5-14】 甲公司于2015年5月自公开市场以每股7元的价格取得A公司普通股400万股，作为可供出售金融资产核算（假定不考虑交易费用），2015年12月31日，甲公司该股票投资尚未出售，当日市价为每股9元。按照税法规定，资产在持有期间公允价值的变动不计入应纳税所得额，待处置时一并计算计入应纳税所得额。甲公司适用的所得税税率为25%，假定在未来期间不会发生变化。

甲公司在期末应进行的会计处理：

借：可供出售金融资产——公允价值变动　　　　8 000 000
　　贷：其他综合收益　　　　　　　　　　　　　　8 000 000
借：其他综合收益　　　　　　　　　　　　　　2 000 000
　　贷：递延所得税负债　　　　　　　　　　　　　2 000 000

假定甲公司以每股12元的价格将该股票于2016年全部对外出售，结转该股票出售损益时：

借：银行存款　　　　　　　　　　　　　　48 000 000
　　贷：可供出售金融资产　　　　　　　　　　36 000 000
　　　　投资收益　　　　　　　　　　　　　　12 000 000
借：其他综合收益　　　　　　　　　　　　 6 000 000
　　递延所得税负债　　　　　　　　　　　　 2 000 000
　　贷：投资收益　　　　　　　　　　　　　　 8 000 000

（二）与企业合并相关的递延所得税

企业合并中，购买方取得被购买方的可抵扣暂时性差异，例如，购买日取得的被购买方在以前期间发生的未弥补亏损等可抵扣暂时性差异，按照税法规定可以用于抵减以后年度应纳税所得额，但在购买日不符合递延所得税资产确认条件的，不应予以确认。购买日后12个月内，如果取得新的或进一步的信息表明相关情况在购买日已经存在，预期被购买方在购买日可抵扣暂时性差异带来的经济利益能够实现的，购买方应当确认相关的递延所得税资产，同时减少由该企业合并所产生的商誉，商誉不足冲减的，差额部分确认为当期损益（所得税费用）。除上述情况以外（例如，购买日后超过12个月，或在购买日不存在相关情况但购买日以后出现新的情况导致可抵扣暂时性差异带来的经济利益预期能够实现），如果符合了递延所得税资产的确认条件，确认与企业合并相关的递延所得税资产，应当计入当期损益（所得税费用），不得调整商誉金额。

（三）适用所得税税率变化对已确认递延所得税资产和递延所得税负债的影响

因适用税收法规的变化，导致企业在某一会计期间适用的所得税税率发生变化的，企业应对已确认的递延所得税资产和递延所得税负债进行重新计量。递延所得税资产和递延所得税负债的金额代表的是有关可抵扣暂时性差异或应纳税暂时性差异于未来期间转回时，导致应交所得税金额的减少或增加的情况。适用所得税税率的变化必然导致应纳税暂时性差异或可抵扣暂时性差异在未来期间转回时产生增加或减少应交所得税金额的变化，应对原已确认的递延所得税资产和递延所得税负债的金额进行调整，反映所得税税率变化带来的影响。

除直接计入所有者权益的交易或事项产生的递延所得税资产和递延所得税负债其相关的调整金额应计入所有者权益以外，其他情况下产生的调整金额应确认为当期所得税费用。

七、所得税的列报

企业对所得税的核算结果，除利润表中列示的所得税费用以外，在资产负债表中形成的应交税费（应交所得税）以及递延所得税资产和递延所得税负债应当遵循《企业会计准则第18号——所得税》和《企业会计准则第30号——财务报表列报》规定列报。其中，递延所得税资产和递延所得税负债一般应当分别作为非流动资产和非流动负债在资产负债表中列示，所得税费用应当在利润表中单独列示，同时还应在附注中披露与所得税有关的信息。

（一）同时满足以下条件时，企业应当将当期所得税资产及当期所得税负债以抵销后的净额列示

（1）企业拥有以净额结算的法定权利；

（2）意图以净额结算或取得资产、清偿负债同时进行。

对于当期所得税资产与当期所得税负债以净额列示，是指当企业实际缴纳的所得税款大于按照税法规定计算的应交所得税时，超过部分应当在资产负债表"其他流动资产"项目中列示；当企业实际缴纳的所得税税款小于按照税法规定确定的应交所得税时，差额部分应当在资产负债表的"应交税费"项目中列示。

（二）同时满足以下条件时，企业应当将递延所得税资产与递延所得税负债以抵销后的净额列示

（1）企业拥有以净额结算当期所得税资产及当期所得税负债的法定权利；

（2）递延所得税资产及递延所得税负债是与同一税收征管部门对同一纳税主体征收的所得税相关或者是对不同的纳税主体相关，但在未来每一具有重要性的递延所得税资产及递延所得税负债转回的期间内，涉及的纳税主体意图以净额结算当期所得税资产和当期所得税负债或是同时取得资产、清偿负债。

一般情况下，在个别财务报表中，当期所得税资产与当期所得税负债及递延所得税资产与递延所得税负债可以以抵销后的净额列示。在合并财务报表中，纳入合并范围的企业中，一方的当期所得税资产或递延所得税资产与另一方的当期所得税负债或递延所得税负债一般不能予以抵销，除非所涉及的企业具有以净额结算的法定权利并且意图以净额结算。

第六章 个人所得税纳税实务与会计处理

第一节 个人所得税基本法规

个人所得税是对个人（即自然人）取得的各项应税所得征收的一种税。2011年6月30日第十一届全国人民代表大会常务委员会第二十一次会议通过了《关于修改〈中华人民共和国个人所得税法〉的决定》，对《个人所得税法》进行了第六次修正，从2011年9月1日起施行。国务院也相应地对《个人所得税法实施条例》进行了修订。随后国家财政、税务主管部门又制定了一系列部门规章和规范性文件。这些法律法规、部门规章及规范性文件构成了我国的个人所得税法律制度。

一、个人所得税的纳税义务人

个人所得税的纳税义务人包括在中国境内有住所，或者虽无住所但在中国境内居住满1年的个人，以及无住所又不居住或居住不满1年但有从中国境内取得所得的个人。具体包括中国公民，个体工商户，外籍个人以及中国香港、澳门、台湾同胞等。

个人独资企业和合伙企业不缴纳企业所得税，只对投资者个人或自然人合伙人取得的生产经营所得征收个人所得税。

个人独资企业和合伙企业分别是指依照我国相关法律登记成立的个人独资、合伙性质的企业、律师事务所以及其他相关机构或组织。个人独资企业以投资者个人为纳税义务人，合伙企业以每一个合伙人为纳税义务人。

个人独资企业投资人以其个人财产对企业债务承担无限责任。普通合伙企业合伙人对合伙企业债务承担无限连带责任。有限合伙企业由普通合伙人和有限合伙人组成，普通合伙人对合伙企业债务承担无限连带责任，有限合伙人以其认缴的出资额为限对合伙企业债务承担责任。

（一）居民纳税义务人

居民纳税义务人负有无限纳税义务。其所取得的应纳税所得，无论是来源于中国境内还是中国境外任何地方，都要在中国缴纳个人所得税。根据《个人所得税法》规定，居民纳税义务人是指在中国境内有住所，或者无住所而在中国境内居住满1年的个人。

所谓在中国境内有住所的个人，是指因户籍、家庭、经济利益关系，而在中国境内习惯性居住的个人。这里所说的习惯性居住，指个人因学习、工作、探亲等原因消除之后，没有理由在其他地方继续居留时，所要回到的地方，而不是指实际居住或在某一个特定时期内的居住地。例如，某人因出国留学在中国境外居住，但是在留学结束之后，他必须回到中国境内居住的，则中国为该人的习惯性居住地。尽管该人在一个纳税年度内，甚至连续几个纳税年度，都未在中国境内居住过1天，他仍然是中国居民纳税义务人，应就其来自全球的应纳税所得，向中国缴纳个人所得税。

所谓在境内居住满1年，是指在一个纳税年度（即公历1月1日起至12月31日止，下同）内，在中国境内居住满365日。在计算居住天数时，对临时离境应视同在华居住，不扣减其在华居住的天数。这里所说的临时离境，是指在一个纳税年度内，一次不超过30日或者多次累计不超过90日的离境。例如，一个外籍人员从2014年10月起到中国境内的公司任职，在2015年纳税年度内，曾于3月9～16日离境回国，向其总公司述职，12月23日至12月30日又离境回国一次。这两次离境时间相加，没有超过90日的标准，应视作临时离境，不扣减其在华居住天数。因此，该纳税义务人应为居民纳税义务人。

现行税法中关于"中国境内"的概念，是指中国大陆地区，目前还不包括香港、澳门和台湾地区。

（二）非居民纳税义务人

非居民纳税义务人是指在中国境内无住所又不居住或者无住所而在境内居住不满1年的个人。也就是说，非居民纳税义务人，是指习惯性居住地不在中国境内，而且不在中国居住，或者在一个纳税年度内，在中国境内居住不满1年的个人。非居民纳税义务人承担有限纳税义务，即仅就其来源于中国境内的所得，向中国缴纳个人所得税。

二、个人所得税的征税范围

个人所得税的征税对象是个人取得的应税所得。《个人所得税法》规定的个人应税所得共有11项。

（一）工资、薪金所得

1. 工资、薪金所得的一般规定。

工资、薪金所得，是指个人因任职或者受雇而取得的工资、薪金、奖金、年终加薪、劳动分红、津贴、补贴以及与任职或者受雇有关的其他所得。工资薪金所得属于非独立个人劳动所得。

除工资、薪金以外，奖金、年终加薪、劳动分红、津贴、补贴也被列入工资、薪金税目。其中，年终加薪、劳动分红不分种类和取得情况，一律按工资、薪金所得课税。

下列项目不属于工资、薪金性质的补贴、津贴，不予征收个人所得税。这些项目包括：(1) 独生子女补贴；(2) 执行公务员工资制度未纳入基本工资总额的补贴、津贴差额和家属成员的副食补贴；(3) 托儿补助费；(4) 差旅费津贴、误餐补助。误餐补助是指按照财政部规定，个人因公在城区、郊区工作，不能在工作单位或返回就餐的，根据实际误餐顿数，按规定的标准领取的误餐费。单位以误餐补助名义发给职工的补助、津贴不包括在内。

2. 工资、薪金所得的特殊规定。

(1) 内部退养取得一次性收入的征税问题。

内部退养是未办理退休手续，只是提前离开工作岗位。

企业减员增效和行政、事业单位、社会团体在机构改革过程中实行内部退养的人员，在办理内部退养手续后从原任单位取得的一次性收入，应按办理内部退养手续至法定离退休年龄之间的所属月份进行平均，并与领取当月的"工资、薪金所得"合并后减除当月费用扣除标准，以余额为基数确定适用税率，再将当月工资、薪金加上取得的一次性收入，减去费用扣除标准，按适用税率计征个人所得税。

个人在办理内部退养手续后至法定退休年龄之间重新就业取得的"工资、薪金所得",应与其从原任职单位取得的同一月份的"工资、薪金所得"合并,并依法自行向主管税务机关申报缴纳个人所得税。

(2)提前退休取得一次性补贴收入的征税问题。

机关、企事业单位对未达到法定退休年龄、正式办理提前退休手续的个人,按统一标准向提前退休工作人员支付一次性补贴,不属于免税的离退休工资收入,应按照"工资、薪金所得"项目征收个人所得税。

个人因办理提前退休手续而取得的一次性补贴收入,应按照办理提前退休手续至法定退休年龄之间所属月份平均分摊计算个人所得税。计税公式为:

$$应纳所得税额=\left\{\left[\left(一次性补贴收入÷办理提前退休手续至法定退休年龄的实际月份数\right)-费用扣除标准\right]×适用税率-速算扣除数\right\}×提前办理退休手续至法定退休年龄的实际月份数$$

(3)个人因与用人单位解除劳动关系而取得的一次性补偿收入的征税问题。

个人因与用人单位解除劳动关系而取得的一次性补偿收入(包括用人单位发放的经济补偿金、生活补助费和其他补助费用),其收入超过当地上年职工平均工资3倍数额部分的一次性补偿收入,可视为一次取得数月的工资、薪金收入,允许在一定期限内平均计算。方法为:以超过3倍数额部分的一次性补偿收入,除以个人在本企业的工作年限数(超过12年的按12年计算),以其商数作为个人的月工资、薪金收入,按照税法规定计算缴纳个人所得税。

个人领取一次性补偿收入时,按照国家和地方政府规定的比例实际缴纳的住房公积金、医疗保险费、基本养老保险费、失业保险费可以计征其一次性补偿收入的个人所得税时予以扣除。

(4)退休人员再任职取得的收入征税问题。

退休人员再任职取得的收入,符合相关条件的,在减除按税法规定的费用扣除标准后,按"工资、薪金所得"应税项目缴纳个人所得税。

(5)离退休人员从原任单位取得补贴等征税问题。

离退休人员除按规定领取离退休工资或养老金外,另从原任单位取得的各类补贴、奖金、实物,不属于免税的退休工资、离休工资、离休生活补助费,应按"工资、薪金所得"应税项目的规定缴纳个人所得税。

(6)个人取得公务交通、通讯补贴收入征税问题。

个人因公务用车和通讯制度改革而取得的公务用车、通讯补贴收入，扣除一定标准的公务费用后，按照"工资、薪金所得"项目计征个人所得税。按月发放的，并入当月"工资、薪金所得"计征个人所得税；不按月发放的，分解到所属月份并与该月份"工资、薪金所得"合并后计征个人所得税。

公务费用的扣除标准，由省级地方税务局根据纳税人公务交通、通讯费用的实际发生情况调查测算，报经省级人民政府批准后确定，并报国家税务总局备案。

（7）公司职工取得的用于购买企业国有股权的劳动分红征税问题。

公司职工取得的用于购买企业国有股权的劳动分红按"工资、薪金所得"项目计征个人所得税。

（8）个人取得股票增值权所得和限制性股票所得征税问题。

个人因任职、受雇从上市公司取得的股票增值权所得和限制性股票所得，由上市公司或其境内机构按照"工资、薪金所得"项目和股票期权所得个人所得税计税方法，依法扣缴其个人所得税。

（9）关于失业保险费征税问题。

城镇企业事业单位及其职工个人实际缴付的失业保险费，超过《失业保险条例》规定比例的，应将其超过规定比例缴付的部分计入职工个人当期的工资薪金收入，依法计征个人所得税。

（10）关于保险金征税问题。

企业为员工支付各项免税之外的保险金，应在企业向保险公司缴付时（即该保险落到被保险人的保险账户）并入员工当期的工资收入，按"工资、薪金所得"项目计征个人所得税，税款由企业负责代扣代缴。

（11）企业年金、职业年金征税问题。

企业和事业单位超过国家有关政策规定的标准，为在本单位任职或者受雇的全体职工缴付的企业年金或职业年金（以下统称"年金"）单位缴费部分，应并入个人当期的"工资、薪金所得"，依法计征个人所得税。税款由建立年金的单位代扣代缴，并向主管税务机关申报解缴。

个人根据国家有关政策规定缴付的年金个人缴费部分，超过本人缴费工资计税基数的4%的部分，应并入个人当期的"工资、薪金所得"，依法计征个人所得税。税款由建立年金的单位代扣代缴，并向主管税务机关申报解缴。

个人达到国家规定的退休年龄之后按月领取的年金，按照"工资、薪金所得"项目适用的税率，计征个人所得税；按年或按季领取的年金，平均分摊计入各月，每月领取额按照"工资、薪金所得"项目适用的税率，计征个人所得税。

（12）对在中国境内无住所的个人一次取得数月奖金或年终加薪、劳动分红（以下简称奖金，不包括应按月支付的奖金）的计算征税问题。

对上述个人取得的奖金，可单独作为一个月的"工资、薪金所得"计算纳税。由于对每月的"工资、薪金所得"计税时已按月扣除了费用，因此，对上述奖金不再减除费用，全额作为应纳税所得额直接按适用税率计算应纳税款，并且不再按居住天数进行划分计算。上述个人应在取得奖金月份的次月15日内申报纳税。但有一种特殊情况，即在中国境内无住所的个人在担任境外企业职务的同时，兼任该外国企业在华机构的职务，但并不实际或不经常到华履行该在华机构职务，对其一次取得的数月奖金中属于全月未在华的月份奖金，依照劳务发生地原则，可不作为来源于中国境内的奖金收入计算纳税。

（13）特定行业职工取得的工资、薪金所得的计税问题。

为了照顾采掘业、远洋运输业、远洋捕捞业因季节、产量等因素的影响，职工的工资、薪金收入呈现较大幅度波动的实际情况，对这三个特定行业的职工取得的"工资、薪金所得"，可按月预缴，年度终了后30日内，合计其全年"工资、薪金所得"，再按12个月平均，并计算实际应纳的税款，多退少补。用公式表示为：

$$应纳所得税额 = [（全年工资、薪金收入 \div 12 - 费用扣除标准） \times 税率 - 速算扣除数] \times 12$$

（14）兼职律师从律师事务所取得工资、薪金性质的所得征税问题。

兼职律师是指取得律师资格和律师执业证书，不脱离本职工作从事律师职业的人员。兼职律师从律师事务所取得工资、薪金性质的所得，律师事务所在代扣代缴其个人所得税时，不再减除个人所得税法规定的费用扣除标准，以收入全额（取得分成收入的为扣除办理案件支出费用后的余额）直接确定适用税率，计算扣缴个人所得税。兼职律师应自行向主管税务机关申报两处或两处以上取得的"工资、薪金所得"，合并计算缴纳个人所得税。

（二）个体工商户的生产、经营所得

个体工商户的生产、经营所得包括：

1. 个体工商户从事工业、手工业、建筑业、交通运输业、商业、饮食业、服务业、修理业以及其他行业取得的所得。

2. 个人经政府有关部门批准,取得执照,从事办学、医疗、咨询以及其他有偿服务活动取得的所得。

3. 其他个人从事个体工商业生产、经营取得的所得。

4. 个体工商户和个人取得的与生产、经营有关的各项应税所得。

5. 实行查账征税办法的个人独资企业和合伙企业的个人投资者的生产经营所得比照执行。

个体工商户和从事生产经营的个人,取得与生产、经营活动无关的其他各项应税所得,应分别按照有关规定,计算征收个人所得税。

个人因从事彩票代销业务而取得所得,应按照"个体工商户的生产、经营所得"项目计征个人所得税。

(三) 对企事业单位的承包经营、承租经营所得

企业、事业单位的承包经营、承租经营所得,是指个人承包经营或承租经营以及转包、转租取得的所得,还包括个人按月或按次取得的工资、薪金性质的所得。承包经营、承租经营形式较多,分配方式各有不同,主要分为两类:

1. 个人对企事业单位承包、承租经营后,工商登记改变为个体工商户的,这类承包、承租经营所得,实际上属于"个体工商户的生产、经营所得",应按"个体工商户的生产、经营所得"项目征收个人所得税,不再征收企业所得税。

2. 个人对企事业单位承包、承租经营后,工商登记仍为企业的,不论其分配方式如何,均应先按照企业所得税的有关规定缴纳企业所得税,然后根据承包、承租经营者按合同(协议)规定取得的所得,依照《个人所得税法》的有关规定缴纳个人所得税。具体包括以下两种情况:

(1) 承包、承租人对企业经营成果不拥有所有权,仅按合同(协议)规定取得一定所得的,应按"工资、薪金所得"项目征收个人所得税。

(2) 承包、承租按合同(协议)规定只向发包方、出租方缴纳一定的费用,缴纳承包、承租费后的企业的经营成果归承包、承租人所有的,其取得的所得,按对"企业、事业单位的承包经营、承租经营所得"项目征收个人所得税。

(四) 劳务报酬所得

劳务报酬所得,是指个人独立从事非雇佣的各种劳务所取得的所得。内容

包括：设计、装潢、安装、制图、化验、测试、医疗、法律、会计、咨询、讲学、新闻、广播、翻译、审稿、书画、雕刻、影视、录音、录像、演出、表演、广告、展览、技术服务、介绍服务、经纪服务、代办服务、其他劳务。

区分"劳务报酬所得"和"工资、薪金所得"，主要看是否存在雇佣与被雇佣的关系。"工资、薪金所得"是个人从事非独立劳动，从所在单位（雇主）领取的报酬，存在雇佣与被雇佣的关系，即在机关、团体、学校、部队、企事业单位及其他组织中任职、受雇而得到的报酬。而"劳务报酬所得"则是指个人独立从事某种技艺，独立提供某种劳务而取得的报酬，一般不存在雇佣关系。个人所得税所列各项"劳务报酬所得"一般属于个人独立从事自由职业取得的所得或属于独立个人劳动所得。如果从事某项劳务活动取得的报酬是以工资、薪金形式体现的，如演员从其所属单位领取工资，教师从学校领取工资，就属于"工资、薪金所得"，而不属于"劳务报酬所得"。如果从事某项劳务活动取得的报酬不是来自聘用、雇佣或工作单位，如演员"走穴"演出取得的报酬，教师自行举办学习班、培训班等取得的收入，就属于"劳务报酬所得"或"个体工商户的生产、经营所得"。

（五）稿酬所得

稿酬所得，是指个人因其作品以图书、报刊形式出版、发表而取得的所得。作品包括文学作品、书画作品、摄影作品，以及其他作品。作者去世后，财产继承人取得的遗作稿酬，也应征收个人所得税。

（六）特许权使用费所得

特许权使用费所得，是指个人提供专利权、商标权、著作权、非专利技术以及其他特许权的使用权取得的所得。

1. 我国个人所得税法律制度规定，提供著作权的使用权取得的所得，不包括稿酬所得，对于作者将自己的文字作品手稿原件或复印件公开拍卖（竞价）取得的所得，属于提供著作权的使用所得，故应按"特许权使用费所得"项目征收个人所得税。

2. 个人取得特许权的经济赔偿收入，应按"特许权使用费所得"项目缴纳个人所得税，税款由支付赔偿的单位或个人代扣代缴。

3. 从2002年5月1日起，编剧从电视剧的制作单位取得的剧本使用费，不再区分剧本的使用方是否为其任职单位，统一按"特许权使用费所得"项目征收个人所得税。

（七）利息、股息、红利所得

利息、股息、红利所得，是指个人拥有债权、股权而取得的利息、股息、红利所得。利息，是指个人拥有债权而取得的利息，包括存款利息、贷款利息和各种债券的利息。按税法规定，个人取得的利息所得，除国债和国家发行的金融债券利息外，应当依法缴纳个人所得税。股息、红利，是指个人拥有股权取得的股息、红利。按照一定的比率对每股发给的息金叫股息；公司、企业应分配的利润，按股份分配的叫红利。股息、红利所得，除另有规定外，都应当缴纳个人所得税。

除个人独资企业、合伙企业以外的其他企业的个人投资者，以企业资金为本人、家庭成员及其相关人员支付与企业生产经营无关的消费性支出及购买汽车、住房等财产性支出，视为企业对个人投资者的红利分配，依照"利息、股息、红利所得"项目计征个人所得税。企业的上述支出不允许在所得税前扣除。

纳税年度内个人投资者从其投资企业（个人独资企业、合伙企业除外）借款，在该纳税年度终了后既不归还又未用于企业生产经营的，其未归还的借款可视为企业对个人投资者的红利分配，依照"利息、股息、红利所得"项目计征个人所得税。

（八）财产租赁所得

财产租赁所得，是指个人出租建筑物、土地使用权、机器设备、车船以及其他财产取得的所得。

个人取得的财产转租收入，属于"财产租赁所得"的征税范围，由财产转租人缴纳个人所得税。

（九）财产转让所得

财产转让所得，是指个人转让有价证券、股权、建筑物、土地使用权、机器设备、车船以及其他财产取得的所得。

在现实生活中，个人进行的财产转让主要是个人财产所有权的转让。财产转让实际上是一种买卖行为，当事人双方通过签订、履行财产转让合同，形成财产买卖的法律关系，使出让财产的个人从对方取得价款（收入）或其他经济利益。财产转让所得因其性质的特殊性，需要单独列举项目征税。对个人取得的各项财产转让所得，除股票转让所得外，都要征收个人所得税。

（十）偶然所得

偶然所得，是指个人得奖、中奖、中彩以及其他偶然性质的所得。得奖是指参加各种有奖竞赛活动，取得名次得到的奖金；中奖、中彩是指参加各种有奖活动，如有奖储蓄，或者购买彩票，经过规定程序，抽中、摇中号码而取得的奖金。

1. 企业对累积消费达到一定额度的顾客，给予额外抽奖机会，个人的获奖所得，按照"偶然所得"项目，全额适用20%的税率缴纳个人所得税。

2. 个人取得单张有奖发票奖金所得超过800元的，应全额按照"偶然所得"项目征收个人所得税。税务机关或其指定的有奖发票兑奖机构，是有奖发票奖金所得个人所得税的扣缴义务人。

偶然所得应缴纳的个人所得税税款，一律由发奖单位或机构代扣代缴。

（十一）经国务院财政部门确定征税的其他所得

除上述列举的各项个人应税所得外，其他确有必要征税的个人所得，由国务院财政部门确定。例如，个人为单位或他人提供担保获得报酬；房屋产权所有人将房屋产权无偿赠与他人的，受赠人因无偿受赠房屋取得的受赠所得；企业在业务宣传、广告等活动中，随机向本单位以外的个人赠送礼品，对个人取得的礼品所得；企业在年会、座谈会、庆典以及其他活动中向本单位以外的个人赠送礼品，对个人取得的礼品所得等按照"其他所得"项目，全额适用20%的税率缴纳个人所得税。

个人取得的所得，难以界定应纳税所得项目的，由主管税务机关确定。

三、所得来源地的确定

下列所得，不论支付地点是否在中国境内，均为来源于中国境内的所得：

1. 因任职、受雇、履约等而在中国境内提供劳务取得的所得。
2. 将财产出租给承租人在中国境内使用而取得的所得。
3. 转让中国境内的建筑物、土地使用权等财产或者在中国境内转让其他财产取得的所得。

4. 许可各种特许权在中国境内使用而取得的所得。

5. 从中国境内的公司、企业以及其他经济组织或者个人取得的利息、股息、红利所得。

在中国境内无住所，但是居住一年以上五年以下的个人，其来源于中国境外的所得，经主管税务机关批准，可以只就由中国境内公司、企业以及其他经济组织或者个人支付的部分缴纳个人所得税；居住超过五年的个人，从第六年起，应当就其来源于中国境外的全部所得缴纳个人所得税。

在中国境内无住所，但是在一个纳税年度中在中国境内连续，或者累计居住不超过90日的个人，其来源于中国境内的所得，由境外雇主支付并且不由该雇主在中国境内的机构、场所负担的部分，免予缴纳个人所得税。

四、个人所得税税率

（一）工资、薪金所得适用税率

工资、薪金所得适用七级超额累进税率，税率为3%～45%。税率表见表6-1。

表6-1　　　　　　　　　　个人所得税税率表
（工资、薪金所得适用）

级数	全月应纳税所得额		税率（%）	速算扣除数
	含税级距	不含税级距		
1	不超过1 500元的部分	不超过1 455元的部分	3	0
2	超过1 500～4 500元的部分	超过1 455～4 155元的部分	10	105
3	超过4 500～9 000元的部分	超过4 155～7 755元的部分	20	555
4	超过9 000～35 000元的部分	超过7 755～27 255元的部分	25	1 005
5	超过35 000～55 000元的部分	超过27 255～41 255元的部分	30	2 755
6	超过55 000～80 000元的部分	超过41 255～57 505元的部分	35	5 505
7	超过80 000元的部分	超过57 505元的部分	45	13 505

注：①本表所列含税级距与不含税级距，均为按照税法规定减除有关费用后的所得额；
②含税级距适用于由纳税人负担税款的工资、薪金所得；不含税级距适用于由他人（单位）代付税款的工资、薪金所得。

(二) 个体工商户的生产、经营所得和对企事业单位的承包经营、承租经营所得适用税率

1. 个体工商户的生产、经营所得和对企事业单位的承包经营、承租经营所得，适用5%~35%的五级超额累进税率。税率表见表6-2。

表6-2　　　　　　　　　　　个人所得税税率表

（个体工商户的生产、经营所得和对企事业单位的承包经营、承租经营所得适用）

级数	全月应纳税所得额		率（%）	速算扣除数
	含税级距	不含税级距		
1	不超过15 000元的部分	不超过14 250元的部分	5	0
2	超过15 000~30 000元的部分	超过14 250~27 750元的部分	10	750
3	超过30 000~60 000元的部分	超过27 750~51 750元的部分	20	3 750
4	超过60 000~100 000元的部分	超过51 750~79 750元的部分	30	9 750
5	超过100 000元的部分	超过79 750元的部分	35	14 750

注：①本表所列含税级距与不含税级距，均为按照税法规定以每一纳税年度的收入总额减除成本、费用以及损失后的所得额；

②含税级距适用于个体工商户的生产、经营所得和由纳税人负担税款的对企事业单位的承包经营、承租经营所得；不含税级距适用于由他人（单位）代付税款的对企事业单位的承包经营、承租经营所得。

由于目前实行承包（租）经营的形式较多，分配方式也不相同，因此，承包、承租人按照承包、承租经营合同（协议）规定取得所得的适用税率也不一致。

（1）承包、承租人对企业经营成果不拥有所有权，仅是按合同（协议）规定取得一定所得的，其所得按"工资、薪金"所得项目征税，适用3%~45%的七级超额累进税率。

（2）承包、承租人按合同（协议）的规定只向发包、出租方缴纳一定费用后，企业经营成果归其所有的，承包、承租人取得的所得，按对企事业单位的承包经营、承租经营所得项目，适用5%~35%的五级超额累进税率征税。

2. 个人独资企业和合伙企业的个人投资者取得的生产经营所得也适用5%~35%的五级超额累进税率。

(三) 稿酬所得适用税率

稿酬所得，适用比例税率，税率为20%，并按应纳税额减征30%，即只

征收70%的税额，其实际税率为14%。

（四）劳务报酬所得适用税率

劳务报酬所得，适用比例税率，税率为20%。对劳务报酬所得一次收入畸高的，可以实行加成征收。

所谓"劳动报酬所得一次收入畸高的"，是指个人一次取得劳务报酬，其应纳税所得额超过20 000元。劳务报酬所得加成征税采取超额累进办法，即个人取得劳务报酬收入的应纳税所得额一次超过20 000～50 000元的部分，按照税法规定计算应纳税额后，再按照应纳税额加征五成；超过50 000元的部分，加征十成（见表6-3）。

表6-3 个人所得税税率表
（劳务报酬所得适用）

级数	每次应纳税所得额	税率（%）	速算扣除数
1	不超过20 000元的部分	20	0
2	超过20 000～50 000元的部分	30	2 000
3	超过50 000元的部分	40	7 000

注：本表所称"每次应纳税所得额"，是指每次收入额减除费用800元（每次收入不超过4 000元时）或者减除20%的费用（每次收入额超过4 000元时）后的余额。

（五）特许权使用费所得，利息、股息、红利所得，财产租赁所得，财产转让所得，偶然所得和其他所得适用税率

特许权使用费所得，利息、股息、红利所得，财产租赁所得，财产转让所得，偶然所得和其他所得，适用比例税率，税率为20%。

五、个人所得税的优惠政策

（一）免税项目

1. 省级人民政府、国务院部委和中国人民解放军军以上单位，以及外国组织、国际组织颁发的科学、教育、技术、文化、卫生、体育、环境保护等方面的奖金。

2. 国债和国家发行的金融债券利息。其中，国债利息，是指个人持有中华

人民共和国财政部发行的债券而取得的利息；国家发行的金融债券利息，是指个人持有经国务院批准发行的金融债券而取得的利息所得。

3. 按照国家统一规定发给的补贴、津贴。是指按照国务院规定发给的政府特殊津贴、院士津贴、资深院士津贴，以及国务院规定免纳个人所得税的其他补贴、津贴。

4. 福利费、抚恤金、救济金。其中，福利费是指根据国家有关规定，从企业、事业单位、国家机关、社会团体提留的福利费或者从工会经费中支付给个人的生活补助费；救济金是指国家民政部门支付给个人的生活困难补助费。

5. 保险赔款。

6. 军人的转业费、复员费。

7. 按照国家统一规定发给干部、职工的安家费、退职费、退休工资、离休工资、离休生活补助费。其中，退职费是指符合《国务院关于工人退休、退职的暂行办法》规定的退职条件，并按该办法规定的退职费标准所领取的退职费。

8. 依照我国有关法律规定应予免税的各国驻华使馆、领事馆的外交代表、领事官员和其他人员的所得。

9. 中国政府参加的国际公约、签订的协议中规定免税的所得。

10. 在中国境内无住所，但是在一个纳税年度中在中国境内连续或者累计居住不超过90日的个人，其来源于中国境内的所得，由境外雇主支付并且不由该雇主在中国境内的机构、场所负担的部分，免予缴纳个人所得税。

11. 对外籍个人取得的探亲费免征个人所得税。可以享受免征个人所得税优惠待遇的探亲费，仅限于外籍个人在我国的受雇地与其家庭所在地（包括配偶或父母居住地）之间搭乘交通工具且每年不超过2次的费用。

12. 按照国家规定，单位为个人缴付和个人缴付的住房公积金、基本医疗保险费、基本养老保险费、失业保险费，从纳税义务人的应纳税所得额中扣除。

13. 个人取得的拆迁补偿款按有关规定免征个人所得税。

14. 经国务院财政部门批准免税的其他所得。

（二）减税项目

1. 残疾、孤老人员和烈属的所得。
2. 因严重自然灾害造成重大损失的。

3. 其他经国务院财政部门批准减免的。

上述减税项目的减征幅度和期限,由省、自治区、直辖市人民政府规定。

对残疾人个人取得的劳动所得适用减税规定,具体所得项目为:工资、薪金所得,个体工商户的生产经营所得,对企事业单位的承包经营、承租经营所得,劳务报酬所得,稿酬所得和特许权使用费所得。

(三) 暂免征税项目

根据《财政部、国家税务总局关于个人所得税若干政策问题的通知》和有关文件的规定,对下列所得暂免征收个人所得税:

1. 外籍个人以非现金形式或实报实销形式取得的住房补贴、伙食补贴、搬迁费、洗衣费。

2. 外籍个人按合理标准取得的境内、境外出差补贴。

3. 外籍个人取得的语言训练费、子女教育费等,经当地税务机关审核批准为合理的部分。

4. 外籍个人从外商投资企业取得的股息、红利所得。

5. 凡符合下列条件之一的外籍专家取得的工资、薪金所得,可免征个人所得税:

(1) 根据世界银行专项借款协议,由世界银行直接派往我国工作的外国专家;

(2) 联合国组织直接派往我国工作的专家;

(3) 为联合国援助项目来华工作的专家;

(4) 援助国派往我国专为该国援助项目工作的专家;

(5) 根据两国政府签订的文化交流项目来华工作两年以内的文教专家,其工资、薪金所得由该国负担的;

(6) 根据我国大专院校国际交流项目来华工作两年以内的文教专家,其工资、薪金所得由该国负担的;

(7) 通过民间科研协定来华工作的专家,其工资、薪金所得由该国政府机构负担的。

6. 对股票转让所得暂不征收个人所得税。

7. 个人举报、协查各种违法、犯罪行为而获得的奖金。

8. 个人办理代扣代缴手续,按规定取得的扣缴手续费。

9. 个人转让自用达 5 年以上,并且是唯一的家庭生活用房取得的所得,暂免征收个人所得税。

10. 对个人购买福利彩票、赈灾彩票、体育彩票，一次中奖收入在1万元以下的（含1万元）暂免征收个人所得税，超过1万元的，全额征收个人所得税。

11. 个人取得单张有奖发票奖金所得不超过800元（含800元）的，暂免征收个人所得税。

12. 达到离休、退休年龄，但确因工作需要，适当延长离休、退休年龄的高级专家（指享受国家发放的政府特殊津贴的专家、学者），其在延长离休、退休期间的工资、薪金所得，视同离休、退休工资免征个人所得税。

13. 对国有企业职工，因企业依照《中华人民共和国企业破产法（试行）》宣告破产，从破产企业取得的一次性安置费收入，免予征收个人所得税。

14. 职工与用人单位解除劳动关系取得的一次性补偿收入（包括用人单位发放的经济补偿金、生活补助费和其他补助费用），在当地上年职工年平均工资3倍数额内的部分，可免征个人所得税。

15. 个人领取原提存的住房公积金、基本医疗保险金、基本养老保险金，以及失业保险金，免予征收个人所得税。

16. 对工伤职工及其近亲属按照《工伤保险条例》规定取得的工伤保险待遇，免征个人所得税。

17. 企业和事业单位根据国家有关政策规定的办法和标准，为在本单位任职或者受雇的全体职工缴付的企业年金或职业年金单位缴费部分，在计入个人账户时，个人暂不缴纳个人所得税。

个人根据国家有关政策规定缴付的年金个人缴费部分，在不超过本人缴费工资计税基数的4%标准内的部分，暂从个人当期的应纳税所得额中扣除。

年金基金投资运营收益分配计入个人账户时，个人暂不缴纳个人所得税。

18. 自2008年10月9日（含）起，对储蓄存款利息所得暂免征收个人所得税。

19. 自2015年9月8日起，个人从公开发行和转让市场取得的上市公司股票，持股期限超过1年的，股息红利所得暂免征收个人所得税。个人从公开发行和转让市场取得的上市公司股票，持股期限在1个月以内（含1个月）的，其股息红利所得全额计入应纳税所得额；持股期限在1个月以上至1年（含1年）的，暂减按50%计入应纳税所得额；上述所得统一适用20%的税率计征个人所得税。

20. 自 2009 年 5 月 25 日（含）起，以下情形的房屋产权无偿赠与的，对当事双方不征收个人所得税：

（1）房屋产权所有人将房屋产权无偿赠与配偶、父母、子女、祖父母、外祖父母、孙子女、外孙子女、兄弟姐妹；

（2）房屋产权所有人将房屋产权无偿赠与对其承担直接抚养或者赡养义务的抚养人或者赡养人；

（3）房屋产权所有人死亡，依法取得房屋产权的法定继承人、遗嘱继承人或者受遗赠人。

21. 个体工商户、个人独资企业和合伙企业或个人从事种植业、养殖业、饲养业、捕捞业取得的所得，暂不征收个人所得税。

22. 企业在销售商品（产品）和提供服务过程中向个人赠送礼品，属于下列情形之一的，不征收个人所得税：

（1）企业通过价格折扣、折让方式向个人销售商品（产品）和提供服务；

（2）企业在向个人销售商品（产品）和提供服务的同时给予赠品，如通信企业对个人购买手机赠话费、入网费，或者购话费赠手机等；

（3）企业对累积消费达到一定额度的个人按消费积分反馈礼品。

税收法律、行政法规、部门规章和规范性文件中未明确规定纳税人享受减免税必须经税务机关审批，且纳税人取得的所得完全符合减免税条件的，无须经主管税务机关审核，纳税人可自行享受减免税。

税收法律、行政法规、部门规章和规范性文件中明确规定纳税人享受减免税必须经税务机关审批的，或者纳税人无法准确判断其取得的所得是否应享受个人所得税减免的，必须经主管税务机关按照有关规定审核或批准后，方可减免个人所得税。

六、个人所得税征收管理

（一）个人所得税的纳税方法

个人所得税的征收方式主要有两种：一是代扣代缴；二是自行纳税申报。此外，一些地方为了提高征管效率，方便纳税人，对个别应税所得项目，采取了委托代征的方式。

1. 代扣代缴方式。

代扣代缴，是指按照税法规定负有扣缴税款义务的单位或者个人，在向个人支付应纳税所得时，应计算应纳税额，从其所得中扣除并缴入国库，同时向税务机关报送扣缴个人所得税报告表。这种方法有利于控制税源、防止漏税和逃税。

（1）扣缴义务人和代扣代缴的范围。

扣缴义务人是指凡支付个人应纳税所得的企业（公司）、事业单位、机关、社团组织、军队、驻华机构、个体户等单位或者个人，为个人所得税的扣缴义务人。

代扣代缴的范围。扣缴义务人向个人支付下列所得，应代扣代缴个人所得税：①工资、薪金所得。②对企事业单位的承包经营、承租经营所得。③劳务报酬所得。④稿酬所得。⑤特许权使用费所得。⑥利息、股息、红利所得。⑦财产租赁所得。⑧财产转让所得。⑨偶然所得。⑩经国务院财政部门确定征税的其他所得。

扣缴义务人向个人支付应纳税所得（包括现金、实物和有价证券）时，不论纳税人是否属于本单位人员，均应代扣代缴其应纳的个人所得税税款。

（2）扣缴义务人的义务及应承担的责任。

扣缴义务人应指定支付应纳税所得的财务会计部门或其他有关部门的人员为办税人员，由办税人员具体办理个人所得税的代扣代缴工作。代扣代缴义务人的有关领导要对代扣代缴工作提供便利，支持办税人员履行义务；确定办税人员或办税人员发生变动时，应将名单及时报告主管税务机关。

扣缴义务人的法人代表（或单位主要负责人）、财会部门的负责人及具体办理代扣代缴税款的有关人员，共同对依法履行代扣代缴义务负法律责任。

同一扣缴义务人的不同部门支付应纳税所得时，应报办税人员汇总。

扣缴义务人在代扣税款时，必须向纳税人开具税务机关统一印制的代扣代收税款凭证，并详细注明纳税人姓名、工作单位、家庭住址和居民身份证或护照号码（无上述证件的，可用其他能有效证明身份的证件）等个人情况。对工资、奖金所得和利息、股息、红利所得等，因纳税人数众多、不便一一开具代扣代收税款凭证的，经主管税务机关同意，可不开具代扣代收税款凭证，但应通过一定形式告知纳税人已扣缴税款。纳税人为持有完税依据而向扣缴义务人索取代扣代收税款凭证的，扣缴义务人不得拒绝。扣缴义务人应主动向税务机关申领代扣代收税款凭证，据以向纳税人扣税。非正式扣税凭证，纳税人可以拒收。

扣缴义务人对纳税人的应扣未扣的税款，其应纳税款仍然由纳税人缴纳，扣缴义务人应承担应扣未扣税款50%以上至3倍的罚款。

扣缴义务人应设立代扣代缴税款账簿，正确反映个人所得税的扣缴情况，并如实填写《扣缴个人所得税报告表》及其他有关资料。

关于行政机关、事业单位工资发放方式改革后扣缴个人所得税问题。

①行政机关、事业单位改革工资发放方式后，随着支付工资所得单位的变化，其扣缴义务人也有所变化。根据《个人所得税法》第八条规定，凡是有向个人支付工薪所得行为的财政部门（或机关事务管理、人事等部门）、行政机关、事业单位均为个人所得税的扣缴义务人。

②财政部门（或机关事务管理、人事等部门）向行政机关、事业单位工作人员发放工资时应依法代扣代缴个人所得税。行政机关、事业单位在向个人支付与其任职、受雇有关的其他所得时，应将个人的这部分所得与财政部门（或机关事务管理、人事等部门）发放的工资合并计算应纳税额，并就应纳税额与财政部门（或机关事务管理、人事等部门）已扣缴税款的差额部分代扣代缴个人所得税。

税务机关应根据扣缴义务人所扣缴的税款，付给2%的手续费，由扣缴义务人用于代扣代缴费用开支和奖励代扣代缴工作做得较好的办税人员。

2. 自行纳税申报。

自行申报纳税，是由纳税人自行在税法规定的纳税期限内，向税务机关申报取得的应税所得项目和数额，如实填写个人所得税纳税申报表，并按照税法规定计算应纳税额，据此缴纳个人所得税的一种方法。

纳税义务人有下列情形之一的，应当按照规定到主管税务机关办理纳税申报：

（1）年所得12万元以上的；

（2）从中国境内两处或者两处以上取得工资、薪金所得的；

（3）从中国境外取得所得的；

（4）取得应纳税所得，没有扣缴义务人的；

（5）国务院规定的其他情形。

（二）纳税期限

1. 代扣代缴期限。

扣缴义务人每月扣缴的税款，应当在次月15日内缴入国库，并向主管税务机关报送《扣缴个人所得税报告表》、代扣代收税款凭证和包括每一纳税人姓名、单位、职务、收入、税款等内容的支付个人收入明细表，以及税务机关要求报送的其他有关资料。

2. 自行申报纳税期限。

一般情况下，纳税人应在取得应纳税所得的次月15日内向主管税务机关申报所得并缴纳税款。具体规定如下：

（1）工资、薪金所得的纳税期限。工资、薪金所得的纳税期限，实行按月计征，在次月15日内缴入国库，并向税务机关报送个人所得税纳税申报表。对特定行业（采掘业、远洋运输业、远洋捕捞业）的纳税人，可以实行按年计算，分月预缴的方式计征，自年度终了后30日内，合计全年工资、薪金所得，再按12个月平均计算实际应缴纳的税款，多退少补。

（2）个体工商户的生产、经营所得的纳税期限。对账册健全的个体工商户，其纳税期限实行按年计算、分月预缴，并在次月15日内申报预缴，年终后3个月汇算清缴，多退少补。对账册不健全的个体工商户，其纳税期限由税务机关确定。

（3）对企事业单位的承包经营、承租经营所得的纳税期限。对年终一次性取得承包经营、承租经营所得的，自取得所得之日起30日内申报纳税；对在1年内分次取得承包经营、承租经营所得的，应在每次取得所得后的15日内预缴税款，年终后3个月汇算清缴，多退少补。

（4）劳务报酬、稿酬、特许权使用费、利息、股息、红利、财产租赁及转让、偶然所得等的纳税期限，实行按次计征，并在次月15日内预缴税款并报送个人所得税纳税申报表。

（5）从境外取得所得的纳税期限。若在境外以纳税年度计算缴纳个人所得税的，应在所得来源国的纳税年度终了、结清税款后的30日内，向中国主管税务机关申报纳税；若在取得境外所得时结清税款的，或者在境外按所得来源国税法规定免予缴纳个人所得税的，应当在次年1月1日起30日内，向主管税务机关申报纳税。

（6）年所得额12万元以上的纳税义务人，在年度终了后3个月内到主管税务机关办理纳税申报。

纳税期限的最后一日是法定休假日的，以休假日的次日为期限的最后一日。对纳税人确有困难，不能按期办理纳税申报的，经主管税务机关核准，可以延期申报。

3. 个人独资企业和合伙企业投资者个人所得税的纳税期限。

（1）投资者应纳的个人所得税税款，按年计算，分月或者分季预缴，由投资者在每月或者每季度终了后 15 日内预缴，年度终了后 3 个月内汇算清缴，多退少补。

（2）企业在年度中间合并、分立、终止时，投资者应当在停止生产经营之日起 60 日内，向主管税务机关办理当期个人所得税汇算清缴。

（3）企业在纳税年度的中间开业，或者由于合并、关闭等原因，使该纳税年度的实际经营期不足 12 个月的，应当以其实际经营期为一个纳税年度。

（4）投资者在预缴个人所得税时，应向主管税务机关报送《个人独资企业和合伙企业投资者个人所得税申报表》，并附送会计报表。

年度终了后 30 日内，投资者应向主管税务机关报送《个人独资企业和合伙企业投资者个人所得税申报表》，并附送年度会计决算报表和预缴个人所得税纳税凭证。

（三）纳税地点

1. 个人所得税自行申报的，其申报地点一般应为收入来源地的主管税务机关。

2. 纳税人从两处或两处以上取得工资、薪金的，可选择并固定在其中一地税务机关申报纳税。

3. 境外取得所得的，应向其境内户籍所在地或经营居住地税务机关申报纳税。

4. 扣缴义务人应向其主管税务机关进行纳税申报。

5. 纳税人要求变更申报纳税地点的，须经原主管税务机关批准。

6. 个人独资企业和合伙企业投资者个人所得税纳税地点。

投资者应向企业实际经营管理所在地主管税务机关申报缴纳个人所得税。投资者兴办两个或两个以上企业的，应分别向企业实际经营管理所在地主管税务机关预缴税款。

投资者的个人所得税征收管理工作由地方税务局负责。

第二节 个人所得税应纳税额的计算

一、个人所得税应纳税所得额的确定

纳税人取得的应纳税所得额为个人取得的各项收入减去税法规定的费用扣除金额和减免税收入后的余额。由于个人所得税的应税项目不同，扣除费用标准也各不相同，需要按不同应税项目分项计算。

（一）费用减除标准

1. 工资、薪金所得，以每月收入额减除费用3 500元后的余额为应纳税所得额。

2. 个体工商户的生产、经营所得，以每一纳税年度的收入总额，减除成本、费用以及损失后的余额，为应纳税所得额。

从事生产、经营的纳税义务人未提供完整、准确的纳税资料，不能正确计算应纳税所得额的，由主管税务机关核定其应纳税所得额。

个人独资企业的投资者以全部生产经营所得为应纳税所得额；合伙企业的投资者按照合伙企业的全部生产经营所得和合伙协议约定的分配比例，确定应纳税所得额，合伙协议没有约定分配比例的，以全部生产经营所得和合伙人数量平均计算每个投资者的应纳税所得额。

对个体工商户业主、个人独资企业和合伙企业自然人投资者的生产经营所得依法计征个人所得税时，个体工商户业主、个人独资企业和合伙企业是自然人投资者本人的费用扣除标准统一确定为42 000元/年（3 500元/月）。

3. 对企事业单位的承包经营、承租经营所得，以每一纳税年度的收入总额，减除必要费用后的余额，为应纳税所得额。每一纳税年度的收入总额，是指纳税义务人按照承包经营、承租经营合同规定分得的经营利润和工资、薪金性质的所得；所说的减除必要费用，是指按月减除3 500元。

4. 劳务报酬所得、稿酬所得、特许权使用费所得、财产租赁所得，每次收入不超过4 000元的，减除费用800元；4 000元以上的，减除20%的费用，其余额为应纳税所得额。

5. 财产转让所得,以转让财产的收入额减除财产原值和合理费用后的余额,为应纳税所得额。财产原值,是指:

(1) 有价证券,为买入价以及买入时按照规定缴纳的有关费用。

(2) 建筑物,为建造费或者购进价格以及其他有关费用。

(3) 土地使用权,为取得土地使用权所支付的金额、开发土地的费用以及其他有关费用。

(4) 机器设备、车船,为购进价格、运输费、安装费以及其他有关费用。

(5) 其他财产,参照以上方法确定。

纳税义务人未提供完整、准确的财产原值凭证,不能正确计算财产原值的,由主管税务机关核定其财产原值。

合理费用,是指卖出财产时按照规定支付的有关费用。

6. 利息、股息、红利所得,偶然所得和其他所得,以每次收入额为应纳税所得额。

(二) 附加减除费用

按照税法的规定,对在中国境内无住所而在中国境内取得工资、薪金所得的纳税义务人和在中国境内有住所而在中国境外取得工资、薪金所得的纳税义务人,可以根据其平均收入水平、生活水平以及汇率变化情况确定附加减除费用,附加减除费用适用的范围和标准由国务院规定。

根据国务院发布的《个人所得税法实施条例》中,附加减除费用适用的范围和标准如下:

1. 附加减除费用适用的范围,包括:

(1) 在中国境内的外商投资企业和外国企业中工作取得工资、薪金所得的外籍人员。

(2) 应聘在中国境内的企事业单位、社会团体、国家机关中工作取得工资、薪金所得的外籍专家。

(3) 在中国境内有住所而在中国境外任职或者受雇取得工资、薪金所得的个人。

(4) 财政部确定的取得工资、薪金所得的其他人员。

2. 附加减除费用标准。

从 2011 年 9 月 1 日起,在每月减除 3 500 元费用的基础上,再附加减除 1 300 元。

3. 华侨和香港、澳门、台湾同胞参照上述附加减除费用标准执行。

（三）每次收入的确认

《个人所得税法》对纳税义务人的征税方法有三种：一是按年计征，如个体工商户和承包、承租经营所得；二是按月计征，如工资、薪金所得；三是按次计征，如劳务报酬所得，稿酬所得，特许权使用费所得，利息、股息、红利所得，财产租赁所得，偶然所得和其他所得等7项所得。《个人所得税法实施条例》对劳务报酬所得等7个项目的"次"，作出了明确规定：

1. 劳务报酬所得，根据不同劳务项目的特点，分别规定为：

（1）只有一次性收入的，以取得该项收入为一次。例如从事设计、安装、装潢、制图、化验、测试等劳务，往往是接受客户的委托，按照客户的要求，完成一次劳务后取得收入。因此，是属于只有一次性的收入，应以每次提供劳务取得的收入为一次。

（2）属于同一事项连续取得收入的，以1个月内取得的收入为一次。例如，某歌手与一卡拉OK厅签约，在1年内每天到卡拉OK厅演唱一次，每次演出后付酬50元。在计算其劳务报酬所得时，应视为同一事项的连续性收入，以其1个月内取得的收入为一次计征个人所得税，而不能以每天取得的收入为一次。

2. 稿酬所得，以每次出版、发表取得的收入为一次。具体又可细分为：

（1）同一作品再版取得的所得，应视作另一次稿酬所得计征个人所得税。

（2）同一作品先在报刊上连载，然后再出版，或先出版，再在报刊上连载的，应视为两次稿酬所得征税。即连载作为一次，出版作为另一次。

（3）同一作品在报刊上连载取得收入的，以连载完成后取得的所有收入合并为一次，计征个人所得税。

（4）同一作品在出版和发表时，以预付稿酬或分次支付稿酬等形式取得的稿酬收入，应合并计算为一次。

（5）同一作品出版、发表后，因添加印数而追加稿酬的，应与以前出版、发表时取得的稿酬合并计算为一次，计征个人所得税。

3. 特许权使用费所得，以某项使用权的一次转让所取得的收入为一次。一个纳税义务人，可能不仅拥有一项特许权利，每一项特许权的使用权也可能不止一次地向他人提供。因此，对特许权使用费所得的"次"的界定，明确为每一项使用权的每次转让所取得的收入为一次。如果该次转让取得的收入是分笔支付的，则应将各笔收入相加为一次的收入，计征个人所得税。

4. 财产租赁所得，以1个月内取得的收入为一次。
5. 利息、股息、红利所得，以支付利息、股息、红利时取得的收入为一次。
6. 偶然所得，以每次收入为一次。
7. 其他所得，以每次收入为一次。

二、个人所得税应纳税额的计算

（一）工资、薪金所得应纳税额的计算

1. 一般工资、薪金所得应纳税额的计算公式为：

应纳税额 = 应纳税所得额 × 适用税率 − 速算扣除数
       = （每月收入额 − 减除费用标准）× 适用税率 − 速算扣除数

公式中的速算扣除数具体如表6-1所示。

2. 纳税人取得含税全年一次性奖金计算征收个人所得税的方法。

全年一次性奖金，是指行政机关、企事业单位等扣缴义务人根据其全年经济效益和对雇员全年工作业绩的综合考核情况，向雇员发放的一次性奖金。一次性奖金也包括年终加薪、实行年薪制和绩效工资办法的单位根据考核情况兑现的年薪和绩效工资。

纳税义务人取得全年一次性奖金，单独作为1个月工资、薪金所得计算纳税，由扣缴义务人发放时代扣代缴。具体计税办法如下：

先将雇员当月内取得的全年一次性奖金，除以12个月，按其商数确定适用税率和速算扣除数。

如果在发放年终一次性奖金的当月，雇员当月工资薪金所得高于（或等于）税法规定的费用扣除数（3 500元），计算公式如下：

应纳税额 = 雇员当月取得全年一次性奖金 × 适用税率 − 速算扣除数

如果在发放年终一次性奖金的当月，雇员当月工资薪金所得低于税法规定的费用扣除数（3 500元），应将全年一次性奖金减除"雇员当月工资薪金所得与费用扣除额的差额"后的余额，按上述办法确定全年一次性奖金的适用税率和速算扣除数。计算公式如下：

应纳税额 = （雇员当月取得全年一次性奖金 − 雇员当月工资薪金所得与费用扣除额的差额） × 适用税率 − 速算扣除数

3. 纳税人取得除全年一次性奖金以外的其他各种名目奖金,如半年奖、季度奖、加班奖、先进奖、考勤奖等,一般应将全部奖金与当月工资、薪金收入合并,按税法规定缴纳个人所得税。

4. 纳税人取得不含税全年一次性奖金计算征收个人所得税的方法。

按照不含税的全年一次性奖金收入除以 12 的商数,查找相应适用税率 A 和速算扣除数 A。

$$含税的全年一次性奖金收入 = (不含税的全年一次性奖金收入 - 速算扣除数 A) \div (1 - 适用税率 A)$$

按含税的全年一次性奖金收入除以 12 的商数,重新查找适用税率 B 和速算扣除数 B。

$$应纳税额 = 含税的全年一次性奖金收入 \times 适用税率 B - 速算扣除数 B$$

如果纳税人取得不含税全年一次性奖金收入的当月工资薪金所得,低于税法规定的费用扣除额,应先将不含税全年一次性奖金减去当月工资薪金所得低于税法规定费用扣除额的差额部分后,再按上述规定处理。

个人独资和合伙企业、个体工商户为个人支付的个人所得税税款,不得在所得税前扣除。

【例 6-1】某公司的王斌,2016 年 5 月取得工资、薪金收入 9 500 元,请根据个人所得税法相关规定计算王斌当月应缴纳的个人所得税税额。

减除费用标准为 3 500 元/月,适用 3%~45% 的超额累进税率(见表 6-1)。

王斌当月应缴纳个人所得税税额计算如下:

全月应纳税所得额 = 9 500 - 3 500 = 6 000(元)

全月应纳税额 = 6 000 × 20% - 555 = 645(元)

(二)个体工商户的生产、经营所得应纳税额的计算

个体工商户的生产、经营所得应纳税额的计算公式为:

应纳税额 = 应纳税所得额 × 适用税率 - 速算扣除数

= (全年收入总额 - 成本、费用及损失)× 适用税率 - 速算扣除数

个体工商户因在纳税年度中间开业、合并、注销及其他原因,导致该纳税年度的实际经营期不足 1 年的,对个体工商户业主的生产经营所得计算个人所得税时,以其实际经营期为 1 个纳税年度。投资者本人的费用扣除标准,应按照其实际经营月份数,以每月 3 500 元的减除标准确定。计算公式如下:

应纳税所得额 = 该年度收入总额 - 成本、费用及损失

第六章 个人所得税纳税实务与会计处理

$$当年投资者本人的费用扣除额 = 月减除费用（3\ 500\ 元/月）\times 当年实际经营月份数$$

$$应纳税额 = 应纳税所得额 \times 税率 - 速算扣除数$$

个体工商户和从事生产、经营的个人，取得与生产、经营活动无关的其他各项应税所得，应分别按照有关规定，计算征收个人所得税。

个体工商户的生产、经营所得适用的速算扣除数如表6-2所示。

（三）对企事业单位的承包经营、承租经营所得应纳税额的计算

对企事业单位的承包经营、承租经营所得应纳税额的计算公式为：

$$应纳税额 = 应纳税所得额 \times 适用税率 - 速算扣除数$$
$$= (纳税年度收入总额 - 必要费用) \times 适用税率 - 速算扣除数$$

这里需要说明的是：

1. 对企事业单位的承包经营、承租经营所得，以每一纳税年度的收入总额，减除必要费用后的余额为应纳税所得额。

在一个纳税年度中，承包经营或者承租经营期限不足1年的，以其实际经营期为纳税年度。

2. 对企事业单位的承包经营、承租经营所得适用的速算扣除数，同个体工商户的生产、经营所得适用的速算扣除数。

【例6-2】2012年1月1日，某个人与事业单位签订承包合同经营招待所，承包期为3年。2015年招待所实现承包经营利润200 000元（未扣除含承包人工资报酬），按合同规定承包人每年应从承包经营利润中上缴承包费40 000元。计算该承包人2015年应纳个人所得税税额。

（1）2015年应纳税所得额 = 承包经营利润 - 上缴费用 - 每月必要费用扣减合计 = 200 000 - 40 000 - 3 500 × 12 = 118 000（元）

（2）该承包人2015年应缴纳个人所得税 = 118 000 × 35% - 14 750 = 26 550（元）

（四）劳务报酬所得应纳税额的计算

劳务报酬所得应纳税额的计算公式为：

（1）每次收入不足4 000元的：

应纳税额＝应纳税所得额×适用税率＝（每次收入额－800）×20%

（2）每次收入在4 000元以上的：

应纳税额＝应纳税所得额×适用税率＝每次收入额×（1－20%）×20%

（3）每次收入的应纳税所得额超过20 000元的：

应纳税额＝应纳税所得额×适用税率－速算扣除数

＝每次收入额×（1－20%）×适用税率－速算扣除数

【例6－3】 歌星王某一次取得表演收入35 000元，扣除20%的费用后，应纳税所得额为32 000元。请计算其应纳个人所得税税额。

应纳税额＝每次收入额×（1－20%）×适用税率－速算扣除数

＝35 000×（1－20%）×30%－2 000＝6 400（元）

（4）为纳税人代付税款的计算方法

如果单位或个人为纳税人代付税款的，应当将单位或个人支付给纳税人的不含税支付额（或称纳税人取得的不含税收入额）换算为应纳税所得额，然后按规定计算应代付的个人所得税款。其计算公式为：

（1）不含税收入额不超过3 360元的：

①应纳税所得额＝（不含税收入额－800）÷（1－税率）

②应纳税额＝应纳税所得额×适用税率

（2）不含税收入额超过3 360元的：

①应纳税所得额＝［（不含税收入额－速算扣除数）×（1－20%）］÷［1－税率×（1－20%）］

或＝［（不含税收入额－速算扣除数）×（1－20%）］÷当级换算系数

②应纳税额＝应纳税所得额×适用税率－速算扣除数

上述（1）中的公式①和（2）中的公式①中的税率，是指不含税劳务报酬收入所对应的税率（见表6－4）；（1）中的公式②和（2）中的公式②中的税率，是指应纳税所得额按含税级距所对应的税率（见表6－3）。

表6－4　　　　　不含税劳务报酬收入适用税率表

级数	不含税劳务报酬收入额	税率（%）	速算扣除数（元）	换算系数（%）
1	未超过3 360元的部分	20	0	无
2	超过3 360～21 000元的部分	20	0	84
3	超过21 000～49 500元的部分	30	2 000	76
4	超过49 500元的部分	40	7 000	68

【例 6-4】 王敏教授为华泰公司进行一项工程设计，按照合同规定，公司应支付王敏的劳务报酬 45 000 元，与其报酬相关的个人所得税由公司代付。不考虑其他税收的情况下，计算公司应代付的个人所得税税额。

代付个人所得税的应纳税所得额 = [(45 000 - 2 000) × (1 - 20%)] ÷ 76% = 45 263.16（元）

应代付个人所得税 = 45 263.16 × 30% - 2 000 = 11 578.95（元）

（五）稿酬所得应纳税额的计算

稿酬所得应纳税额的计算公式为：

(1) 每次收入不足 4 000 元的：

$$应纳税额 = 应纳税所得额 × 适用税率 × (1 - 30\%)$$
$$= (每次收入额 - 800) × 20\% × (1 - 30\%)$$

(2) 每次收入在 4 000 元以上的：

$$应纳税额 = 应纳税所得额 × 适用税率 × (1 - 30\%)$$
$$= 每次收入额 × (1 - 20\%) × 20\% × (1 - 30\%)$$

【例 6-5】 某作家取得一次未扣除个人所得税的稿酬收入 30 000 元，请计算其应缴纳的个人所得税税额。

应纳税额 = 应纳税所得额 × 适用税率 × (1 - 30%)
= 30 000 × (1 - 20%) × 20% × (1 - 30%) = 3 360（元）

【例 6-6】 李教授的一篇小说在一家日报上连载两个月，第一个月月末报社支付稿酬 3 000 元；第二个月月末报社支付稿酬 6 000 元。请计算该教授应缴纳的个人所得税税额。

个人的同一作品在报刊上连载，应合并其连载取得的所得为一次，稿酬按 20% 的税率征收，并按规定对应纳税额减征 30%。李教授的小说在日报上连载，分别取得稿酬 3 000 元和 6 000 元，应合并计税。

该教授两个月所获稿酬应缴纳个人所得税 = 9 000 × (1 - 20%) × 20% × (1 - 30%) = 1 008（元）。

（六）特许权使用费所得应纳税额的计算

特许权使用费所得应纳税额的计算公式为：

(1) 每次收入不足 4 000 元的：

$$应纳税额 = 应纳税所得额 × 适用税率 = (每次收入额 - 800) × 20\%$$

(2) 每次收入在 4 000 元以上的：

应纳税额 = 应纳税所得额 × 适用税率 = 每次收入额 × (1 - 20%) × 20%

（七）利息、股息、红利所得应纳税额的计算

利息、股息、红利所得应纳税额的计算公式为：

应纳税额 = 应纳税所得额 × 适用税率 = 每次收入额 × 适用税率

（八）财产租赁所得应纳税额的计算

1. 应纳税所得额的计算。

财产租赁所得一般以个人每次取得的收入，定额或定率减除规定费用后的余额为应纳税所得额。财产租赁所得应纳税额的计算公式为：

(1) 每次（月）收入不足 4 000 元的：

应纳税额 = [每次（月）收入额 - 财产租赁过程中缴纳的税费 - 由纳税人负担的租赁财产实际开支的修缮费用(800元为限) - 800元] × 20%

(2) 每次（月）收入在 4 000 元以上的：

应纳税额 = [每次（月）收入额 - 财产租赁过程中缴纳的税费 - 由纳税人负担的租赁财产实际开支的修缮费用(800元为限)] × (1 - 20%) × 20%

在确定财产租赁的应纳税所得额时，纳税人在出租财产过程中缴纳的税金和教育费附加，可持完税（缴款）凭证，从其财产租赁收入中扣除。准予扣除的项目除了规定费用和有关税、费外，还准予扣除能够提供有效、准确凭证，证明由纳税人负担的该出租财产实际开支的修缮费用。允许扣除的修缮费用，以每次 800 元为限。一次扣除不完的，准予在下一次继续扣除，直到扣完为止。

根据财政部 国家税务总局《关于"营改增"后契税 房产税 土地增值税 个人所得税计税依据问题的通知》（财税 [2016] 43 号）规定，"营改增"后，个人出租房屋的个人所得税应税收入不含增值税，计算房屋出租所得可扣除的税费不包括本次出租缴纳的增值税。个人转租房屋的，其向房屋出租方支付的租金及增值税额，在计算转租所得时予以扣除。

2. 应纳税额的计算方法。

财产租赁所得适用 20% 的比例税率。但对个人按市场价格出租的居民住房

取得的所得，自 2001 年 1 月 1 日起暂减按 10% 的税率征收个人所得税。其应纳税额的计算公式为：

$$应纳税额 = 应纳税所得额 \times 适用税率$$

2016 年 6 月 3 日国务院办公厅发布关于加快培育和发展住房租赁市场的若干意见。意见提出，对依法登记备案的住房租赁企业、机构和个人，给予税收优惠政策支持。

意见要求落实"营改增"关于住房租赁的有关政策。对个人出租住房的，由按照 5% 的征收率减按 1.5% 计算缴纳增值税；对个人出租住房月收入不超过 3 万元的，2017 年底之前可按规定享受免征增值税政策；对房地产中介机构提供住房租赁经纪代理服务，适用 6% 的增值税税率；对一般纳税人出租在实施"营改增"试点前取得的不动产，允许选择适用简易计税办法，按照 5% 的征收率计算缴纳增值税。对个人出租住房所得，减半征收个人所得税；对个人承租住房的租金支出，结合个人所得税改革，统筹研究有关费用扣除问题。

（九）财产转让所得应纳税额的计算

1. 一般情况下财产转让所得应纳税额的计算。

财产转让所得应纳税额的计算公式为：

$$\begin{aligned}应纳税额 &= 应纳税所得额 \times 适用税率\\&= (收入总额 - 财产原值 - 合理费用) \times 20\%\end{aligned}$$

2. 个人住房转让所得应纳税额的计算。

个人转让住房所得应纳个人所得税的计算具体规定如下：

（1）以实际成交价格为转让收入。纳税人申报的住房成交价格明显低于市场价格且无正当理由的，征收机关依法有权根据有关信息核定其转让收入，但必须保证各税种计税价格一致。

（2）纳税人可凭原购房合同、发票等有效凭证，经税务机关审核后，允许从其转让收入中减除房屋原值、转让住房过程中缴纳的税金及有关合理费用。

①房屋原值具体为：

商品房的原值是指购置该房屋时实际支付的房价款及缴纳的相关税费。

自建住房的原值是指实际发生的建造费用及建造和取得产权时实际缴纳的相关税费。

经济适用房（含集资合作建房、安居工程住房）的原值是指原购房人实际支付的房价款及相关税费，以及按规定缴纳的土地出让金。

已购公有住房的原值是指原购公有住房标准面积按当地经济适用房价格计算的房价款，加上原购公有住房超标准面积实际支付的房价款以及按规定向财政部门（或原产权单位）缴纳的所得收益及相关税费。

城镇拆迁安置住房，其原值分别为：房屋拆迁取得货币补偿后购置房屋的，为购置该房屋实际支付的房价款及缴纳的相关税费；房屋拆迁采取产权调换方式的，所调换房屋原值为《房屋拆迁补偿安置协议》注明的价款及缴纳的相关税费；房屋拆迁采取产权调换方式，被拆迁人除取得所调换房屋，又取得部分货币补偿的，所调换房屋原值为《房屋拆迁补偿安置协议》注明的价款和缴纳的相关税费，减去货币补偿后的余额；房屋拆迁采取产权调换方式，被拆迁人取得所调换房屋，又支付部分货币的，所调换房屋原值为《房屋拆迁补偿安置协议》注明的价款，加上所支付的货币及缴纳的相关税费。

②转让住房过程中缴纳的税金是指纳税人在转让住房时实际缴纳的增值税（或营业税）、城市维护建设税、教育费附加、土地增值税、印花税等税金。

③合理费用是指纳税人按照规定实际支付的住房装修费用、住房贷款利息、手续费、公证费等费用。

（3）纳税人未提供完整、准确的房屋原值凭证，不能正确计算房屋原值和应纳税额的，税务机关可根据《税收征收管理法》第三十五条的规定，对其实行核定征税，即按纳税人住房转让收入的一定比例核定应纳个人所得税额。具体比例由省级地方税务局或者省级地方税务局授权的地市级地方税务局根据纳税人出售住房的所处区域、地理位置、建造时间、房屋类型、住房平均价格水平等因素，在住房转让收入1%～3%的幅度内确定。

根据财政部 国家税务总局《关于"营改增"后契税 房产税 土地增值税 个人所得税计税依据问题的通知》（财税〔2016〕43号）规定，"营改增"后，个人转让房屋的个人所得税应税收入不含增值税，其取得房屋时所支付价款中包含的增值税计入财产原值，计算转让所得时可扣除的税费不包括本次转让缴纳的增值税。

（十）偶然所得应纳税额的计算

偶然所得应纳税额的计算公式为：

应纳税额 = 应纳税所得额 × 适用税率 = 每次收入额 × 20%

（十一）其他所得应纳税额的计算

其他所得应纳税额的计算公式为：

应纳税额＝应纳税所得额×适用税率＝每次收入额×20%

三、应纳税额计算的特殊规定

（一）特定行业职工取得的工资、薪金所得的计税方法

为了照顾采掘业、远洋运输业、远洋捕捞业因季节、产量等因素的影响，职工的工资、薪金收入呈现较大幅度波动的实际情况，对这三个特定行业的职工取得的工资、薪金所得，可按月预缴，年度终了后30日内，合计其全年工资、薪金所得，再按12个月平均并计算实际应纳的税款，多退少补。用公式表示为：

应纳所得税额＝[（全年工资、薪金收入÷12－费用扣除标准）×税率－速算扣除数]×12

（二）关于个人取得公务交通、通信补贴收入的征税问题

个人因公务用车和通信制度改革而取得的公务用车、通信补贴收入，扣除一定标准的公务费用后，按照"工资、薪金所得"项目计征个人所得税。按月发放的，并入当月"工资、薪金所得"计征个人所得税；不按月发放的，分解到所属月份并与该月份"工资、薪金所得"合并后计征个人所得税。

公务费用扣除标准，由省级地方税务局根据纳税人公务交通、通信费用实际发生情况调查测算，报经省级人民政府批准后确定，并报国家税务总局备案。

（三）关于保险费（金）征税问题

城镇企业事业单位及其职工个人按照《失业保险条例》规定的比例，实际缴付的失业保险费，均不计入职工个人当期工资、薪金收入，免予征收个人所得税；超过《失业保险条例》规定的比例缴付失业保险费的，应将其超过规定比例缴付的部分计入职工个人当期的工资、薪金收入，依法计征个人所得税。具备《失业保险条例》规定条件的失业人员，领取的失业保险金，免予征收个人所得税。

企业为员工支付各项免税之外的保险金，应在企业向保险公司缴付时（即该保险落到被保险人的保险账户）并入员工当期的工资收入，按"工资、薪金

（四）两个以上的纳税人共同取得同一项所得的计税问题

两个或两个以上的纳税义务人共同取得同一项所得的（如共同写作一部著作而取得稿酬所得），可以对每个人分得的收入分别减除费用，并计算各自应纳的税款。

（五）关于个人取得退职费收入征免个人所得税问题

1. 《个人所得税法》第四条第七款所说的可以免征个人所得税的"退职费"，是指个人符合《国务院关于工人退休、退职的暂行办法》（国发〔1978〕104号）规定的退职条件并按该办法规定的退职费标准所领取的退职费。

2. 个人取得的不符合上述办法规定的退职条件和退职费标准的退职费收入，应属于与其任职、受雇活动有关的工资、薪金性质的所得，应在取得的当月按工资、薪金所得计算缴纳个人所得税。但考虑到作为雇主给予退职人员经济补偿的退职费，通常为一次性发给，且数额较大，以及退职人员有可能在一段时间内没有固定收入等实际情况，依照《个人所得税法》有关工资、薪金所得计算征税的规定，对退职人员一次取得较高退职费收入的，可视为其一次取得数月的工资、薪金收入，并以原每月工资、薪金收入总额为标准，划分为若干月份的工资、薪金收入后，计算个人所得税的应纳税所得额及税额。但按上述方法划分超过了6个月工资、薪金收入的，应按6个月平均划分计算。个人取得全部退职费收入的应纳税款，应由其原雇主在支付退职费时负责代扣并于次月7日内缴入国库。个人退职后6个月内又再次任职、受雇的，对个人已缴纳个人所得税的退职费收入，不再与再次任职、受雇取得的工资、薪金所得合并计算补缴个人所得税。

（六）对个人因解除劳动合同取得经济补偿金的征税方法

根据《财政部　国家税务总局关于个人与用人单位解除劳动关系取得的一次性补偿收入征免个人所得税问题的通知》（财税〔2001〕157号）和《国家税务总局关于国有企业职工因解除劳动合同取得一次性补偿收入征免个人所得税问题的通知》（国税发〔2000〕77号）精神，自2001年10月1日起，按以下规定处理：

1. 企业依照国家有关法律规定宣告破产，企业职工从该破产企业取得的一次性安置费收入,免征个人所得税。

2. 个人因与用人单位解除劳动关系而取得的一次性补偿收入(包括用人单位发放的经济补偿金、生活补助费和其他补助费用),其收入在当地上年职工平均工资3倍数额以内的部分,免征个人所得税;超过3倍数额部分的一次性补偿收入,可视为一次取得数月的工资、薪金收入,允许在一定期限内平均计算。方法为:以超过3倍数额部分的一次性补偿收入,除以个人在本企业的工作年限数(超过12年的按12年计算),以其商数作为个人的月工资、薪金收入,按照税法规定计算缴纳个人所得税。个人在解除劳动合同后又再次任职、受雇的,已纳税的一次性补偿收入不再与再次任职、受雇的工资薪金所得合并计算补缴个人所得税。

3. 个人领取一次性补偿收入时按照国家和地方政府规定的比例实际缴纳的住房公积金、医疗保险费、基本养老保险费、失业保险费,可以在计征其一次性补偿收入的个人所得税时予以扣除。

(七)关于企业减员增效和行政事业单位、社会团体在机构改革过程中实行内部退养办法人员取得收入的征税问题

实行内部退养的个人在其办理内部退养手续后至法定离退休年龄之间从原任职单位取得的工资、薪金,不属于离退休工资,应按"工资、薪金所得"项目计征个人所得税。

个人在办理内部退养手续后从原任职单位取得的一次性收入,应按办理内部退养手续后至法定离退休年龄之间的所属月份进行平均,并与领取当月的"工资、薪金"所得合并后减除当月费用扣除标准,以余额为基数确定适用税率,再将当月工资、薪金加上取得的一次性收入,减去费用扣除标准,按适用税率计征个人所得税。

个人在办理内部退养手续后至法定离退休年龄之间重新就业取得的"工资、薪金"所得,应与其从原任职单位取得的同一月份的"工资、薪金"所得合并,并依法自行向主管税务机关申报缴纳个人所得税。

(八)个人提前退休取得补贴收入征收个人所得税的规定

自2011年1月1日起,个人提前退休取得一次性补贴收入征收个人所得税按以下规定执行:

1. 机关、企事业单位对未达到法定退休年龄、正式办理提前退休手续的个

人，按照统一标准向提前退休工作人员支付一次性补贴，不属于免税的离退休工资收入，应按照"工资、薪金所得"项目征收个人所得税。

2. 个人因办理提前退休手续而取得的一次性补贴收入，应按照办理提前退休手续至法定退休年龄之间所属月份平均分摊计算个人所得税。计税公式为：

$$应纳税额=\left\{\left[\left(一次性补贴收入÷办理提前退休手续至法定退休年龄的实际月份数\right)-费用扣除标准\right]×适用税率-速算扣除数\right\}×提前办理退休手续至法定退休年龄的实际月份数$$

（九）企业年金、职业年金个人所得税征收管理的规定

企业年金，是指根据《企业年金试行办法》（原劳动和社会保障部令第20号）的规定，企业及其职工在依法参加基本养老保险的基础上，自愿建立的补充养老保险制度。职业年金是指根据《事业单位职业年金试行办法》（国办发[2011]37号）的规定，事业单位及其工作人员在依法参加基本养老保险的基础上，建立的补充养老保险制度。

自2014年1月1日起，企业年金和职业年金个人所得税的计算征收按以下规定执行：

1. 企业年金和职业年金缴费的个人所得税处理。

（1）企业和事业单位（以下统称"单位"）根据国家有关政策规定的办法和标准，为在本单位任职或者受雇的全体职工缴付的企业年金或职业年金（以下统称"年金"）单位缴费部分，在计入个人账户时，个人暂不缴纳个人所得税。

（2）个人根据国家有关政策规定缴付的年金个人缴费部分，在不超过本人缴费工资计税基数的4%标准内的部分，暂从个人当期的应纳税所得额中扣除。

（3）超过上述第（1）项和第（2）项规定的标准缴付的年金单位缴费和个人缴费部分，应并入个人当期的工资、薪金所得，依法计征个人所得税。税款由建立年金的单位代扣代缴，并向主管税务机关申报解缴。

（4）企业年金个人缴费工资计税基数为本人上一年度月平均工资。月平均工资按国家统计局规定列入工资总额统计的项目计算。月平均工资超过职工工作地所在设区城市上一年度职工月平均工资300%以上的部分，不计入个人缴费工资计税基数。

职业年金个人缴费工资计税基数为职工岗位工资和薪级工资之和。职工岗

位工资和薪级工资之和超过职工工作地所在设区城市上一年度职工月平均工资 300% 以上的部分，不计入个人缴费工资计税基数。

2. 年金基金投资运营收益的个人所得税处理。

年金基金投资运营收益分配计入个人账户时，个人暂不缴纳个人所得税。

3. 领取年金的个人所得税处理。

（1）个人达到国家规定的退休年龄，在本规定实施之后按月领取的年金，全额按照"工资、薪金所得"项目适用的税率，计征个人所得税；在本规定实施之后按年或按季领取的年金，平均分摊计入各月，每月领取额全额按照"工资、薪金所得"项目适用的税率，计征个人所得税。

（2）对单位和个人在本规定实施之前开始缴付年金缴费，个人在本规定实施之后领取年金的，允许其从领取的年金中减除在本规定实施之前缴付的年金单位缴费和个人缴费且已经缴纳个人所得税的部分，就其余额按照第 3 条第（1）项的规定征税。在个人分期领取年金的情况下，可按本规定实施之前缴付的年金缴费金额占全部缴费金额的百分比减计当期的应纳税所得额，减计后的余额，按照本规定第 3 条第（1）项的规定，计算缴纳个人所得税。

（3）对个人因出境定居而一次性领取的年金个人账户资金，或个人死亡后，其指定的受益人或法定继承人一次性领取的年金个人账户余额，允许领取人将一次性领取的年金个人账户资金或余额按 12 个月分摊到各月，就其每月分摊额，按照本规定第 3 条第（1）项和第（2）项的规定计算缴纳个人所得税。对个人除上述特殊原因外一次性领取年金个人账户资金或余额的，则不允许采取分摊的方法，而是就其一次性领取的总额，单独作为一个月的工资薪金所得，按照本规定第 3 条第（1）项和第（2）项的规定，计算缴纳个人所得税。

（4）个人领取年金时，其应纳税款由受托人代表委托人委托托管人代扣代缴。年金账户管理人应及时向托管人提供个人年金缴费及对应的个人所得税纳税明细。托管人根据受托人指令及账户管理人提供的资料，按照规定计算扣缴个人当期领取年金待遇的应纳税款，并向托管人所在地主管税务机关申报解缴。

（5）建立年金计划的单位、年金托管人，应按照个人所得税法和税收征收管理法的有关规定，实行全员全额扣缴明细申报。受托人有责任协调相关管理人依法向税务机关办理扣缴申报、提供相关资料。

4. 建立年金计划的单位应于建立年金计划的次月 15 日内，向其所在地主管税务机关报送年金方案、人力资源和社会保障部门出具的方案备案函、计划确认函以及主管税务机关要求报送的其他相关资料。年金方案、受托人、托管人发生变化的，应于发生变化的次月15日内重新向其主管税务机关报送上述资料。

（十）办理补充养老保险退保和提供担保个人所得税的征税方法

1. 关于单位为个人办理补充养老保险退保后个人所得税及企业所得税的处理问题。单位为职工个人购买商业性补充养老保险等，在办理投保手续时应作为个人所得税的"工资、薪金所得"项目，按税法规定缴纳个人所得税；因各种原因退保，个人未取得实际收入的，已缴纳的个人所得税应予以退回。

2. 关于个人提供担保取得收入征收个人所得税问题。个人为单位或他人提供担保获得报酬，应按照《个人所得税法》规定的"其他所得"项目缴纳个人所得税，税款由支付所得的单位或个人代扣代缴。

（十一）个人兼职和退休人员再任职取得收入个人所得税的征税方法

个人兼职取得的收入应按照"劳务报酬所得"应税项目缴纳个人所得税；退休人员再任职取得的收入，在减除按个人所得税法规定的费用扣除标准后，按"工资、薪金所得"应税项目缴纳个人所得税。

（十二）企业雇员取得认股权证（股票认购权）的征税方法

一些中国境内的公司、企业作为吸收、稳定人才的手段，按照有关法律规定及本公司规定，向其雇员发放（内部职工）认股权证，并承诺雇员在公司达到一定工作年限或满足其他条件，可凭该认股权证按事先约定价格（一般低于当期股票发行价格或市场价格）认购公司股票；或者向达到一定工作年限或满足其他条件的雇员，按当期市场价格的一定折价转让本企业持有的其他公司（包括外国公司）的股票等有价证券；或者按一定比例为该雇员负担其进行股票等有价证券的投资。在中国负有纳税义务的个人（包括在中国境内有住所和无住所的个人）认购股票等有价证券，因其受雇期间的表现或业绩，从其雇主以不同形式取得的折扣或补贴（指雇员实际支付的股票等有价证券的认购价格低于当期发行价格或市场价格的数额），属于该个人因受雇而取得的工资、薪金所得，应在雇员实际认购股票等有价证券时，计算缴纳个人所得税。

个人行使股票等有价证券而从雇主取得的折扣或补贴，在计算缴纳个人所得税时，因一次收入较多，全部计入当月工资、薪金所得计算缴纳个人所得税有困难的，可在报经当地主管税务机关批准后，自其实际认购股票等有价证券的当月起，在不超过6个月的期限内平均分月计入工资、薪金所得计算缴纳个人所得税。

个人在股票认购权行使前，将其股票认购权转让所取得的所得，应并入其当月工资收入，按照"工资、薪金所得"项目缴纳个人所得税。

对个人在行使股票认购权后，将已认购的股票（不包括境内上市公司股票）转让所取得的所得，应按照"财产转让所得"项目缴纳个人所得税。上述税款由直接向个人支付转让收入的单位（不包括境外企业）负责代扣代缴；直接向个人支付转让收入的单位为境外企业的，取得收入的个人应按税法规定，在规定的期限内向主管税务机关自行申报纳税。

（十三）公司雇员以非上市公司股票期权形式取得的工资、薪金所得的征税方法

公司雇员以非上市公司股票期权形式取得的工资、薪金所得，在计算缴纳个人所得税时，因一次收入较多，可比照全年一次性奖金的征税办法，计算征收个人所得税。

公司雇员以非上市公司股票期权形式取得所得的纳税义务发生时间，按雇员的实际购买日确定，其所得额为其从公司取得非上市公司股票的实际购买价低于购买日该股票价值的差额。

由于非上市公司股票没有可参考的市场价格，为便于操作，除存在实际或约定的交易价格，或存在与该非上市股票具有可比性的相同或类似股票的实际交易价格情形外，购买日股票价值可暂按其境外非上市母公司上一年度经中介机构审计的会计报告中每股净资产数额来确定。

（十四）个人取得拍卖收入征收个人所得税

1. 自2007年5月1日起，个人通过拍卖市场拍卖个人财产，对其取得所得按以下规定征税：

（1）作者将自己的文字作品手稿原件或复印件拍卖取得的所得，应以其转让收入额减除800元（转让收入额4 000元以下）或者20%（转让收入额4 000元以上）后的余额为应纳税所得额，按照"特许权使用费"所得项目适

用20%税率缴纳个人所得税。

（2）个人拍卖除文字作品原稿及复印件外的其他财产，应以其转让收入额减除财产原值和合理费用后的余额为应纳税所得额，按照"财产转让所得"项目适用20%税率缴纳个人所得税。

2. 对个人财产拍卖所得征收个人所得税时，以该项财产最终拍卖成交价格为其转让收入额。

个人财产拍卖所得适用"财产转让所得"项目计算应纳税所得额时，纳税人凭合法有效凭证（税务机关监制的正式发票、相关境外交易单据或海关报关单据、完税证明等），从其转让收入额中减除相应的财产原值、拍卖财产过程中缴纳的税金及有关合理费用。

（1）财产原值，是指售出方个人取得该拍卖品的价格（以合法有效凭证为准）。具体为：通过商店、画廊等途径购买的，为购买该拍卖品时实际支付的价款；通过拍卖行拍得的，为拍得该拍卖品实际支付的价款及缴纳的相关税费；通过祖传收藏的，为其收藏该拍卖品而发生的费用；通过赠送取得的，为其受赠该拍卖品时发生的相关税费；通过其他形式取得的，参照以上原则确定财产原值。

（2）拍卖财产过程中缴纳的税金，是指在拍卖财产时纳税人实际缴纳的相关税金及附加。

（3）有关合理费用，是指拍卖财产时纳税人按照规定实际支付的拍卖费（佣金）、鉴定费、评估费、图录费、证书费等费用。

3. 纳税人如不能提供合法、完整、准确的财产原值凭证，不能正确计算财产原值的，按转让收入额的3%征收率计算缴纳个人所得税；拍卖品为经文物部门认定是海外回流文物的，按转让收入额的2%征收率计算缴纳个人所得税。

4. 纳税人的财产原值凭证内容填写不规范，或者一份财产原值凭证包括多件拍卖品且无法确认每件拍卖品一一对应的原值的，不得将其作为扣除财产原值的计算依据，应视为不能提供合法、完整、准确的财产原值凭证，并按上述规定的征收率计算缴纳个人所得税。

5. 纳税人能够提供合法、完整、准确的财产原值凭证，但不能提供有关税费凭证的，不得按征收率计算纳税，应当就财产原值凭证上注明的金额据实扣除，并按照税法规定计算缴纳个人所得税。

6. 个人财产拍卖所得应纳的个人所得税税款，由拍卖单位负责代扣代缴，并按规定向拍卖单位所在地主管税务机关办理纳税申报。

7. 拍卖单位代扣代缴个人财产拍卖所得应纳的个人所得税税款时,应给纳税人填开完税凭证,并详细标明每件拍卖品的名称、拍卖成交价格、扣缴税款额。

8. 主管税务机关应加强对个人财产拍卖所得的税收征管工作,在拍卖单位举行拍卖活动期间派工作人员进入拍卖现场,了解拍卖的有关情况,宣传辅导有关税收政策,审核鉴定原值凭证和费用凭证,督促拍卖单位依法代扣代缴个人所得税。

(十五) 房屋赠与个人所得税的计算方法

以下情形的房屋产权无偿赠与,对当事双方不征收个人所得税:

1. 房屋产权所有人将房屋产权无偿赠与配偶、父母、子女、祖父母、外祖父母、孙子女、外孙子女、兄弟姐妹。

2. 房屋产权所有人将房屋产权无偿赠与对其承担直接抚养或者赡养义务的抚养人或者赡养人。

3. 房屋产权所有人死亡,依法取得房屋产权的法定继承人、遗嘱继承人或者受遗赠人。

除上述情形以外,房屋产权所有人将房屋产权无偿赠与他人的,受赠人因无偿受赠房屋取得的受赠所得,按照"经国务院财政部门确定征税的其他所得"项目缴纳个人所得税,税率为20%。

对受赠人无偿受赠房屋计征个人所得税时,其应纳税所得额为房地产赠与合同上标明的赠与房屋价值减除赠与过程中受赠人支付的相关税费后的余额。赠与合同标明的房屋价值明显低于市场价格或房地产赠与合同未标明赠与房屋价值的,税务机关可依据受赠房屋的市场评估价格或采取其他合理方式确定受赠人的应纳税所得额。

受赠人转让受赠房屋的,以其转让受赠房屋的收入减除原捐赠人取得该房屋的实际购置成本以及赠与和转让过程中受赠人支付的相关税费后的余额为受赠人的应纳税所得额,依法计征个人所得税。受赠人转让受赠房屋价格明显偏低且无正当理由的,税务机关可以依据该房屋的市场评估价格或其他合理方式确定的价格核定其转让收入。

(十六) 个人因购买和处置债权取得所得征收个人所得税的方法

根据《个人所得税法》及有关规定,个人通过招标、竞拍或其他方式购置债权以后，通过相关司法或行政程序主张债权而取得的所得，应按照"财产转让所得"项目缴纳个人所得税。

个人通过上述方式取得"打包"债权，只处置部分债权的，其应纳税所得额按以下方式确定：

（1）以每次处置部分债权的所得，作为一次财产转让所得征税。

（2）其应税收入按照个人取得的货币资产和非货币资产的评估价值或市场价值的合计数确定。

（3）所处置债权成本费用（即财产原值），按下列公式计算：

$$\text{当次处置债权成本费用} = \frac{\text{个人购置"打包"债权实际支出}}{} \times \frac{\text{当次处置债权账面价值（或拍卖机构公布价值）}}{\text{"打包"债权账面价值（或拍卖机构公布价值）}}$$

（4）个人购买和处置债权过程中发生的拍卖招标手续费、诉讼费、审计评估费以及缴纳的税金等合理税费，在计算个人所得税时允许扣除。

（十七）个人终止投资经营收回款项征收个人所得税的规定

个人因各种原因终止投资、联营、经营合作等行为，从被投资企业或合作项目、被投资企业的其他投资者以及合作项目的经营合作人取得股权转让收入、违约金、补偿金、赔偿金及以其他名目收回的款项等，均属于个人所得税应税收入，应按照"财产转让所得"项目适用的规定计算缴纳个人所得税。

应纳税所得额的计算公式如下：

$$\text{应纳税所得额} = \text{个人取得的股权转让收入、违约金、补偿金、赔偿金及以其他名目收回款项合计数} - \text{原实际出资额（投入额）及相关税费}$$

$$\text{应纳税额} = \text{应纳税所得额} \times 20\%$$

（十八）关于企业改组改制过程中个人取得的量化资产征税问题

对职工个人以股份形式取得的量化资产仅作为分红依据，不拥有所有权的企业量化资产，不征收个人所得税。

对职工个人以股份形式取得的拥有所有权的企业量化资产，暂缓征收个人所得税；待个人将股份转让时，就其转让收入额，减除个人取得该股份时实际支付的费用支出和合理转让费用后的余额，按"财产转让所得"项目计征个人所得税。

对职工个人以股份形式取得的企业量化资产参与企业分配而获得的股息、

红利，应按"利息、股息、红利"项目征收个人所得税。

（十九）个人取得有奖发票奖金征免个人所得税

个人取得单张有奖发票奖金所得不超过800元（含800元）的，暂免征收个人所得税；个人取得单张有奖发票奖金所得超过800元的，应全额按照《个人所得税法》规定的"偶然所得"项目征收个人所得税。税务机关或其指定的有奖发票兑奖机构，是有奖发票奖金所得个人所得税的扣缴义务人，应依法认真做好个人所得税代扣代缴工作。

（二十）企业促销展业赠送礼品个人所得税的规定

自2011年6月9日起，企业和单位（包括企业、事业单位、社会团体、个人独资企业、合伙企业和个体工商户等，以下简称"企业"）在营销活动中以折扣折让、赠品、抽奖等方式，向个人赠送现金、消费券、物品、服务等（以下简称"礼品"）有关个人所得税的具体规定如下：

1. 企业在销售商品（产品）和提供服务过程中向个人赠送礼品，属于下列情形之一的，不征收个人所得税：

（1）企业通过价格折扣、折让方式向个人销售商品（产品）和提供服务。

（2）企业在向个人销售商品（产品）和提供服务的同时给予赠品，如通信企业对个人购买手机赠话费、入网费，或者购话费赠手机等。

（3）企业对累积消费达到一定额度的个人按消费积分反馈礼品。

2. 企业向个人赠送礼品，属于下列情形之一的，取得该项所得的个人应依法缴纳个人所得税，税款由赠送礼品的企业代扣代缴：

（1）企业在业务宣传、广告等活动中，随机向本单位以外的个人赠送礼品，对个人取得的礼品所得，按照"其他所得"项目，全额适用20%的税率缴纳个人所得税。

（2）企业在年会、座谈会、庆典以及其他活动中向本单位以外的个人赠送礼品，对个人取得的礼品所得，按照"其他所得"项目，全额适用20%的税率缴纳个人所得税。

（3）企业对累积消费达到一定额度的顾客，给予额外抽奖机会，个人的获奖所得，按照"偶然所得"项目，全额适用20%的税率缴纳个人所得税。

3. 企业赠送的礼品是自产产品（服务）的，按该产品（服务）的市场销售价格确定个人的应税所得；是外购商品（服务）的，按该商品（服务）的实际购置价格确定个人的应税所得。

（二十一）企业为股东个人购买汽车个人所得税的征税方法

1. 企业为股东购买车辆并将车辆所有权办到股东个人名下，其实质为企业对股东进行了红利性质的实物分配，应按照"利息、股息、红利所得"项目征收个人所得税。考虑到该股东个人名下的车辆同时也为企业经营使用的实际情况，允许合理减除部分所得；减除的具体数额由主管税务机关根据车辆的实际使用情况合理确定。

2. 依据《中华人民共和国企业所得税暂行条例》以及有关规定，上述企业为个人股东购买的车辆，不属于企业的资产，不得在企业所得税前扣除折旧。

（二十二）企业资金为个人购房个人所得税的征税方法

个人取得以下情形的房屋或其他财产，不论所有权人是否将财产无偿或有偿交付企业使用，其实质均为企业对个人进行了实物性质的分配，应依法计征个人所得税。

1. 企业出资购买房屋及其他财产，将所有权登记为投资者个人、投资者家庭成员或企业其他人员的。

2. 企业投资者个人、投资者家庭成员或企业其他人员向企业借款用于购买房屋及其他财产，将所有权登记为投资者、投资者家庭成员或企业其他人员，且借款年度终了后未归还借款的。

对个人独资企业、合伙企业的个人投资者或其家庭成员取得的上述所得，视为企业对个人投资者的利润分配，按照"个体工商户的生产、经营所得"项目计征个人所得税；对除个人独资企业、合伙企业以外其他企业的个人投资者或其家庭成员取得的上述所得，视为企业对个人投资者的红利分配，按照"利息、股息、红利"所得项目计征个人所得税；对企业其他人员取得的上述所得，按照"工资、薪金"所得项目计征个人所得税。

（二十三）个人所得为外币时的换算方法

企业和个人取得的收入和所得为美元、日元、港币的，统一使用中国人民银行公布的人民币对上述三种货币的基准汇价计税。企业和个人取得的收入和所得为其他货币的，应当根据美元对人民币的基准汇价和国家外汇管理局提供的纽约外汇市场美元对主要外币的汇价套算，按照套算以后的汇价计税。套算公式为：

$$某种货币对人民币的汇价 = \frac{美元对人民币的基准汇价}{纽约外汇市场美元对该种货币的汇价}$$

（二十四）关于企业转增股本个人所得税规定

1. 自2016年1月1日起，全国范围内的中小高新技术企业以未分配利润、盈余公积、资本公积向个人股东转增股本时，个人股东一次缴纳个人所得税确有困难的，可根据实际情况自行制定分期缴税计划，在不超过5个公历年度内（含）分期缴纳，并将有关资料报主管税务机关备案。

2. 个人股东获得转增的股本，应按照"利息、股息、红利所得"项目，适用20%税率征收个人所得税。

3. 股东转让股权并取得现金收入的，该现金收入应优先用于缴纳尚未缴清的税款。

4. 在股东转让该部分股权之前，企业依法宣告破产，股东进行相关权益处置后没有取得收益或收益小于初始投资额的，主管税务机关对其尚未缴纳的个人所得税可不予追征。

这里所称的中小高新技术企业，是指注册在中国境内实行查账征收的、经认定取得高新技术企业资格，且年销售额和资产总额均不超过2亿元、从业人数不超过500人的企业。

上市中小高新技术企业或在全国中小企业股份转让系统挂牌的中小高新技术企业向个人股东转增股本，股东应纳的个人所得税，继续按照现行有关股息红利差别化个人所得税政策执行。

（二十五）关于股权奖励个人所得税规定

1. 自2016年1月1日起，全国范围内的高新技术企业转化科技成果，给予本企业相关技术人员的股权奖励，个人一次缴纳税款有困难的，可根据实际情况自行制订分期缴税计划，在不超过5个公历年度内（含）分期缴纳，并将有关资料报主管税务机关备案。

2. 个人获得股权奖励时，按照"工资薪金所得"项目，参照《财政部 国家税务总局关于个人股票期权所得征收个人所得税问题的通知》（财税[2005]35号）有关规定计算确定应纳税额。股权奖励的计税价格参照获得股权时的公平市场价格确定。

3. 技术人员转让奖励的股权（含奖励股权孳生的送、转股）并取得现金收入的，该现金收入应优先用于缴纳尚未缴清的税款。

4. 技术人员在转让奖励的股权之前企业依法宣告破产，技术人员进行相关权益处置后没有取得收益或资产，或取得的收益和资产不足以缴纳其取得股权尚未缴纳的应纳税款的部分，税务机关可不予追征。

这里所称相关技术人员，是指经公司董事会和股东大会决议批准获得股权奖励的以下两类人员：

（1）对企业科技成果研发和产业化做出突出贡献的技术人员，包括企业内关键职务科技成果的主要完成人、重大开发项目的负责人、对主导产品或者核心技术、工艺流程做出重大创新或者改进的主要技术人员。

（2）对企业发展做出突出贡献的经营管理人员，包括主持企业全面生产经营工作的高级管理人员、负责企业主要产品（服务）生产经营合计占主营业务收入（或者主营业务利润）50%以上的中、高级经营管理人员。

企业面向全体员工实施的股权奖励，不得按本通知规定的税收政策执行。

这里所称股权奖励，是指企业无偿授予相关技术人员一定份额的股权或一定数量的股份。这里所称高新技术企业，是指实行查账征收、经省级高新技术企业认定管理机构认定的高新技术企业。

（二十六）个人以非货币资产投资的个人所得税规定

1. 个人以非货币性资产投资，属于个人转让非货币性资产和投资同时发生。对个人转让非货币性资产的所得，应按照"财产转让所得"项目，依法计算缴纳个人所得税。非货币性资产，是指现金、银行存款等货币性资产以外的资产，包括股权、不动产、技术发明成果以及其他形式的非货币性资产。非货币性资产投资，包括以非货币性资产出资设立新的企业，以及以非货币性资产出资参与企业增资扩股、定向增发股票、股权置换、重组改制等投资行为。

2. 个人以非货币性资产投资，应按评估后的公允价值确认非货币性资产转让收入。非货币性资产转让收入减除该资产原值及合理税费后的余额为应纳税所得额。非货币性资产原值为纳税人取得该项资产时实际发生的支出。纳税人无法提供完整、准确的非货币性资产原值凭证，不能正确计算非货币性资产原值的，主管税务机关可依法核定其非货币性资产原值。合理税费是指纳税人在非货币性资产投资过程中发生的与资产转移相关的税金及合理费用。纳税人以股权投资的,该股权原值确认等相关问题依照《股权转让所得个人所得税管理办法(试行)》(国家税务总局公告 2014 年第 67 号发布)有关规定执行。

3. 个人以非货币性资产投资,应于非货币性资产转让、取得被投资企业股权时,确认非货币性资产转让收入的实现。个人应在发生上述应税行为的次月 15 日内向主管税务机关申报纳税。纳税人一次性缴税有困难的,可合理确定分期缴纳计划并报主管税务机关备案后,自发生上述应税行为之日起不超过 5 个公历年度内(含)分期缴纳个人所得税。

4. 个人以非货币性资产投资交易过程中取得现金补价的,现金部分应优先用于缴税;现金不足以缴纳的部分,可分期缴纳。个人在分期缴税期间转让其持有的上述全部或部分股权,并取得现金收入的,该现金收入应优先用于缴纳尚未缴清的税款。

个人以非货币性资产投资享受分期缴税的政策自 2015 年 4 月 1 日起施行,对 2015 年 4 月 1 日之前发生的个人非货币性资产投资,尚未进行税收处理且自发生上述应税行为之日起期限未超过 5 年的,可在剩余的期限内分期缴纳其应纳税款。

非货币性资产投资个人所得税由纳税人向主管税务机关自行申报缴纳。纳税人以不动产投资的,以不动产所在地地税机关为主管税务机关;纳税人以其持有的企业股权对外投资的,以该企业所在地地税机关为主管税务机关;纳税人以其他非货币资产投资的,以被投资企业所在地地税机关为主管税务机关。

第三节　个人所得税的会计处理

一、个人所得税核算的科目设置

对一般企业而言,主要是代扣代缴个人所得税业务的会计处理,应设置"应交税费——代扣个人所得税"科目,核算其代扣代缴情况;对采用自行申报缴纳个人所得税的纳税人,除实行查账征收的个体工商户外(个人独资企业、合伙企业参照个体工商户执行,下同),一般不需要进行会计处理。实行查账征收的个体工商户,应设置"应交税费——应交个人所得税"科目,核算其应缴纳的个人所得税。

二、个人所得税的会计处理方法

(一) 代扣代缴个人所得税的会计处理

企业代扣代缴个人所得税应通过"应交税费——代扣个人所得税"科目核算,同时,根据所代扣税款具体项目的不同将代扣的税额冲减"应付职工薪酬"、"应付账款"和"其他应付款"等科目。

1. 支付工资、薪酬所得的单位代扣代缴个人所得税会计处理。

企业支付职工的工资、薪酬代扣代缴个人所得税时,借记"应付职工薪酬"和"应付账款"等科目,贷记"应交税费——代扣个人所得税"科目;实际缴纳个人所得税税款时,借记"应交税费——应交个人所得税"科目,贷记"银行存款"科目。

【例6-7】某企业按月发放职工工资时,代扣代缴职工王燕个人所得税1 360元。该企业应作如下会计处理:

计算应代扣代缴个人所得税时:

借:应付职工薪酬　　　　　　　　　　　　　　　　1 360
　　贷:应交税费——代扣个人所得税　　　　　　　　1 360

按规定期限上缴税款时:

借:应交税费——代扣个人所得税　　　　　　　　　1 360
　　贷:银行存款　　　　　　　　　　　　　　　　　1 360

2. 支付其他所得的单位代扣代缴个人所得税的会计处理。

企业代扣除工资薪金所得以外的个人所得税时,根据个人所得项目不同代扣个人所得税时,应分别借记"应付债券"、"应付账款"、"其他应付款"等科目,贷记"应交税费——代扣个人所得税"等科目;实际缴纳个人所得税税款时,借记"应交税费——应交个人所得税"科目,贷记"银行存款"科目。

【例6-8】某出版社支付王涛稿酬20 000元。计算应代扣代缴的个人所得税并进行有关的会计处理。

应缴纳的个人所得税 = 20 000 × (1 - 20%) × 20% × (1 - 30%) = 2 240 (元)

支付王涛稿酬时:

借:编录经费——稿酬　　　　　　　　　　　　　　20 000

贷：银行存款（或现金）　　　　　　　　　　　　　17 760
　　　　应交税费——代扣个人所得税　　　　　　　　　2 240
按规定期限上缴税款时：
　　借：应交税费——代扣个人所得税　　　　　　　　　2 240
　　贷：银行存款　　　　　　　　　　　　　　　　　　2 240

（二）个体工商户生产、经营所得个人所得税的会计处理

实行查账征收的个体工商户，应通过"留存利润"和"应交税费——应交个人所得税"等科目核算。在计算应纳个人所得税时，借记"留存利润"科目，贷记"应交税费——应交个人所得税"科目；实际上缴税款时，借记"应交税费——应交个人所得税"科目，贷记"银行存款"科目。

【例6-9】个体工商户王峰2015年全年经营收入750 000元，其中生产经营成本、费用总额为600 000元。计算其全年应纳的个人所得税并进行会计处理。

应纳税所得额=750 000-600 000=150 000（元）

应纳税额=150 000×35%-14 750=37 750（元）

会计处理如下：

计算应缴个人所得税时：
　　借：留存利润　　　　　　　　　　　　　　　　　　37 750
　　　　贷：应交税费——应交个人所得税　　　　　　　37 750
实际缴纳个人所得税时：
　　借：应交税费——应交个人所得税　　　　　　　　　37 750
　　　　贷：银行存款　　　　　　　　　　　　　　　　37 750

第七章 其他销售税种纳税实务与会计处理

第一节 资源税纳税实务与会计处理

一、资源税的基本法规

资源税是对在我国境内从事应税矿产品开采和生产盐的单位和个人课征的一种税，属于对自然资源占用课税的范畴。资源税法是指国家制定的用以调整资源税征收与缴纳之间权利及义务关系的法律规范。现行资源税法的基本规范，是2011年9月30日国务院公布的《中华人民共和国资源税暂行条例》（以下简称《资源税暂行条例》）、2011年10月28日财政部、国家税务总局公布的《中华人民共和国资源税暂行条例实施细则》（以下简称《资源税实施细则》）及2016年5月9日发布的《关于全面推进资源税改革的通知》（财税〔2016〕53号）（以下简称《改革通知》）。

（一）资源税纳税人

资源税的纳税人，是指在中华人民共和国领域及管辖海域开采《资源税暂行条例》规定的矿产品或者生产盐（以下称"开采"或者"生产应税产品"）的单位和个人。这里所称单位，是指国有企业、集体企业、私营企业、股份制企业、其他企业和行政单位、事业单位、军事单位、社会团体及其他单位；这里所称个人，是指个体经营者和其他个人。

收购未税矿产品的单位为资源税的扣缴义务人。收购未税矿产品的单位，是指独立矿山、联合企业和其他单位。

（二）资源税征税范围

资源税的征税范围包括原矿、精矿（或原矿加工品，下同）、金锭、氯化钠初级产品，具体按照《改革通知》所附《资源税税目税率幅度表》相关规定执行。对未列举名称的其他矿产品，省级人民政府可对本地区主要矿产品按矿种设定税目，对其余矿产品按类别设定税目，并按其销售的主要形态（如原矿、精矿）确定征税对象。

我国目前资源税的征税范围仅涉及矿产品和盐两大类，具体包括：

1. 原油。开采的天然原油征税；人造石油不征税。

2. 天然气。专门开采的天然气和与原油同时开采的天然气征税；煤矿生产的天然气暂不征税。

3. 煤炭。包括原煤和以未税原煤加工的洗选煤。

4. 其他非金属矿原矿，是指原油、天然气、煤炭和井矿盐以外的非金属矿原矿，包括宝石、金刚石、玉石、膨润土、石墨、石英砂、萤石、重晶石、毒重石、蛭石、长石、氟石、滑石、白云石、硅灰石、凹凸棒石黏土、高岭石土、耐火黏土、云母、大理石、花岗石、石灰石、菱镁矿、天然碱、石膏、硅线石、工业用金刚石、石棉、硫铁矿、自然硫、磷铁矿等。

5. 黑色金属矿原矿，是指纳税人开采后自用、销售的，用于直接入炉冶炼或作为主产品先入选精矿，制造人工矿，再最终入炉冶炼的黑色金属矿石原矿，包括铁矿石、锰矿石和铬矿石。

6. 有色金属矿原矿。包括铜矿石、铅锌矿石、铝土矿石、钨矿石、锡矿石、锑矿石、铝矿石、镍矿石、黄金矿石、钒矿石（含石煤钒）等。

7. 盐。一是固体盐，包括海盐原盐、湖盐原盐和井矿盐；二是液体盐（卤水），是指氯化钠含量达到一定浓度的溶液。

纳税人开采或者生产应税产品，自用于连续生产应税产品的，不缴纳资源税；自用于其他方面的，视同销售，缴纳资源税。

根据2016年5月9日发布的《关于全面推进资源税改革的通知》的规定，扩大资源税征收范围。

（1）开展水资源税改革试点工作。鉴于取用水资源涉及面广、情况复杂，为确保改革平稳有序实施，先在河北省开展水资源税试点。河北省开征水资源税试点工作，采取水资源费改税方式，将地表水和地下水纳入征税范围，实行从量定额计征，对高耗水行业、超计划用水以及在地下水超采地区取用地下水，适当提高税额标准，正常生产生活用水维持原有负担水平不变。在总结试点经验基础上，财政部、国家税务总局将选择其他地区逐步扩大试点范围，条件成熟后在全国推开。

（2）逐步将其他自然资源纳入征收范围。鉴于森林、草场、滩涂等资源在各地区的市场开发利用情况不尽相同，对其全面开征资源税条件尚不成熟，此次改革不在全国范围统一规定对森林、草场、滩涂等资源征税。各省、自治区、直辖市（以下统称"省级"）人民政府可以结合本地实际，根据森林、草场、滩涂等资源开发利用情况提出征收资源税的具体方案建议，报国务院批准后实施。

（三）资源税税率

1. 资源税税目。

现行资源税税目包括原油、天然气、煤炭、其他非金属矿原矿、黑色金属矿原矿、有色金属矿原矿及盐共7大类及若干子目，主要是根据资源税应税产品类别和纳税人开采资源的行业特点设置的。水、森林、草场、滩涂等自然资源由各地提出并报国务院批准。

2. 资源税税率。

资源税采用比例税率和定额税率两种形式，对原油、天然气、煤炭按照比例税率从价征收（煤炭资源税从2015年8月1日起，由从量征收改为从价定率计征，其中，原油、天然气按销售额的6%~10%计征）；煤炭按销售额的2%~10%计征。自2015年5月1日起，对有色金属矿中的稀土、钨、钼资源税由从量定额计征改为从价定率计征。轻稀土按地区执行不同的适用税率，其中，内蒙古为11.5%，四川为9.5%，山东为7.5%；中重稀土资源税适用税率为27%；钨资源税适用税率为6.5%；钼资源税适用税率为11%。

2016年7月1日起，对《资源税税目税率幅度表》（见表7-1）中列举名称的21种资源品目和未列举名称的其他金属矿实行从价计征，计税依据由原矿销售量调整为原矿、精矿（或原矿加工品）、氯化钠初级产品或金锭的销售额。列举名称的21种资源品目包括：铁矿、金矿、铜矿、铝土矿、铅锌矿、镍矿、锡矿、石墨、硅藻土、高岭土、萤石、石灰石、硫铁矿、磷矿、氯化钾、硫酸钾、井矿盐、湖盐、提取地下卤水晒制的盐、煤层（成）气、海盐。

对经营分散、多为现金交易且难以控管的黏土、砂石，按照便利征管原则，仍实行从量定额计征。

对《资源税税目税率幅度表》中未列举名称的其他非金属矿产品，按照从价计征为主、从量计征为辅的原则,由省级人民政府确定计征方式。

各省级人民政府应当按《改革通知》要求提出或确定本地区资源税适用税率。测算具体适用税率时,要充分考虑本地区资源禀赋、企业承受能力和清理收费基金等因素,按照改革前后税费平移原则,以近几年企业缴纳资源税、矿产资源补偿费金额(铁矿石开采企业缴纳资源税金额按40%税额标准测算)和矿产品市场价格水平为依据确定。一个矿种原则上设定一档税率,少数资源条件差异较大的矿种可按不同资源条件、不同地区设定两档税率。

表7-1 资源税税目税率幅度

序号	税目		征税对象	税率幅度
1	金属矿	铁矿	精矿	1%~6%
2		金矿	金锭	1%~4%
3		铜矿	精矿	2%~8%
4		铝土矿	原矿	3%~9%
5		铅锌矿	精矿	2%~6%
6		镍矿	精矿	2%~6%
7		锡矿	精矿	2%~6%
8		未列举名称的其他金属矿产品	原矿或精矿	税率不超过20%
9	非金属矿	石墨	精矿	3%~10%
10		硅藻土	精矿	1%~6%
11		高岭土	原矿	1%~6%
12		萤石	精矿	1%~6%
13		石灰石	原矿	1%~6%
14		硫铁矿	精矿	1%~6%
15		磷矿	原矿	3%~8%
16		氯化钾	精矿	3%~8%
17		硫酸钾	精矿	6%~12%
18		井矿盐	氯化钠初级产品	1%~6%
19		湖盐	氯化钠初级产品	1%~6%
20		提取地下卤水晒制的盐	氯化钠初级产品	3%~15%
21		煤层(成)气	原矿	1%~2%
22		黏土、砂石	原矿	每吨或立方米0.1~5元
23		未列举名称的其他非金属矿产品	原矿或精矿	从量税率每吨或立方米不超过30元;从价税率不超过20%
24		海盐	氯化钠初级产品	1%~5%

备注:
(1)铝土矿包括耐火级矾土、研磨级矾土等高铝黏土。
(2)氯化钠初级产品是指井矿盐、湖盐原盐、提取地下卤水晒制的盐和海盐原盐,包括固体和液体形态的初级产品。
(3)海盐是指海水晒制的盐,不包括提取地下卤水晒制的盐。

(四) 资源税税收优惠

资源税贯彻普遍征收、级差调节的立法原则，因此规定的减免税项目比较少。

1. 开采原油过程中用于加热、修井的原油，免税。

2. 纳税人开采或者生产应税产品过程中，因意外事故或者自然灾害等原因遭受重大损失的，由省、自治区、直辖市人民政府酌情决定减税或者免税。

3. 自 2015 年 5 月 1 日起，对冶金矿山铁矿石资源税，暂减按规定税率标准的 40% 征收。

4. 尾矿再利用的，不再征收资源税。

5. 从 2007 年 1 月 1 日起，对地面抽采煤层气暂不征收资源税。煤层气是指赋存于煤层及其围岩中与煤炭资源伴生的非常规天然气，也称煤矿瓦斯。

6. 自 2010 年 6 月 1 日起，纳税人在新疆开采的原油、天然气，自用于连续生产原油、天然气的，不缴纳资源税；自用于其他方面的，视同销售，依照本规定计算缴纳资源税。

7. 对依法在建筑物下、铁路下、水体下通过充填开采方式采出的矿产资源，资源税减征 50%。

充填开采是指随着回采工作面的推进，向采空区或离层带等空间充填废石、尾矿、废渣、建筑废料以及专用充填合格材料等采出矿产品的开采方法。

8. 对实际开采年限在 15 年以上的衰竭期矿山开采的矿产资源，资源税减征 30%。

衰竭期矿山是指剩余可采储量下降到原设计可采储量的 20%（含）以下或剩余服务年限不超过 5 年的矿山，以开采企业下属的单个矿山为单位确定。

9. 对鼓励利用的低品位矿、废石、尾矿、废渣、废水、废气等提取的矿产品，由省级人民政府根据实际情况确定是否给予减税或免税。

10. 关于共伴生矿产的征免税的处理。

为促进共伴生矿的综合利用，纳税人开采销售共伴生矿，共伴生矿与主矿产品销售额分开核算的，对共伴生矿暂不计征资源税；没有分开核算的，共伴生矿按主矿产品的税目和适用税率计征资源税。财政部、国家税务总局另有规定的，从其规定。

11. 有下列情形之一的，免征或者减征资源税：

（1）油田范围内运输稠油过程中用于加热的原油、天然气，免征资源税。

(2) 稠油、高凝油和高含硫天然气资源税减征40%。

(3) 三次采油资源税减征30%。三次采油，是指二次采油后继续以聚合物驱、三元复合驱、泡沫驱、二氧化碳驱、微生物驱等方式进行采油。

(4) 对低丰度油气田资源税暂减征20%。

(5) 对深水油气田资源税减征30%。

纳税人开采的原油、天然气、煤炭等同时符合上述两项及两项以上减税规定的，只能选择其中一项执行，不能叠加适用。

12. 国务院规定的其他减税、免税项目。

(五) 资源税征收管理

1. 纳税义务发生时间。

(1) 纳税人销售应税产品采取分期收款结算方式的，其纳税义务发生时间，为销售合同规定的收款日期的当天。

(2) 纳税人销售应税产品采取预收货款结算方式的，其纳税义务发生时间，为发出应税产品的当天。

(3) 纳税人销售应税产品采取其他结算方式的，其纳税义务发生时间，为收讫销售款或者取得索取销售款凭据的当天。

(4) 纳税人自产自用应税产品的纳税义务发生时间，为移送使用应税产品的当天。

(5) 扣缴义务人代扣代缴税款的纳税义务发生时间，为支付首笔货款或者开具应支付货款凭据的当天。

2. 纳税地点。

(1) 凡是缴纳资源税的纳税人，都应当向应税产品的开采或者生产所在地主管税务机关缴纳税款。

(2) 纳税人在本省、自治区、直辖市范围内开采或者生产应税产品，其纳税地点需要调整的，由所在省、自治区、直辖市税务机关决定。

(3) 纳税人跨省开采资源税应税产品，其下属生产单位与核算单位不在同一省、自治区、直辖市的，对其开采的矿产品一律在开采地纳税。实行从量计征的应税产品，其应纳税款由独立核算的单位，按照每个开采地或者生产地的实际销售量（或者自用量）及适用的单位税额计算划拨；实行从价计征的应税产品，其应纳税款由独立核算的单位按照每个开采地或者生产地的销售量（或自用量）单位销售价格及适用税率计算划拨。

(4) 扣缴义务人代扣代缴的资源税，应当向收购地主管税务机关缴纳。

3. 纳税期限。

资源税的纳税期限为1日、3日、5日、10日、15日或者1个月。纳税人的纳税期限由主管税务机关根据实际情况具体核定。不能按固定期限计算纳税的，可以按次计算纳税。

纳税人以1个月为一期纳税的，自期满之日起10日内申报纳税；以1日、3日、5日、10日或者15日为一期纳税的，自期满之日起5日内预缴税款，于次月1日起10日内申报纳税并结清上月税款。

二、资源税应纳税额的计算

（一）资源税计税依据

资源税的计税依据为应税产品的销售额或销售量，各税目的征税对象包括原矿、精矿（或原矿加工品，下同）、金锭、氯化钠初级产品，具体按照《改革通知》所附《资源税税目税率幅度表》相关规定执行。对未列举名称的其他矿产品，省级人民政府可对本地区主要矿产品按矿种设定税目，对其余矿产品按类别设定税目，并按其销售的主要形态（如原矿、精矿）确定征税对象。资源税以纳税人开采或者生产应税矿产品的销售额或者销售数量为计税依据。

1. 销售额的认定。

（1）销售额是指纳税人销售应税产品向购买方收取的全部价款和价外费用，不包括增值税销项税额和运杂费用。

运杂费用是指应税产品从坑口或洗选（加工）地到车站、码头或购买方指定地点的运输费用、建设基金以及随运销产生的装卸、仓储、港杂费用。运杂费用应与销售额分别核算，凡未取得相应凭据或不能与销售额分别核算的，应当一并计征资源税。

价外费用，包括价外向购买方收取的手续费、补贴、基金、集资费、返还利润、奖励费、违约金、滞纳金、延期付款利息、赔偿金、代收款项、代垫款项、包装费、包装物租金、储备费、优质费、运输装卸费（原煤销售额不含从坑口到车站、码头等的运输费用）以及其他各种性质的价外收费。但下列项目不包括在内：

一是，同时符合以下条件的代垫运输费用：①承运部门的运输费用发票开具给购买方的；②纳税人将该项发票转交给购买方的。

二是，同时符合以下条件代为收取的政府性基金或者行政事业性收费：①由国务院或者财政部批准设立的政府性基金，由国务院或者省级人民政府及其财政、价格主管部门批准设立的行政事业性收费；②收取时开具省级以上财政部门印制的财政票据；③所收款项全额上缴财政。

（2）纳税人以人民币以外的货币结算销售额的，应当折合成人民币计算。其销售额的人民币折合率可以选择销售额发生的当天或者当月1日的人民币汇率中间价。纳税人应在事先确定采用何种折合率计算方法，确定后1年内不得变更。

（3）纳税人将其开采的原煤，自用于连续生产洗选煤的，在原煤移送使用环节不缴纳资源税；将开采的原煤加工为洗选煤销售的，以洗选煤销售额乘以折算率作为应税煤炭销售额，计算缴纳资源税。

洗选煤销售额包括洗选副产品的销售额，不包括洗选煤从洗选煤厂到车站、码头等的运输费用。

折算率可通过洗选煤销售额和除洗选环节成本、利润计算，也可通过洗选煤市场价格与其所用同类原煤市场价格的差额及综合回收率计算。折算率由省、自治区、直辖市财税部门或其授权地市级财税部门确定。

纳税人同时以自采未税原煤和外购已税原煤加工洗选煤的，应当分别核算；未分别核算的，按上述规定，计算缴纳资源税。

纳税人将其开采的原煤自用于其他方面的，视同销售原煤；将其开采的原煤加工为洗选煤自用的，视同销售洗选煤缴纳资源税。

（4）稀土、钨、钼应税产品包括原矿和以自采原矿加工的精矿。纳税人将其开采的原矿加工为精矿销售的，按精矿销售额（不含增值税）和适用税率计算缴纳资源税。纳税人开采并销售原矿的，将原矿销售额（不含增值税）换算为精矿销售额计算缴纳资源税。精矿销售额的计算公式为：

$$精矿销售额 = 精矿销售量 \times 单位价格$$

精矿销售额不包括从洗选厂到车站、码头或用户指定运达地点的运输费用。

（5）纳税人申报的应税产品销售额明显偏低并且无正当理由的、有视同销售应税产品行为而无销售额的，除财政部、国家税务总局另有规定外，按下列顺序确定销售额：

①按纳税人最近时期同类产品的平均销售价格确定。

②按其他纳税人最近时期同类产品的平均销售价格确定。

③按组成计税价格确定。组成计税价格为：

$$组成计税价格 = 成本 \times (1 + 成本利润率) \div (1 - 税率)$$

公式中的成本是指应税产品的实际生产成本。公式中的成本利润率由省、自治区、直辖市税务机关确定。

（6）关于原矿销售额与精矿销售额的换算或折算。

为公平原矿与精矿之间的税负，对同一种应税产品，征税对象为精矿的，纳税人销售原矿时，应将原矿销售额换算为精矿销售额缴纳资源税；征税对象为原矿的，纳税人销售自采原矿加工的精矿，应将精矿销售额折算为原矿销售额缴纳资源税。换算比或折算率原则上应通过原矿售价、精矿售价和选矿比计算，也可通过原矿销售额、加工环节平均成本和利润计算。

金矿以标准金锭为征税对象，纳税人销售金原矿、金精矿的，应比照上述规定将其销售额换算为金锭销售额缴纳资源税。

换算比或折算率应按简便可行、公平合理的原则，由省级财税部门确定，并报财政部、国家税务总局备案。

2. 销售数量。

（1）纳税人开采或者生产应税产品销售的，以实际销售数量为销售数量。

（2）纳税人开采或者生产应税产品自用的，以移送时的自用数量为销售数量。自产自用包括生产用和非生产自用。

（3）纳税人不能准确提供应税产品销售数量或移送使用数量的，以应税产品的产量或按主管税务机关确定的折算比换算成的数量为计征资源税的销售数量。

纳税人将其开采的金属（除稀土、钨、钼外）和非金属矿产品原矿自用于连续生产精矿产品，无法提供移送使用原矿数量的，可将其精矿按选矿比折算成原矿数量，以此作为销售数量。其计算公式为：

$$选矿比 = 精矿数量 \div 耗用原矿数量$$

（4）纳税人以自产的液体盐加工固体盐，按固体盐税额征税，以加工的固体盐数量为销售数量。纳税人以外购的液体盐加工成固体盐，其加工固体盐所耗用液体盐的已纳税额准予抵扣。

（5）纳税人的减税、免税项目，应当单独核算销售额和销售数量；未单独核算或者不能准确提供销售额和销售数量的，不予减税或者免税。

(二) 资源税应纳税额的计算

资源税的应纳税额，按照从价定率或者从量定额的办法，分别以应税产品的销售额乘以纳税人具体适用的比例税率或者以应税产品的销售数量乘以纳税人具体适用的定额税率计算。

1. 实行从价定率征收的，根据应税产品的销售额和规定的适用税率计算应纳税额，具体计算公式为：

$$应纳税额 = 销售额 \times 适用税率$$

【例7－1】某油田2016年5月销售原油10 000吨，开具增值税专用发票取得销售额5 000万元、增值税额8 500万元，按《资源税税目税率表》的规定，其适用的税率为8%。请计算该油田5月应缴纳的资源税。

应纳税额 = 5 000 × 8% = 400（万元）

2. 实行从量定额征收的，根据应税产品的课税数量和规定的单位税额计算应纳税额，具体计算公式为：

$$应纳税额 = 课税数量 \times 单位税额$$

$$代扣代缴应纳税额 = 收购未税矿产品的数量 \times 适用的单位税额$$

【例7－2】某矿山2016年5月销售砂石45 000吨，按规定适用2元/吨单位税额。请计算该矿山5月应纳资源税税额。

销售砂石应纳资源税税额 = 应税产品的销售数量 × 适用的定额税率
$$= 45\ 000 \times 2 = 90\ 000（元）$$

3. 扣缴义务人代扣代缴资源税应纳税额的计算：

$$代扣代缴应纳税额 = 收购未税矿产品的数量 \times 适用定额税率$$

4. 自2014年12月1日起在全国范围内实施煤炭资源税从价计征改革，煤炭应税产品包括原煤和以未税原煤加工的洗选煤。

（1）应纳税额的计算公式如下：

$$应纳税额 = 应税煤炭销售额 \times 适用税率$$

纳税人开采原煤直接对外销售的，以原煤销售额作为应税煤炭销售额计算缴纳资源税。

$$原煤应纳税额 = 原煤销售额 \times 适用税率$$

原煤销售额不含从坑口到车站、码头等的运输费用。

（2）纳税人将其开采的原煤，自用于连续生产洗选煤的，在原煤移送使用环节不缴纳资源税；自用于其他方面的，视同销售原煤，计算缴纳资源税。

（3）纳税人将其开采的原煤加工为洗选煤销售的，以洗选煤销售额乘以折算率作为应税煤炭销售额计算缴纳资源税。

$$洗选煤应纳税额 = 洗选煤销售额 \times 折算率 \times 适用税率$$

洗选煤销售额包括洗选副产品的销售额，不包括洗选煤从洗选煤厂到车站、码头等的运输费用。

折算率可通过洗选煤销售额扣除洗选环节成本、利润计算，也可通过洗选煤市场价格与其所用同类原煤市场价格的差额及综合回收率计算。折算率由省、自治区、直辖市财税部门或其授权地市级财税部门确定。

（4）原煤及洗选煤销售额中包含的运输费用、建设基金以及随运销产生的装卸、仓储、港杂等费用应与煤价分别核算，凡取得相应凭据的，允许在计算煤炭计税销售额时予以扣减。

（5）纳税人将其开采的原煤加工为洗选煤自用的，视同销售洗选煤，计算缴纳资源税。

（6）纳税人同时销售（包括视同销售）应税原煤和洗选煤的，应当分别核算原煤和洗选煤的销售额；未分别核算或者不能准确提供原煤和洗选煤销售额的，一并视同销售原煤按上文（1）计算缴纳资源税。

纳税人同时以自采未税原煤和外购已税原煤加工洗选煤的，应当分别核算；未分别核算的，按上文（3）计算缴纳资源税。

5. 为便于征管，对开采稠油、高凝油、高含硫天然气、低丰度油气资源及三次采油的陆上油气田企业，根据2014年以前年度符合减税规定的原油、天然气销售额占其原油、天然气总销售额的比例，确定资源税综合减征率和实际征收率，计算资源税应纳税额。计算公式为：

$$综合减征率 = \sum（减税项目销售额 \times 减征幅度 \times 6\%）\div 总销售额$$

$$实际征收率 = 6\% - 综合减征率$$

$$应纳税额 = 总销售额 \times 实际征收率$$

6. 自2015年5月1日起稀土、钨、钼由从量定额计征改为从价定率计征，其应税产品包括原矿和以自采原矿加工的精矿。

（1）应纳税额的计算公式如下：

$$应纳税额 = 精矿销售额 \times 适用税率$$

纳税人将其开采的原矿加工为精矿销售的，按精矿销售额（不含增值税）和适用税率计算缴纳资源税。纳税人开采并销售原矿的，将原矿销售额（不含增值税）换算为精矿销售额计算缴纳资源税。

（2）精矿销售额的计算公式为：

精矿销售额＝精矿销售数量×单位价格

精矿销售额不包括从洗选厂到车站、码头或用户指定运达地点的运输费用。

（3）原矿销售额与精矿销售额的换算。纳税人销售（或者视同销售）其自产原矿的，可采用成本法或市场法将原矿销售额换算为精矿销售额计算缴纳资源税。其中成本法公式为：

精矿销售额＝原矿销售额＋原矿加工为精矿的成本×（1＋成本利润率）

市场法计算公式为：

精矿销售额＝原矿销售额×换算比

换算比＝同类精矿单位价格÷（原矿单位价格×选矿比）

选矿比＝加工精矿耗用的原矿数量÷精矿数量

原矿销售额不包括从矿区到车站、码头或用户指定运达地点的运输费用。

（4）纳税人将其开采的原矿加工为精矿销售的，在销售环节计算缴纳资源税。

纳税人将其开采的原矿，自用于连续生产精矿的，在原矿移送使用环节不缴纳资源税，加工为精矿后按规定计算缴纳资源税。

纳税人将自采原矿加工为精矿自用或者进行投资、分配、抵债以及以物易物等情形的，视同销售精矿，依照有关规定计算缴纳资源税。

纳税人将其开采的原矿对外销售的，在销售环节缴纳资源税；纳税人将其开采的原矿连续生产非精矿产品的，视同销售原矿，依照有关规定计算缴纳资源税。

（5）纳税人同时以自采未税原矿和外购已税原矿加工精矿的，应当分别核算；未分别核算的，一律视同以未税原矿加工精矿，计算缴纳资源税。

7. 2016年7月1日起，全面实施清费立税、资源税从价计征改革及水资源税改革试点。

（1）资源税在应税产品的销售或自用环节计算缴纳。以自采原矿加工精矿产品的，在原矿移送使用时不缴纳资源税，在精矿销售或自用时缴纳资源税。

（2）纳税人以自采原矿加工金锭的，在金锭销售或自用时缴纳资源税。纳税人销售自采原矿或者自采原矿加工的金精矿、粗金，在原矿或者金精矿、粗金销售时缴纳资源税，在移送使用时不缴纳资源税。

（3）以应税产品投资、分配、抵债、赠与、以物易物等，视同销售，依照有关规定计算缴纳资源税。

（4）纳税人应当向矿产品的开采地或盐的生产地缴纳资源税。纳税人在本省、自治区、直辖市范围开采或者生产应税产品，其纳税地点需要调整的，由省级地方税务机关决定。

（5）纳税人用已纳资源税的应税产品进一步加工应税产品销售的，不再缴纳资源税。纳税人以未税产品和已税产品混合销售或者混合加工为应税产品销售的，应当准确核算已税产品的购进金额，在计算加工后的应税产品销售额时，准予扣减已税产品的购进金额；未分别核算的，一并计算缴纳资源税。

（6）纳税人在 2016 年 7 月 1 日前开采原矿或以自采原矿加工精矿，在 2016 年 7 月 1 日后销售的，按本通知规定缴纳资源税；2016 年 7 月 1 日前签订的销售应税产品的合同，在 2016 年 7 月 1 日后收讫销售款或者取得索取销售款凭据的，按本通知规定缴纳资源税；在 2016 年 7 月 1 日后销售的精矿（或金锭），其所用原矿（或金精矿）如已按从量定额的计征方式缴纳了资源税，并与应税精矿（或金锭）分别核算的，不再缴纳资源税。

（7）对在 2016 年 7 月 1 日前已按原矿销量缴纳过资源税的尾矿、废渣、废水、废石、废气等实行再利用，从中提取的矿产品，不再缴纳资源税。

三、资源税的会计处理

（一）资源税核算的科目设置

企业进行资源税会计核算时，应通过"应交税费——应交资源税"科目核算。该科目借方核算企业已缴纳或允许抵扣的资源税，贷方核算企业依法应缴纳的资源税，余额在贷方，反映企业期末应缴未缴的资源税额。

（二）资源税的会计处理

根据资源税产品用途不同，资源税的会计处理也有所不同。

1. 对外销售应税产品应缴资源税的会计处理。

企业计算销售应税产品应缴纳的资源税时，借记"营业税金及附加"科目，贷记"应交税费——应交资源税"科目；上缴资源税时，借记"应交税费——应交资源税"科目，贷记"银行存款"科目。

2. 自产自用应税产品应纳资源税的会计处理。

企业计算自产自用应税产品应缴纳的资源税时,借记"生产成本"、"制造费用"、"管理费用"等科目,贷记"应交税费——应交资源税"科目;上缴资源税时,借记"应交税费——应交资源税"科目,贷记"银行存款"科目。

3. 收购未税矿产品应纳资源税的会计处理。

收购未税矿产品的单位为资源税的扣缴义务人,这些单位包括独立矿山、联合企业及其他收购未税矿产品的单位。这些企业收购未税矿产品时,按实际支付的收购款借记"材料采购"等科目,贷记"银行存款"等科目,按代扣代缴的资源税额,借记"材料采购"等科目,贷记"应交税费——应交资源税"等科目;上缴资源税时,借记"应交税费——应交资源税"科目,贷记"银行存款"科目。

【例7-3】承〖例7-1〗该企业资源税的会计处理如下:

企业计算销售应税产品应缴纳的资源税时:

借:营业税金及附加　　　　　　　　　　　　　　4 000 000
　　贷:应交税费——应交资源税　　　　　　　　　　4 000 000

上缴资源税时:

借:应交税费——应交资源税　　　　　　　　　　4 000 000
　　贷:银行存款　　　　　　　　　　　　　　　　　4 000 000

第二节　土地增值税纳税实务与会计处理

一、土地增值税的基本法规

土地增值税是对转让国有土地使用权、地上建筑物及其附着物并取得收入的单位和个人,就其转让房地产所取得的增值额征收的一种税。

(一) 土地增值税的纳税义务人

土地增值税的纳税义务人为转让国有土地使用权、地上建筑物及其附着物(以下简称"转让房地产")并取得收入的单位和个人。单位包括各类企业单位、事业单位、国家机关和社会团体及其他组织。个人包括个体经营者。

（二）土地增值税征税范围

土地增值税是对转让国有土地使用权及其地上建筑物和附着物征收。

1. 征税范围的一般规定。

（1）土地增值税只对转让国有土地使用权的行为征税，对出让国有土地的行为不征税。

（2）土地增值税既对转让国有土地使用权的行为征税，也对转让地上建筑物及其他附着物产权的行为征税。

（3）土地增值税只对有偿转让的房地产征税，对以继承、赠与等方式无偿转让的房地产，不予征税。

2. 征税范围的特殊规定。

（1）除房地产开发企业外企业改制重组，发生的将原国有土地、房屋权属转移、变更到改制重组建的企业，暂不征土地增值税。

（2）房地产开发企业将开发的部分房地产转为企业自用或用于出租等商业用途时，如果产权未发生转移，不征收土地增值税。

（3）房地产的交换。单位之间的房地产交换属于土地增值税的征税范围。但对个人之间互换自有居住用房地产的，经当地税务机关核实，可以免征土地增值税。

（4）合作建房。对于一方出地，另一方出资金，双方合作建房，建成后按比例分房自用的，暂免征收土地增值税；建成后转让的，应征收土地增值税。

（5）房地产的出租。房地产出租，出租人虽取得了收入，但没有发生房产产权、土地使用权的转让，因此，不属于土地增值税的征税范围。

（6）房地产的抵押。房地产在抵押期间不征收土地增值税。待抵押期满后，视该房地产是否转移占有而确定是否征收土地增值税。对于以房地产抵债而发生房地产权属转让的，应列入土地增值税的征税范围。

（7）房地产的代建行为。房地产的代建行为，对于房地产开发公司而言，虽然取得了收入，但没有发生房地产权属的转移，其收入属于劳务收入性质，故不属于土地增值税的征税范围。

（8）房地产的重新评估。国有企业在清产核资时对房地产进行重新评估而产生的评估增值，因其既没有发生房地产权属的转移，房产产权、土地使用权人也未取得收入，所以不属于土地增值税的征税范围。

(9) 土地使用者处置土地使用权。土地使用者及其对方当事人就应当依照税法规定缴纳营业税、土地增值税和契税等。

(三) 土地增值税税率

土地增值税实行四级超率累进税率:

1. 增值额未超过扣除项目金额 50% 的部分,税率为 30%。

2. 增值额超过扣除项目金额 50%、未超过扣除项目金额 100% 的部分,税率为 40%。

3. 增值额超过扣除项目金额 100%、未超过扣除项目金额 200% 的部分,税率为 50%。

4. 增值额超过扣除项目金额 200% 的部分,税率为 60%。

上述所列四级超率累进税率,每级"增值额未超过扣除项目金额"的比例,均包括本比例数。四级超率累进税率及速算扣除系数见表 7-2。

表 7-2　　　　　　　　土地增值税四级超率累进税率

级数	增值额与扣除项目金额的比率	税率（%）	速算扣除系数（%）
1	不超过 50% 的部分	30	0
2	超过 50%~100% 的部分	40	5
3	超过 100%~200% 的部分	50	15
4	超过 200% 的部分	60	35

(四) 土地增值税的税收优惠

1. 纳税人建造普通标准住宅出售,增值额未超过扣除项目金额 20% 的,予以免税;超过 20% 的,应按全部增值额缴纳土地增值税。

这里所称的普通标准住宅,是指按所在地一般民用住宅标准建造的居住用住宅。高级公寓、别墅、度假村等不属于普通标准住宅。纳税人建造普通标准住宅出售,增值额未超过扣除项目金额 20% 的,免征土地增值税;增值额超过扣除项目金额 20% 的,应就其全部增值额按规定计税。

对于纳税人既建普通标准住宅又搞其他房地产开发的,应分别核算增值额。不分别核算增值额或不能准确核算增值额的,其建造的普通标准住宅不能适用这一免税规定。

2. 因国家建设需要依法征用、收回的房地产，免征土地增值税。

3. 因城市实施规划、国家建设的需要而搬迁，由纳税人自行转让原房地产的，免征土地增值税。

4. 企事业单位、社会团体以及其他组织转让旧房作为廉租住房、经济适用住房房源且增值额未超过扣除项目金额20%的，免征土地增值税。

5. 自2008年11月1日起，对居民个人转让住房一律免征土地增值税。

（五）土地增值税的征收管理

1. 土地增值税的纳税申报。

纳税人应在转让房地产合同签订后7日内，到房地产所在地主管税务机关办理纳税申报，并向税务机关提交房屋及建筑物产权、土地使用权证书，土地转让、房产买卖合同、房地产评估报告及其他与转让房地产有关的资料，然后在税务机关规定的期限内缴纳土地增值税。

纳税人因经常发生房地产转让而难以在每次转让后申报的，经税务机关审核同意后，可以按月或按季定期进行纳税申报，具体期限由主管税务机关根据情况确定。

纳税人采取预售方式销售房地产的，对在项目全部竣工结算前转让房地产取得的收入，税务机关可以预征土地增值税。具体办法由各省、自治区、直辖市地方税务局根据当地情况制定。

对于纳税人预售房地产所取得的收入，凡当地税务机关规定预征土地增值税的，纳税人应当到主管税务机关办理纳税申报，并按规定比例预交，待办理完纳税清算后，多退少补。

2. 土地增值税的纳税清算。

（1）土地增值税的清算单位。

土地增值税以国家有关部门审批的房地产开发项目为单位进行清算，对于分期开发的项目，以分期项目为单位清算。开发项目中同时包含普通住宅和非普通住宅的，应分别计算增值额。

（2）土地增值税的清算条件。

符合下列情形之一的，纳税人应进行土地增值税的清算：

①房地产开发项目全部竣工、完成销售的。

②整体转让未竣工决算房地产开发项目的。

③直接转让土地使用权的。

符合下列情形之一的，主管税务机关可要求纳税人进行土地增值税清算：

①已竣工验收的房地产开发项目，已转让的房地产建筑面积占整个项目可售建筑面积的比例在85%以上，或该比例虽未超过85%，但剩余的可售建筑面积已经出租或自用的。

②取得销售（预售）许可证满3年仍未销售完毕的。

③纳税人申请注销税务登记但未办理土地增值税清算手续的。

④省级税务机关规定的其他情况。

(3) 土地增值税清算应报送的资料。纳税人办理土地增值税清算应报送以下资料：

①房地产开发企业清算土地增值税书面申请、土地增值税纳税申报表。

②项目竣工决算报表、取得土地使用权所支付的地价款凭证、国有土地使用权出让合同、银行贷款利息结算通知单、项目工程合同结算单、商品房购销合同统计表等与转让房地产的收入、成本和费用有关的证明资料。

③主管税务机关要求报送的其他与土地增值税清算有关的证明资料等。

纳税人委托税务中介机构审核鉴证的清算项目，还应报送中介机构出具的《土地增值税清算税款鉴证报告》。

(4) 清算后再转让房地产的处理。

在土地增值税清算时未转让的房地产，清算后销售或有偿转让的，纳税人应按规定进行土地增值税的纳税申报，扣除项目金额按清算时的单位建筑面积成本费用乘以销售或转让面积计算。

单位建筑面积成本费用 = 清算时的扣除项目总金额 ÷ 清算的总建筑面积

(5) 土地增值税的核定征收。

房地产开发企业有下列情形之一的，税务机关可以参照与其开发规模和收入水平相近的当地企业的土地增值税税负情况，按不低于预征率的征收率核定征收土地增值税：

①依照法律、行政法规的规定应当设置但未设置账簿的。

②擅自销毁账簿或者拒不提供纳税资料的。

③虽设置账簿，但账目混乱或者成本资料、收入凭证、费用凭证残缺不全，难以确定转让收入或扣除项目金额的。

④符合土地增值税清算条件，未按照规定的期限办理清算手续，经税务机关责令限期清算，逾期仍不清算的。

⑤申报的计税依据明显偏低，又无正当理由的。

3. 土地增值税的纳税地点。

土地增值税纳税人发生应税行为应向房地产所在地主管税务机关缴纳税款。房地产所在地，是指房地产的坐落地。纳税人转让的房地产坐落在两个或两个以上地区的，应按房地产所在地分别申报纳税。具体又可分为以下两种情况：

（1）纳税人是法人的，当转让的房地产坐落地与其机构所在地或经营所在地一致时，则在办理税务登记的原管辖税务机关申报纳税即可；如果转让的房地产坐落地与其机构所在地或经营所在地不一致时，则应在房地产坐落地所管辖的税务机关申报纳税。

（2）纳税人是自然人的，当转让的房地产坐落地与其居住所在地一致时，则在居住所在地税务机关申报纳税；当转让的房地产坐落地与其居住所在地不一致时，在办理过户手续所在地的税务机关申报纳税。

二、土地增值税应纳税额的计算

（一）土地增值税计税依据

土地增值税的计税依据是纳税人转让房地产所取得的增值额。转让房地产的增值额，是纳税人转让房地产的收入减除税法规定的扣除项目金额后的余额。土地增值额的大小，取决于转让房地产的收入额和扣除项目金额两个因素。

1. 应税收入的确定。

根据《土地增值税暂行条例》及其实施细则的规定，纳税人转让房地产取得的应税收入，应包括转让房地产的全部价款及有关的经济收益。根据财政部 国家税务总局《关于"营改增"后契税 房产税 土地增值税 个人所得税计税依据问题的通知》（财税〔2016〕43号）规定，"营改增"后，土地增值税纳税人转让房地产取得的收入为不含增值税收入。《中华人民共和国土地增值税暂行条例》等规定的土地增值税扣除项目涉及的增值税进项税额，允许在销项税额中计算抵扣的，不计入扣除项目，不允许在销项税额中计算抵扣的，可以计入扣除项目。

从收入的形式来看，应税收入包括货币收入、实物收入和其他收入。

（1）货币收入。是指纳税人转让房地产而取得的现金、银行存款和国库券、金融债券、企业债券、股票等有价证券。

（2）实物收入。是指纳税人转让房地产而取得的各种实物形态的收入，如钢材、水泥等建材，房屋、土地等不动产等。对于这些实物收入一般要按照公允价值确认应税收入。

（3）其他收入。是指纳税人转让房地产而取得的无形资产收入或具有财产价值的权利，如专利权、商标权、著作权、专有技术使用权、土地使用权、商誉权等。对于这些无形资产收入一般要进行专门的评估，按照评估价确认应税收入。

纳税人取得的收入为外国货币的，应当以取得收入当天或当月1日国家公布的市场汇价折合成人民币，据以计算土地增值税税额。当月以分期收款方式取得的外币收入，也应按实际收款日或收款当月1日国家公布的市场汇价折合成人民币。

2. 扣除项目及其金额。

税法准予纳税人从转让收入额中减除的扣除项目包括如下几项：

（1）取得土地使用权所支付的金额。取得土地使用权所支付的金额包括以下两方面的内容：一是纳税人为取得土地使用权所支付的地价款。二是纳税人在取得土地使用权时按国家统一规定缴纳的有关费用和税金。

（2）房地产开发成本。是指纳税人开发房地产项目实际发生的成本，包括土地的征用及拆迁补偿费、前期工程费、建筑安装工程费、基础设施费、公共配套设施费、开发间接费用等。

（3）房地产开发费用。是指与房地产开发项目有关的销售费用、管理费用和财务费用。根据现行财务会计制度的规定，这三项费用作为期间费用，按照实际发生额直接计入当期损益。但在计算土地增值税时，房地产开发费用并不是按照纳税人实际发生额进行扣除，应分别按以下两种情况扣除：

①财务费用中的利息支出，凡能够按转让房地产项目计算分摊并提供金融机构证明的，允许据实扣除，但最高不能超过按商业银行同类同期贷款利率计算的金额。其他房地产开发费用，按规定（即取得土地使用权所支付的金额和房地产开发成本，下同）计算的金额之和的5%以内计算扣除。计算公式为：

$$允许扣除的房地产开发费用 = 利息 + (取得土地使用权所支付的金额 + 房地产开发成本) \times 5\%$$

②财务费用中的利息支出，凡不能按转让房地产项目计算分摊利息支出或不能提供金融机构证明的，房地产开发费用按规定计算的金额之和的10%以内

计算扣除。计算扣除的具体比例，由各省、自治区、直辖市人民政府规定。计算公式为：

$$\text{允许扣除的房地产开发费用} = (\text{取得土地使用权所支付的金额} + \text{房地产开发成本}) \times 10\%$$

财政部、国家税务总局对扣除项目金额中利息支出的计算问题做了两点专门规定：一是利息的上浮幅度按国家的有关规定执行，超过上浮幅度的部分不允许扣除；二是对于超过贷款期限的利息部分和加罚的利息不允许扣除。

（4）与转让房地产有关的税金。是指在转让房地产时缴纳的营业税、城市维护建设税、印花税。因转让房地产缴纳的教育费附加，也可视同税金予以扣除。

（5）财政部确定的其他扣除项目。对从事房地产开发的纳税人可按规定计算的金额之和，加计20%的扣除。此条优惠只适用于从事房地产开发的纳税人，除此之外的其他纳税人不适用。

（6）旧房及建筑物的扣除金额。纳税人转让旧房的，应按房屋及建筑物的评估价格、取得土地使用权所支付的地价款或出让金、按国家统一规定缴纳的有关费用和转让环节缴纳的税金作为扣除项目金额计征土地增值税。对取得土地使用权时未支付地价款或不能提供已支付的地价款凭据的，在计征土地增值税时不允许扣除。

（二）土地增值税应纳税额的计算

土地增值税按照纳税人转让房地产所取得的增值额和规定的税率计算征收。土地增值税的计算公式是：

$$\text{应纳税额} = \sum (\text{每级距的土地增值额} \times \text{适用税率})$$

由于分步计算比较烦琐，一般可以采用速算扣除法计算。即计算土地增值税税额，可按增值额乘以适用的税率减去扣除项目金额乘以速算扣除系数的简便方法计算，具体方法如下：

（1）增值额未超过扣除项目金额50%，计算公式为：

$$\text{土地增值税应纳税额} = \text{增值额} \times 30\%$$

（2）增值额超过扣除项目金额50%，未超过100%，计算公式为：

$$\text{土地增值税应纳税额} = \text{增值额} \times 40\% - \text{扣除项目金额} \times 5\%$$

（3）增值额超过扣除项目金额100%，未超过200%，计算公式为：

土地增值税应纳税额 = 增值额 × 50% − 扣除项目金额 × 15%

(4) 增值额超过扣除项目金额200%，计算公式为：

土地增值税应纳税额 = 增值额 × 60% − 扣除项目金额 × 35%

根据上述计算公式，土地增值税应纳税额的计算可分为以下四步：

(1) 计算增值额。

增值额 = 房地产转让收入 − 扣除项目金额

(2) 计算增值率。

增值率 = 增值额 ÷ 扣除项目金额 × 100%

(3) 确定适用税率。按照计算出的增值率，从土地增值税税率表中确定适用税率。

(4) 计算应纳税额。

土地增值税应纳税额 = 增值额 × 适用税率 − 扣除项目金额 × 速算扣除系数

【例7−4】假定某房地产开发公司2015年转让商品房一栋，取得收入总额为8 000万元，应扣除的购买土地的金额、开发成本的金额、开发费用的金额、相关税金的金额、其他扣除金额合计为3 200万元。请计算该房地产开发公司应缴纳的土地增值税。

(1) 先计算增值额：

增值额 = 8 000 − 3 200 = 4 800（万元）

(2) 再计算增值额与扣除项目金额的比率：

增值额与扣除项目金额的比率 = 4 800 ÷ 3 200 × 100% = 150%

(3) 根据上述计算方法，增值额超过扣除项目金额100%，未超过200%时，其适用的计算公式为：

土地增值税税额 = 增值额 × 50% − 扣除项目金额 × 15%

(4) 最后计算该房地产开发公司应缴纳的土地增值税：

应缴纳土地增值税 = 4 800 × 50% − 3 200 × 15% = 1 920（万元）

三、土地增值税的会计处理

为了核算企业应缴纳土地增值税的情况，企业应通过"应交税费——应交资源税"科目核算。该科目借方核算企业已缴纳的土地增值税，贷方核算企业依法应缴纳的土地增值税，余额在贷方，反映企业期末应缴未缴的土地增值税额。企业计算应缴纳的土地增值税时，借记"营业税金及附加"、"其他业务成本"、"固定资产清理"等科目,贷记"应交税费——应交土地增值税"科目;上缴土地增值税时,借记"应交税费——应交土地增值税"科目,贷记"银行存款"科目。

【例7-5】承〖例7-4〗该企业土地增值税的会计处理如下:

取得转让收入时:

借:银行存款　　　　　　　　　　　　　80 000 000
　　贷:主营业务收入　　　　　　　　　　　　80 000 000

计提土地增值税时:

借:营业税金及附加　　　　　　　　　　　19 200 000
　　贷:应交税费——应交土地增值税　　　　　19 200 000

缴纳土地增值税时:

借:应交税费——应交土地增值税　　　　　19 200 000
　　贷:银行存款　　　　　　　　　　　　　　19 200 000

兼营房地产业务企业应纳土地增值税,在"其他业务成本"科目中核算。

【例7-6】假定某公司(兼营房地产开发)2012年买进土地及土地上建筑物,价值4 200万元。2015年该企业将土地使用权连同地上建筑物一并转让给另一企业,取得收入总额为12 000万元。假如转让过程中企业应缴的相关税金的金额合计为264万元。请计算该公司应缴纳的土地增值税并进行会计处理。

(1)计算应缴纳的土地增值税

允许扣除的项目金额 = 4 200 + 264 = 4 464(万元)

增值额 = 12 000 - 4 464 = 7 536(万元)

增值额与扣除项目金额的比率 = 7 536 ÷ 4 464 × 100% = 168.82%

根据上述计算方法,增值额超过扣除项目金额100%,未超过200%时,其适用的计算公式为:

土地增值税税额 = 增值额 × 50% - 扣除项目金额 × 15%

则该公司应缴纳的土地增值税:

应缴纳土地增值税 = 7 536 × 50% - 4 464 × 15% = 3 098.4(万元)

(2)进行会计处理:

取得转让收入时:

借:银行存款　　　　　　　　　　　　　120 000 000

贷：其他业务收入　　　　　　　　　　　120 000 000
计提土地增值税时：
　　借：营业税金及附加　　　　　　　　　　 30 984 000
　　　　贷：应交税费——应交土地增值税　　 30 984 000
缴纳土地增值税时：
　　借：应交税费——应交土地增值税　　　　 30 984 000
　　　　贷：银行存款　　　　　　　　　　　 30 984 000

第三节　城市维护建设税纳税实务与会计处理

一、城市为维护建设税基本法规

城市维护建设税是以纳税人实际缴纳的增值税、消费税和营业税税额为计税依据所征收的一种税，主要目的是筹集城镇设施建设和维护资金。

二、城市维护建设税

（一）城市维护建设税纳税人

城市维护建设税的纳税人，是指实际缴纳"三税"的单位和个人，包括各类企业、行政单位、事业单位、军事单位、社会团体及其他单位，以及个体工商户和其他个人。自 2010 年 12 月 1 日起，对外商投资企业、外国企业及外籍个人征收城市维护建设税。

2016 年 5 月 1 日营业税全面改征增值税后，城市维护建设税的纳税人即指实际缴纳增值税和消费税（即"两税"）的单位和个人。

（二）城市维护建设税征税范围

城市维护建设税的征税范围从地域上看分布很广，具体包括城市、县城、建制镇，以及税法规定征收"三税"的其他地区。

(三) 城市维护建设税税率

城市维护建设税实行差别比例税率。按照纳税人所在地区的不同,设置了三档比例税率,即:

(1) 纳税人所在地区为市区的,税率为7%;

(2) 纳税人所在地区为县城、镇的,税率为5%;

(3) 纳税人所在地区不在市区、县城或者镇的,税率为1%。

城市维护建设税的适用税率,应当按纳税人所在地的规定税率执行。但是,对下列两种情况,可按缴纳"三税"所在地的规定税率就地缴纳城市维护建设税:

(1) 由受托方代扣代缴、代收代缴"三税"的单位和个人,其代扣代缴、代收代缴的城市维护建设税按受托方所在地适用税率执行;

(2) 流动经营等无固定纳税地点的单位和个人,在经营地缴纳"三税"的,其城市维护建设税的缴纳按经营地适用税率执行。

(四) 城市维护建设税税收优惠

城市维护建设税属于"三税"的一种附加税,原则上不单独规定税收减免条款。如果税法规定减免"三税",也就相应地减免了城市维护建设税。现行城市维护建设税的减免规定主要有:

1. 海关对进口产品代征的增值税、消费税,不征收城市维护建设税。

2. 对由于减免增值税、消费税和营业税而发生退税的,可同时退还已征收的城市维护建设税。但对出口产品退还增值税、消费税的,不退还已缴纳的城市维护建设税。

3. 对"三税"实行先征后返、先征后退、即征即退办法的,除另有规定外,对随"三税"附征的城市维护建设税,一律不予退(返)还。

4. 为支持国家重大水利工程建设,对国家重大水利工程建设基金免征城市维护建设税。

(五) 城市维护建设税征收管理

1. 纳税义务发生时间。

城市维护建设税以纳税人实际缴纳的"三税"为计税依据,分别与"三税"同时缴纳,说明城市维护建设税纳税义务发生时间基本上与"三税"纳税义务发生时间一致，应该参照"销售货物或者提供应税劳务，为收讫销售款或者取得索取销售款凭据的当天"的原则确定。

2. 纳税地点。

纳税人缴纳"三税"的地点，就是该纳税人缴纳城市维护建设税的地点。有特殊情况的，按下列原则和办法确定纳税地点：

（1）代扣代缴、代收代缴"三税"的单位和个人，同时也是城市维护建设税的代扣代缴、代收代缴义务人，其纳税地点为代扣代收地。

（2）对流动经营等无固定纳税地点的单位和个人，应随同"三税"在经营地纳税。

3. 纳税期限。

由于城市维护建设税是由纳税人在缴纳"三税"的同时缴纳的，所以其纳税期限分别与"三税"的纳税期限一致。根据增值税和消费税暂行条例规定，增值税、消费税的纳税期限分别为1日、3日、5日、10日、15日、1个月或者1个季度；根据营业税暂行条例规定，营业税的纳税期限分别为5日、10日、15日、1个月或者1个季度。

城市维护建设税的纳税期限应比照上述"三税"的纳税期限，由主管税务机关根据纳税人应纳税额大小分别核定；不能按照固定期限纳税的，可以按次纳税。

三、城市维护建设税应纳税额的计算

（一）城市维护建设税计税依据

城市维护建设税的计税依据，是纳税人实际缴纳的"三税"税额。纳税人因违反"三税"有关规定而加收的滞纳金和罚款，不作为城市维护建设税的计税依据，但纳税人在被查补"三税"和被处以罚款时，应同时对其城市维护建设税进行补税、征收滞纳金和罚款。

（二）城市维护建设税应纳税额的计算

城市维护建设税应纳税额的计算比较简单，计税方法基本上与"三税"一致，其计算公式为：

应纳税额 =（实际缴纳的增值税 + 消费税 + 营业税税额）× 适用税率

【例7-7】 甲公司为国有企业，位于某市东城区，2016年4月应缴增值税450 000元，实际缴纳增值税400 000元；应缴消费税140 000元，实际缴纳消费税120 000元；应缴营业税200 000元，实际缴纳营业税160 000元。已知适用的城市维护建设税税率为7%，计算该公司当月应纳城市维护建设税税额。

根据城市维护建设税法律制度规定，城市维护建设税以纳税人实际缴纳的"三税"为计税依据。

应纳城市维护建设税税额 = （400 000 + 120 000 + 160 000）×7%
= 680 000 ×7% = 47 600（元）

四、城市维护建设税的会计处理

为了核算企业应缴纳城市维护建设税的情况，企业应通过"应交税费——应交城市维护建设税"科目核算。企业计提应缴纳的城市维护建设税时，借记"营业税金及附加"等科目，贷记"应交税费——应交城市维护建设税"科目；上缴城市维护建设税时，借记"应交税费——应交城市维护建设税"科目，贷记"银行存款"科目。

【例7-8】 承〖例7-7〗该公司城市维护建设税的会计处理如下：

计提城市维护建设税时：

借：营业税金及附加　　　　　　　　　　　　　47 600
　　贷：应交税费——应交城市维护建设税　　　　47 600

缴纳土地增值税时：

借：应交税费——应交城市维护建设税　　　　　47 600
　　贷：银行存款　　　　　　　　　　　　　　　47 600

第四节　教育费附加纳税实务与会计处理

一、教育费附加税基本法规

教育费附加是以各单位和个人实际缴纳的增值税、营业税、消费税的税额为计征依据而征收的一种费用，其目的是为了加快发展地方教育事业，扩大地方教育经费资金来源。

自 2010 年 12 月 1 日起,对外商投资企业、外国企业和外籍个人征收城市维护建设税和教育费附加。

(一) 教育费附加的征收范围

教育费附加的征收范围为税法规定征收增值税、消费税、营业税的单位和个人。

2016 年 5 月 1 日营业税全面改征增值税后,城市维护建设税的纳税人即指实际缴纳增值税和消费税的单位和个人。

(二) 教育费附加的计征依据

教育费附加以纳税人实际缴纳的增值税、消费税和营业税税额之和为计征依据。

(三) 教育费附加的征收比率

按照 1994 年 2 月 7 日《国务院关于教育费附加征收问题的紧急通知》的规定,现行教育费附加征收比率为 3%。

(四) 教育费附加的减免规定

教育费附加的减免,原则上比照"三税"的减免规定。如果税法规定"三税"减免,则教育费附加也就相应地减免。主要的减免规定有:

1. 对海关进口产品征收的增值税、消费税,不征收教育费附加。

2. 对由于减免增值税、消费税和营业税而发生退税的,可同时退还已征收的教育费附加。但对出口产品退还增值税、消费税的,不退还已征的教育费附加。

二、教育费附加的计算与缴纳

1. 教育费附加计算公式:

应纳教育费附加 = (实际缴纳增值税 + 消费税 + 营业税税额) × 征收比率

【例 7-9】承〖例 7-7〗计算该公司当月应纳教育费附加。

应纳教育费附加 = (400 000 + 120 000 + 160 000) × 3%

= 680 000 × 3% = 20 400（元）

2. 教育费附加的缴纳。

教育费附加分别与增值税、消费税和营业税税款同时缴纳。

三、教育费附加的会计处理

为了核算企业应缴纳教育费附加的情况，企业应通过"应交税费——应交教育费附加"科目核算。企业计提应缴纳的教育费附加时，借记"营业税金及附加"等科目，贷记"应交税费——应交教育费附加"科目；上缴教育费附加时，借记"应交税费——应交教育费附加"科目，贷记"银行存款"科目。

【例7-10】承〖例7-9〗该公司教育费附加的会计处理如下：

计提教育费附加时：

借：营业税金及附加　　　　　　　　　　　　　47 600
　　贷：应交税费——应交教育费附加　　　　　　　47 600

缴纳教育费附加时：

借：应交税费——应交教育费附加　　　　　　　47 600
　　贷：银行存款　　　　　　　　　　　　　　　　47 600

第八章　期间费用类税种纳税实务与会计处理

第一节　房地产税纳税实务与会计处理

一、房地产税基本法规

房产税，是以房产为征税对象，按照房产的计税价值或房产租金收入向房产所有人或经营管理人等征收的一种税。

（一）房产税纳税义务人

房产税是以房屋为征税对象，按照房屋的计税余值或租金收入，向产权所有人征收的一种财产税。房产税以在征税范围内的房屋产权所有人为纳税人。其中：

1. 产权属国家所有的，由经营管理单位纳税；产权属集体和个人所有的，由集体单位和个人纳税。所称单位，包括国有企业、集体企业、私营企业、股份制企业、外商投资企业、外国企业以及其他企业和事业单位、社会团体、国家机关、军队以及其他单位；所称个人，包括个体工商户以及其他个人。

2. 产权出典的，由承典人纳税。由于在房屋出典期间，产权所有人已无权支配房屋，因此，税法规定由对房屋具有支配权的承典人为纳税人。

3. 产权所有人、承典人不在房屋所在地的，或者产权未确定及租典纠纷未解决的，由房产代管人或者使用人纳税。

4. 无租使用其他房产的问题。纳税单位和个人无租使用房产管理部门、免税单位及纳税单位的房产，应由使用人代为缴纳房产税。

5. 自 2009 年 1 月 1 日起，外商投资企业、外国企业和组织以及外籍个人，依照《中华人民共和国房产税暂行条例》缴纳房产税。

（二）房产税征税范围

房产税以房产为征税对象。所谓房产，是指有屋面和围护结构（有墙或两边有柱），能够遮风避雨，可供人们在其中生产、学习、工作、娱乐、居住或储藏物资的场所。房地产开发企业建造的商品房，在出售前，不征收房产税；但对出售前房地产开发企业已使用或出租、出借的商品房应按规定征收房产税。

房产税的征税范围为城市、县城、建制镇和工矿区的房屋。具体规定如下：

1. 城市是指国务院批准设立的市。
2. 县城是指县人民政府所在地的地区。
3. 建制镇是指经省、自治区、直辖市人民政府批准设立的建制镇。
4. 工矿区是指工商业比较发达、人口比较集中、符合国务院规定的建制镇标准但尚未设立建制镇的大中型工矿企业所在地。开征房产税的工矿区须经省、自治区、直辖市人民政府批准。

独立于房屋之外的建筑物，如围墙、烟囱、水塔、菜窖、室外游泳池等不属于房产税的征税范围。

房产税的征税范围不包括农村，这主要是为了减轻农民的负担。因为农村的房屋，除农副业生产用房外，大部分是农民居住用房。对农村房屋不纳入房产税征税范围，有利于农业发展，繁荣农村经济，促进社会稳定。

（三）房产税税率

我国现行房产税采用比例税率。从价计征和从租计征实行不同标准的比例税率。

1. 从价计征的，税率为 1.2%。
2. 从租计征的，税率为 12%。自 2008 年 3 月 1 日起，对个人出租住房，不区分用途，按 4% 的税率征收房产税。

（四）房产税税收优惠

目前，房产税的税收优惠政策主要有：

1. 国家机关、人民团体、军队自用的房产免征房产税。但上述免税单位的出租房产以及非自身业务使用的生产、营业用房,不属于免税范围。

上述"人民团体",是指经国务院授权的政府部门批准设立或登记备案并由国家拨付行政事业费的各种社会团体。

2. 由国家财政部门拨付事业经费的单位,如学校、医疗卫生单位、托儿所、幼儿园、敬老院、文化、体育、艺术这些实行全额或差额预算管理的事业单位所有的,本身业务范围内使用的房产免征房产税。

3. 宗教寺庙、公园、名胜古迹自用的房产免征房产税。

宗教寺庙自用的房产,是指举行宗教仪式等的房屋和宗教人员使用的生活用房。

公园、名胜古迹自用的房产,是指供公共参观游览的房屋及其管理单位的办公用房。

宗教寺庙、公园、名胜古迹中附设的营业单位,如影剧院、饮食部、茶社、照相馆等所使用的房产及出租的房产,不属于免税范围,应照章纳税。

4. 个人所有非营业用的房产免征房产税。

个人所有的非营业用房,主要是指居民住房,不分面积多少,一律免征房产税。

对个人拥有的营业用房或者出租的房产,不属于免税房产,应照章纳税。

为了抑制房价的过快增长和房产投机行为,从2011年1月起,我国在上海、重庆两地进行房产税改革试点。

5. 经财政部批准免税的其他房产,主要有:

(1) 对非营利性医疗机构、疾病控制机构和妇幼保健机构等卫生机构自用的房产,免征房产税。

(2) 从2001年1月1日起,对按政府规定价格出租的公有住房和廉租住房,包括企业和自收自支事业单位向职工出租的单位自有住房,房管部门向居民出租的公有住房,落实私房政策中带户发还产权并以政府规定租金标准向居民出租的私有住房等,暂免征收房产税。

(3) 经营公租房的租金收入,免征房产税。公共租赁住房经营管理单位应单独核算公共租赁住房租金收入,未单独核算的,不得享受免征房产税优惠政策。

(五) 房产税征收管理

1. 纳税义务发生时间。

(1) 纳税人将原有房产用于生产经营，从生产经营之月起，缴纳房产税。

(2) 纳税人自行新建房屋用于生产经营，从建成之次月起，缴纳房产税。

(3) 纳税人委托施工企业建设的房屋，从办理验收手续之次月起，缴纳房产税。

(4) 纳税人购置新建商品房，自房屋交付使用之次月起，缴纳房产税。

(5) 纳税人购置存量房，自办理房屋权属转移、变更登记手续，房地产权属登记机关签发房屋权属证书之次月起，缴纳房产税。

(6) 纳税人出租、出借房产，自交付出租、出借本企业房产之次月起，缴纳房产税。

(7) 房地产开发企业自用、出租、出借本企业建造的商品房，自房屋使用或交付之次月起，缴纳房产税。

(8) 纳税人因房产的实物或权利状态发生变化而依法终止房产税纳税义务的，其应纳税款的计算截止到房产的实物或权利状态发生变化的当月末。

2. 纳税地点。

房产税在房产所在地缴纳。房产不在同一地方的纳税人，应按房产的坐落地点分别向房产所在地的税务机关申报纳税。

3. 纳税期限。

房产税实行按年计算、分期缴纳的征收方法，具体纳税期限由省、自治区、直辖市人民政府确定。

二、房地产税的计税方法

(一) 房产税计税依据

房产税的计税依据是房产的计税价值或房产的租金收入。根据财政部 国家税务总局《关于"营改增"后契税 房产税 土地增值税 个人所得税计税依据问题的通知》（财税〔2016〕43号）规定，"营改增"后，房产出租的，计征房产税的租金收入不含增值税。

按照房产计税价值征税的，称为从价计征；按照房产租金收入计征的，称为从租计征。

1. 从价计征的房产税的计税依据。

从价计征的房产税，是以房产余值为计税依据。房产税依照房产原值一次减除10%～30%后的余值计算缴纳。具体扣减比例由省、自治区、直辖市人民政府确定。

（1）房产原值，是指纳税人按照会计制度规定，在账簿固定资产科目中记载的房屋原价。

自2009年1月1日起，对依照房产原值计税的房产，不论是否记载在会计账簿固定资产科目中，均应按照房屋原价计算缴纳房产税。房屋原价应根据国家有关会计制度规定进行核算。对纳税人未按国家会计制度核算并记载的，应按规定予以调整或重新评估。

自2010年12月21日起，对按照房产原值计税的房产，无论会计上如何核算，房产原值均应包含地价，包括为取得土地使用权支付的价款、开发土地发生的成本费用等。宗地容积率低于0.5的，按房产建筑面积的2倍计算土地面积并据此确定计入房产原值的地价。

（2）房产余值，是房产的原值减除规定比例后的剩余价值。

（3）房屋附属设备和配套设施的计税规定。

房产原值应包括与房屋不可分割的各种附属设备或一般不单独计算价值的配套设施。主要有：暖气、卫生、通风、照明、煤气等设备；各种管线，如蒸汽、压缩空气、石油、给水排水等管道及电力、电讯、电缆导线；电梯、升降机、过道、晒台等。

凡以房屋为载体，不可随意移动的附属设备和配套设施，如给排水、采暖、消防、中央空调、电气及智能化楼宇设备等，无论在会计核算中是否单独记账与核算，都应计入房产原值，计征房产税。

纳税人对原有房屋进行改建、扩建的，要相应增加房屋的原值。对更换房屋附属设备和配套设施的，在将其价值计入房产原值时，可扣减原来相应设备和设施的价值；对附属设备和配套设施中易损坏、需要经常更换的零配件，更新后不再计入房产原值。

（4）对于投资联营的房产的计税规定。

①对以房产投资联营、投资者参与投资利润分红、共担风险的，按房产余值作为计税依据计缴房产税。

②对以房产投资收取固定收入、不承担经营风险的，实际上是以联营名义

取得房屋租金,应以出租方取得的租金收入为计税依据计缴房产税。

此外,对融资租赁房屋的情况,由于租赁费包括购进房屋的价款、手续费、借款利息等,与一般房屋出租的"租金"内涵不同,且租赁期满后,当承租方偿还最后一笔租赁费时,房屋产权要转移到承租方。这实际是一种变相的分期付款购买固定资产的形式,所以在计征房产税时应以房产余值计算征收。

(5) 居民住宅区内业主共有的经营性房产的计税规定。

从2007年1月1日起,对居民住宅内业主共有的经营性房产,由实际经营(包括自营和出租)的代管人或使用人缴纳房产税。其中自营的依照房产原值减除10%~30%后的余值计征,没有房产原值或不能将业主共有房产与其他房产的原值准确划分开的,由房产所在地地方税务机关参照同类房产核定房产原值;出租房产的,按照租金收入计征。

2. 从租计征的房产税的计税依据。

房产出租的,以房屋出租取得的租金收入为计税依据,计缴房产税。

房产的租金收入,是指房屋产权所有人出租房产使用权所取得的报酬,包括货币收入和实物收入。对以劳务或其他形式为报酬抵付房租收入的,应根据当地同类房产的租金水平,确定一个标准租金额从租计征。

纳税人对个人出租房屋的租金收入申报不实或申报数与同一地段同类房屋的租金收入相比明显不合理的,税务部门可以按照《中华人民共和国税收征收管理法》的有关规定,采取科学合理的方法核定其应纳税额。

(二) 房产税应纳税额的计算

房产税的计税依据有两种,与之相适应的应纳税额计算也分为两种:一是从价计征的计算;二是从租计征的计算。

1. 从价计征的计算。

从价计征是按房产的原值减除一定比例后的余值计征,其计算公式为:

$$应纳税额 = 应税房产原值 \times (1 - 扣除比例) \times 1.2\%$$

2. 从租计征的计算。

从租计征是按房产的租金收入计征,其计算公式为:

$$应纳税额 = 租金收入 \times 12\%(或4\%)$$

【例8-1】某企业的经营用房原值为3 000万元,按照当地规定允许减除30%后按余值计税,适用税率为1.2%。请计算其应纳房产税税额。

应纳税额 = 3 000 × (1 - 30%) × 1.2% = 25.2(万元)

三、房地产税的会计处理

为了核算企业应缴纳房地产税的情况,企业应通过"应交税费——应交房地产税"科目核算。由于房地产税实行按年计算、分期缴纳的征收方法,企业计提应缴纳的房地产税时,借记"管理费用"等科目,贷记"应交税费——应交房地产税"科目;上缴房地产税时,借记"应交税费——应交房地产税"科目,贷记"银行存款"科目。

【例8-2】 承〖例8-1〗该公司房地产税的会计处理如下:

每月计提房地产税时:

每月计提的房地产税 = 252 000 ÷ 12 = 21 000(元)

借:管理费用　　　　　　　　　　　　　　　21 000
　　贷:应交税费——应交房地产税　　　　　　　21 000

按季缴纳房地产税时:

借:应交税费——应交房地产税　　　　　　　63 000
　　贷:银行存款　　　　　　　　　　　　　　63 000

第二节　城镇土地使用税纳税实务与会计处理

一、城镇土地使用税基本法规

城镇土地使用税是国家在城市、县城、建制镇和工矿区范围内,对使用土地的单位和个人,以其实际占用的土地面积为计税依据,按照规定的税额计算征收的一种税。

(一)城镇土地使用税纳税人

城镇土地使用税的纳税人,是指在税法规定的征税范围内使用土地的单位和个人。单位,包括国有企业、集体企业、私营企业、股份制企业、外商投资企业、外国企业以及其他企业和事业单位、社会团体、国家机关、军队以及其他单位。个人,包括个体工商户以及其他个人。

城镇土地使用税的纳税人，根据用地者的不同情况分别确定为：

1. 城镇土地使用税由拥有土地使用权的单位或个人缴纳。

2. 拥有土地使用权的纳税人不在土地所在地的，由代管人或实际使用人缴纳。

3. 土地使用权未确定或权属纠纷未解决的，由实际使用人纳税。

4. 土地使用权共有的，共有各方均为纳税人，由共有各方分别纳税。

土地使用权共有的，以共有各方实际使用土地的面积占总面积的比例，分别计算缴纳城镇土地使用税。

（二）城镇土地使用税征税范围

城镇土地使用税的征税范围，包括在城市、县城、建制镇和工矿区内的国家所有和集体所有的土地。

上述城市、县城、建制镇和工矿区分别按以下标准确认：

1. 城市是指经国务院批准设立的市。

2. 县城是指县人民政府所在地。

3. 建制镇是指经省、自治区、直辖市人民政府批准设立的建制镇。

4. 工矿区是指工商业比较发达，人口比较集中，符合国务院规定的建制镇标准，但尚未设立建制镇的大中型工矿企业所在地，工矿区须经省、自治区、直辖市人民政府批准。

上述城镇土地使用税的征税范围中，城市的土地包括市区和郊区的土地，县城的土地是指县人民政府所在地的城镇的土地，建制镇的土地是指镇人民政府所在地的土地。

建立在城市、县城、建制镇和工矿区以外的工矿企业不需要缴纳城镇土地使用税。

自2009年1月1日起，公园、名胜古迹内的索道公司经营用地，应按规定缴纳城镇土地使用税。

（三）城镇土地使用税税率

城镇土地使用税采用定额税率，即采用有幅度的差别税额。按大、中、小城市和县城、建制镇、工矿区分别规定每平方米城镇土地使用税年应纳税额。城镇土地使用税每平方米年税额标准具体规定如下：

1. 大城市 1.5~30 元；

2. 中等城市 1.2~24 元；

3. 小城市 0.9~18 元；

4. 县城、建制镇、工矿区 0.6~12 元。

大、中、小城市以公安部门登记在册的非农业正式户口人数为依据，按照国务院颁布的《城市规划条例》中规定的标准划分。人口在 50 万以上的为大城市；人口在 20 万~50 万的为中等城市；人口在 20 万以下的为小城市。

各省、自治区、直辖市人民政府可根据市政建设情况和经济繁荣程度在规定税额幅度内，确定所辖地区的适用税额幅度。经济落后地区，土地使用税的适用税额标准可适当降低，但降低额不得超过上述规定最低税额的 30%。经济发达地区的适用税额标准可以适当提高，但须报财政部批准。

（四）城镇土地使用税税收优惠

1. 法定免缴土地使用税的优惠。

（1）国家机关、人民团体、军队自用的土地。

（2）由国家财政部门拨付事业经费的单位自用的土地。

这部分土地是指这些单位本身的业务用地。如学校的教学楼、操场、食堂等占用的土地。

（3）宗教寺庙、公园、名胜古迹自用的土地。

以上单位的生产、经营用地和其他用地，不属于免税范围，应按规定缴纳土地使用税，如公园、名胜古迹中附设的营业单位如影剧院、饮食部、茶社、照相馆等使用的土地。

（4）市政街道、广场、绿化地带等公共用地。

（5）直接用于农、林、牧、渔业的生产用地。这部分土地是指直接从事于种植养殖、饲养的专业用地，不包括农副产品加工场地和生活办公用地。

（6）经批准开山填海整治的土地和改造的废弃土地，从使用的月份起免缴土地使用税 5~10 年。

（7）对非营利性医疗机构、疾病控制机构和妇幼保健机构等卫生机构自用的土地，免征城镇土地使用税。

（8）企业办的学校、医院、托儿所、幼儿园，其用地能与企业其他用地明确区分的，免征城镇土地使用税。

（9）免税单位无偿使用纳税单位的土地（如公安、海关等单位使用铁路、民航等单位的土地），免征城镇土地使用税。纳税单位无偿使用免税单位的土地，纳税单位应照章缴纳城镇土地使用税。纳税单位与免税单位共同使用、共有使用权土地上的多层建筑，对纳税单位可按其占用的建筑面积占建筑总面积的比例计征城镇土地使用税。

（10）对行使国家行政管理职能的中国人民银行总行（含国家外汇管理局）所属分支机构自用的土地，免征城镇土地使用税。

（11）为了体现国家的产业政策，支持重点产业的发展，对石油、电力、煤炭等能源用地，民用港口、铁路等交通用地和水利设施用地，三线调整企业、盐业、采石场、邮电等一些特殊用地划分了征免税界限和给予政策性减免税照顾。具体规定如下：

①对石油天然气生产建设中用于地质勘探、钻井、井下作业、油气田地面工程等施工临时用地暂免征收城镇土地使用税。

②对企业的铁路专用线、公路等用地，在厂区以外、与社会公用地段未加隔离的，暂免征收城镇土地使用税。

③对企业厂区以外的公共绿化用地和向社会开放的公园用地，暂免征收城镇土地使用税。

④对盐场的盐滩、盐矿的矿井用地，暂免征收城镇土地使用税。

（12）自2015年1月1日起至2016年12月31日止，对物流企业自有的（包括自用和出租）大宗商品仓储设施用地，减按所属土地等级适用税额标准的50%计征城镇土地使用税。

2. 省、自治区、直辖市地方税务局确定减免土地使用税的优惠：

（1）个人所有的居住房屋及院落用地。

（2）房产管理部门在房租调整改革前经租的居民住房用地。

（3）免税单位职工家属的宿舍用地。

（4）集体和个人办的各类学校、医院、托儿所、幼儿园用地。

（五）城镇土地使用税征收管理

1. 纳税义务发生时间。

（1）纳税人购置新建商品房，自房屋交付使用之次月起，缴纳城镇土地使用税。

（2）纳税人购置存量房，自办理房屋权属转移、变更登记手续，房地产权属登记机关签发房屋权属证书之次月起，缴纳城镇土地使用税。

（3）纳税人出租、出借房产，自交付出租、出借房产之次月起，缴纳城镇土地使用税。

（4）以出让或转让方式有偿取得土地使用权的，应由受让方从合同约定交付土地时间的次月起缴纳城镇土地使用税；合同未约定交付土地时间的，由受让方从合同签订的次月起缴纳城镇土地使用税。

（5）纳税人新征用的耕地，自批准征用之日起满1年时开始缴纳土地使用税。

（6）纳税人新征用的非耕地，自批准征用次月起缴纳城镇土地使用税。

2. 纳税地点。

城镇土地使用税在土地所在地缴纳。

纳税人使用的土地不属于同一省、自治区、直辖市管辖的，由纳税人分别向土地所在地税务机关缴纳城镇土地使用税；在同一省、自治区、直辖市管辖范围内，纳税人跨地区使用的土地，其纳税地点由各省、自治区、直辖市地方税务局确定。

3. 纳税期限。

城镇土地使用税按年计算、分期缴纳，具体纳税期限由省、自治区、直辖市人民政府确定。

二、城镇土地使用税的计税方法

（一）城镇土地使用税计税依据

城镇土地使用税的计税依据是纳税人实际占用的土地面积。土地面积以平方米为计量标准。具体按以下办法确定：

1. 凡由省级人民政府确定的单位组织测定土地面积的，以测定的土地面积为准。

2. 尚未组织测定，但纳税人持有政府部门核发的土地使用证书的，以证书确定的土地面积为准。

3. 尚未核发土地使用证书的，应由纳税人据实申报土地面积，并据以纳税，待核发土地使用证书后再作调整。

（二）城镇土地使用税应纳税额的计算

城镇土地使用税是以纳税人实际占用的土地面积为计税依据，按照规定的适用税额计算征收。其应纳税额计算公式为：

$$年应纳税额 = 实际占用应税土地面积（平方米）\times 适用税额$$

【例8-3】设在某城市的一家企业使用土地面积为30 000平方米，经税务机关核定，该土地为应税土地，每平方米年税额为4元。请计算其全年应纳的城镇土地使用税税额。

$$\begin{aligned}该企业年应纳的\\城镇土地使用税税额\end{aligned} &= 实际占用应税土地面积(平方米)\times 适用税额\\ &= 30\,000\times 4 = 120\,000（元）$$

三、城镇土地使用税的会计处理

为了核算企业应缴纳城镇土地使用税的情况，企业应通过"应交税费——应交城镇土地使用税"科目核算。城镇土地使用税实行按年计算、分期缴纳，企业计提应缴纳的城镇土地使用税时，借记"管理费用"等科目，贷记"应交税费——应交城镇土地使用税"科目；上缴城镇土地使用税时，借记"应交税费——应交城镇土地使用税"科目，贷记"银行存款"科目。

【例8-4】承〖例8-3〗该公司城镇土地使用税的会计处理如下：
每月计提城镇土地使用税时：
每月计提的城镇土地使用税 = 120 000 ÷ 12 = 10 000（元）

借：管理费用　　　　　　　　　　　　　　　　10 000
　　贷：应交税费——应交城镇土地使用税　　　　　10 000

按季缴纳城镇土地使用税时：
借：应交税费——应交房地产税　　　　　　　　30 000
　　贷：银行存款　　　　　　　　　　　　　　　　30 000

第三节　车船税纳税实务与会计处理

一、车船税基本法规

车船税，是指对在中国境内车船管理部门登记的车辆、船舶依法征收的一种税。现行车船税法的基本规范，是2011年2月25日，由中华人民共和国第十一届全国人民代表大会常务委员会第十九次会议通过了《中华人民共和国车船税法》（以下简称《车船税法》），自2012年1月1日起施行。

（一）纳税义务人

车船税的纳税义务人，是指在中华人民共和国境内属于税法规定的车辆、船舶（以下简称"车船"）的所有人或者管理人。

从事机动车第三者责任强制保险业务的保险机构为机动车车船税的扣缴义务人。

（二）征税范围

车船税的征税范围是指在中华人民共和国境内属于车船税法所规定的应税车辆和船舶。具体包括：

1. 依法应当在车船登记管理部门登记的机动车辆和船舶；
2. 依法不需要在车船登记管理部门登记的在单位内部场所行驶或者作业的机动车辆和船舶。

车船管理部门是指公安、交通运输、农业、渔业、军队、武装警察部队等依法具有车船登记管理职能的部门和船舶检验机构；单位是指依照中国法律、行政法规规定，在中国境内成立的行政机关、企业、事业单位、社会团体以及其他组织。

（三）税目与税率

车船税实行定额税率。定额税率，也称固定税额，是税率的一种特殊形式。定额税率计算简便，是适宜从量计征的税种。车船税的适用税额，依照车船税法所附的《车船税税目税额表》执行。

车辆的具体适用税额由省、自治区、直辖市人民政府依照车船税法所附《车船税税目税额表》规定的税额幅度和国务院的规定确定。

船舶的具体适用税额由国务院在车船税法所附《车船税税目税额表》规定的税额幅度内确定。

车船税采用定额税率，即对征税的车船规定单位固定税额。车船税确定税额总的原则是：非机动车船的税负轻于机动车船；人力车的税负轻于畜力车；小吨位船舶的税负轻于大船舶。由于车辆与船舶的行驶情况不同，车船税的税额也有所不同（见表8-1）。

表8-1　　　　　　　　　车船税税目税额表

税目		计税单位	年基准税额（元）	备注
乘用车按发动机气缸容量（排气量分档）	1.0升（含）以下的	每辆	60~360	核定载客人数9人（含）以下
	1.0升以上至1.6升（含）的		300~540	
	1.6升以上至2.0升（含）的		360~660	
	2.0升以上至2.5升（含）的		660~1 200	
	2.5升以上至3.0升（含）的		1 200~2 400	
	3.0升以上至4.0升（含）的		2 400~3 600	
	4.0升以上的		3 600~5 400	
商用车	客车	每辆	480~1 440	核定载客人数9人（包括电车）以上
	货车	整备质量每吨	16~120	1. 包括半挂牵引车、挂车、客货两用汽车、三轮汽车和低速载货汽车等。2. 挂车按照货车税额的50%计算
其他车辆	专用作业车	整备质量每吨	16~120	不包括拖拉机
	轮式专用机械车	整备质量每吨	16~120	
摩托车		每辆	36~180	
船舶	机动船舶游艇	净吨位每吨艇身长度每米	3~6 600~2 000	拖船、非机动驳船分别按照机动船舶税额的50%计算；游艇的税额另行规定

1. 机动船舶，具体适用税额为：

（1）净吨位小于或者等于200吨的，每吨3元；

（2）净吨位201~2 000吨的，每吨4元；

（3）净吨位2 001~10 000吨的，每吨5元；

（4）净吨位10 001吨及以上的，每吨6元。

拖船按照发动机功率每1千瓦折合净吨位0.67吨计算征收车船税。

2. 游艇，具体适用税额为：

(1) 艇身长度不超过10米的游艇，每米600元；

(2) 艇身长度超过10米但不超过18米的游艇，每米900元；

(3) 艇身长度超过18米但不超过30米的游艇，每米1 300元；

(4) 艇身长度超过30米的游艇，每米2 000元；

(5) 辅助动力帆艇，每米600元。

游艇艇身长度是指游艇的总长。

3. 车船税法及其实施条例涉及的整备质量、净吨位、艇身长度等计税单位，有尾数的一律按照含尾数的计税单位据实计算车船税应纳税额。计算得出的应纳税额小数点后超过两位的可四舍五入保留两位小数。

4. 乘用车以车辆登记管理部门核发的机动车登记证书或者行驶证书所载的排气量毫升数确定税额区间。

5. 车船税法和实施条例所涉及的排气量、整备质量、核定载客人数、净吨位、功率（千瓦或马力）、艇身长度，以车船登记管理部门核发的车船登记证书或者行驶证相应项目所载数据为准。

依法不需要办理登记、依法应当登记而未办理登记或者不能提供车船登记证书、行驶证的，以车船出厂合格证明或者进口凭证相应项目标注的技术参数、所载数据为准；不能提供车船出厂合格证明或者进口凭证的，由主管税务机关参照国家相关标准核定，没有国家相关标准的参照同类车船核定。

（四）车船税税收优惠

1. 下列车船免征车船税。

（1）捕捞、养殖渔船。捕捞、养殖渔船是指在渔业船舶管理部门登记为捕捞船或者养殖船的渔业船舶。

（2）军队、武装警察部队专用的车船。军队、武装警察部队专用的车船，是指按照规定在军队、武装警察部队车船登记管理部门登记，并领取军队、武警牌照的车船。

（3）警用车船。警用车船，是指公安机关、国家安全机关、监狱、劳动教养管理机关和人民法院、人民检察院领取警用牌照的车辆和执行警务的专用船舶。

（4）依照法律规定应当予以免税的外国驻华使领馆、国际组织驻华代表机构及其有关人员的车船。

（5）对使用新能源车船，免征车船税。免征车船税的使用新能源汽车是指纯电动商用车、插电式（含增程式）混合动力汽车、燃料电池商用车。纯电动乘用车和燃料电池乘用车不属于车船税征税范围，对其不征车船税。

免征车船税的使用新能源汽车（不含纯电动乘用车和燃料电池乘用车），必须符合国家有关标准。

（6）临时入境的外国车船和香港特别行政区、澳门特别行政区、台湾地区的车船，不征收车船税。

（7）按照规定缴纳船舶吨税的机动船舶，自车船税法实施之日起5年内免征车船税。

（8）依法不需要在车船登记管理部门登记的机场、港口、铁路站场内部行驶或者作业的车船，自车船税法实施之日起5年内免征车船税。

2. 车船税其他税收优惠。

（1）对节约能源车船，减半征收车船税。包括节约能源乘用车和节约能源商用车。节约能源乘用车是指获得许可在中国境内销售的符合国家有关标准的排量为1.6升以下（含1.6升）的燃用汽油、柴油的节约能源乘用车（含非插电式混合动力乘用车和双燃料乘用车）；节约能源商用车是指获得许可在中国境内销售的符合国家有关标准的燃用天然气、汽油、柴油的重型节约能源商用车（含非插电式混合动力和双燃料重型商用车）。

（2）对受地震、洪涝等严重自然灾害影响纳税困难以及其他特殊原因确需减免税的车船，可以在一定期限内减征或者免征车船税。具体减免期限和数额由省、自治区、直辖市人民政府确定，报国务院备案。

（3）省、自治区、直辖市人民政府根据当地实际情况，可以对公共交通车船，农村居民拥有并主要在农村地区使用的摩托车、三轮汽车和低速载货汽车定期减征或者免征车船税。

（五）车船税征收管理

1. 纳税义务发生时间。

车船税纳税义务发生时间为取得车船所有权或者管理权的当月。以购买车船的发票或其他证明文件所载日期的当月为准。

车船税的纳税义务发生时间，为车船管理部门核发的车船登记证书或者行驶证书所记载日期的当月。纳税人未按照规定到车船管理部门办理应税车船登记手续的，以车船购置发票所载开具时间的当月作为车船税的纳税义务发生时间。对未办理车船登记手续且无法提供车船购置发票的，由主管地方税务机关核定纳税义务发生时间。

2. 纳税地点。

车船税由地方税务机关负责征收。车船税的纳税地点为车船的登记地或者车船税扣缴义务人所在地。

扣缴义务人代收代缴车船税的，纳税地点为扣缴义务人所在地。

纳税人自行申报缴纳车船税的，纳税地点为车船登记地的主管税务机关所在地。

依法不需要办理登记的车船，其车船税的纳税地点为车船的所有人或者管理人所在地。

3. 纳税申报。

车船税按年申报，分月计算，一次性缴纳。纳税年度为公历1月1日至12月31日。具体申报纳税期限由省、自治区、直辖市人民政府规定。

（1）从事机动车第三者责任强制保险业务的保险机构为机动车车船税的扣缴义务人，应当在收取保险费时依法代收车船税，并出具代收税款凭证。

机动车车船税扣缴义务人在代收车船税时，应当在机动车交通事故责任强制保险的保险单以及保费发票上注明已收税款的信息，作为代收税款凭证。

（2）已完税或者依法减免税的车辆，纳税人应当向扣缴义务人提供登记地的主管税务机关出具的完税凭证或者减免税证明。

纳税人没有按照规定期限缴纳车船税的，扣缴义务人在代收代缴税款时，可以一并代收代缴欠缴税款的滞纳金。

（3）扣缴义务人已代收代缴车船税的，纳税人不再向车辆登记地的主管税务机关申报缴纳车船税。

（4）没有扣缴义务人的，纳税人应当向主管税务机关自行申报缴纳车船税。

（5）纳税人缴纳车船税时，应当提供反映排气量、整备质量、核定载客人数、净吨位、千瓦、艇身长度等与纳税相关信息的相应凭证以及税务机关根据实际需要要求提供的其他资料。

纳税人以前年度已经提供前款所列资料信息的，可以不再提供。

（6）已缴纳车船税的车船在同一纳税年度内办理转让过户的，不另纳税，也不退税。

二、车船税的计税方法

(一) 车船税计税依据

车船税以车船的计税单位数量为计税依据。《车船税法》按车船的种类和性能，分别确定每辆、整备质量、净吨位每吨和艇身长度每米为计税单位。具体如下：

1. 乘用车、商用客车和摩托车，以辆数为计税依据。

2. 商用货车、专用作业车和轮式专用机械车，以整备质量吨位数为计税依据。

3. 机动船舶、非机动驳船、拖船，以净吨位数为计税依据。游艇以艇身长度为计税依据。

(二) 车船税应纳税额的计算

纳税人按照纳税地点所在的省、自治区、直辖市人民政府确定的具体适用税额缴纳车船税。车船税由地方税务机关负责征收。

1. 购置的新车船，购置当年的应纳税额自纳税义务发生的当月起按月计算。计算公式为：

应纳税额 = (年应纳税额÷12) × 应纳税月份数

应纳税月份数 = 12 - 纳税义务发生时间(取月份) + 1

2. 在一个纳税年度内，已完税的车船被盗抢、报废、灭失的，纳税人可以凭有关管理机关出具的证明和完税证明，向纳税所在地的主管税务机关申请退还自被盗抢、报废、灭失月份起至该纳税年度终了期间的税款。

3. 已办理退税的被盗抢车船，失而复得的，纳税人应当从公安机关出具相关证明的当月起计算缴纳车船税。

4. 在一个纳税年度内，纳税人在非车辆登记地由保险机构代收代缴机动车车船税，且能够提供合法有效完税证明的，纳税人不再向车辆登记地的地方税务机关缴纳车辆车船税。

5. 已缴纳车船税的车船在同一纳税年度内办理转让过户的，不另纳税，也不退税。

【例8-5】某运输公司拥有载货汽车30辆（货车整备质量全部为10吨）；

乘人大客车 50 辆；小客车 20 辆。假定载货汽车每吨年税额 80 元，乘人大客车每辆年税额 800 元，小客车每辆年税额 700 元。计算该公司应纳车船税。

(1) 载货汽车应纳税额 = 30 × 10 × 80 = 24 000（元）

(2) 乘人汽车应纳税额 = 50 × 800 + 20 × 700 = 54 000（元）

全年应纳车船税额 = 24 000 + 54 000 = 78 000（元）

三、车船税的会计处理

为了核算企业应缴纳车船税的情况，企业应通过"应交税费——应交车船税"科目核算。由于车船税实行按年计算、分期缴纳的征收方法，企业计提应缴纳的车船税时，借记"管理费用"等科目，贷记"应交税费——应交车船税"科目；上缴车船税时，借记"应交税费——应交车船税"科目，贷记"银行存款"科目。

【例 8 - 6】承〖例 8 - 5〗该公司车船税的会计处理如下：

每月计提车船税时：

每月计提的车船税 = 7 800 ÷ 12 = 6 500（元）

借：管理费用	6 500
贷：应交税费——应交车船税	6 500

按季缴纳房地产税时：

借：应交税费——应交车船税	19 500
贷：银行存款	19 500

第四节　印花税纳税实务与会计处理

一、印花税基本法规

印花税是以经济活动和经济交往中，书立、领受应税凭证的行为为征税对象征收的一种税。印花税因其采用在应税凭证上粘贴印花税票的方法缴纳税款而得名。

(一) 纳税义务人

印花税的纳税义务人,是在中国境内书立、使用、领受印花税法所列举的凭证并应依法履行纳税义务的单位和个人。

根据书立、领受、使用应税凭证的不同,纳税人可分为立合同人、立账簿人、立据人、领受人和使用人等。

1. 立合同人。

立合同人是指合同的当事人,即对凭证有直接权利义务关系的单位和个人,但不包括合同的担保人、证人、鉴定人。所谓合同,是指根据《合同法》的规定订立的各类合同,包括购销、加工承揽、建筑工程、财产租赁、货物运输、仓储保管、借款、财产保险以及具有合同性质的凭证。当事人的代理人有代理纳税义务。

2. 立账簿人。

立账簿人是指设立并使用营业账簿的单位和个人。例如,企业单位因生产、经营需要,设立了营业账簿,该企业即为纳税人。

3. 立据人。

立据人是指书立产权转移书据的单位和个人。

4. 领受人。

领受人是指领取并持有权利、许可证照的单位和个人。例如,领取房屋产权证的单位和个人,即为印花税的纳税人。

5. 使用人。

使用人是指在国外书立、领受,但在国内使用应税凭证的单位和个人。

6. 各类电子应税凭证的签订人。

即以电子形式签订的各类应税凭证的当事人。

值得注意的是,对应税凭证,凡由两方或两方以上当事人共同书立的,其当事人各方都是印花税的纳税人,应各就其所持凭证的计税金额履行纳税义务。

(二) 印花税征税范围

根据《印花税暂行条例》的规定,只对列举的凭证征收,没有列举的凭证不征税。具体征税范围如下:

1. 购销合同。

包括供应、预购、采购、购销结合及协作、调剂、补偿、贸易等合同。此外，还包括出版单位与发行单位之间订立的图书、报纸、期刊和音像制品的应税凭证，例如订购单、订数单等。还包括发电厂与电网之间、电网与电网之间（国家电网公司系统、南方电网公司系统内部各级电网互供电量除外）签订的购售电合同。但是，电网与用户之间签订的供用电合同不属于印花税列举征税的凭证，不征收印花税。

对纳税人以电子形式签订的各类应税凭证按规定征收印花税。

2. 加工承揽合同。

包括加工、定做、修缮、修理、印刷广告、测绘、测试等合同。

3. 建设工程勘察设计合同。

包括勘察、设计合同。

4. 建筑安装工程承包合同。

包括建筑、安装工程承包合同。承包合同，包括总承包合同、分包合同和转包合同。

5. 财产租赁合同。

包括租赁房屋、船舶、飞机、机动车辆、机械、器具、设备等合同，还包括企业、个人出租门店、柜台等签订的合同。

6. 货物运输合同。

包括民用航空、铁路运输、海上运输、公路运输和联运合同，以及作为合同使用的单据。

7. 仓储保管合同。

包括仓储、保管合同，以及作为合同使用的仓单、栈单等。

8. 借款合同。

银行及其他金融组织与借款人（不包括银行同业拆借）所签订的合同，以及只填开借据并作为合同使用、取得银行借款的借据。银行及其他金融机构经营的融资租赁业务，是一种以融物方式达到融资目的的业务，实际上是分期偿还的固定资金借款，因此融资租赁合同也属于借款合同。

9. 财产保险合同。

包括财产、责任、保证、信用保险合同，以及作为合同使用的单据。财产保险合同，分为企业财产保险、机动车辆保险、货物运输保险、家庭财产保险和农牧业保险五大类。"家庭财产两全保险"属于家庭财产保险性质，其合同在财产保险合同之列,应照章纳税。

10. 技术合同。

包括技术开发、转让、咨询、服务等合同,以及作为合同使用的单据。

技术转让合同,包括专利申请权转让和非专利技术转让。

技术咨询合同,是当事人就有关项目的分析、论证、预测和调查订立的技术合同。但一般的法律、会计、审计等方面的咨询不属于技术咨询,其所立合同不贴印花。

技术服务合同,是当事人一方委托另一方就解决有关特定技术问题,如为改进产品结构、改良工艺流程、提高产品质量、降低产品成本、保护资源环境、实现安全操作、提高经济效益等提出实施方案,实施所订立的技术合同,包括技术服务合同、技术培训合同和技术中介合同。但不包括以常规手段或者为生产经营目的进行一般加工、修理、修缮、广告、印刷、测绘、标准化测试,以及勘察、设计等所书立的合同。

11. 产权转移书据。

包括财产所有权和版权、商标专用权、专利权、专有技术使用权等转移书据和专利实施许可合同、土地使用权出让合同、土地使用权转让合同、商品房销售合同等权利转移合同。

产权转移书据,是指单位和个人产权的买卖、继承、赠与、交换、分割等所立的书据。"财产所有权"转移书据的征税范围,是指经政府管理机关登记注册的动产、不动产的所有权转移所立的书据,以及企业股权转让所立的书据,并包括个人无偿赠送不动产所签订的"个人无偿赠与不动产登记表"。当纳税人完税后,税务机关(或其他征收机关)应在纳税人印花税完税凭证上加盖"个人无偿赠与"印章。

12. 营业账簿。

指单位或者个人记载生产经营活动的财务会计核算账簿。营业账簿按其反映内容的不同,可分为记载资金的账簿和其他账簿。

记载资金的账簿,是指反映生产经营单位资本金数额增减变化的账簿。其他账簿,是指除上述账簿以外的有关其他生产经营活动内容的账簿,包括日记账簿和各明细分类账簿。

但是,对金融系统营业账簿,要结合金融系统财务会计核算的实际情况进行具体分析。凡银行用以反映资金存贷经营活动、记载经营资金增减变化、核算经营成果的账簿,如各种日记账、明细账和总账都属于营业账簿,应按照规定缴纳印花税；银行根据业务管理需要设置的各种登记簿，如空白重要凭证登记簿、有价单证登记簿、现金收付登记簿等，其记载的内容与资金活动无关，仅用于内部备查，属于非营业账簿，均不征收印花税。

13. 权利、许可证照。

包括政府部门发给的房屋产权证、工商营业执照、商标注册证、专利证、土地使用证。

（三）印花税税率

印花税的税率有比例税率和定额税率两种形式。

1. 比例税率。

在印花税的13个税目中，各类合同以及具有合同性质的凭证（含以电子形式签订的各类应税凭证）、产权转移书据、营业账簿中记载资金的账簿，适用比例税率。

印花税的比例税率分为4个档次，分别是0.05‰、0.3‰、0.5‰、1‰。

（1）借款合同，适用0.05‰的税率。

（2）购销合同、建筑安装工程承包合同、技术合同，适用0.3‰的税率。

（3）加工承揽合同、建筑工程勘察设计合同、货物运输合同、产权转移书据、营业账簿税目中记载资金的账簿，适用0.5‰的税率。

（4）财产租赁合同、仓储保管合同、财产保险合同，适用1‰的税率。

（5）在上海证券交易所、深圳证券交易所、全国中小企业股份转让系统买卖、继承、赠与优先股所书立的股权转让书据，均依书立时实际成交金额，由出让方按1‰的税率计算缴纳证券（股票）交易印花税。

2. 定额税率。

为了简化征管手续，便于操作，对无法计算金额的凭证，或虽载有金额，但作为计税依据不合理的凭证，采用定额税率，以件为单位缴纳一定数额的税款。权利、许可证照、营业账簿中的其他账簿，均为按件贴花，单位税额为每件5元。

印花税税目税率见表8-2。

表 8-2　　　　　　　　　　印花税税目、税率

税目	范围	税率	纳税人	说明
1. 购销合同	包括供应、预购、采购、购销结合及协作、调剂、补偿、易货等合同	按购销金额0.3‰贴花	立合同人	
2. 加工承揽合同	包括加工、定做、修缮、修理、印刷广告、测绘、测试等合同	按加工或承揽收入0.5‰贴花	立合同人	
3. 建设工程勘察设计合同	包括勘察、设计合同	按收取费用0.5‰贴花	立合同人	
4. 建筑安装工程承包合同	包括建筑、安装工程承包合同	按承包金额0.3‰贴花	立合同人	
5. 财产租赁合同	包括租赁房屋、船舶、飞机、机动车辆、机械、器具、设备等合同	按租赁金额1‰贴花。税额不足1元，按1元贴花	立合同人	
6. 货物运输合同	包括民用航空运输、铁路运输、海上运输、内河运输、公路运输和联运合同	按运输费用0.5‰贴花	立合同人	单据作为合同使用的，按合同贴花
7. 仓储保管合同	包括仓储、保管合同	按仓储保管费用1‰贴花	立合同人	仓单或栈单作为合同使用的，按合同贴花
8. 借款合同	银行及其他金融组织和借款人（不包括银行同业拆借）所签订的借款合同	按借款金额0.05‰贴花	立合同人	单据作为合同使用的，按合同贴花
9. 财产保险合同	包括财产、责任、保证、信用等保险合同	按收取保险费1‰贴花	立合同人	单据作为合同使用的，按合同贴花
10. 技术合同	包括技术开发、转让、咨询、服务等合同	按所记载金额0.3‰贴花	立合同人	
11. 产权转移书据	包括财产所有权和版权、商标专用权、专利权、专有技术使用权等转移书据、土地使用权出让合同、土地使用权转让合同、商品房销售合同	按所记载金额0.5‰贴花	立据人	
12. 营业账簿	生产、经营用账册	记载资金的账簿，按实收资本和资本公积的合计金额0.5‰贴花。其他账簿按件贴花5元	立账簿人	
13. 权利、许可证照	包括政府部门发给的房屋产权证、工商营业执照、商标注册证、专利证、土地使用证	按件贴花5元	领受人	

（四）印花税税收优惠

1. 法定凭证免税。下列凭证，免征印花税：

（1）已缴纳印花税的凭证的副本或者抄本；

（2）财产所有人将财产赠与政府、社会福利单位、学校所立的书据；

（3）经财政部批准免税的其他凭证。

2. 免税额。应纳税额不足1角的，免征印花税。

3. 特定凭证免税。下列凭证，免征印花税：

（1）国家指定的收购部门与村委会、农民个人书立的农副产品收购合同；

（2）无息、贴息贷款合同；

（3）外国政府或者国际金融组织向中国政府及国家金融机构提供优惠贷款所书立的合同。

4. 特定情形免税。有下列情形之一的，免征印花税：

（1）对商店、门市部的零星加工修理业务开具的修理单，不贴印花；

（2）对房地产管理部门与个人订立的租房合同，凡用于生活居住的，暂免贴花；用于生产经营的，按规定贴花；

（3）对铁路、公路、航运、水路承运快件行李、包裹开具的托运单据，暂免贴花；

（4）对企业车间、门市部、仓库设置的不属于会计核算范围，或虽属会计核算范围，但不记载金额的登记簿、统计簿、台账等，不贴印花；

（5）实行差额预算管理的单位，不记载经营业务的账簿不贴花。

5. 单据免税。对货物运输、仓储保管、财产保险、银行借款等，办理一项业务，既书立合同，又开立单据的，只就合同贴花。所开立的各类单据，不再贴花。

6. 企业兼并并入资金免税。对企业兼并的并入资金，凡已按资金总额贴花的，接收单位对并入的资金，不再补贴印花。

7. 租赁承包经营合同免税。企业与主管部门等签订的租赁承包经营合同，不属于财产租赁合同，不征收印花税。

8. 特殊情形免税。纳税人已履行并贴花的合同，发现实际结算金额与合同所载金额不一致的，一般不再补贴印花。

9. 保险合同免税。农林作物、牧业畜类保险合同，免征印花税。

10. 书、报、刊合同免税。书、报、刊发行单位之间，发行单位与订阅单位或个人之间书立的凭证，免征印花税。

11. 外国运输企业免税。由外国运输企业运输进口货物的，外国运输企业所持有的一份结算凭证，免征印花税。

12. 特殊货运凭证免税。下列特殊货运凭证，免征印花税：

（1）军事物资运输结算凭证；

（2）抢险救灾物资运输结算凭证；

（3）为新建铁路运输施工所属物料，使用工程临管线专用运费结算凭证。

13. 物资调拨单免税。对工业、商业、物资、外贸等部门调拨商品物资，作为内部执行计划使用的调拨单，不作为结算凭证，不属于合同性质的凭证，不征收印花税。

14. 同业拆借合同免税。银行、非银行金融机构之间相互融通短期资金，按照规定的同业拆借期限和利率签订的同业拆借合同，不征收印花税。

15. 借款展期合同免税。对办理借款展期业务使用借款展期合同或其他凭证，按规定仅载明延期还款事项的，可暂不贴花。

16. 合同、书据免税。出版合同，不属于印花税列举征税的凭证，免征印花税。

17. 国库业务账簿免税。人民银行各级机构经理国库业务及委托各专业银行各级机构代理国库业务设置的账簿，免征印花税。

18. 委托代理合同免税。代理单位与委托单位之间签订的委托代理合同，不征收印花税。

19. 日拆性贷款合同免税。对人民银行向各商业银行提供的日拆性贷款（20日以内的贷款）所签订的合同或借据，暂免征收印花税。

20. 铁道企业特定凭证免税。铁道部所属单位的下列凭证，不征收印花税：

（1）铁道部层层下达的基建计划，不贴花；

（2）企业内部签订的有关铁路生产经营设施基建、更新改造、大修、维修的协议或责任书，不贴花；

（3）在铁路内部无偿调拨固定资产的调拨单据，不贴花；

（4）由铁道部全额拨付事业费的单位，其营业账簿，不贴花。

21. 电话和联网购货免税。对在供需经济活动中使用电话、计算机联网订货，没有开具书面凭证的，暂不贴花。

22. 股权转让免税。对国务院和省级人民政府批准进行政企脱钩、对企业进行改组和改变管理体制、变更企业隶属关系，以及国有企业改制、盘活国有资产，而发生的国有股权无偿转让划转行为，暂不征收证券交易印花税；对上市公司国有股权无偿转让，需要免征证券交易印花税的，须由企业提出申请，报证券交易所所在地国家税务局审批，并报国家税务总局备案。

（五）印花税征收管理

1. 纳税义务发生时间。

印花税应当在书立或领受时贴花。具体是指在合同签订时、账簿启用时和证照领受时贴花。如果合同是在国外签订，并且不便在国外贴花的，应在将合同带入境时办理贴花纳税手续。

2. 纳税地点。

印花税一般实行就地纳税。对于全国性商品物资订货会（包括展销会、交易会等）上所签订合同应纳的印花税，由纳税人回其所在地后及时办理贴花完税手续；对地方主办、不涉及省际关系的订货会、展销会上所签合同的印花税，其纳税地点由各省、自治区、直辖市人民政府自行确定。

3. 纳税期限。

印花税的纳税方法与其他税种不同，其特点之一就是由纳税人根据税法规定，自行计算应纳税额，并自行购买印花税票，自行完成纳税义务。同时，对特殊情况采取特定的纳税贴花方法。税法规定，印花税应税凭证应在书立、领受时即行贴花完税，不得延至凭证生效日期贴花。同一种类应纳印花税凭证若需要频繁贴花的，纳税人可向当地税务机关申请近期汇总缴纳印花税，经税务机关核准发给许可证后，按税务机关确定的限期（最长不超过1个月）汇总计算纳税。

4. 缴纳方法。

根据税额大小，应税项目纳税次数多少以及税源控管的需要，印花税分别采用自行贴花、汇贴汇缴和委托代征三种缴纳方法。

（1）自行贴花。即实行"三自"纳税，纳税人在书立、领受应税凭证时，自行计算应纳印花税额，向当地纳税机关或印花税票代售点购买印花税票，自行在应税凭证上一次贴足印花并自行注销，这是缴纳印花税的基本方法。印花税票一经售出，国家即取得了印花税收入，但不等于纳税人履行了纳税义务，只有在纳税人按规定将印花税票（足额）粘贴在应税凭证的适当位置后，经盖销或划销后才算完成了纳税手续。已完成纳税手续的凭证应按规定的期限妥善保管，以备核查。同时必须明确：已贴用的印花税票不得重用；已贴花的凭证，修改后所载金额有增加的，其增加部分应当补贴印花。

（2）汇贴汇缴。一份凭证应纳税额超过500元的，纳税人应当向当地税务机关申请填写缴款书或完税证，将其中一联粘贴在凭证上或者税务机关在凭证上加注完税标记代替贴花。

同一类应纳税凭证，需频繁贴花的，纳税人应向当地税务机关申请按期汇总缴纳印花税。税务机关对核准汇总缴纳的单位，应发给汇缴许可证，汇总缴纳的限期限额由当地税务机关确定，但最长期限不得超过1个月。凡汇总缴纳印花税的凭证，应加注税务机关指定的汇缴戳记，编号并装订成册后，将已贴印花或者缴款书的一联黏附册后，盖章注销，保存备查。

（3）委托代征。为加强征收管理，简化手续，印花税可以委托有关部门代征，实行源泉控管。对通过国家有关部门发放、鉴证、公证或仲裁的应税凭证，税务部门可以委托这些部门代征印花税，发给代征单位代征委托书，明确双方的权利和义务。

二、印花税的计税方法

（一）印花税计税依据

1. 合同或具有合同性质的凭证，以凭证所载金额作为计税依据。具体包括购销合同中记载的购销金额、加工承揽合同中的加工或承揽收入、建设工程勘察设计合同中的收取费用、建筑安装工程合同中的承包金额、财产租赁合同中的租赁金额、货物运输合同中的运输费用（运费收入）、仓储保管费用、借款合同中的借款金额、保险合同中的保险费等。上述凭证以"金额"、"费用"作为计税依据的，应当全额计税，不得作任何扣除。

载有两个或两个以上应适用不同税目税率经济事项的同一凭证，分别记载金额的，应分别计算应纳税额，相加后按合计税额贴花；如未分别记载金额的，按税率高的计算贴花。

2. 营业账簿中记载资金的账簿，以"实收资本"与"资本公积"两项的合计金额为其计税依据。

3. 不记载金额的营业账簿、政府部门发给的房屋产权证、工商营业执照、专利证等权利许可证照，以及日记账簿和各种明细分类账簿等辅助性账簿，以凭证或账簿的件数作为计税依据。

4. 纳税人有以下情形的，地方税务机关可以核定纳税人印花税计税依据：

（1）未按规定建立印花税应税凭证登记簿，或未如实登记和完整保存应税凭证的；

（2）拒不提供应税凭证或不如实提供应税凭证致使计税依据明显偏低的；

（3）采用按期汇总缴纳办法的，未按地方税务机关规定的期限报送汇总缴纳印花税情况报告，经地方税务机关责令限期报告，逾期仍不报告的或者地方税务机关在检查中发现纳税人有未按规定汇总缴纳印花税情况的。

地方税务机关核定征收印花税的，应当根据纳税人的实际生产经营收入，参考纳税人各期印花税情况及同行业合同签订情况，确定科学合理的数额或比例作为纳税人印花税计税依据。

必须明确的是，印花税票为有价证券，其票面金额以人民币为单位，分为1角、2角、5角、1元、2元、5元、10元、50元、100元9种。

（二）印花税应纳税额的计算

1. 实行比例税率的凭证，印花税应纳税额的计算公式为：

$$应纳税额 = 应税凭证计税金额 \times 比例税率$$

2. 实行定额税率的凭证，印花税应纳税额的计算公式为：

$$应纳税额 = 应税凭证件数 \times 定额税率$$

3. 营业账簿中记载资金的账簿，印花税应纳税额的计算公式为：

$$应纳税额 = (实收资本 + 资本公积) \times 0.5‰$$

4. 其他账簿按件贴花，每件5元。

【例8-7】某企业某年5月开业，当年发生以下有关业务事项：领受房屋产权证、工商营业执照、土地使用证各1件；与其他企业订立转移专用技术使用权书据1份，所载金额300万元；订立产品购销合同1份，所载金额为400万元；订立借款合同1份，所载金额为500万元；企业记载资金的账簿，"实收资本"、"资本公积"为800万元；其他营业账簿12本。试计算该企业当年应缴纳的印花税税额。

（1）企业领受权利、许可证照应纳税额。

应纳税额 = 3 × 5 = 15（元）

（2）企业订立产权转移书据应纳税额。

应纳税额 = 3 000 000 × 0.5‰ = 1 500（元）

（3）企业订立购销合同应纳税额。

应纳税额 = 4 000 000 × 0.3‰ = 1 200（元）

（4）企业订立借款合同应纳税额。

应纳税额 = 5 000 000 × 0.05‰ = 250（元）

（5）企业记载资金的账簿。

应纳税额 = 8 000 000 × 0.5‰ = 4 000（元）

（6）企业其他营业账簿应纳税额。

应纳税额 = 12 × 5 = 60（元）

（7）当年企业应纳印花税税额。

应纳税额 = 15 + 1 500 + 1 200 + 250 + 4 000 + 60 = 7 025（元）

三、印花税的会计处理

企业缴纳的印花税是由纳税人根据规定自行计算的，以购买贴足印花税票的办法缴纳税款，因此，不需要预计应缴纳税金额数，不必通过"应交税费"科目核算。企业在购买印花税税票时，直接借记"管理费用"等科目，贷记"银行存款"或"库存现金"科目。

【例8-8】承〖例8-7〗该企业印花税的会计处理如下：

借：管理费用　　　　　　　　　　　　　　　　7 025
　　贷：银行存款　　　　　　　　　　　　　　　　　7 025

第九章 成本类税种纳税实务与会计处理

第一节 契税纳税实务与会计处理

一、契税基本法规

契税是以在中华人民共和国境内转移土地、房屋权属为征税对象,向产权承受人征收的一种财产税。

(一)契税纳税人

契税的纳税人,是指在我国境内承受土地、房屋权属转移的单位和个人。

契税由权属的承受人缴纳。这里所说的"承受",是指以受让、购买、受赠、交换等方式取得土地、房屋权属的行为。土地、房屋权属,是指土地使用权和房屋所有权;单位,是指企业单位、事业单位、国家机关、军事单位和社会团体以及其他组织;个人,是指个体经营者和其他个人。

(二)契税征税范围

契税以在我国境内转移土地、房屋权属的行为作为征税对象。土地、房屋权属未发生转移的,不征收契税。

契税的征税范围主要包括:

1. 国有土地使用权出让。国有土地使用权出让是指土地使用者向国家交付土地使用权出让费用,国家将国有土地使用权在一定年限内让与土地使用者的行为。出让费用包括出让金、土地收益等。

2. 土地使用权转让。土地使用权转让是指土地使用者以出售、赠与、交换或者其他方式将土地使用权转移给其他单位和个人的行为。土地使用权的转让不包括农村集体土地承包经营权的转移。

3. 房屋买卖。房屋买卖是指房屋所有者将其房屋出售，由承受者交付货币、实物、无形资产或其他经济利益的行为。

4. 房屋赠与。房屋赠与是指房屋所有者将其房屋无偿转让给受赠者的行为。

5. 房屋交换。房屋交换是指房屋所有者之间相互交换房屋的行为。

除上述情形外，在实际中还有其他一些转移土地、房屋权属的形式，如以土地、房屋权属作价投资、入股，以土地、房屋权属抵债；以获奖方式承受土地、房屋权属；以预购方式或者预付集资建房款方式承受土地、房屋权属等。对于这些转移土地、房屋权属的形式，可以分别视同土地使用权转让、房屋买卖或者房屋赠与征收契税。再如，土地使用权受让人通过完成土地使用权转让方约定的投资额度或投资特定项目，以此获取低价转让或无偿赠与的土地使用权的，属于契税征收范围，其计税价格由征收机关参照纳税义务发生时当地的市场价格核定。此外，公司增资扩股中，对以土地、房屋权属作价入股或作为出资投入企业的，征收契税；企业破产清算期间，对非债权人承受破产企业土地、房屋权属的，征收契税。

土地、房屋典当、继承、分拆（分割）、抵押以及出租等行为，不属于契税的征税范围。

（三）契税税率

契税采用比例税率，并实行3%~5%的幅度税率。具体税率由各省、自治区、直辖市人民政府在幅度税率规定范围内，按照本地区的实际情况确定。

（四）契税税收优惠

1. 契税优惠的一般规定。

（1）国家机关、事业单位、社会团体、军事单位承受土地、房屋用于办公、教学、医疗、科研和军事设施的，免征契税。

（2）城镇职工按规定第一次购买公有住房的，免征契税。

（3）因不可抗力灭失住房而重新购买住房的，酌情准予减征或者免征契税。

（4）土地、房屋被县级以上人民政府征用、占用后，重新承受土地、房屋权属的，是否减征或者免征契税，由省、自治区、直辖市人民政府确定。

（5）纳税人承受荒山、荒沟、荒丘、荒滩土地使用权，用于农、林、牧、渔业生产的，免征契税。

（6）依照我国有关法律规定以及我国缔结或参加的双边和多边条约或协定的规定应当予以免税的外国驻华使馆、领事馆、联合国驻华机构及其外交代表、领事官员和其他外交人员承受土地、房屋权属的，经外交部确认，可以免征契税。

经批准减征、免征契税的纳税人，改变有关土地、房屋的用途的，就不再属于减征、免征契税范围，并且应当补缴已经减征、免征的税款。

2. 契税优惠的特殊规定。

自2015年1月1日起至2017年12月31日，企业、事业单位改制重组过程中涉及的契税按以下规定执行。该规定出台前，企业、事业单位改制重组过程中涉及的契税尚未处理的，符合以下规定的可按以下规定执行。

（1）企业改制。企业按照《中华人民共和国公司法》有关规定整体改制，包括非公司制企业改制为有限责任公司或股份有限公司，有限责任公司变更为股份有限公司，股份有限公司变更为有限责任公司，原企业投资主体存续并在改制（变更）后的公司中所持股权（股份）比例超过75%，且改制（变更）后公司承继原企业权利、义务的，对改制（变更）后公司承受原企业土地、房屋权属，免征契税。

（2）事业单位改制。事业单位按照国家有关规定改制为企业，原投资主体存续并在改制后企业中出资（股权、股份）比例超过50%的，对改制后企业承受原事业单位土地、房屋权属，免征契税。

（3）公司合并。两个或两个以上的公司，依照法律规定、合同约定，合并为一个公司，且原投资主体存续的，对合并后公司承受原合并各方土地、房屋权属，免征契税。

（4）公司分立。公司依照法律规定、合同约定分立为两个或两个以上与原公司投资主体相同的公司，对分立后公司承受原公司土地、房屋权属，免征契税。

（5）企业破产。企业依照有关法律法规规定实施破产，债权人（包括破产企业职工）承受破产企业抵偿债务的土地、房屋权属，免征契税；对非债权人承受破产企业土地、房屋权属，凡按照《中华人民共和国劳动法》等国家有关法律法规政策妥善安置原企业全部职工，与原企业全部职工签订服务年限不少于三年的劳动用工合同的，对其承受所购企业土地、房屋权属，免征契税；与原企业超过30%的职工签订服务年限不少于三年的劳动用工合同的，减半征收契税。

（6）资产划转。对承受县级以上人民政府或国有资产管理部门按规定进行行政性调整、划转国有土地、房屋权属的单位，免征契税。

同一投资主体内部所属企业之间土地、房屋权属的划转，包括母公司与其全资子公司之间，同一公司所属全资子公司之间，同一自然人与其设立的个人独资企业、一人有限公司之间土地、房屋权属的划转，免征契税。

（7）债权转股权。经国务院批准实施债权转股权的企业，对债权转股权后新设立的公司承受原企业的土地、房屋权属，免征契税。

（8）划拨用地出让或作价出资。以出让方式或国家作价出资（入股）方式承受原改制重组企业、事业单位划拨用地的，不属上述规定的免税范围，对承受方应按规定征收契税。

（9）公司股权（股份）转让。在股权（股份）转让中，单位、个人承受公司股权（股份），公司土地、房屋权属不发生转移，不征收契税。

（五）契税征收管理

1. 纳税义务发生时间。

契税的纳税义务发生时间是纳税人签订土地、房屋权属转移合同的当天，或者纳税人取得其他具有土地、房屋权属转移合同性质凭证的当天。

2. 纳税地点。

契税实行属地征收管理。纳税人发生契税纳税义务时，应向土地、房屋所在地的税务征收机关申报纳税。

3. 纳税期限。

纳税人应当自纳税义务发生之日起10日内，向土地、房屋所在地的税收征收机关办理纳税申报，并在税收征收机关核定的期限内缴纳税款。

二、契税的计税方法

（一）契税计税依据

按照土地、房屋权属转移的形式、定价方法的不同，契税的计税依据确定如下：

1. 国有土地使用权出让、土地使用权出售、房屋买卖，以成交价格作为计税依据。成交价格是指土地、房屋权属转移合同确定的价格，包括承受者应交付的货币、实物、无形资产或其他经济利益。

2. 土地使用权赠与、房屋赠与，由征收机关参照土地使用权出售、房屋买卖的市场价格核定。

3. 土地使用权交换、房屋交换，以交换土地使用权、房屋的价格差额为计税依据。计税依据只考虑其价格的差额，交换价格不相等的，由多交付货币、实物、无形资产或其他经济利益的一方缴纳契税；交换价格相等的，免征契税。土地使用权与房屋所有权之间相互交换，也应按照上述办法确定计税依据。

4. 以划拨方式取得土地使用权，经批准转让房地产时应补交的契税，以补交的土地使用权出让费用或土地收益作为计税依据。

为了防止纳税人隐瞒、虚报成交价格以偷、逃税款，对成交价格明显低于市场价格而无正当理由的，或所交换的土地使用权、房屋价格的差额明显不合理并且无正当理由的，征收机关参照市场价格核定计税依据。

根据财政部　国家税务总局《关于"营改增"后契税　房产税　土地增值税　个人所得税计税依据问题的通知》（财税〔2016〕43号）规定，"营改增"后，计征契税的成交价格不含增值税。

（二）契税应纳税额的计算

契税应纳税额依照省、自治区、直辖市人民政府确定的适用税率和税法规定的计税依据计算征收。其计算公式为：

$$应纳税额 = 计税依据 \times 税率$$

【例9-1】居民甲有两套住房，将一套出售给居民乙，成交价格为2 200 000元；将另一套两室住房与居民丙交换成两处套一室住房，并支付给丙换房差价款400 000元。试计算甲、乙、丙相关行为应缴纳的契税（假定税率为4%）。

（1）甲应缴纳契税 = 400 000 × 4% = 16 000（元）

（2）乙应缴纳契税 = 2 200 000 × 4% = 88 000（元）

（3）丙不缴纳契税。

三、契税的会计处理

企业和事业单位取得土地使用权、房屋按规定缴纳的契税,应计入所取得土地使用权和房屋的成本。

企业取得土地使用权、房屋按规定缴纳的契税,借记"无形资产"、"固定资产"等科目,贷记"银行存款"等科目。

事业单位取得土地使用权按规定缴纳的契税,借记"无形资产"科目,贷记"银行存款"等科目。取得房屋按规定缴纳的契税,借记"固定资产"等科目,贷记"银行存款"等科目;同时,应按资金来源分别借记"专用基金——修购基金"、"事业支出"等科目,贷记"银行存款"等科目。

【例9-2】云峰公司2016年3月从当地政府手中取得一块土地使用权,支付土地使用权出让费48 000 000元,当地政府确定的契税税率为4%。请计算该企业应缴纳的契税,并进行会计处理。

应缴纳的契税:

应纳税额 = 48 000 000 × 4% = 1 920 000(元)

企业实际缴纳契税时的会计处理如下:

借:无形资产——土地使用权　　　　　　　　　1 920 000
　　贷:银行存款　　　　　　　　　　　　　　　　　　　1 920 000

第二节　车辆购置税纳税实务与会计处理

一、车辆购置税基本法规

车辆购置税是以在中国境内购置规定车辆为课税对象、在特定的环节向车辆购置者征收的一种税。就其性质而言,属于直接税的范畴。

(一)纳税义务人

在我国境内购置规定的车辆(以下简称"应税车辆")的单位和个人,为车辆购置税的纳税人。

购置，包括购买、进口、自产、受赠、获奖或者以其他方式取得并自用应税车辆的行为。单位，包括国有企业、集体企业、私营企业、股份制企业、外商投资企业、外国企业以及其他企业和事业单位、社会团体、国家机关、部队以及其他单位；个人，包括个体工商户以及其他个人。

（二）征税范围

车辆购置税以列举的车辆作为征税对象，未列举的车辆不纳税。其征税范围包括汽车、摩托车、电车、挂车、农用运输车，具体规定如下：

1. 汽车：包括各类汽车。

2. 摩托车。

（1）轻便摩托车：最高设计时速不大于 50 公里/小时，发动机气缸总排量不大于 50 立方厘米的两个或三个车轮的机动车；

（2）二轮摩托车：最高设计车速大于 50 公里/小时，或发动机气缸总排量大于 50 立方厘米的两个车轮的机动车；

（3）三轮摩托车：最高设计车速大于 50 公里/小时，发动机气缸总排量大于 50 立方厘米，空车质量不大于 400 千克的三个车轮的机动车。

3. 电车。

（1）无轨电车：以电能为动力，由专用输电电缆供电的轮式公共车辆；

（2）有轨电车：以电能为动力，在轨道上行驶的公共车辆。

4. 挂车。

（1）全挂车：无动力设备，独立承载，由牵引车辆牵引行驶的车辆；

（2）半挂车：无动力设备，与牵引车共同承载，由牵引车辆牵引行驶的车辆。

5. 农用运输车。

（1）三轮农用运输车：柴油发动机，功率不大于 7.4 千瓦，载重量不大于 500 千克，最高车速不大于 40 公里/小时的三个车轮的机动车；

（2）四轮农用运输车：柴油发动机，功率不大于 28 千瓦，载重量不大于 1 500 千克，最高车速不大于 50 公里/小时的四个车轮的机动车。

为了体现税法的统一性、固定性、强制性和法律的严肃性特征，车辆购置税征收范围的调整，由国务院决定，其他任何部门、单位和个人无权擅自扩大或缩小车辆购置税的征税范围。

（三）税率

车辆购置税实行统一比例税率，税率为 10%。

（四）税收优惠

车辆购置税的免税、减税，按照下列规定执行：

1. 外国驻华使馆、领事馆和国际组织驻华机构及其外交人员自用的车辆，免税；

2. 中国人民解放军和中国人民武装警察部队列入军队武器装备订货计划的车辆，免税；

3. 设有固定装置的非运输车辆，免税；

4. 有国务院规定予以免税或者减税的其他情形的，按照规定免税或者减税。

（五）征收管理

1. 纳税申报。

车辆购置税实行一次征收制度，税款应当一次缴清。购置已征车辆购置税的车辆，不再征收车辆购置税。

车辆购置税由国家税务局征收。纳税人购买自用应税车辆的，应当自购买之日起 60 日内申报纳税；进口自用应税车辆的，应当自进口之日起 60 日内申报纳税；自产、受赠、获奖或者以其他方式取得并自用应税车辆的，应当自取得之日起 60 日内申报纳税。

纳税人以外汇结算应税车辆价款的，按照申报纳税之日中国人民银行公布的人民币基准汇价，折合成人民币计算应纳税额。

已缴纳车辆购置税的车辆，发生下列情形之一的，准予纳税人申请退税：

（1）车辆退回生产企业或者经销商的；

（2）符合免税条件的设有固定装置的非运输车辆但已征税的；

（3）其他依据法律法规规定应予退税的情形。

车辆退回生产企业或者经销商的，纳税人申请退税时，主管税务机关自纳税人办理纳税申报之日起，按已缴纳税款每满 1 年扣减 10% 计算退税额；未满 1 年的，按已缴纳税款全额退税。

2. 纳税环节。

纳税人应当在向公安机关车辆管理机构办理车辆登记注册前，缴纳车辆购置税。

纳税人应当持主管税务机关出具的完税证明或者免税证明，向公安机关车辆管理机构办理车辆登记注册手续；没有完税证明或者免税证明的，公安机关车辆管理机构不得办理车辆登记注册手续。

税务机关应当及时向公安机关车辆管理机构通报纳税人缴纳车辆购置税的情况。公安机关车辆管理机构应当定期向税务机关通报车辆登记注册的情况。

税务机关发现纳税人未按照规定缴纳车辆购置税的，有权责令其补缴；纳税人拒绝缴纳的，税务机关可以通知公安机关车辆管理机构暂扣纳税人的车辆牌照。

免税、减税车辆因转让、改变用途等原因不再属于免税、减税范围的，应当在办理车辆过户手续前或者办理变更车辆登记注册手续前缴纳车辆购置税。

3. 纳税地点。

纳税人购置应税车辆，应当向车辆登记注册地的主管税务机关申报纳税；购置不需要办理车辆登记注册手续的应税车辆，应当向纳税人所在地的主管税务机关申报纳税。

二、车辆购置税的计税方法

（一）计税依据

车辆购置税的计税依据为应税车辆的计税价格。计税价格根据不同情况，按照下列规定确定：

1. 纳税人购买自用的应税车辆的计税价格，为纳税人购买应税车辆而支付给销售者的全部价款和价外费用，不包括增值税税款。

价外费用是指销售方价外向购买方收取的基金、集资费、违约金（延期付款利息）和手续费、包装费、储存费、优质费、运输装卸费、保管费以及其他各种性质的价外收费，但不包括销售方代办保险等而向购买方收取的保险费，以及向购买方收取的代购买方缴纳的车辆购置税、车辆牌照费。

企业纳税实务与会计处理

2. 纳税人进口自用的应税车辆的计税价格的计算公式为：

$$计税价格 = 关税完税价格 + 关税 + 消费税$$

3. 纳税人自产、受赠、获奖或者以其他方式取得并自用的应税车辆的计税价格，由主管税务机关参照国家税务总局规定的最低计税价格核定。

最低计税价格是指国家税务总局依据机动车生产企业或者经销商提供的车辆价格信息，参照市场平均交易价格核定的车辆购置税计税价格。

4. 纳税人购买自用或者进口自用应税车辆，申报的计税价格低于同类型应税车辆的最低计税价格，又无正当理由的，计税价格为国家税务总局核定的最低计税价格。

5. 国家税务总局未核定最低计税价格的车辆，计税价格为纳税人提供的有效价格证明注明的价格。有效价格证明注明的价格明显偏低的，主管税务机关有权核定应税车辆的计税价格。

（二）应纳税额的计算

车辆购置税实行从价定率的方法计算应纳税额。计算公式如下：

$$应纳税额 = 计税依据 \times 税率$$

$$进口应税车辆应纳税额 = （关税完税价格 + 关税 + 消费税）\times 税率$$

三、车辆购置税的会计处理

企业购置应税车辆，按规定缴纳的车辆购置税，应计入所购置车辆的成本。

企业购置应税车辆，按规定缴纳的车辆购置税，或企业购置的减税、免税车辆改变用途，按规定应补缴的车辆购置税，借记"固定资产"等科目，贷记"银行存款"等科目。

【例9-3】 信德公司2016年4月从某汽车有限公司购买一辆小汽车供本单位使用，支付了含增值税税款在内的款项184 000元，另支付购买工具件和零配件价款3 000元，车辆装饰费1 300元。所支付的款项均由该汽车有限公司开具"机动车销售统一发票"和有关票据。请计算该企业应缴纳的车辆购置税，并进行会计处理。

计算应纳车辆购置税：

（1）计税依据 = (184 000 + 3 000 + 1 300) ÷ (1 + 17%) = 160 940.17（元）

（2）应纳税额 = 160 940.17 × 10% = 16 094（元）

缴纳车辆购置税时：

借：固定资产　　　　　　　　　　　　　　　　　　16 094
　　贷：银行存款　　　　　　　　　　　　　　　　　　16 094

第十章 税务代理和税务筹划

第一节 税务代理

一、税务代理的概念

税务代理是指税务代理人在国家法律规定的代理范围内,以代理机构的名义,接受纳税人、扣缴义务人的委托,依据国家税收法律和行政法规的规定,代其办理涉税事宜的各项民事法律行为的总称。

税务代理人是指具有丰富的税收实务工作经验和较高的税收、会计专业理论知识以及法律基础知识,经国家税务总局及其省、自治区、直辖市国家税务局批准,从事税务代理的专门人员及其工作机构。

从事税务代理的专门人员称为税务师,其工作机构是按法律规定设立的承办税务代理业务的机构。税务师必须加入税务代理机构,才能从事税务代理业务。

二、税务代理的特点

1. 中介性。

税务代理是属于社会中介服务行业,税务代理机构与税务机关、纳税人或扣缴义务人等没有行政隶属关系,既不受税务行政部门的干预,又不受纳税人、扣缴义务人所左右,独立代办税务事宜。

2. 法定性。

由于税务代理不是一般事项的委托,其负有法律的责任,所以税务代理的委托事项，是由法律做出专门规定的。委托人与代理人只能委托代理法律规定范围之内的事项。注册税务师不能超越代理规定的内容从事代理活动，也不得代理应由税务机关行使的行政职权。

3. 自愿性。

税务代理的选择主要分为两种：单向选择和双向选择。不过无论你做出哪种选择都必须建立在双方都自愿的基础之上，换句话说，税务代理人员实施税务代理行为，应当以纳税人、扣缴义务人自愿委托和资源选择为主要前提。

4. 公正性。

税法规定了征纳双方的权利（力）与义务，而税务代理人作为征纳双方的中介，与征纳双方没有任何利益冲突。税务代理人站在客观、公正的立场上，以税法为准绳，以服务为宗旨，既为维护纳税人合法权益服务，又为维护国家税法的尊严服务。因此，公正性是税务代理的固有特性，离开公正性，税务代理就无法存在。

三、税务代理的法定业务范围

《税务代理业务规程》规定，代理人可以接受纳税人、扣缴义务人的委托，从事下列范围内的业务代理：

1. 办理税务登记、变更税务登记和注销税务登记手续；
2. 办理纳税、退税和减免税申报；
3. 建账建制，办理账务；
4. 办理除增值税专用发票外的发票领购手续；
5. 办理纳税申报或扣缴税款报告；
6. 制作涉税文书；
7. 开展税务咨询（顾问）、税务筹划、涉税培训等涉税服务业务；
8. 税务行政复议手续；
9. 审查纳税情况；
10. 办理增值税一般纳税人资格认定申请；
11. 利用主机共享服务系统为增值税一般纳税人代开增值税专用发票；
12. 国家税务总局规定的其他业务。

除此之外，涉税签证业务范围包括：企业所得税汇算清缴纳税申报签证；企业所得税税前弥补亏损和财产损失的签证；国家税务总局和省税务局规定的其他涉税签证业务。

纳税人、扣缴义务人可以根据需要委托税务代理人进行全面代理、单项代理、临时代理、常年代理。税务代理人不能代理应由税务机关行使的行政职权，税务机关按照法律、行政法规规定委托其代理的除外。

第二节 税务筹划

税务筹划，是指在纳税行为发生之前，在不违反法律、法规（税法及其他相关法律、法规）的前提下，通过对纳税主体（法人或自然人）的经营活动或投资行为等涉税事项做出事先安排，以达到少缴税或递延纳税目标的一系列谋划活动。它是税务代理机构可从事的不具有鉴证性能的业务内容之一。

一、税务筹划与偷税、逃税、抗税、骗税、避税的区别

税务筹划的基本特点之一是合法性，而偷税、逃税、抗税、骗税等则是违反税法的。各国对违反税法的行为根据其情节轻重均规定了相应的处理办法。我国对违法行为较轻者，根据《中华人民共和国税收征收管理法（修订）》（以下简称《税收征管法》）给予行政处罚，处以罚款；情节严重、触犯刑律的属于涉税犯罪，要追究刑事责任，除了依法判刑外，还要认定附加刑——处以罚金。要正确进行税务筹划，一定要能识别偷税、逃税、抗税、骗税等违法行为，要认识其界定依据及相关的处罚规定。

1. 税务筹划与偷税。

偷税是在纳税人的纳税义务已经发生且能够确定的情况下，采取不正当或不合法的手段以逃脱其纳税义务的行为。偷税具有故意性、欺诈性，是一种违法行为，应该受到处罚。

《税收征收管理法》第六十三条规定："纳税人伪造、变造、隐匿、擅自销毁账簿、记账凭证，或者在账簿上多列支出或者不列、少列收入，或者经税务机关通知申报而拒不申报或者进行虚假的纳税申报，不缴或者少缴应纳税款的，是偷税。对纳税人偷税的，由税务机关追缴其不缴或少缴的税款、滞纳金，并处不缴或少缴的税款50%以上5倍以下的罚款；构成犯罪的，依法追究刑事责任。

2. 税务筹划与逃税。

逃税是指纳税人欠缴应纳税款，采取转移或者隐匿财产的手段，妨碍税务机关追缴欠缴的税款。对逃税行为，《税收征管法》规定，由税务机关追缴欠缴的税款、滞纳金，并处欠缴税款50%以上5倍以下的罚款；构成犯罪的，依法追究刑事责任。

逃税与偷税有共性，即都有欺诈性、隐蔽性，都是违反税法的行为。

3. 税务筹划与抗税。

抗税是指纳税人以暴力、威胁方法拒不缴纳税款的行为。情节轻微，未构成犯罪的，由税务机关追缴其拒缴的税款、滞纳金，并处拒缴税款1倍以上5倍以下的罚款。构成犯罪的，依法追究刑事责任。

4. 税务筹划与骗税。

骗税是采取弄虚作假和欺骗手段，将本来没有发生的应税（应退税）行为虚构成发生了的应税行为，将小额的应税（应退税）行为伪造成大额的应税（应退税）行为，即事先根本未向国家缴过税或未缴足声称已纳的税款，而从国库中骗取了退税款。

《税收征管法》第六十六条规定，以假报出口或者其他欺骗手段，骗取国家出口退税款的，由税务机关追缴其骗取的退税款，并处骗取税款1倍以上5倍以下的罚款；构成犯罪的，依法追究刑事责任。对骗取国家出口退税款的，税务机关可以在规定期间内停止为其办理出口退税。

5. 税务筹划与避税。

避税是指纳税人利用税法漏洞或者缺陷，通过对经营及财务活动的精心安排，以期达到纳税负担最小的经济行为。

二、税务筹划基本方法

税务筹划的方法主要有利用税收优惠政策法、纳税期的递延法、转让定价筹划法、税法漏洞筹划法、会计处理方法筹划法五种方法。

（一）利用税收优惠政策筹划法

利用税收优惠政策筹划法，是指纳税人凭借国家税法规定的优惠政策进行税务筹划的方法。

税收优惠政策是指税法对某些纳税人和征税对象给予鼓励和照顾的一种特

殊规定。国家为了扶持某些特定产业、行业、地区、企业和产品的发展，或者对某些有实际困难的纳税人给予照顾，在税法中做出某些特殊规定，比如，免除其应缴的全部或部分税款，或者按照其缴纳税款的一定比例给予返还等，从而减轻其税收负担。

从总体角度来看，利用税收优惠政策筹划的方法主要包括：

1. 直接利用筹划法。即直接利用国家制定的税收优惠政策进行筹划。

2. 地点流动筹划法。不同的国家、不同的地区，税收的政策会有所不同。纳税人可以根据需要，或者选择在优惠地区注册，或者将现时不太景气的生产转移到优惠地区，以充分享受税收优惠政策，减轻企业的税收负担，提高企业的经济效益。

3. 创造条件筹划法。纳税人创造条件使自己符合税收优惠规定或者通过挂靠在某些能享受优惠待遇的企业或产业、行业，使自己符合优惠条件，从而享受优惠待遇。

从税制构成要素的角度探讨，利用税收优惠进行税务筹划主要是利用以下几个优惠要素：

1. 利用免税。利用免税筹划，是指在合法、合理的情况下，使纳税人成为免税人，或使纳税人从事免税活动，或使征税对象成为免税对象而免纳税收的税务筹划方法。

利用免税方法筹划以尽量争取更多的免税待遇和尽量延长免税期为要点。在合法、合理的情况下，尽量争取免税待遇，争取尽可能多的项目获得免税待遇。例如，如果国家对一般企业按普通税率征收所得税，对在 A 地的企业制定有从开始经营之日起 3 年免税的规定，对在 B 地的企业制定有从开始经营之日起 5 年免税的规定。那么，如果条件基本相同或利弊基本相抵，一个公司完全可以搬到 B 地去经营，以获得免税待遇，并使免税期最长化，从而在合法、合理的情况下节减更多的税收。

2. 利用减税。利用减税筹划，是指在合法、合理的情况下，使纳税人减少应纳税收而直接节税的税务筹划方法。我国对国家重点扶持的公共基础设施项目、符合条件的环境保护、节能节水项目，对循环经济产业，对符合规定的高新技术企业、小型微利企业、从事农业项目的企业等给予减税待遇，是国家为了实现其科技、产业和环保等政策所给予企业税收鼓励性质的减税。

利用减税进行税务筹划主要是合法、合理地利用国家奖励性减税政策而节减税收的方法，尽量争取减税待遇并使减税最大化和使减税期最长化。

3. 利用税率差异。利用税率差异筹划，是指在合法、合理的情况下，利用税率的差异而直接节税的税务筹划方法。利用税率差异进行税务筹划的技术要点在于尽量寻求税率最低化，以及尽量寻求税率差异的稳定性和长期性。

4. 利用分劈技术。分劈技术，是指在合法、合理的情况下，使所得、财产在两个或更多个纳税人之间进行分劈而直接节税的税务筹划技术。采用分劈技术节税的要点在于使分劈合理化、节税最大化。在合法和合理的情况下，尽量寻求通过分劈技术使节税最大化。

5. 利用税收扣除。利用税收扣除筹划，是指在合法、合理的情况下，使扣除额增加而实现直接节税，或调整各个计税期的扣除额而实现相对节税的税务筹划方法。利用税收扣除进行税务筹划的要点在于使扣除项目最多化、扣除金额最大化和扣除最早化。

6. 利用税收抵免。利用税收抵免筹划，是指在合法、合理的情况下，使税收抵免额增加而节税的税务筹划方法。税收抵免额越大，冲抵应纳税额的数额就越大，应纳税额就越小，从而节减的税额就越大。利用税收抵免筹划的要点在于使抵免项目最多化、抵免金额最大化。

7. 利用退税。利用退税筹划，是指在合法、合理的情况下，使税务机关退还纳税人已纳税款而直接节税的税务筹划方法。

利用税收优惠政策进行税务筹划时应注意以下事项：

（1）尽量挖掘信息源，多渠道获取税收优惠政策。

（2）充分利用税收优惠政策。

（3）尽量与税务机关保持良好的沟通。

（二）纳税期的递延法

利用延期纳税筹划是指在合法、合理的情况下，使纳税人延期缴纳税收而节税的税务筹划方法。纳税人延期缴纳本期税收虽然不能减少纳税人纳税绝对总额，但相当于得到一笔无息贷款，可以增加纳税人本期的现金流量，相对节减税收。

企业实现递延纳税的一个重要途径是采取有利的会计处理方法，对暂时性差异进行处理。通过处理使得当期的会计所得大于应纳税所得，出现递延所得税负债，即可实现纳税期的递延，获得税收利益。

纳税期的递延法的要点是在合理和合法的情况下，尽量争取更多的项目延期纳税，尽量争取纳税递延期的最长化。

（三）转让定价筹划法

利用转让定价筹划法，主要是通过关联企业不符合营业常规的交易形式进行的税务筹划。它是税务筹划的基本方法之一，被广泛地应用于国际、国内的税务筹划实务中。

转让定价是指在经济活动中，有经济联系的企业各方为了转移收入、均摊利润或转移利润而在交换或买卖过程中，不是依照市场买卖规则和市场价格进行交易，而是根据他们之间的共同利益或为了最大限度地维护他们之间的收入进行的产品或非产品转让。企业之间转移收入或利润时定价的主要方式有：

1. 以内部成本为基础进行价格转让。又分为实际成本法和标准成本法。实际成本法是指以销售利润中心所购产品的实际成本定价；标准成本法是指以预先规定的假设成本定价。

2. 以市场价格为基础进行价格转让。其中包括使用外部交易的市场价格和成本加价。

关联企业之间进行转让定价的方式有很多，一般来说主要有：

（1）利用商品交易进行筹划。即关联企业间商品交易采取压低定价或抬高定价的策略，转移收入或利润，以实现从整体上减轻税收负担。例如，有些实行高税率的企业，在向低税率的关联企业销售产品时，有意地压低产品的售价，将利润转移到关联企业。这是转让定价中应用最为广泛的做法。

（2）利用原材料及零部件购销进行筹划。通过控制零部件和原材料的购销价格进而影响产品成本来实现税务筹划，例如，由母公司向子公司低价供应零部件产品，或由子公司高价向母公司出售零部件，以此降低子公司的产品成本，使其获得较高的利润。又如利用委托加工产品收回后直接出售的不再缴纳消费税的政策进行转让定价筹划。

（3）利用关联企业之间相互提供劳务进行筹划。关联企业之间相互提供劳务时，通过高作价或低作价甚至不作价的方式收取劳务费用，从而使关联企业之间的利润根据需要进行转移，达到减轻税收负担的目的。

（4）利用无形资产价值评定困难进行筹划。无形资产价值的评定没有统一的标准，关联企业即可以通过转让定价的方式调节利润，达到税收负担最小化的目的。如某企业将本企业的生产配方、商标权等无偿或低价提供给关联企业，不计或少计转让收入，但是另外从对方的企业留利中获取好处。

另外还有利用租赁机器设备、利用管理费用等进行税务筹划。

为了保证利用转让定价进行税务筹划的有效性，筹划时应注意：一是进行成本效益分析；二是考虑价格的波动应在一定的范围内，以防被税务机关调整而增加税负；三是纳税人可以运用多种方法进行全方位、系统的筹划安排。

（四）税法漏洞筹划法

利用税法漏洞筹划法就是利用税法文字上的忽略或税收实务中征管方大大小小的漏洞进行筹划的方法，属于避税筹划。纳税人可以利用税法漏洞争取自己并不违法的合理权益。

漏洞主要指税法对某些内容的文字规定，因语法或字词有歧义而导致对税法理解的多样性以及税法应该具有而实际操作时有较大部分的忽略。

利用税法漏洞进行避税筹划应注意的问题：一是需要精通财务与税务的专业化人才。只有专业化人才才可能根据实际情况，参照税法而利用其漏洞进行筹划。二是操作人员应具有一定的纳税操作经验。只依据税法而不考虑征管方面的具体措施，筹划成功的可能性就不会太高。三是要有严格的财会纪律和保密措施。没有严格的财会纪律便没有严肃的财会秩序，混乱的财务状况无法作为筹划的实际参考。另外，筹划的隐蔽性保证了漏洞存在的相对稳定性。四是要进行风险—效益的分析。在获取较大收益的前提下，尽量降低风险。

（五）会计处理方法筹划法

利用会计处理方法筹划法就是利用会计处理方法的可选择性进行筹划的方法。在现实经济活动中，同一经济业务有时存在着不同的会计处理方法，而不同的会计处理方法又对企业的财务状况有着不同的影响，同时这些不同的会计处理方法又都得到了税法的承认。所以，通过对有关会计处理方法筹划也可以达到获取税收收益的目的。

1. 存货计价方法的选择。

存货计价的方法有多种，如先进先出法、加权平均法、移动平均法、个别计价法、计划成本法、毛利率法或零售价法等。不同的计价方法对货物的期末库存成本、销售成本影响不同，继而影响到当期应税所得额的大小。特别是在物价持续上涨或下跌的情况下，影响的程度会更大。如在物价持续下跌的情况下，采用先进先出法税负会降低。

发出存货的计价可以按照实际成本核算，也可以按照计划成本核算。根据会计准则的规定，按照实际成本核算的，应当采用先进先出法、加权平均法

（包括移动平均法）、个别计价法确定其实际成本；按照计划成本核算的，应按期结转其应负担的成本差异，将计划成本调整为实际成本。按照现行税法的规定，纳税人存货的计算应当以实际成本为准。纳税人各项存货的发生和领用的成本计价方法，可以在先进先出法、加权平均法、个别计价法中选用一种。计价方法一经选用，不得随意变更。纳税人采用计划成本法确定存货成本或销售成本，须在年终申报纳税时及时结转成本差异。

由于不同的存货计价方法可以通过改变销售成本，继而影响应税所得额。因此，从税务筹划的角度，纳税人可以通过采用不同的计价方法对发出存货的成本进行筹划，根据自己的实际情况选择使本期发出存货成本最有利于税务筹划的存货计价办法。在不同企业或企业处于不同的盈亏状态下，应选择不同的计价方法：

（1）盈利企业：由于盈利企业的存货成本可最大限度地在本期所得额中税前抵扣，因此，应选择能使本期成本最大化的计价方法。

（2）亏损企业：亏损企业选择计价方法应与亏损弥补情况相结合。选择的计价方法，必须使不能得到或不能完全得到税前弥补的亏损年度的成本费用降低，使成本费用延迟到以后能够完全得到抵补的时期，保证成本费用的抵税效果最大化。

（3）享受税收优惠的企业：如果企业正处于企业所得税的减税或免税期，就意味着企业获得的利润越多，得到的减免税额就越多。因此，应选择减免税优惠期间内存货成本最小化的计价方法，减少存货费用的当期摊入，扩大当期利润。相反，处于非税收优惠期间时，应选择使得存货成本最大化的计价方法，将当期的存货费用尽量扩大，以达到减少当期利润、推迟纳税期的目的。

2. 固定资产折旧的税务筹划。

固定资产价值是通过折旧形式转移到成本费用之中的，折旧额的多少取决于固定资产的计价、折旧年限和折旧方法。

（1）固定资产计价的税务筹划。按照会计准则的要求，外购固定资产成本主要包括购买价款、相关税费、使固定资产达到可使用状态前所发生的可归属于该项资产的运输费、装卸费、安装费和专业人员服务费等。按照税法的规定，购入的固定资产，按购入价加上发生的包装费、运杂费、安装费，以及缴纳的税金后的价值计价。由于折旧费用是在未来较长时间内陆续计提的，为降低本期税负，新增固定资产的入账价值要尽可能地低。例如，对于成套固定资产，其易损件、小配件可以单独开票作为低值易耗品入账，因低值易耗品领用时可以一次或分次直接计入当期费用，降低了当期的应税所得额；对于在建工程，则要尽可能早地转入固定资产，以便尽早提取折旧。如整体固定资产工期长，在完工部分已经投入使用时，对该部分最好分项决算，以便尽早计入固定资产账户。

（2）固定资产折旧年限的税务筹划。固定资产折旧年限取决于固定资产能够使用的年限，固定资产使用年限是一个估计的经验值，包含了人为的成分，因而为税务筹划提供了可能性。采用缩短折旧年限的方法，有利于加速成本回收，可以使后期成本费用前移，从而使前期会计利润发生后移。在税率不变的情况下，可以使企业所得税递延缴纳。

需要注意的是，税法对固定资产折旧规定了最低的折旧年限，税务筹划不能突破关于折旧年限的最低要求。

如果企业享受开办初期的减免税或者在开办初期享受低税率照顾，在税率预期上升的情况下购入的固定资产就不宜缩短折旧年限，以避免将折旧费用提前到免税期间或低税期间实现，减少企业享受税收优惠待遇。只有在税率预期下降时缩短折旧年限，才能够在实现货币时间价值的同时达到少纳税的目的。

（3）固定资产折旧方法的税务筹划。按照会计准则的规定，固定资产折旧的方法主要有平均年限法、工作量法等直线法（或称"平速折旧法"）和双倍余额递减法、年数总和法和加速折旧法。不同的折旧方法对应税所得额的影响不同。虽然从整体上看，固定资产的扣除不可能超过固定资产的价值本身，但是，由于对同一固定资产采用不同的折旧方法会使企业所得税税款提前或滞后实现，从而产生不同的货币时间价值。如果企业所得税的税率预期不会上升，采用加速折旧的方法，一方面可以在计提折旧期间少缴企业所得税，另一方面可以尽快收回资金，加速资金周转。但是，税法规定在一般情况下纳税人可扣除的固定资产折旧费用的计算，应该采取直线法。只有当企业的固定资产由于技术进步等原因，确需加速折旧的，才可以缩短折旧年限或者采取加速折旧的方法。这与会计准则的规定是有区别的。纳税人应尽可能创造条件达到符合实行加速折旧法的要求，以便选择对自己有利的折旧计算方法，获取货币的时间价值。

采用直线法计提折旧，在折旧期间折旧费用均衡地在企业收益中扣除，对利润的影响也是均衡的，企业所得税的缴纳同样比较均衡。采用双倍余额递减法与年数总和法计提折旧，在折旧期间折旧费用会随着时间的推移而逐年减少，对企业收益的抵减也是逐年递减的，企业所得税会随着时间的推移而逐年上升。从税务筹划的角度出发，为获得货币的时间价值，应尽量采用加速折旧法。但需要注意的是，如果预期企业所得税的税率会上升，则应考虑在未来可能增加的税负与所获得的货币时间价值进行比较决策。同样的道理，在享受减免税优惠期内添置的固定资产，采用加速折旧法一般来讲是不合算的。

（4）固定资产计价和折旧税务筹划方法的综合运用。推迟利润的实现获取货币的时间价值并不是固定资产税务筹划的唯一目的。在进行税务筹划时，还必须根据不同的企业或者企业处于不同的状态下采用不同的对策。

盈利企业：盈利企业当期费用能够从当年的所得税前扣除，费用的增加有利于减少当年企业所得税，因此，购置固定资产时，购买费用中能够分解计入当期费用的项目，应尽可能计入当期费用而不宜通过扩大固定资产原值推迟到以后时期；折旧年限尽可能缩短，使折旧费用能够在尽可能短的时间内得到税前扣除；选择折旧方法，宜采用加速折旧法，因加速折旧法可以使折旧费用前移和应纳税所得额后移，以相对降低纳税人当期应缴纳的企业所得税。

亏损企业：由于亏损企业费用的扩大不能在当期的企业所得税前得到扣除，即使延续扣除也有5年时间的限定。因此，企业在亏损期间购置固定资产，应尽可能多地将相关费用计入固定资产原值，使这些费用通过折旧的方式在以后年度实现；亏损企业的折旧年限可适当延长，以便将折旧费用在更长的周期中摊销；因税法对折旧年限只规定了下限没有规定上限，因此，企业可以作出安排；折旧方法选择应同企业的亏损弥补情况相结合。选择的折旧方法必须能使不能得到或不能完全得到税前弥补的亏损年度的折旧额降低，因此，企业亏损期间购买的固定资产不宜采用加速折旧法计提折旧。

享受企业所得税优惠政策的企业：处于减免所得税优惠期内的企业，由于减免税期内的各种费用的增加都会导致应税所得额的减少，从而导致享受的税收优惠减少，因此，企业在享受所得税优惠政策期间购买的固定资产，应尽可能将相关费用计入固定资产原值，使其能够在优惠期结束以后的税前利润中扣除；折旧年限的选择应尽可能长一些，以便将折旧费用在更长的周期中摊销；折旧方法的选择，应考虑减免税期折旧少、非减免税期折旧多的折旧方法。把折旧费用尽可能安排在正常纳税年度实现，以减少正常纳税年度的应税所得额，降低企业所得税负担。

三、主要税种的税务筹划要点

(一) 增值税的税务筹划

1. 增值税纳税人的税务筹划。

由于增值税纳税人分为一般纳税人与小规模纳税人,对两类纳税人采用不同的征收方法,会产生相应的税负差别,对某些纳税人在生产经营初期,经营规模还比较小,在是否作为一般纳税人或小规模纳税人可以进行选择时,就存在纳税人身份的税务筹划问题。当在一个特定的增值率时,增值税一般纳税人与小规模纳税人应缴税款数额相同,我们把这个特定的增值率称为"无差别平衡点的增值率"。当增值率低于这个点时,增值税一般纳税人税负低于小规模纳税人;当增值率高于这个点时,增值税一般纳税人税负高于小规模纳税人。即如果纳税人生产产品或提供的劳务增值率比较高时适合选择小规模纳税人有利,反之选择一般纳税人较有利。

以不含税销售额无差别平衡点增值率计算来说明:

设 X 为增值率,S 为不含税销售额,P 为不含税购进额,并假定一般纳税人适用税率为17%,小规模纳税人适用征收率为3%。

一般纳税人增值率为: $X = (S - P) \div S$

一般纳税人应纳增值税 $= S \times 17\% - P \times 17\%$
$$= S \times X \times 17\%$$

小规模纳税人应纳增值税 $= S \times 3\%$

两种纳税人纳税额相等时,即
$$S \times X \times 17\% = S \times 3\%$$
$$X = 17.65\%$$

当增值率低于无差别平衡点增值率17.65%时,一般纳税人税负低于小规模纳税人,即成为一般纳税人可以节税。当增值率高于无差别平衡点增值率17.65%时,一般纳税人税负高于小规模纳税人,即成为小规模纳税人可以节税。企业可以按照本企业的实际购销情况,根据以上情况做出选择。

2. 计税方法的税务筹划。

增值税的计税方法包括一般计税方法、简易计税方法和扣缴计税方法,不同的计税方法对纳税的影响也不同。一般来说,对自来水、建筑用沙土、石料等产品，可以任纳税人选择销项税额减进项税额的计税方法，或简易计税方法。如果销售对象主要是个人消费者，或非增值税纳税单位，则宜选择简易计税方法；如果销售对象主要是增值税纳税企业，则要慎重选择计税方法。如果按销项税额减进项税额计算的税收负担率大于6%，则宜选择简易计税方法；反之，则宜选择销项税额减进项税额的计税方法。

3. 增值税销项税额的税务筹划。

主要可以通过选择合理的销售方式、结算方式及销售价格，获得递延纳税利益。

（1）在销售方式的税务筹划。销售方式是指企业以何种形式销售产品如折扣销售、还本销售等。在产品销售过程中，纳税人对销售方式有自主选择权，这为利用不同销售方式进行纳税筹划提供了可能。销售方式不同，往往适用不同的税收政策，也就存在着税收待遇差别的问题。如采用折扣销售中的商业折扣时，如果销售额和折扣额在同一张发票上注明，那么可以以销售额扣除折扣额后的余额作为计税金额；如果销售额和折扣额不在同一张发票上体现，那么无论企业在财务上如何处理，均不得将折扣额从销售额中扣除。

【例10-1】销售方式的纳税筹划。

假如某商场为庆祝店庆，决定在春节期间开展一次促销活动，现有三种方案可供选择：方案一，打8折，即按现价折扣20%销售，原200元商品以160元售出；方案二，赠送购货价值20%的礼品，即购200元商品，可获得40元礼品。不同促销方案下公司的税后利润（暂不考虑城市维护建设税和教育费附加，商品毛利率为30%，以上价格均为含税价格）计算为：

方案一：

应纳增值税：$[160/(1+17\%)\times17\%]-[140/(1+17\%)\times17\%]=2.9$（元）

企业利润额：$[160/(1+17\%)]-[140/(1+17\%)]=17.1$（元）

应缴企业所得税：$17.1\times25\%=4.28$（元）

税后净利润：$17.1-4.28=12.82$（元）

方案二：

销售200元时应纳增值税：

$[200/(1+17\%)\times17\%]-[140/(1+17\%)\times17\%]-[28/(1+17\%)\times17\%]=4.64$（元）

企业利润额为：

$200/(1+17\%)-140/(1+17\%)-28/(1+17\%)=170.94-119.66-$

23.94 = 27.34（元）

应缴企业所得税：27.34 × 25% = 6.84（元）

税后净利润：27.34 − 6.84 = 20.5（元）

所以从税后净利润来看，方案二比较合理。

（2）在纳税义务发生时间上税务筹划。税法规定，采用直接收款方式销售货物，不论货物是否发出，均为收到销售额或取得索取销售额的凭据，并将提货单交给买方的当天。如果货物不能及时收现而形成赊销，销售方还需承担相关比率的税金。而采用赊销和分期收款方式销售货物，按合同约定的收款日期的当天为纳税义务发生时间。如果纳税人能够准确预计客户的付款时间，采用签订合同赊销或分期收款方式销售货物，虽然最终缴税金额相同，却可以推迟纳税。

（3）利用混合销售避税筹划。销售行为如果既涉及增值税应税货物又涉及非应税劳务，称为混合销售行为。税法规定，纳税人兼营不同税率项目，如果能分别核算，按各自的税率计算增值税，否则，按较高税率计算增值税。纳税人兼营不同税率项目，在取得收入后分别如实记账，分别核算销售额，这样可以避免多缴税款。

4. 进项税额的税务筹划。

主要有：合理利用进项税额抵扣时间的规定，获得提前抵扣的利益；通过价格折让临界点的计算；合理选择购货对象等。

利用当期进项税额避税。进项税额是指购进货物或应税劳务已纳的增值税额。准予从销项税额中抵扣的进项税额，限于增值税税款抵扣凭证上注明的增值税额和购进负税农产品的价格中所含增值税额。进项税额避税策略包括：

（1）购买具有增值税发票的货物；

（2）购买货物或应税劳务，向销售方取得增值税款专用发票上说明的增值税额；

（3）委托加工货物时，努力争取使发票上注明的增值税额尽可能地大；

（4）进口货物时，向海关收取增值税完税凭证，并注明增值税额；

（5）购进免税农业产品获得抵扣；

（6）采购固定资产时获得进项税额抵扣；

（7）将非应税和免税项目购进的货物和劳务与应税项目购进的货物与劳务混同购进，并获得增值税发票；

（8）采用兼营手段，缩小不得抵扣部分的比例。

根据进项税额抵扣时间的规定，对于取得防伪税控系统开具的增值税专用发票，应在取得发票后尽快到税务机关进行认证。如购进的多用途物资应先进行认证再进行抵扣，待转为非应税项目用时再作进项税额转出处理，以防止非应税项目用物资转为应税项目用时由于超过认证时间而不能抵扣其进项税额的情况。

增值税一般纳税人从小规模纳税人处采购的货物或接受的劳务不能进行抵扣，或只能抵扣3%，为了弥补因不能取得专用发票而产生的损失，必然要求小规模纳税人在价格上给予一定程度的优惠。

5. 税率的税务筹划。在税率的税务筹划中，应掌握低税率的适用范围。对于兼营高低不同税率产品的纳税人，一定要分别核算各自的销售额，杜绝从高适用税率的情况发生。如低税率中的农机是指农机整机，而农机零部件则不属于"农机"范围，生产农机零部件的企业可以通过与农机厂合并、组合的形式，使产品符合低税率的标准，从而实现节税效益。

6. 减免税的税务筹划。充分利用增值税起征点、即征即退、出口退税等优惠政策，降低税负。出口退税筹划中主要通过选择合理的经营方式、出口方式争取出口退税最大化。

（二）消费税的税务筹划

1. 纳税人的税务筹划。由于消费税是针对特定的纳税人，因此可以通过企业的合并，递延纳税时间。

（1）合并会使原来企业间的购销环节转变为企业内部的原材料转让环节，从而递延部分消费税税款。如果两个合并企业之间存在着原材料供应的关系，则在合并前，这笔原材料的转让关系为购销关系，应该按照正常的购销价格缴纳消费税税款。而在合并后，企业之间的原材料供应关系转变为企业内部的原材料转让关系，因此这一环节不用缴纳消费税，而是递延到销售环节再缴纳。

（2）如果后一环节的消费税税率较前一环节的低，则可直接减轻企业的消费税税负。因为前一环节应该征收的税款延迟到后面环节再征收，如果后面环节税率较低，则合并前企业间的销售额，在合并后适用了较低的税率而减轻税负。

【例10-2】某地区有甲乙两家大型酒厂，都是独立核算的法人企业。甲厂主要经营粮食类白酒，以当地生产的大米和玉米为原料进行酿造，适用税率为20%加0.5元/500克。乙酒厂以甲厂生产的粮食酒为原料，生产系列药酒，适用10%的税率。甲酒厂每年要向乙酒厂提供5 000吨，不含增值税的单价为20元/500克，总价值2亿元的粮食白酒。经营过程中，乙酒厂由于缺少资金和人才，无法经营下去，准备破产。此时乙酒厂共欠甲酒厂5 000万元货款；经评估，乙酒厂的资产恰好也为5 000万元。甲酒厂领导班子经过研究，决定对乙酒厂采用吸收合并的方式实行并购，其决策的主要依据如下：

按照现行税法规定，该并购行为属于以承担被兼并企业全部债务方式实现吸收合并，不视为被兼并企业按公允价值转让、处置全部资产，不计算资产转让所得，不用交纳所得税。此外，两家企业之间的行为属于产权交易行为，按照税法规定，不用交纳营业税和增值税。

并购可以递延部分税款。合并前，甲酒厂向乙酒厂提供的粮食酒，每年应该缴纳的税款为：

应交消费税 = 5 000 × 2 × 1 000 × 20% + 5 000 × 1 000 × 1 000 × 0.5
        = 4 500（万元）

应交增值税 = 200 000 000 × 17% = 3 400（万元）

合并后，甲乙两个企业变成一个企业，两个企业的交易活动变成内部两个部门的半成品传递活动，就不用缴纳，只需要缴纳出售系列药酒的消费税。

甲酒厂合并乙酒厂后，可以将经营的主要方向转向药酒生产，而且经过转向后，企业应交的消费税将减少。由于粮食酒的消费税率为20%加0.5元/500克，而药酒的消费税率为10%，如果企业转为药酒生产企业，则税负将会大大减轻。

再假定每年的药酒销售额仍为2亿元，则合并后该酒厂应缴纳的消费税是：

200 000 000 × 10% = 2 000（万元）

而合并前，该酒厂同样数量的销售额应该缴纳消费税为4 500万元，两者相差2 500万元。因此采用吸收合并的方式可以节约的消费税税额2 500万元。

2. 计税依据的税务筹划。主要通过缩小计税依据，可达到直接减轻税负的目的，如可利用转让定价。消费税的纳税行为发生在生产领域而非流通领域（金银首饰除外）。如果将生产销售环节的价格降低，可直接取得节税的利益。因而，关联企业中生产（委托加工、进口）应税消费品的企业，如果以较低的价格将应税消费品销售给其独立核算的销售部门，则可以降低销售额，从而减少应纳消费税税额。而独立核算的销售部门，由于处在销售环节，只缴增值税，不缴消费税，因而，这样做可使集团的整体消费税税负下降，增值税税负保持不变。

由于消费税的课征只选择单一环节,而消费品的流通还存在着批发、零售等若干个流转环节,这在客观上为企业进行税务筹划提供了可能。企业可以采用分设独立核算的经销部、销售公司的办法,降低生产环节的销售价格,经销部、销售公司再以正常价格对外销售。由于消费税主要在生产环节征收,企业的税务负担会因此而减轻。

应当注意的是,由于独立核算的销售部门与生产企业之间存在关联关系,按照《中华人民共和国税收征收管理法》的有关规定,企业或者外国企业在中国境内设立的从事生产、经营的机构、场所与其关联企业之间的业务往来,应当按照独立企业之间的业务往来收取或者支付价款、费用。不按照独立企业之间的业务往来收取或者支付价款、费用,而减少其应纳税的收入或者所得额的,税务机关有权进行合理调整。因此,企业销售给下属销售部门的价格应当参照社会的平均销售价格而定。

3. 税率的税务筹划。针对消费税的税率多档次的特点,根据税法的基本原则,进行必要的合并核算和分开核算,以求达到节税的目的。

由于应税消费品所适用的税率是固定的,只有在兼营不同税率应税消费品的情况下,纳税人才能选择合适的销售方式和核算方式,达到适用较低的消费税税率、减轻税负的目的。当企业兼营多种不同税率的应税消费品时,应当分别核算不同税率应税消费品的销售额、销售数量。因为税法规定,未分别核算销售额、销售数量,或者将不同税率的应税消费品组成成套消费品出售的,应从高适用税率,这无疑会增加企业的税收负担。

按照这一规定,一是消费税纳税人同时经营两种以上税率的应税消费品行为,则应分别核算。如某酒类综合生产企业,既生产粮食白酒又生产其他酒,两种酒的比例税率分别为20%和15%,则企业应分别核算粮食白酒和其他酒的销售额。若未分别核算,那么在纳税时,要按每500克0.5元的定额税率征税,同时按照两种酒的销售额合计,用粮食白酒20%的税率计征消费税。二是消费税纳税人将两种不同税率的应税消费品组成套装销售,应尽量采取先销售后包装的形式。如化妆品公司将其生产的化妆品和化妆工具包装在一起销售,化妆品的税率为30%,虽然化妆工具不征收消费税,但在计税时应是两种消费品的销售额合计,按化妆品30%的税率计征消费税。

(三) 营业税改增值税的税务筹划

国务院决定,自2016年5月1日起,全面推开"营改增"试点,将建筑业、房地产业、金融业、生活服务业纳入试点范围。自此，现行营业税纳税人全部改征增值税。其中，建筑业和房地产业适用11%税率，金融业和生活服务业适用6%税率。并将不动产纳入抵扣范围，无论是制造业、商业等原增值税纳税人，还是"营改增"试点纳税人，都可抵扣新增不动产所含增值税。

1. 实行"营改增"的企业应注意几个问题。

（1）取得规范的抵扣凭证。

"营改增"后，一般纳税人当期应纳增值税依据"销项税额—进项税额"计算得出，因此，在销项税额既定的情况下，企业增值税税负取决于进项税额的大小。

现行税法规定，纳税人取得的增值税扣税凭证不符合法律、行政法规或者国家税务总局有关规定的，其进项税额不得从销项税额中抵扣。增值税扣税凭证，是指增值税专用发票、海关进口增值税专用缴款书、农产品收购发票、农产品销售发票和税收缴款凭证。纳税人凭税收缴款凭证抵扣进项税额的，应当具备书面合同、付款证明和境外单位的对账单或者发票。资料不全的，其进项税额不得从销项税额中抵扣。因此，"三票一证"的取得和管理，直接影响增值税税负，企业应该切实重视进项税额发票凭证的管理。

（2）规范财务核算。

现行税法规定，"一般纳税人会计核算不健全，或者不能够提供准确税务资料的"，企业应当按照销售额和增值税税率计算应纳税额，不得抵扣进项税额，也不得使用增值税专用发票。也即如果一般纳税人企业税务核算不合规，会按照企业适用的增值税税率（17%、11%和6%）直接计算当期应纳增值税。

增值税纳税人提供适用不同税率或者征收率的应税服务，应当分别核算适用不同税率或者征收率的销售额；未分别核算的，从高适用税率。纳税人兼营免税、减税项目的，应当分别核算免税、减税项目的销售额；未分别核算的，不得免税、减税。

因此，增值税税制下，会计核算不是单纯的财务问题，也是税务管理的一个组成部分，尤其在混合销售、混业经营等情况下，企业应按照要求分别核算，降低税负率。

（3）防范虚开发票风险。

按照《刑法》第205条规定，对于触犯虚开增值税专用发票罪的单位，"对单位判处罚金，并对直接负责的主管人员和其他直接责任人员，处三年以下有期徒刑或者拘役；虚开的税款数额较大或者有其他严重情节的，处三年以上十年以下有期徒刑；虚开的税款数额巨大或者有其他特别严重情节的，处十年以上有期徒刑或者无期徒刑"。防范虚开增值税专用发票，要从"受票"和"开票"两个方面管控，做到不接收、不介绍、不开具，才能从根本上防范刑事风险的发生。

（4）提升税务风险管理。

国家通过"金税工程"对增值税进行严密的监控，该系统由一个网络、四个子系统构成。一个网络是指国家税务总局与省、地、县国家税务局四级计算机网络；四个子系统是指增值税防伪税控开票子系统、防伪税控认证子系统、增值税稽核子系统和发票协查子系统。因此，"营改增"后，企业应该结合自身行业特征，明确企业税务风险点，并制定风险防范与应对措施，降低增值税引发的税务风险。

2. "营改增"的税务筹划。

（1）纳税人的税务筹划。生活服务业小企业众多，可以通过纳税人身份（一般纳税人或小规模纳税人），采取适用不同的计税方式。

（2）计税依据的税务筹划。在增值税抵扣制度下，供给方的纳税人身份直接影响购货方的增值税税负。对于一般纳税人购货方，选择一般纳税人作为供给方，可以取得增值税专用发票，实现税额抵扣。如果选择小规模纳税人为供给方，取得的是小规模纳税人出具的增值税普通发票，购货方不能进项抵扣。

（3）征税范围的税务筹划。充分利用增值税较营业税的一大优势就是可以避免重复征税的特点，通过选择一定的经营方式可达到节税目的。"营改增"后，企业可以选择性的将非主要业务进行外包，一方面能增加可抵扣进项额，减少需缴纳的增值税，在享受专业服务的同时，还可因为抵扣链条延长而享受到税收优惠。此外，企业可以通过把相关业务分离成立子公司的形式（如将原来单位内部运输队分离出来，成立独立法人），延长增值税抵扣链条，享受税收优惠。

（4）业务性质筹划。对于一些具有税收优惠政策的业务领域，应积极通过筹划向其"靠拢"，以争取适用税收减免政策。

（5）纳税时点的筹划。推迟缴纳税款，无异于获得了一笔无息贷款。由于增值税的纳税义务发生时间和交付结算方式有关，因此，企业可以通过筹划服务合同等方式推迟纳税义务的产生。

【例10-3】宏伟公司为增值税一般纳税人，该企业为客户提供货物运输服务和仓储搬运服务。2016年5月，该公司取得货物运输服务收入900万元，仓储搬运服务收入300万元。假设以上收入均为不含税价，城建税税率成为7%，教育费附加3%，本月可抵扣的进项税额为45万元，无上期留抵税额。该企业如何纳税合算。

根据《营业税改征增值税试点实施办法》的规定，纳税人提供适用不同税率或者征收率的应税服务，应当分别核算适用不同税率或者征收率的销售额；未分别核算的，从高适用税率。

方案一：若该公司未分别核算两项业务收入，则：

应缴纳的增税额 =（900+300）×11% -45 = 87（万元）

应缴城建税及教育费附加 = 87×（7%+3%）= 8.7（万元）

该公司应纳税总额 = 87+8.7 = 95.7（万元）

方案二：若该公司分别核算两项业务收入，则：

应缴纳的增税额 = 900×11% +300×6% -45 = 72（万元）

应缴城建税及教育费附加 = 72×（7%+3%）= 7.2（万元）

该公司应纳税总额 = 72+7.2 = 79.2（万元）

该公司分别核算两项业务收入后少缴税款 = 95.7-79.2 = 16.5（万元）

（四）企业所得税的税务筹划

1. 纳税人的税务筹划。企业所得税的纳税人有居民企业和非居民企业两类。居民企业负担全面的纳税义务，而非居民企业负担有限的纳税义务。企业所得税纳税人的筹划主要是通过不同纳税人身份的选择获得节税效益。

子公司具有独立法人资格，是企业所得税的独立纳税人。分公司不具有独立法人资格，不是企业所得税的纳税人。分公司作为总机构的分支机构，应当和总机构汇总计算并缴纳企业所得税。

企业所得税纳税人的筹划方法主要包括纳税主体身份的选择和纳税主体身份的转变两种方法。纳税主体身份的选择又可分为个人独资或合伙企业与公司制企业的选择、子公司与分公司的选择、私营企业和个体工商户的选择三种方法。

如在企业设立时如何选择合理的组织形式？

企业可以划分为三类：个人独资企业、合伙企业和公司制企业。我国对个人独资企业、合伙企业从2000年1月1日起，比照个体工商户的生产、经营所得，适用五级超额累进税率仅征收个人所得税。而公司制企业需要缴纳企业所得税。如果向个人投资者分配股息、红利的，还要代扣其个人所得税（投资个人分回的股利、红利,税法规定一般适用20%的比例税率)。

一般来说,企业设立时应合理选择纳税主体的身份,选择的一般思路如下:

(1)从总体税负角度考虑,独资企业、合伙制企业一般要低于公司制企业,因为前者不存在重复征税问题,而后者一般涉及双重征税问题。

(2)在独资企业、合伙制企业与公司制企业的决策中,要充分考虑税基、税率和税收优惠政策等多种因素,最终税负的高低与否是多种因素起作用的结果,不能只考虑一种因素。

(3)在独资企业、合伙制企业与公司制企业的决策中,还要充分考虑可能出现的各种风险。

【例10-4】某居民自办企业,年应税所得额预计为300 000元,该企业如按个人独资企业或合伙企业缴纳个人所得税,依据现行税制,税收负担实际为:

300 000×35% - 14 750 = 90 250(元)

若该企业为公司制企业,其适用的企业所得税税率为25%,企业实现的税后利润全部作为股利分配给投资者,则该投资者的税收负担为:

300 000×25% + 300 000×(1 - 25%)×20% = 120 000(元)

投资于公司制企业比投资于独资或合伙企业多承担所得税29 750元(120 000 - 90 250)。在进行公司组织形式的选择时,应在综合权衡企业的经营风险、经营规模、管理模式及筹资额等因素的基础上,选择税负较小的组织形式。

2. 计税依据的税务筹划。主要包括收入的筹划、扣除项目的筹划和亏损弥补的筹划三种方法。通常,企业所得税税收筹划的基本步骤是:

(1)确定收入额,并尽可能将某些项目的收入排除在外。

(2)确定成本、费用、损失额,并尽可能将某些项目的成本、费用和损失包括在内。

(3)正确计算并确定企业利润总额,并尽可能缩小化。

(4)计算弥补以前年度亏损额,只要不超过5年,弥补额越多,应纳税所得额越少,对节税越有利。

(5)计算应纳税所得额。

(6)计算境外税收抵免额,并尽可能多地抵免,抵免越多,应缴税额越少。

(7) 计算应纳所得税额,并尽可能挂靠低档优惠税率,在应纳税所得额一定的条件下,税率越低,对节税越有利。

扣除项目中主要通过期间费用等的扣除争取最多的税前扣除额。

【例 10-5】某商业企业采用"买一送一"方式销售空调,随机赠送电饭煲一台。空调销售价格 4 000 元,同类电饭煲销售价格 400 元。企业将电饭煲的赠送在"营业外支出"中核算,并没有计入当期的销售收入。每台空调销售成本费用及销售税金支出为 2 400 元,热水器为 240 元。当期共销售了 20 台空调。不考虑纳税调整因素,计算当期企业所得税。

按照税法规定,企业采用实物折扣方式,其所赠送的货物应视同销售处理。这样,纳税人不仅不能减少纳税,反而要增加收入项,增加应纳税额。

应纳税额 =(4 000 + 400 - 2 400 - 240)× 10 × 25% = 4 400(元)

如果企业采用价格折扣方式,每台空调折扣 400 元,并在同一张发票上注明,其纳税额为:

应纳税额 =(4 000 - 400 - 2 400)× 10 × 25% = 3 000(元)

可见,纳税人为了较少交纳所得税,应该选择价值形态的折扣销售方式。当然,如果电饭煲处于积压状态,而商场又需要现金回笼,或者还有别的因素要考虑的话,那就需要另外具体分析考虑。

【例 10-6】某房地产开发企业,在某城市黄金地段开发楼盘,广告费扣除率 15%,预计本年销售收入 8 000 万元,计划本年宣传费用开支 1 500 万元。企业围绕宣传费用开支 1 500 万元作出如下两个税务筹划方案:

方案一:全部用于在当地电视台、报纸连续播出或刊登。此项因广告费超支额需调增所得税金额为:

(1 500 - 8 000 × 15%)× 25% = 75(万元)

广告实际总支出:1 500 + 75 = 1 575(万元)

方案二:用 1 200 万元在当地电视台、报纸连续播出或刊登。另一部分建立自己的网页和在有关网站发布售房信息,发布和维护费用共支出 300 万元。

因网站发布和维护费用可在管理费用列支(税法未对此项广告宣传费用限制,一般作为管理费用中的其他项目列支)。此时,方案二各项支出 1 500 万元均可在各项规定的扣除项目限额内列支,无须纳税调整,并且从多个角度对房产进行了宣传,对房产销售起到很好的促进作用。

因此,方案二为最佳方案。

3. 税率的税务筹划。企业所得税税率的筹划包括享受低税率政策的筹划、预提所得税的筹划和过渡期税率的筹划。如投资于基础农业,如蔬菜、谷物、薯类、油料、豆类、棉花、麻类、糖料、水果、坚果的种植;牲畜、家禽的饲养,农作物新品种的选育等可以享受免征企业所得税待遇。投资于高收益的农、林、牧、渔业项目可以减半征收企业所得税。投资于公共基础设施项目、环境保护、节能节水项目从项目取得第一笔生产经营收入所属纳税年度起实行"三免三减半"税收优惠。

4. 合并分立与资产重组的筹划。包括企业并购筹划、企业分立筹划、企业整体资产转让筹划和整体资产置换筹划。一般通过股权交易可以降低企业合并分立及资产重组中的税收负担,这不失为一种好的税务筹划模式。

以企业并购筹划为例:企业并购是实现资源流动和有效配置的重要方式,在企业并购过程中不可避免地涉及企业的税收负担及筹划节税问题。企业并购筹划是指企业利用并购及资产重组手段,改变其组织形式及股权关系,实现税负降低的筹划方法。

企业并购筹划一般应用于以下五个方面:

(1) 并购、重组后的企业可以进入新的领域、新的行业;

(2) 并购有大量亏损的企业,可以盈亏抵补,实现低成本扩张;

(3) 企业并购可以实现关联性企业或上下游企业流通环节的减少,合理规避流转税和印花税;

(4) 企业并购可能改变纳税主体性质,譬如,企业可能因为合并而由小规模纳税人变为一般纳税人,或由内资企业变为中外合资企业;

(5) 企业并购因规模扩充能够提高应提取折旧的资产总额,获取折旧抵税利益。

【例10-7】乙公司因经营不善,连年亏损,2015年12月31日,资产总额2 400万元(其中,房屋、建筑物2 000万元),负债为2 410万元,净资产为-10万元。公司股东决定清算并终止经营。甲公司与乙公司经营范围相同,为了扩大公司规模,决定出资2 410万元购买或并购乙公司。

方案一:采取购买的方式

甲公司采取购买的方式收购乙公司全部资产,乙公司将资产出售收入全部用于偿还债务和缴纳欠税,然后将公司解散。乙公司在该交易中涉及不动产销售,需缴纳营业税及相关附加,纳税情况如下:

营业税 = 2 000 × 5% = 100(万元)

城建税及教育费附加 = 100 × (7% + 3%) = 10(万元)

方案二：采用吸收合并方式。

根据《财政部、国家税务总局关于股权转让有关营业税问题的通知》（财税［2002］191号）、《国家税务总局关于转让企业产权不缴纳营业税问题的批复》（国税函［2002］165号）和《国家税务总局关于转让企业全部产权不缴纳增值税问题的通知》（国税函［2002］420号）的规定：转让企业产权是整体转让企业资产、债权、债务及劳动力的行为，其转让价格不仅仅是由资产价值决定的。所以，企业产权的转让与企业销售不动产、销售货物及转让无形资产的行为完全不同，既不属于营业税缴纳范围，也不属于增值税缴纳范围。因此，转让企业产权既不应缴纳营业税，也不应缴纳增值税。股权转让中涉及的无形资产、不动产投资入股，参与接受投资方利润分配，共同承担风险的行为，不缴纳营业税，对股权转让也不缴纳营业税。

对于上述交易，如果甲公司将乙公司吸收合并，乙公司的资产和负债全部转移至甲公司账下，则甲公司无须立即支付资金即可获得乙公司的经营性资产，而且乙公司也无须缴纳营业税及其附加，可以实现节税110万元。

5. 企业集团的所得税税收筹划

企业集团税收筹划，就是从集团的发展全局出发，为减轻集团总体税收负担，增加集团税后利润而做出的一种战略性筹划活动。全局性是企业集团税收筹划的显著特征。企业集团税收筹划的方法主要有：

（1）缩小集团企业或集团的税基。缩小税基，可以减少应纳税额。例如，在税法允许范围和限额内，实现各项成本费用扣除和摊销的最大化等，减少应纳税所得额。

（2）使集团整体适用较低的税率。在税法中除少数税种采用单一税率外，均有各种不同的税率，有的还采用累进税率，这在税收筹划方面有着广阔的筹划空间。

（3）合理归属集团企业或集团所得的年度。所得归属的处理，可以通过收入、成本、损失、费用等项目的增减或分摊而达到，但需要正确预测销售的形成、各项费用的支付，了解集团获利的趋势，做出合理的安排，才能享受最大利益。

（4）集团整体延缓纳税期限资金具有时间价值，延缓纳税期限，可享受类似无息贷款的利益。一般而言，应纳税款延期越长，所获得利益越大。当经济处于通货膨胀期间，延缓纳税的时间价值效益更为明显。

（5）利用税负转嫁方式降低集团税负水平。税负转嫁存在经济交易之中，通过价格变动实现，而集团内部企业投资关系复杂，交易往来频繁，为税负转嫁到集团之外创造了条件。

（6）平衡集团各纳税企业之间的税负。

通过集团的整体调控、战略发展和投资延伸，主营业务的分割和转移，以实现税负在集团内部各纳税企业之间的平衡和协调，进而降低集团整体税负，这是企业集团在税收筹划方面的特色。企业利用集团控股公司税收筹划，可考虑的操作方法是：

（1）核心控股公司设在经济特区或高新技术开发区，可以有较大的主动性享受税收优惠和开展税收筹划活动。

（2）兼并收购亏损企业。通过低成本扩张，实现产业重组，可以享受盈亏抵补的税收好处。

（3）分立或组建企业。集团在分立或组建新企业时，对其组织形式的选择拥有决策权，为了降低分立或组建公司的风险，对设立分公司还是子公司应进行税负测算。

（4）利用集团的资源和信誉优势，整体对外筹资，然后层层分贷，解决集团内部企业筹资难的问题，调节集团资金结构和债务比例。

（五）个人所得税的税务筹划

1. 纳税人的税务筹划。个人所得税的纳税义务人根据纳税人的住所和其在中国境内居住的时间，分为居民纳税人和非居民纳税人。由于对这两种纳税人的税收政策不同，因此，纳税人应该把握这一尺度，进行合法纳税筹划。

2. 不同收入项目计税依据与税率选择的纳税筹划。由于个人所得税对不同来源的收入项目采用分项征收，采用不同的计税依据和税率，所以对个人所得税计税依据的筹划应根据不同收入项目来进行。如对工资薪金所得实行最低税率为3%、最高税率为45%的七级超额累进税率，当取得的收入达到某一档次时，就要支付与该档次税率相适应的税额。但是，工薪税是根据月实际收入水平来渐进课税，这就为税务筹划创造了条件。

如在某些情况下将工资、薪金所得与劳务报酬所得分开，而在有些情况下将工资、薪金所得合并就会节约税收。在某些情况下，比如当应纳税所得额比较少的时候，工资薪金所得适用的税率比劳务报酬所得适用的比例税率20%低，因此在可能的时候将劳务报酬所得转化为工资、薪金所得，能节省税收。

3. 年终奖的税务筹划。

年终奖是指行政机关、企事业单位等扣缴义务人根据其全年经济效益和对

第十章 税务代理和税务筹划

雇员全年工作业绩的综合考核情况,向雇员发放的一次性奖金。上述一次性奖金包括年终加薪、实行年薪制和绩效工资办法的单位根据考核情况兑现的年薪和绩效工资。由于年终奖的纳税方法是一种优惠办法,在一个纳税年度内,对每一个人,该计算纳税办法只允许采用一次。

纳税人取得全年一次性奖金,单独作为一个月工资、薪金所得计算纳税,并按以下计税办法,由扣缴义务人发放时代扣代缴:

(1) 先确定适用税率和速算扣除数。先将雇员当月内取得的全年一次性奖金,除以12个月,按其商数确定适用税率和速算扣除数。

(2) 如果雇员当月工资薪金所得高于(或等于)税法规定的费用扣除额的,适用公式为:

应纳税额 = 雇员当月取得全年一次性奖金 × 适用税率 − 速算扣除数

(3) 如果在发放年终一次性奖金的当月,雇员当月工资薪金所得低于税法规定的费用扣除额(3 500元),应将全年一次性奖金减除"雇员当月工资薪金所得与费用扣除额的差额"后的余额,按上述办法确定全年一次性奖金的适用税率和速算扣除数。

适用公式为:

应纳税额 = (雇员当月取得全年一次性奖金 − 雇员当月工资薪金所得与费用扣除额的差额) × 适用税率 − 速算扣除数

【例10−8】2015年12月某公司发放年终奖时,小李应发54 000元,小张应发54 001元,两人当月工资数都是3 500元,请为小李和小张分别计算年终奖的纳税额。

小李年终奖应交税:

54 000 ÷ 12 = 4 500(元),适用税率为10%,速算扣除数为105;

应纳税额 = 54 000 × 10% − 105 = 5 295(元)

税后实得 54 000 − 5 295 = 48 705(元)

小张年终奖应交税:

54 001 ÷ 12 = 4 500.08(元),适用的税率为20%,速算扣除数为555;

应纳税额 = 54 001 × 20% − 555 = 10 245.2(元)

税后实际奖金数:54 001 − 10 245.2 = 43 755.8(元)

小张应发奖金高于小李1元,但实际收入反而低于小李4 949.2元。

从上面案例可以看出,奖金多发1元,实际却多纳税4 950.2元,税后实得收入实际反而少了 4 949.2 元。这就是所谓的"疯狂的 1 元钱"现象或称"54 001"现象，即每到个人所得税税率进级临界区间，都会出现同样的现象，即奖金多税后收入却少的情况。边际税率越高，这种现象就越突出，如现行个人所得税工资薪金适用的七级超额累进税率表中从第 2 级到第 3 级，税率由 10% 提高到 20% 即是这种现象。在年终奖适用工薪所得税税率时，每个级差都是一个"节点"，而在每个"节点"附近都会有一个"多发不如少发"的纳税禁区。

这个"禁区"共有六个，分别是：[18 001 元，19 283.33 元]；[54 001 元，60 187.50 元]；[108 001 元，114 600 元]；[420 001 元，447 500 元]；[660 001 元，706 538.46 元]；[960 001 元，1 120 000 元]。

即在上述"禁区"内，多发不如少发！

主要参考文献

1. 财政部会计资格评价中心. 经济法基础. 北京：经济科学出版社，2015.
2. 财政部会计资格评价中心. 经济法. 北京：中国财政经济出版社，2016.
3. 财政部会计资格评价中心. 初级会计实务. 北京：中国财政经济出版社，2015.
4. 财政部会计资格评价中心. 中级会计实务. 北京：经济科学出版社，2016.
5. 中国注册会计师学会. 税法. 北京：经济科学出版社，2016.
6. 中国注册会计师学会. 会计. 北京：中国财政经济出版社，2016.
7. 王君彩主编. 中级财务会计（第六版）. 北京：经济科学出版社，2015.
8. 崔艳辉主编. 企业纳税实务. 北京：中国财政经济出版社，2015.
9. 高金平著. 营业税改征增值税. 北京：中国财政经济出版社，2016.
10. 注税教材编写组. 税法Ⅰ. 北京：中国税务出版社，2013.
11. 注税教材编写组. 税法Ⅱ. 北京：中国税务出版社，2013.
12. 梁伟样主编. 纳税实务（第2版）. 北京：中国财政经济出版社，2015.